Historia de Europa

Una guía apasionante de la historia de Europa, el Renacimiento y la Ilustración

Índice

Primera Parte: Historia de Europa

Un apasionante recorrido por los principales acontecimientos y personajes del pasado de Europa

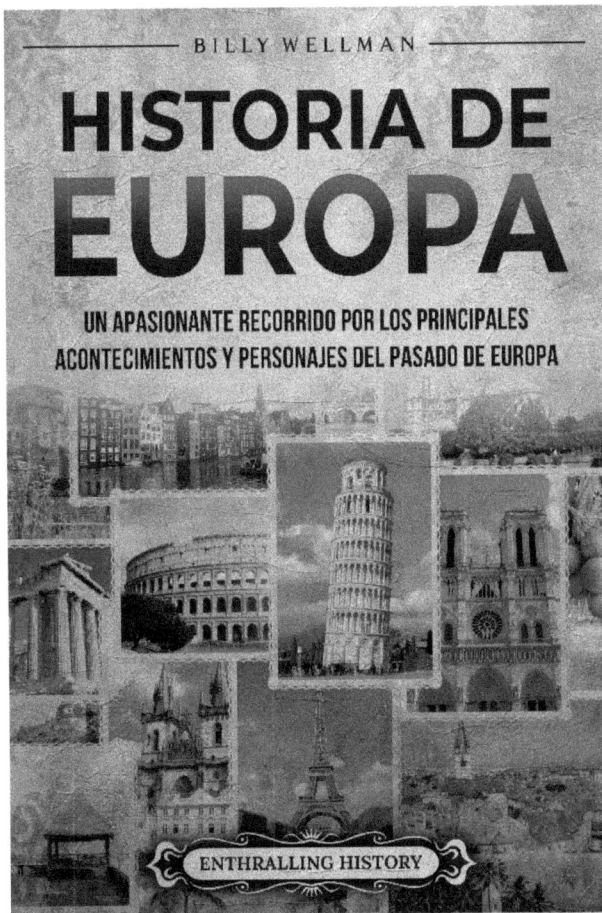

Introducción

¿Qué es exactamente Europa? ¿Es solo un continente, una masa continental como cualquier otra del mundo, o es algo más? ¿Quiénes son los europeos? ¿Qué significa ser europeo en el sentido más amplio de la palabra? ¿Qué representan las ideas europeas? ¿Qué significa ser europeo?

Las respuestas a estas preguntas siempre han cambiado a lo largo de la historia. Es innegable que Europa, independientemente de cómo interprete la gente el significado de esta palabra, ha desempeñado un papel crucial en el desarrollo de la especie humana. Algunos argumentarían que Europa, su gente y las ideas que han producido son fundamentales para nuestra visión actual de las cosas, y sin duda eso es cierto en gran medida.

Aun así, para encontrar respuestas a las preguntas mencionadas, debemos profundizar en la historia de Europa —el continente, la gente y sus ideas—, ya que es exactamente ahí donde se encuentran. De hecho, es posible que las respuestas a estas preguntas sigan evolucionando y cambiando, puesto que Europa sigue siendo hoy una parte importante de la vida política, social y cultural del mundo.

La historia de Europa es complicada y larga. Está llena de luchas entre pueblos y naciones, constantes guerras y derramamientos de sangre, engaños, puñaladas por la espalda, manipulaciones y todo lo demás. También es una historia de desarrollo y civilizaciones florecientes, de culturas vibrantes, distintas e inigualables, de instancias sanas y esperanza y, sobre todo, del progreso que todos hemos experimentado. Como llegaremos a ver, es, en parte, esta diversidad la que ha propiciado el florecimiento de los principios fundamentales que consideramos parte de la vida cotidiana.

Este libro va a contar la historia de Europa, desde la prehistoria hasta el siglo XXI. Contará la historia de esta magnífica entidad e intentará dar sentido a lo que ocurrió en el pasado y a lo que todos, colectivamente, hemos aprendido de ella para el futuro. Aunque es casi imposible abarcar la totalidad de una historia tan compleja en un solo libro, nos centraremos en los acontecimientos más vitales que han afectado en gran medida al curso de la historia europea, y créalo, tenemos mucho por abarcar.

El capítulo inicial del libro se centrará en la conformación general de Europa, describiendo la geografía física de la región y la expansión de los pueblos que la habitaron durante la época prehistórica. Hablaremos de los indicios de los primeros europeos y de las pruebas arqueológicas que tenemos de su existencia en varias regiones del continente. También hablaremos de por qué los primeros europeos eligieron dónde vivir y cuál era, en general, la estructura de sus sociedades primitivas (o más avanzadas) hasta aproximadamente el año 1000 a. e. c.

A partir de ahí, pasaremos a la discusión de las que quizá sean las dos civilizaciones europeas antiguas más vitales: la antigua Grecia y la antigua Roma. Cubriremos las asombrosas transformaciones sociales y políticas de estas dos cunas de la civilización europea, como el concepto de ciudad-estado en la antigua Grecia, cuna del pensamiento filosófico occidental, la transformación política de Roma y su posterior dominio de la mayor parte del mundo conocido, además de algunos de los principales actores que intervinieron en el auge y la caída de estas dos civilizaciones.

Los próximos capítulos del libro hablarán de la transformación del continente europeo tras la caída del Imperio romano de Occidente en el siglo V de nuestra era. Exploraremos el periodo que suele denominarse Edad Media, unos mil años oscuros y turbulentos para Europa, pero, sin embargo, cruciales en la constitución de la estructura sociocultural del continente. Durante este periodo, el cristianismo se extendió por toda Europa, erigiéndose en el principal pilar sobre el que se asentaba la sociedad europea. En los tiempos turbulentos de la Edad Media, el cristianismo proporcionó cierta estabilidad a los pueblos. La religión era respetada por todos los reinos europeos, que se encontraban en pleno proceso de formación en las tierras anteriormente ocupadas por los romanos.

A continuación, pasaremos a la era moderna temprana de la historia europea, que comenzó con el Renacimiento y terminó con el inicio de la Revolución Industrial. A ojos de muchos, este periodo fue fundamental para sentar las bases morales y culturales de lo que hoy percibimos como valores e ideas europeas. El Renacimiento supuso un puente entre el mundo antiguo y la Europa posterior a la Edad Media. Los eruditos recuperaron algunos de los principios que habían dado forma a la antigüedad clásica. De hecho, gracias a este movimiento cultural, artístico, social y político que lo abarcaba todo, la sociedad vio resurgir lo mejor del antiguo pensamiento griego y romano, y los eruditos de la Edad Moderna desarrollaron las primeras formas de humanismo, que subrayaban las mejores cualidades del ser humano y lo situaban en un contexto contemporáneo.

La revolución que provocó el Renacimiento se prolongó gracias a los cambios en la religión, concretamente la Reforma protestante, que alteró significativamente la composición cultural del continente. Gracias a los avances en el pensamiento político y al énfasis en el protagonismo del ser humano en el mundo, los europeos pudieron llegar a conclusiones vitales sobre qué tipo de sistema sería mejor para vivir, lo que dio lugar al surgimiento de ideas progresistas, liberales y nacionalistas que transformaron una vez más Europa y el mundo. Estos cambios persistieron durante unos quinientos años, sin aminorar la marcha y conduciendo finalmente a una situación de tensión nunca vista en Europa a principios del siglo XX.

La parte final del libro tratará sobre la historia de la Europa del siglo XX; aunque se trata de un marco temporal de solo cien años, hay mucho que desentrañar. Los procesos sociales y políticos de los siglos pasados condujeron al momento en que las naciones de Europa estaban dispuestas a enfrentarse entre sí. En 1914, comenzó una lucha para determinar quién era realmente el más dominante de todos ellos después de transformaciones tan masivas.

La Gran Guerra (la «guerra para acabar con todas las guerras») sacudiría fundamentalmente el equilibrio de poder en Europa, pero también tendría implicaciones de gran alcance para el resto del mundo. La guerra se conocería más tarde como la Primera Guerra Mundial, ya que la situación inestable y el vacío de poder que la guerra creó acabarían provocando otra guerra, que eclipsaría a su predecesora.

La Segunda Guerra Mundial fue un choque del bien contra el mal, y redefiniría Europa y el mundo.

El libro terminará resumiendo los efectos de miles de años de desarrollo y los acontecimientos más recientes que han afectado a Europa.

Capítulo 1 - Los primeros europeos

¿Dónde está exactamente Europa?

Un detalle peculiar sobre Europa es que diferentes personas interpretan lo que realmente es. Por supuesto, todos tenemos una idea general de lo que es «Europa» y de dónde se encuentra, situada al oeste del continente euroasiático más grande y bordeando África por el norte a través del mar Mediterráneo.

A menudo se piensa que la frontera oriental de Europa está abierta a la interpretación; necesitamos barreras culturales y sociales, además de marcadores geográficos claros para distinguir entre Europa y Asia. Hoy en día, se percibe mayoritariamente que la frontera más oriental comienza al noreste, a lo largo de los montes Urales, y llega al sur a lo largo del río Ural, que desemboca en el mar Caspio, la masa de agua que no se atribuye ni a Europa ni a Asia. Al oeste del mar Caspio, es decir, la región del Cáucaso con sus tres países actuales de Georgia, Armenia y Azerbaiyán, también forma parte de Europa, aunque es una parte que a menudo olvidan muchos europeos y no europeos debido a la lejanía de la región en comparación con el continente, por lo demás tan apretado.

El Cáucaso es una región interesante, ya que los tres países que la componen son una mezcla de culturas asiáticas y europeas, habiendo servido durante mucho tiempo como puerta de entrada entre los dos continentes diferentes. Es donde entran en juego los marcadores sociales y culturales para reconocer la «europeidad» de cada uno.

La frontera oriental de Europa sigue el Cáucaso e incluye también la península de Anatolia, hogar de la actual Turquía, que históricamente ha formado parte de la cultura griega o helenística. Así pues, la frontera oriental de Europa se encuentra mucho más al este de lo que se podría pensar.

La vida humana más antigua en Europa

África es considerada con razón la cuna de la civilización humana. Desde allí, nuestra especie emigró durante decenas de miles de años, asentándose en diferentes partes del mundo. Gran parte de la geografía y el clima de Europa es similar a cómo era hace unos diez mil años, cuando los primeros Homo *sapiens sapiens,* o en otras palabras, nosotros, llegamos allí. Las pruebas más antiguas del *Homo erectus,* el antepasado del *Homo sapiens,* se han descubierto en el actual país de Georgia, en el Cáucaso, y datan de hace unos 1,8 millones de años. Fue la primera especie de homínido que habitó Europa.

Las pruebas de las primeras actividades del *Homo sapiens* están más extendidas por todo el continente. El valle francés del Ródano es uno de los principales ejemplos de la vida europea en el Paleolítico Superior, que tuvo lugar entre veinte mil y treinta mil años antes de la última glaciación.

Para entonces, los rasgos físicos distintivos de los europeos ya se habían desarrollado, gracias a decenas de miles de años de evolución a partir de sus antepasados africanos. Se cree que estos humanos ya poseían algunas de las habilidades vitales que distinguieron al *Homo sapiens* de las demás especies de homínidos. Ya utilizaban herramientas primitivas, principalmente para cazar.

Los *Homo sapiens* también parecen haber sustituido a los neandertales, que habían habitado sobre todo Europa occidental, hacia el año 40.000 a. e. c. Aunque no se sabe exactamente qué ocurrió, la mejor conjetura de los arqueólogos es que los neandertales se extinguieron tras encuentros regulares con los *Homo sapiens,* mucho más avanzados que ellos. En cualquier caso, hacia el año 10.000 a. e. c., los humanos vivían y deambulaban libremente por la Europa continental, prefiriendo asentarse en las zonas de baja humedad, como las llanuras, donde abundaba el agua.

No podemos decir con seguridad mucho sobre estos primeros humanos en lo que se refiere a sus culturas o creencias. Sabemos por las pruebas de pinturas en cuevas y figuritas de madera que sí se expresaban, aunque no hay pruebas de ningún sistema de escritura. Su relación con el mundo natural era lo que más les importaba, y las armas paleolíticas fabricadas con huesos y madera demuestran que se organizaban en sencillas sociedades de cazadores-recolectores.

Hacia el año 7500 a. e. c. se produjo un acontecimiento fundamental: la revolución neolítica. Este término se utilizó por primera vez para referirse a la aparición de las herramientas de piedra, que sustituyeron a las herramientas más primitivas utilizadas por los primeros humanos. El desarrollo de las herramientas de piedra vino acompañado de avances culturales, que abrieron nuevas oportunidades y medios de expresión a los primeros europeos.

Los primeros indicios de alfarería e incluso de metalurgia pueden datarse en este periodo. Los humanos aprendieron a dar más importancia a la durabilidad y eficacia de sus herramientas, prefiriendo los materiales más nuevos a los antiguos.

Lo más importante es que la Revolución Neolítica produjo algo que revolucionaría la vida humana para siempre y se convertiría en un elemento básico o imprescindible para todas las sociedades que quisieran ser consideradas «desarrolladas». Ese algo fue la agricultura.

La «invención» de la agricultura fue lo que realmente separó el Neolítico del Paleolítico. La agricultura ayudó a los grupos de cazadores-recolectores a organizarse en entidades más cohesionadas. Podían disfrutar de un suministro abundante de alimentos, lo que condujo a una mayor estabilidad y al crecimiento de la población. La agricultura significó que el suministro de alimentos estaba más garantizado, lo que abrió «puestos de trabajo» en las sociedades primitivas. La gente se había dedicado exclusivamente a recolectar alimentos, pero ahora podían dedicarse a otras cosas.

No sabemos exactamente cómo surgió la agricultura, pero hacia el año 4000 a. e. c., la mayor parte de Europa ya practicaba una agricultura primitiva. Es probable que la agricultura se extendiera desde Mesopotamia. De hecho, se considera que los yacimientos neolíticos más antiguos de Europa son los encontrados en los Balcanes, quizá debido a la proximidad de la región a la cuna de la civilización. Aun así, existen muchas teorías sobre si la agricultura, al igual que muchos otros inventos de la prehistoria, fue algo aportado por el intercambio y la difusión cultural o si surgió de forma independiente por sí misma.

Alrededor del año 4000 a. e. c., Europa experimentó su primera migración a gran escala desde el desarrollo de la agricultura. Los recién llegados han sido identificados como parte de la familia lingüística indoeuropea, un enorme conglomerado que incluye, como su nombre indica, casi todas las lenguas habladas en Europa, Oriente Próximo y la India. A través de la difusión de los indoeuropeos entre las poblaciones existentes en Europa y su asentamiento gradual en diversas regiones del interior del continente, surgirían posteriormente distinciones etnolingüísticas, sobre todo en las formas de los primeros pueblos eslavos y celtas. Además, poco a poco, los «primeros» europeos emigrarían más hacia el oeste, dominando el oeste de Francia e Iberia, además de penetrar en Gran Bretaña. Un cambio demográfico tan grande condujo finalmente a un mayor desarrollo tecnológico en Europa, donde la gente utilizaba el cobre como material principal para fabricar herramientas.

Hacia el año 2000 a. e. c., la metalurgia se había generalizado y las herramientas de cobre puro fueron sustituidas gradualmente por las de bronce, una aleación de cobre y estaño mucho más duradera que su predecesora. Esto se hizo especialmente común en regiones como los Balcanes e Iberia, donde había abundancia de materias primas debido al terreno montañoso.

Un ejemplo de desarrollo cultural son las enormes estructuras megalíticas diseminadas por todo el continente. Destacan sobre todo en Europa occidental, en partes de Gran Bretaña, el norte de Alemania y Dinamarca. Miles de enormes monumentos de piedra fueron cuidadosamente tallados y organizados en formas como círculos. Se cree que son algunos de los primeros yacimientos culturales de la Europa prehistórica.

Al igual que muchos otros aspectos de la Europa prehistórica, se han sugerido diversas explicaciones sobre cómo y con qué fines llegaron a construirse estos yacimientos. Stonehenge, por supuesto, es el ejemplo más destacado de un yacimiento megalítico prehistórico. Todavía hoy desconcierta a arqueólogos e historiadores y atrae a decenas de miles de visitantes cada año. Su enorme tamaño asombra a todos los que tienen la oportunidad de verlo en persona, nublando al instante sus mentes con preguntas sobre sus misteriosos orígenes.

La civilización egea

Es interesante considerar a los habitantes de Europa central, septentrional y occidental. Se organizaron en sociedades a pequeña escala basadas principalmente en la agricultura hacia el año 1000 a. e. c.

Sin embargo, la civilización que atrae la atención de historiadores y arqueólogos surgió primero en las partes meridional y sudoriental del continente, en torno a las orillas de las cálidas aguas del Mediterráneo y los mares menores. Gracias al contacto constante de la región con las civilizaciones más avanzadas del norte de África y el Levante, las civilizaciones mediterráneas despegaron alrededor del año 1000 a. e. c. y se desarrollaron a un ritmo más rápido que las sociedades de otras partes del continente.

Uno de esos lugares donde nació una forma más compleja de civilización antigua fue cerca del mar Egeo, situado entre la península de Anatolia y la actual Grecia.

Una vez más, es lógico suponer que la configuración geográfica del Egeo fue lo que hizo que la región se desarrollara rápidamente y diera forma al futuro civilizado de Europa. Era un lugar de encuentro de culturas, con un clima cálido y muchas islas pequeñas y travesías marítimas, lo que facilitaba el establecimiento de vínculos que, por ejemplo, los densos bosques y el clima inhóspito del norte de Europa. Al tener el Egeo mucha más conectividad, se facilitaron los intercambios comerciales y culturales, y el agradable clima hizo posible que la región estuviera avanzada agrícolamente.

Tenemos que recordar que en el año 1000 a. e. c., las civilizaciones de Oriente Próximo, Mesopotamia y Egipto ya tenían una estructura social, económica y política desarrollada, con grandes ciudades-estado, reinos e imperios constantemente en guerra entre sí. Múltiples dinastías habían surgido y caído, y el comercio había florecido mucho antes de que Europa tuviera algo similar de lo que enorgullecerse. El Egeo, como región más cercana y conectada a estos lugares, fue la primera región de Europa en la que se producirían desarrollos similares.

La isla de Creta es un gran ejemplo. Hacia el año 2000 a. e. c., la isla tenía ciudades con edificios de piedra y ladrillo, y la composición de la sociedad era bastante diversa, con muchas clases diferentes como artesanos, metalúrgicos y comerciantes. La civilización minoica, que debe su nombre a un rey legendario que gobernó Creta, tenía todos los atributos de una civilización próspera y se la considera con razón como tal. Su influencia en los posteriores avances civilizatorios en Europa es enorme. Por ejemplo, en Creta es donde se encontró la forma más antigua de escritura, ya que los cretenses grabaron tablillas de arcilla para utilizarlas en la administración. Es probable que adoptaran este método de sus vecinos asiáticos, puesto que las tablillas de arcilla ya se utilizaban allí desde hacía muchos siglos.

Las aceitunas, las uvas y el trigo eran los principales cultivos que se cosechaban y con los que se comerciaba con las sociedades vecinas. También se domesticaban animales como el ganado vacuno y ovino. Además, debido a su situación geográfica, la construcción naval y otras actividades relacionadas con la vida marítima estaban muy avanzadas. La civilización minoica tuvo una sociedad próspera que duró unos seiscientos años. Finalmente, sería destruida, muy probablemente debido a un potente terremoto que sacudió la vecina isla de Thera.

El declive de la civilización minoica se produjo aproximadamente en el año 1500 a. e. c., pero no pasaría mucho tiempo antes de que Creta se convirtiera en la patria de un nuevo pueblo que retomó lo que los minoicos habían iniciado. Sabemos de esta «sustitución» gracias a unas tablillas administrativas que parecen estar escritas en una lengua completamente nueva después de aproximadamente el año 1450 a. e. c., lo que sugiere que fueron creadas por un nuevo pueblo. Se han descubierto pruebas del mismo idioma en el sur de Grecia, en la zona conocida como el Peloponeso, y se ha identificado como una forma del griego antiguo. Entonces, ¿qué ocurrió exactamente con esta civilización en Creta?

Los pueblos que llegaron de Grecia introdujeron su propia lengua y se apoderaron de los restos de la civilización minoica. Lo más probable es que formaran parte de una oleada migratoria mayor en el II milenio a. e. c. El Egeo fue testigo de la migración de pueblos indoeuropeos desde el norte y el noreste que cruzaron, por ejemplo, hasta Anatolia, donde acabó estableciéndose el reino hitita. Estos pueblos no solo fueron los primeros hablantes de griego, sino también feroces guerreros e invasores. La historia ha llegado a conocerlos como los aqueos después de que se establecieran principalmente en el archipiélago del mar Egeo.

Los aqueos eran mucho más avanzados que los minoicos. Su tecnología militar, por ejemplo, incluía la guerra de carros, una innovación que les permitió triunfar sobre sus enemigos. Asentándose en fortificaciones que más tarde se convertirían en antiguas ciudades griegas, los aqueos construyeron lugares como Atenas y Micenas en la Europa continental alrededor del año 1650 a. e. c. antes de cruzar a Creta. Poseían grandes dotes administrativas y de gobierno, y la cultura aquea prosperó durante unos cientos de años, construyendo el núcleo de las ciudades griegas y manteniendo un estrecho contacto con el mundo mediterráneo.

Los hititas mencionan Micenas en sus registros. El legendario asedio de Troya, que tuvo lugar alrededor del año 1200 a. e. c., es una prueba de la prosperidad de la civilización aquea. Los aqueos, que muy probablemente estaban divididos en varias ciudades-estado y pequeños reinos, unieron sus fuerzas y organizaron un ataque a gran escala contra la magnífica ciudad antigua de Troya, algo que se considera uno de los últimos grandes éxitos aqueos.

Evidentemente, el periodo micénico, que duró aproximadamente hasta el año1000 a. e. c., fue muy influyente en el desarrollo de la antigua civilización griega. Los micénicos sentaron las bases para la transición a gran escala de la Edad de Hierro, que comenzó durante su época, pero que tuvo lugar sobre todo después de su declive. Se desconoce qué causó exactamente la desaparición de la civilización micénica, pero está claro que su declive coincidió con un declive global, más general, de la Edad de Bronce en el Mediterráneo oriental.

No sabemos con exactitud si los micénicos fueron destruidos tras una serie de terremotos devastadores o si cayeron ante invasores como los minoicos antes que ellos. Lo que sí sabemos es que su apogeo fue también el apogeo de la Grecia prehistórica, y su desaparición puso en marcha un periodo que se conocería como la Edad Oscura griega, un periodo transitorio que duró un par de cientos de años y que acabó dando lugar a la aparición de una de las sociedades europeas más avanzadas culturalmente de la historia.

Capítulo 2 - La antigua Grecia

Los griegos

Las civilizaciones minoica y aquea fueron las dos predecesoras de la civilización que hoy conocemos como la antigua Grecia. Los historiadores han determinado que este periodo tan influyente duró aproximadamente desde el año 800 hasta el 300 a. e. c., es decir, unos quinientos años. A pesar de ello, no debe subestimarse la importancia de la antigua Grecia, con su rica y vibrante cultura y el inmenso patrimonio social, material y filosófico que nos ha legado.

Resurgiendo de las cenizas de la civilización micénica, el mundo griego del Egeo llegaría a ser significativo en casi todos los aspectos de la sociedad y desempeñaría un papel importante más de mil años después de su declive en el Renacimiento.

Hay pocos periodos en la historia de Europa que merezcan una atención tan detallada como la antigua Grecia, y ciertamente no podremos abarcarla por completo aquí. En cambio, este libro abordará los principales aspectos que hicieron de la antigua Grecia, aquello por lo que se la recuerda hoy en día.

La antigua Grecia no era en absoluto una entidad política unida, ni estaba confinada al territorio que hoy ocupa la actual nación soberana de Grecia. Más bien, lo que ahora llamamos la antigua Grecia se refiere a una cultura distinta que sirvió como unificador de varias ciudades y ciudades-estado. Las ideas e instituciones que se construyeron durante este periodo han resistido la prueba del tiempo y siguen influyendo en los asuntos cotidianos de formas muy sutiles, como a través del lenguaje.

Durante muchos siglos, la lengua griega fue un elemento básico de las lenguas europeas, junto con el latín. Fue una de las primeras lenguas que toda persona culta conocía, de forma muy parecida a como se considera el inglés hoy en día.

Sin embargo, las influencias griegas van mucho más allá de las implicaciones semánticas de ciertas palabras y frases que utilizamos. Están arraigadas en todos los aspectos de nuestras vidas. Los antiguos griegos realizaron importantes avances en el arte, la política y la ciencia, revolucionando su propia visión del mundo y, más tarde, sin quizá pretenderlo, revolucionando el mundo.

Los pueblos que habitaban el Egeo en la época del colapso de la civilización micénica se llamaban a sí mismos helenos. Étnicamente, eran en su mayoría iguales, aunque vivían en sociedades separadas, la mayoría en ciudades prósperas y avanzadas con un par de miles de habitantes. Esparta, Corinto y Atenas son los ejemplos más conocidos de antiguas ciudades griegas, y con el tiempo se transformarían para convertirse en las primeras ciudades-estado europeas.

Sin embargo, a pesar de la lealtad de la gente a su propia ciudad o región, todos compartían una identidad más amplia, algo que se manifestaba en su lengua y sus creencias. Cuando una persona de Esparta se encontraba con otra de Corinto, podían conversar libremente entre sí, comprender sus respectivas visiones del mundo y coincidir en creencias religiosas básicas. Esto se debía a que todos eran griegos y pertenecían a una entidad superior, a la que se referían como Hellas.

GREEK AND PHOENICIAN COLONIES
550 BCE

Colonias griegas y fenicias en el 550 a. e. c. [1]

Los helenos se distinguían de otros pueblos, a los que consideraban no helenos. Los que no hablaban griego eran bárbaros, aunque poseyeran un poder y una riqueza que rivalizaban o eclipsaban a los griegos. Y a pesar de las pequeñas rencillas de los helenos, las innumerables guerras entre ellos, los celos y la competencia, cuando fue necesario, actuaron contra los bárbaros basándose en su identidad unida. Por ejemplo, en el siglo V a. e. c., se unieron para luchar contra los invasores persas, los no griegos que deseaban apoderarse de sus tierras y destruir el rico patrimonio que habían construido. En resumen, los antiguos griegos, como pueblo, eran muy conscientes de su propia identidad.

El colapso de la era micénica y el comienzo de la Edad Oscura griega supusieron una gran agitación social y económica en el Egeo. La Edad Oscura griega dio lugar a una reestructuración completa de las antiguas jerarquías y provocó el movimiento constante de personas en regiones que ya estaban muy interconectadas. Muchos grandes centros urbanos fueron abandonados y gran parte de la población comenzó a vivir en aldeas más modestas, siguiendo estilos de vida pastoriles. Algunos probaron suerte en ultramar, utilizando sus habilidades marítimas y navegando para explorar el Mediterráneo. Fundaron varias colonias.

La Edad Oscura griega fue, sin duda, un periodo de transición entre el colapso de la Edad de Bronce y la Edad de Hierro. La migración de los pueblos y los cambios demográficos que la siguieron se estabilizaron lentamente; hacia el siglo VIII a. e. c., las cosas empezaban a avanzar de nuevo.

Por ejemplo, un avance fundamental que distingue a un «griego de la Edad Oscura» de un «griego antiguo» fue la escritura. La lengua micénica quedó casi totalmente en desuso durante la Edad Oscura griega, por lo que hubo que «reaprender» a leer y escribir desde cero. En el siglo VIII a. e. c. se empezó a utilizar un nuevo alfabeto. Se cree que epopeyas legendarias como la *Ilíada* y la *Odisea*, escritas por un hombre igualmente legendario llamado Homero, datan ambas del siglo VIII a. e. c. Sirven de base a la literatura griega antigua y, en mayor medida, a la europea antigua. También son los primeros en utilizar el nuevo estilo de alfabeto que los griegos adoptaron del pueblo fenicio. Este renacimiento cultural y social del antiguo pueblo micénico condujo finalmente al nacimiento de lo que hoy llamamos la antigua Grecia.

Aunque las epopeyas de Homero son un buen marcador del comienzo de la antigua Grecia, hay otro aún mejor: los primeros Juegos Olímpicos Panhelénicos celebrados en Olimpia en el año 776 a. e. c.

Griegos de todas partes acudieron a participar en los juegos por su amor al deporte y para unirse en un sentimiento de comunidad. Los primeros juegos desempeñaron un gran papel en el renacimiento cultural de Grecia. Otros avances, como el nuevo alfabeto y el nuevo sistema monetario (que se introdujo primero en el reino anatolio de Lidia y fue adoptado después por los griegos), nos ayudan a marcar el inicio de la antigua Grecia.

Alrededor de esta época, la colonización despegó realmente. Los helenos colonizaron las islas del Egeo para que la región estuviera más interconectada, pero más tarde se trasladaron a otros horizontes, primero en el Mediterráneo occidental y más tarde incluso en el mar Negro. Las colonias griegas fueron fundadas por marineros griegos como puestos avanzados de comercio.

Debido a unas condiciones de vida similares, a los griegos les resultó relativamente fácil establecerse en lugares lejanos como Crimea, Sicilia, Iberia y el sur de Francia. Las colonias griegas del sur de Italia, entre las que destacaba Siracusa, estaban tan conectadas con el corazón de la cultura griega que en latín se las denominaba *Magna Graecia* (Gran Grecia).

Los puertos de estas colonias se convirtieron en un intercambio no solo de mercancías valiosas, como el hierro y el vino, sino también de conocimientos y costumbres de los antiguos griegos. Prosperaron, convirtiéndose en avanzadillas griegas de ultramar, algo que se celebraría más adelante.

La ciudad-estado griega

Quizá lo que mejor resume la esencia de la antigua Grecia sea la ciudad-estado griega, una entidad política que dominó el Egeo tras el final de la Edad Media y antes de las eventuales conquistas de Alejandro Magno. Las ciudades-estado griegas fueron muy importantes a la hora de configurar la vida de la Grecia antigua y de dotar a sus habitantes de un fuerte sentimiento de identidad. La ubicación de una ciudad-estado, sus relaciones con las ciudades-estado vecinas y su tamaño relativo eran buenos indicadores de la fortaleza de una ciudad-estado y del tipo de sistema político que existía. Cuando los griegos empezaron a salir de la Edad Media, optaron por abandonar gradualmente el gobierno de los reyes, sustituyéndolo por sistemas políticos más representativos de los habitantes de una determinada ciudad-estado.

Hacia el siglo VII a. e. c., poderosos núcleos urbanos como Atenas eran los centros de las entidades políticas que hoy llamamos ciudades-estado. Estos centros urbanos solían estar rodeados de ciudades más pequeñas, puertos y aldeas, y servían de «protectores» a las tierras que los rodeaban. La entidad política unida rara vez contenía más de un gran centro urbano, y si lo hacía, era solo temporalmente debido al éxito en la guerra. Por lo tanto, estos centros actuaban como capitales de facto de las tierras que rodeaban, de ahí el nombre de ciudad-estado.

La estructura de la ciudad-estado, sobre el papel, es muy similar a la estructura y composición de un pequeño reino. La esencia de un reino es un gran centro que preside los asuntos de zonas menos importantes, conformando una entidad política cohesionada. La principal diferencia entre un reino y una ciudad-estado radica en su sistema político. Como hemos mencionado, la sociedad griega pasó gradualmente de depender del gobierno supremo de un rey a ser gobernada por más de una persona. Principalmente, este se ejercía a través del gobierno de la élite aristocrática —hombres que poseían propiedades y eran, por tanto, los más ricos y poderosos. Parecía existir una tendencia natural del pueblo a otorgar a la élite la capacidad de gobernar, y la transición a los consejos aristocráticos que sustituyeron al gobierno de los reyes se produjo como algo natural, aunque con diversos grados de éxito al principio. Este sistema se asemeja a lo que hoy denominaríamos oligarquía: el gobierno de los ricos.

Podemos decir que la antigua Grecia inventó la política. La propia palabra procede del griego *polis*, que significa «ciudad». Aunque los límites de lo que encierra la política pueden ser imprecisos en ocasiones, en el fondo, tal y como la concebían los antiguos griegos, significaba el reconocimiento del interés público (en su caso, de la ciudad-estado) y el ejercicio de actividades (gobernanza).

El curso político de la ciudad-estado apenas dependía de un solo individuo, aunque ciertamente hubo un periodo en el que los tiranos alcanzaron prominencia en varias ciudades-estado. Se los consideraba hombres fuertes que traían la prosperidad (esto ocurría antes de que la tiranía fuera finalmente condenada tras el siglo V a. e. c.). Los tiranos condujeron al desarrollo de los consejos aristocráticos y, finalmente, al desarrollo de un sistema político que hoy llamamos democracia, otra palabra cuyos orígenes proceden del griego antiguo.

«El gobierno del pueblo» como método de gobierno tangible y a largo plazo se puso en práctica con mayor éxito en la ciudad-estado de Atenas en el siglo V a. e. c., aunque ya antes existían formas de gobierno democrático representativo en la antigua Grecia. Se trataba de un sistema basado en el debate, que hacía hincapié en la opinión pública y en el pensamiento de muchos más que en las órdenes de una sola persona con un derecho «otorgado por Dios» para gobernar.

La forma más pura de democracia griega preveía la participación completa de todos los ciudadanos, ya que todos tenían algo que decir sobre los asuntos públicos. Por supuesto, la mayor crítica a la democracia en la antigua Grecia era el hecho de que no era representativa; solo era más representativa que otros sistemas de otros lugares del mundo en aquella época. Solo los hombres libres propietarios eran considerados ciudadanos en la antigua Grecia, y constituían una minoría de toda la población, que incluía a mujeres y esclavos. A pesar de este evidente defecto, el sistema político de la ciudad-estado griega, un sistema basado en el debate y la participación, reflejaba el modo de vida general de los antiguos griegos. Las ciudades-estado griegas florecieron con sus vibrantes centros culturales y comerciales, dominando la región durante muchos siglos.

Aparte de las cuestiones sociales y económicas, la prosperidad de las ciudades-estado griegas dependía del desarrollo de un sistema militar único, que más tarde se perfeccionaría y emergería como uno de los más fuertes del mundo. Esto es evidente en la tecnología y la estrategia militares. La transición a la Edad de Hierro supuso la disponibilidad de mejores armas y armaduras para aquellos que tuvieran acceso al hierro, algo de lo que los griegos se alegraron debido a la abundancia de hierro en la región, y a través de las diversas rutas comerciales que habían establecido con sus colonias.

Los ejércitos de las ciudades-estado estaban formados por ciudadanos-soldados hoplitas, que solían ir armados con lanzas, espadas cortas y escudos, y llevaban armaduras pesadas. Los hoplitas disciplinados y profesionales constituían el núcleo del ejército. Marchaban junto a la caballería, los arqueros y los cuerpos de artillería.

Hacia el año 500 a. e. c., el énfasis en el bienestar físico, el amor griego por el deporte y la competición, así como la educación militar general a una edad temprana, condujeron al desarrollo de una tradición militar coherente en la antigua Grecia. La ciudad-estado de Esparta es un gran ejemplo, ya que es conocida por sus increíbles tropas de élite y un estilo de vida totalmente concentrado en «producir» ciudadanos capaces de la guerra.

El principal contrincante de la antigua Grecia procedía del este. El Imperio persa se expandió mucho más allá de sus orígenes en Irán, conquistando gran parte de la península de Anatolia y amenazando con una invasión de Grecia. Los griegos y los persas habían mantenido contactos durante mucho tiempo, pero en el siglo V a. e. c. se habían vuelto antagónicos debido a la agresiva expansión de estos últimos y a la opresión de los pueblos que conquistaban. Entre los conquistados se encontraban los helenos, que ocupaban las costas de Anatolia en la región de Jonia; con el tiempo se convertirían en el motivo por el que estalló una guerra.

Los griegos jonios se rebelaron contra el gobierno despótico de los persas a principios del siglo V a. e. c., consiguiendo el apoyo de otras ciudades-estado, sobre todo de Atenas y Eretria. Aunque la revuelta sería sofocada en el 493 a. e. c., la implicación de las ciudades-estado hizo que los persas lanzaran su primera invasión de Grecia en el 492 a. e. c., la cual tuvo como resultado la captura de Macedonia y Tracia. La expedición continuó durante dos años más antes de que los griegos aplastaran finalmente al ejército persa en la batalla de Maratón en el 490 a. e. c.

Según la leyenda, tras la decisiva victoria de los griegos, un mensajero griego corrió una distancia de aproximadamente cuarenta kilómetros (veinticinco millas) desde el lugar de la batalla hasta la ciudad de Atenas para ser portador de buenas noticias. Al entregar su mensaje, murió de agotamiento. Aunque es probable que esta historia fuera ficticia, este mensajero nunca fue olvidado, ya que la carrera de maratón se modeló a partir de su carrera hasta Atenas.

Los persas lanzaron una segunda invasión de Grecia en el 480 a. e. c., con el emperador Jerjes dirigiendo personalmente la fuerza hacia la Grecia continental. Jerjes estaba al mando de uno de los mayores ejércitos reunidos en la antigüedad, con decenas de miles de hombres marchando a sus órdenes.

Jerjes arrolló a la mayor parte de la resistencia griega inicial. En la famosa batalla de las Termópilas, el rey Leónidas de Esparta lideró una pequeña fuerza griega aliada. Estacionó a sus hombres en un estrecho corredor montañoso y detuvo los avances persas hacia las principales ciudades griegas, permitiendo la evacuación de la población. Leónidas y sus trescientos espartanos, junto con cientos de tespios y helotas, tomaron una última posición, pero finalmente fueron arrollados tras ser traicionados por uno de los suyos.

Sin embargo, su esfuerzo no sería en vano. Aproximadamente un mes después de las Termópilas, los griegos lograron una victoria naval decisiva en la batalla de Salamina, donde destruyeron la mayor parte de las fuerzas persas y las obligaron a retirarse. A la victoria en Salamina siguieron un par de éxitos más para los griegos.

Durante las décadas siguientes, una confederación de ciudades-estado griegas llamada Liga de Delos, liderada por Atenas, continuó las campañas griegas contra Persia antes de que los invasores fueran completamente expulsados y las ciudades-estado recuperaran su independencia.

La lucha entre griegos y persas en la primera mitad del siglo V a. e. c. fue percibida por los griegos como una lucha general entre el bien y el mal o entre civilizados y bárbaros. En muchos aspectos, puede considerarse el primer caso de conflicto entre el mundo occidental y el oriental, un choque de valores y culturas que terminó con una victoria griega. Su éxito abrió el camino al periodo más próspero de la historia de la antigua Grecia, algo de lo que hablaremos más adelante.

A pesar de su victoria unida contra un enemigo común, las ciudades-estado griegas no mantuvieron relaciones pacíficas entre sí en todo momento. Tras la derrota de Persia, Atenas y Esparta emergieron como las dos principales potencias, cada una liderando sus propias confederaciones contra la otra y luchando por el dominio de la región. Su rivalidad culminaría en una serie de conflictos que la historia conoce ahora como la guerra del Peloponeso, que dominaría la segunda mitad del siglo V a. e. c.

La guerra del Peloponeso es un conflicto muy interesante que contribuyó a dar forma a la antigua Grecia antes de las conquistas de Alejandro Magno. Lo principal que debemos saber es que la Liga de Delos, liderada por Atenas, fue contrarrestada por la Liga del Peloponeso, liderada por Esparta. Se consideraba que Atenas se estaba volviendo demasiado poderosa, extrayendo tributos de las ciudades-estado más débiles. Esparta y sus aliados saldrían victoriosos a finales de siglo, sentando las bases para un brevísimo periodo de hegemonía espartana, aunque nunca cesaron realmente las luchas entre las distintas ciudades-estado.

En general, puede decirse que, en retrospectiva, la guerra del Peloponeso debilitó políticamente a las ciudades-estado griegas, haciéndolas susceptibles a las amenazas. A pesar de ello, tras la victoria griega sobre los persas se produjeron logros culturales, científicos y sociales.

El legado cultural

Aunque la historia política y las guerras pueden ser muy interesantes de contemplar, no son lo principal por lo que ahora recordamos a los antiguos griegos. Más bien fueron sus maravillosos logros en la ciencia, las artes y la filosofía.

Sus avances en estos campos fueron muy importantes, pero también fueron en gran medida los primeros en empezar a dedicarse a ellos. La prosperidad social y económica de las ciudades-estado griegas hizo posible que muchos antiguos griegos se entregaran a actividades que no estaban centradas únicamente en la supervivencia o en la obtención de poder, como ocurría en la mayoría de los demás lugares del mundo en aquella época.

La búsqueda europea de la verdad, de una explicación del mundo al margen de la religión, tanto científica como filosófica, se originó en la antigua Grecia. En la antigua Grecia se originó la noción del método científico, aunque, hay que reconocerlo, ese concepto ha avanzado y se ha adaptado constantemente a lo largo de los tiempos. Sin embargo, en el corazón del método científico subyace una idea griega profundamente antigua de observar y sacar conclusiones sobre el mundo natural a través de la razón.

No obstante, eso no quiere decir que la observación y el estudio del mundo solo pudieran encontrarse en la antigua cultura griega. Los antiguos egipcios y mesopotámicos, entre otras civilizaciones, hicieron muchos avances en campos como la arquitectura, las matemáticas y la astrología. Sabían bastante sobre estos temas antes de que se iniciara la edad de oro de Grecia alrededor del siglo V a. e. c. Sin embargo, hacemos mucho hincapié en el pensamiento griego antiguo debido a la forma desapegada que tenían los griegos de pensar sobre estos temas y a su decisión consciente de diferenciar entre conceptos racionales, materiales y otros mundanos por el mero hecho de diferenciarlos.

No es exactamente una exageración decir que los antiguos griegos «inventaron» la ciencia, al igual que «inventaron» la política. Anaximandro y Tales, griegos jonios de la ciudad de Mileto, fueron de los primeros científicos griegos. Se distinguieron de otros pueblos, como los babilonios, por sus distintas formas de interpretar y comprender los fenómenos que observaban.

¿Cuál es el origen del mundo? ¿Qué fundamenta la vida? ¿Existe un límite para el mundo natural? Estas son las preguntas que estos científicos (filósofos, si se quiere) del siglo VI a. e. c. intentaron responder. Pero no son sus descubrimientos lo que los hace tan interesantes e importantes. Más bien, es el hecho de que rompieron con la forma tradicional de concebir las cosas. Fueron de las primeras personas de la historia que especularon con que había algo más en el mundo que dioses y diosas. Aunque serían muy criticados por estas opiniones «radicales» poco después de su vida, sentaron las bases de lo que se convirtió en el pensamiento y la ciencia occidentales.

Por supuesto, ninguna historia de la antigua Grecia debería omitir a Platón, un monumental filósofo ateniense que murió a mediados del siglo IV a. e. c. Es difícil expresar con palabras el impacto que Platón, junto a los otros dos titanes de la filosofía griega antigua, Sócrates y Aristóteles, tuvo en el desarrollo de la filosofía occidental. Aristócrata reconvertido en pensador, a Platón le preocupaba el estado de las cosas, primero en Atenas y después, de forma más general, en el mundo natural.

Platón fue alumno de Sócrates, el hombre a menudo apodado el «Padre de la filosofía», Platón puso por escrito gran parte de lo que defendía Sócrates (cómo adquirir conocimientos y el estudio de la moral, o ética), pero también amplió en gran medida el pensamiento de Sócrates introduciendo diferentes conceptos. Por ejemplo, Platón fue el primero en distinguir entre el mundo natural y observable, donde los humanos pueden ser engañados por sus sentidos, y la dimensión de otro mundo de las «ideas», donde nociones abstractas como la justicia y la verdad o nociones materiales como el gato y el perro existen en sus formas más verdaderas e ideales. Platón sostenía que esta forma inmaterial de vida era lo que verdaderamente importaba, pero que solo era accesible por el alma humana, que podía llegar a ella empleando la razón.

El idealismo de Platón y la noción implícita del dualismo humano —la distinción entre el alma (mente) y el cuerpo— se convirtieron en la base de todas las escuelas filosóficas. Además de su teoría de las formas y las ideas, escribió *República*, que es quizá la más famosa de sus obras. Escrita en el estilo de un diálogo, en el que el personaje principal es

Sócrates, explora la idea de cuál es la mejor forma de sociedad y cómo pueden alcanzarla las personas. Esta obra muestra el abanico de cuestiones sobre las que reflexionaban los filósofos griegos.

Los pensamientos de Platón fueron ampliados posteriormente por su alumno Aristóteles en sus escritos. Aristóteles fue otro gigante de la filosofía antigua y el tutor de Alejandro Magno. Los escritos de Aristóteles sobre lógica, retórica, ética y metafísica fueron tan influyentes como los de su maestro. Aristóteles divergió bastante de Platón, argumentando en contra de su teoría de las formas. Aristóteles era más partidario de deducir leyes generales a partir de hechos físicos presentes en el mundo cotidiano. Su obra estableció el marco del pensamiento europeo durante los dos mil años siguientes aproximadamente, y aún hoy se sigue haciendo referencia a ella.

Y lo que es más importante, la filosofía aristotélica, su ciencia de la lógica deductiva y su enfoque de los asuntos de gran complejidad, acabarían incorporándose parcialmente a las mayores religiones del mundo: el cristianismo y el islam.

Sus actitudes respecto a la ciudad-estado como la mejor forma posible de estructura social reforzarían el orgullo de los antiguos griegos, algo que se hizo cada vez más presente tras derrotar a los persas.

La filosofía es solo una parte de la antigua cultura griega que ha resistido la prueba del tiempo. Reevaluar constantemente la vida e indagar más sobre ella empujó a los griegos a explorar otras disciplinas más materiales o, si se quiere, fácticas, como las matemáticas. El idealismo platónico desempeñó un papel en ello. Como filósofo obsesionado con la verdad y la forma ideal de vida, Platón no podía ignorar que algunas verdades existían y se manifestaban en la vida cotidiana, como los números matemáticos. Las matemáticas eran algo abstracto, pero también algo muy concreto y verdadero.

Este aspecto semimístico de las matemáticas resultaba atractivo para muchos, y gran parte de las matemáticas occidentales fueron fundadas por antiguos griegos como Pitágoras. Quizá no fue la disciplina en la que destacaron los griegos, ya que fueron eclipsados por los matemáticos árabes unos mil años después, pero los conocimientos griegos de aritmética y geometría fueron utilizados por el mundo occidental durante muchos siglos. No fue hasta aproximadamente el siglo XVII e. c. cuando Europa avanzó en el campo de las matemáticas, introduciendo nuevos conceptos como el álgebra.

La literatura fue otro campo que prosperó en la antigua Grecia. Esto parece obvio, sobre todo porque ya hemos hablado de los influyentes escritos filosóficos de los griegos, pero también eran populares otros géneros. Había libros de historia, como la obra de Heródoto. La poesía también se consideraba una obra notable, y los poetas eran considerados educadores públicos. Ya hemos mencionado a Homero y sus dos grandes epopeyas, que siguen siendo un elemento básico de la literatura clásica. Sus obras combinan elementos de la historia antigua y del mito, para narrar la conquista de Troya por los aqueos y el posterior viaje de regreso a casa de Odiseo. Estas obras literarias proporcionaron a los antiguos griegos diferentes modelos de personas, incluyendo sus exuberantes personalidades y comportamientos. Fusionaban sus atributos legendarios y divinos con detalles más humanos que los hacían más afines al gran público.

La literatura y la poesía dieron origen a otro famoso aspecto de la antigua cultura griega: el drama. Por supuesto, los orígenes del amor de los griegos por el teatro, la representación y el drama se remontan a los rituales y las ceremonias religiosas. Aspectos clave de estos rituales se fusionaron con el genio literario de dramaturgos como Sófocles y Eurípides, lo que dio lugar a la edad de oro del drama griego. El teatro se convertiría en una parte inseparable de la vida griega. Los griegos no solo disfrutaban de grandes obras de teatro, sino también de anfiteatros y escenarios en los que cabían cientos de personas a la vez.

La era de Alejandro

Al final de la guerra del Peloponeso, a finales del siglo V a. e. c., surgía una nueva fuerza en la antigua Grecia, situada al norte de las ciudades-estado de Atenas y Esparta: el reino de Macedonia. Los macedonios eran, a todas luces, griegos, ya que hablaban la misma lengua y tenían una cultura muy similar a la de las otras ciudades-estado. También participaban en los festivales y juegos panhelénicos y afirmaban ser descendientes del legendario Aquiles, el héroe aqueo de la guerra de Troya y uno de los personajes más célebres de toda Grecia.

La principal diferencia entre Macedonia y el resto de la antigua Grecia era su estructura política. Macedonia era un reino hereditario, un tipo de sistema de gobierno considerado anticuado por la mayoría de los griegos. Macedonia nunca se había pasado a la composición oligárquica o democrática de la ciudad-estado griega tradicional, algo que despertaba un sentimiento de desprecio en lugares como Atenas, donde se consideraba que la forma de gobierno local era mucho más noble. Muchos griegos contemporáneos consideraban al reino de Macedonia, que ocupaba el territorio de las montañas del norte, como el hijo del medio inferior de la antigua Grecia, pero los acontecimientos del siglo IV a. e. c. alterarían drásticamente estas actitudes.

Todo empezó a cambiar después de que un ambicioso rey llegara a gobernar Macedonia en el año 359 a. e. c. Su nombre era Filipo II. Tras deponer a su sobrino infante, el legítimo gobernante llamado Amintas IV, Filipo II trató de convertirse en el único gobernante de Grecia. Tenía buen ojo para la estrategia y la política, y reconoció que las ciudades-estado griegas, aunque prósperas, se habían debilitado por las constantes disputas que mantenían entre sí.

Filipo había recibido una gran educación militar durante su juventud en la ciudad de Tebas, e ideó una nueva táctica militar que acabaría por ayudarle a imponer su dominio sobre sus enemigos. Filipo perfeccionó la tradicional hoplita griega introduciendo una nueva formación de falange, en la que los hoplitas blandían picas que eran el doble de largas que las lanzas tradicionales. Organizados en filas de diez, los soldados que empuñaban estas picas estarían defendidos en la parte delantera por hombres que portaban grandes escudos, dando como resultado una notable máquina defensiva y ofensiva. Fue en gran parte gracias a este invento militar que pudo pisotear a las ciudades-estado griegas, logrando una victoria crucial contra una fuerza unida de Atenas y Tebas en Queronea en el 338 a. e. c.

Antes de su asesinato en el 336 a. e. c., Filipo consiguió establecerse como la hegemonía gobernante de Grecia, obligando a las demás ciudades griegas a formar una confederación conocida como la Liga de Corinto. El centro de su reino siguió siendo la capital macedonia de Pella.

Filipo II acabó sin ayuda con las ciudades-estado griegas, erigiéndose como soberano de la mayor parte de Grecia y sentando las bases para las grandes cosas que ocurrieron tras su muerte.

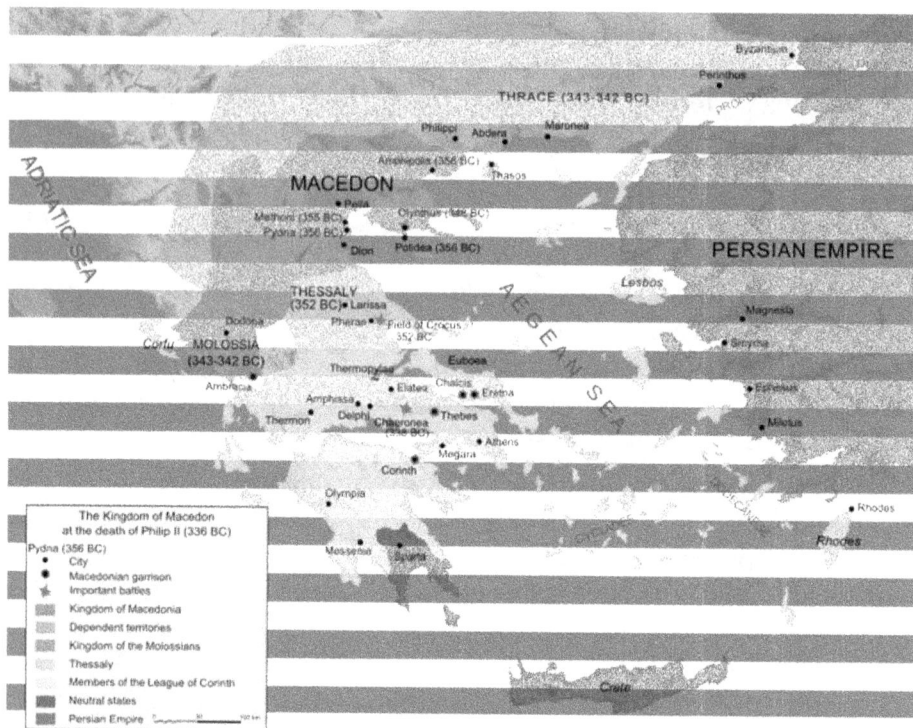

El reino de Macedonia en la época de la muerte de Filipo II²

Alejandro Magno es una de las figuras más conocidas de la historia. Magnífico general y sabio gobernante, llegó al poder tras el asesinato de su padre (se especula incluso con que participó en el complot para asesinar a Filipo). Habiendo sido tutelado nada menos que por Aristóteles, Alejandro tenía el celo y la ambición de su padre, pero lograría demostrarlo a otro nivel, no alcanzado por ningún gobernante europeo hasta su época.

Dirigiendo personalmente a sus soldados a la batalla, Alejandro cruzó a Anatolia en el 334 a. e. c. para iniciar su campaña contra el Imperio persa, algo que Filipo había planeado hacer en vida. Es realmente notable lo que Alejandro fue capaz de lograr en tan solo el lapso de una década antes de su prematura muerte en Babilonia debido, muy probablemente, a la tifoidea. No es de extrañar que se ganara el título de «Magno» en el proceso.

Alejandro nunca sufrió realmente ningún contratiempo en sus ambiciosos empeños militares. Comenzó con una victoria decisiva contra los persas en la batalla de Issos en el año 333 a. e. c. en Anatolia. Destrozó el ejército del emperador Darío III y lo obligó a retirarse.

Alejandro optó por marchar hacia el sur, hacia Egipto, a través de Siria, tras apoderarse de las posesiones persas en la mayor parte de Asia Menor. Su siguiente gran victoria la consiguió en Gaugamela en el año 331 a. e. c., lo que condujo a una serie de exitosas campañas en los antiguos territorios persas hacia el año 326 a. c. c.

Darío III sería asesinado durante su retirada y, con él, pereció la dinastía aqueménida de Persia. Esto abrió un vacío de poder en Oriente Próximo, algo que fue rápidamente aprovechado por Alejandro, que emergió como gobernante de las tierras desde Grecia hasta el río Indo, incluyendo territorios en el Levante, Egipto, el sur del Cáucaso, Mesopotamia, Irán y Afganistán.

Este fue un gran logro, pero Alejandro quería más. En el año 326 a. e. c., cruzó el río Indo para lanzar una campaña contra el rey indio Poro, algo que ningún otro europeo se había atrevido a hacer. A pesar de salir victorioso de esta campaña, Alejandro se vio obligado a regresar a casa y renunciar a la conquista de la India, ya que sus soldados estaban agotados y añoraban su tierra tras años de guerra constante. Alejandro moriría en Babilonia tres años más tarde, en el 323 a. e. c., a la edad de 32 años.

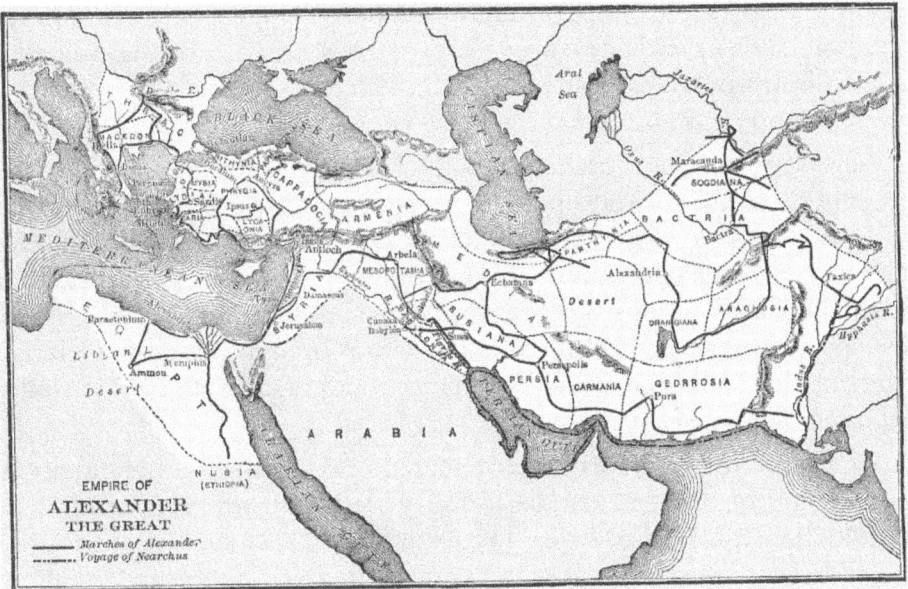

Mapa de las conquistas de Alejandro[8]

Es difícil afirmar realmente el impacto que las conquistas de Alejandro tuvieron en el mundo antiguo. El hecho de expandir las fronteras de su imperio hasta tal punto fue notable por sí solo, aunque hubo implicaciones de mayor alcance. Principalmente, Alejandro es aclamado por difundir la cultura griega en tierras a las que nunca antes había llegado, como en Oriente Próximo y Egipto. Estos lugares, aunque fundamentalmente diferentes de la antigua Grecia, aceptaron las costumbres y el modo de vida griegos, dando lugar a un entorno multicultural que persistiría durante siglos y cuyas huellas aún pueden encontrarse hoy en día.

Alejandro también puede considerarse el primer gobernante europeo con opiniones cosmopolitas, algo que se demuestra mejor por su dependencia de tropas extranjeras, en su mayoría persas, durante sus campañas para ganarse la lealtad y el respeto de los pueblos que conquistaba. Él mismo profesaba mucho respeto a Persia, aun sabiendo que Persia era el enemigo histórico de Grecia. Alejandro organizó una boda multitudinaria en la que participaron sus soldados y mujeres persas. Se casó con la hija de Darío, lo que indicaba que deseaba mantener fuertes relaciones con los persas.

Alejandro no llevó funcionarios griegos para administrar las tierras desconocidas; prefería asesores y burócratas locales con más experiencia, algo que hizo que su imperio fuera próspero durante su corta vida. En ocasiones, estas elecciones provocaron el descontento de sus soldados, pero Alejandro estaba dispuesto a transigir para lograr sus objetivos y emerger como el hombre más poderoso del mundo antiguo.

Alejandro no dejó herederos, y el imperio que había construido con sus conquistas fue dividido por sus generales poco después de su muerte en el 323 a. e. c. Ptolomeo se hizo cargo de los territorios egipcios, mientras que Seleuco estableció su Imperio seléucida, que se extendía desde Damasco a través de Mesopotamia hasta Irán. Anatolia quedó dividida en varias pequeñas satrapías, entre las que destacan Galacia y Pérgamo, mientras que Grecia permaneció nominalmente bajo el control del reino de Macedonia.

La muerte de Alejandro Magno marcó el comienzo de una nueva era para la antigua Grecia, dando forma y desarrollando el concepto del mundo helenístico. En todos los territorios que fueron tomados por Alejandro y sus sucesores, la cultura griega prosperó junto con las culturas locales. La lengua griega se convirtió en lengua oficial del Oriente Próximo y se utilizó ampliamente como *lingua franca* internacional. Las nuevas ciudades se modelaron a partir de las mejores ciudades griegas, tomando elementos de sus estilos arquitectónicos y de infraestructuras, lo que dio lugar a una mezcla ecléctica que no se encuentra en ningún otro lugar del mundo. El propio Alejandro fundó muchas ciudades que llevaban su nombre, algunas de las cuales siguen existiendo hoy en día.

La renovación cultural y social de estos lugares provocó un auge demográfico y un estilo de vida próspero, y grandes zonas urbanas como Babilonia y Alejandría se convirtieron en centros del mundo. La gente parecía y hablaba griego y, hasta cierto punto, estaban gobernados por los griegos, aunque en su mayoría estaban habitados por no griegos.

Con el tiempo, lo que Alejandro había conquistado y lo que más tarde se convertirían en los estados helenísticos sucesores, serían tomados por otra potencia europea en ascenso, una cultura que tenía muchos puntos en común con la antigua Grecia. Otra civilización próspera y monumental surgió durante los acontecimientos que acabamos de describir en la antigua Grecia. Esta civilización estaba situada justo al oeste, en la península de los Apeninos. Y esta civilización estaba destinada a apoderarse de gran parte del mundo conocido. Puede que ya haya oído hablar de ella: Roma.

Capítulo 3 - La antigua Roma

Orígenes

Paralelamente a la evolución de la antigua Grecia tras la Edad Media griega, surgía lentamente otra magnífica civilización al oeste de las ciudades-estado de la península de los Apeninos. La antigua Italia fue un lugar muy diverso desde el principio, ya que albergaba una mezcla ecléctica de pueblos y culturas en la época del colapso de la Edad de Bronce. Estos grupos de pueblos, como en toda Europa en aquella época, llevaban una vida dependiente de la agricultura en pequeños pueblos y aldeas, y solo ocasionalmente tenían contacto con el mundo exterior. Eran relativamente pacíficos, no tenían una verdadera tradición o historia de guerra, y la mayoría hablaba un tipo de dialecto itálico, como el latín, que pertenecía al grupo de lenguas indoeuropeas.

El norte de Italia estaba ocupado por tribus galas de Europa occidental y central, mientras que varias colonias griegas y fenicias se establecieron en el sur, incluida Sicilia. Sin embargo, un grupo étnico destacó entre el resto. Ocupaban sobre todo la región centro-occidental de Italia, conocida como Etruria, lo que hoy es aproximadamente la Toscana. Incluso estaban dispersos por la costa occidental hasta Campania. Estos pueblos eran los etruscos, y quizá fueran el pueblo más civilizado de la Italia antigua primitiva. Curiosamente, no pertenecían al grupo de lenguas indoeuropeas; hablaban su propia lengua única y dieron origen a una cultura compleja que llegaría a dar forma a Europa en los siglos venideros.

La civilización etrusca fue una civilización muy interesante, anterior a la antigua civilización romana. Con el tiempo, los romanos tomarían prestado bastante de los etruscos, pero decir que eran etruscos es un error. Situados en la frontera de las regiones de Etruria y el Lacio, los romanos hablaban latín, aunque estuvieron bajo el dominio etrusco durante mucho tiempo.

La historia exacta de cómo surgió Roma está envuelta en el misterio. A pesar de las evidencias arqueológicas del periodo inicial de la antigua Roma, entre los siglos VIII y VI a. e. c. aproximadamente, no se conservan verdaderos registros históricos de la época. Los griegos serían los primeros en prestar atención a Roma, pero eso solo ocurriría en el siglo III a. e. c., cuando Roma ya se había convertido en una república y estaba envuelta en muchas guerras.

Debido a esta falta de atención, se popularizó una historia muy conocida, aunque probablemente muy inexacta, sobre la fundación de Roma. Esta historia habla de dos hermanos gemelos llamados Rómulo y Remo. Supuestamente eran hijos del dios romano de la guerra, Marte. Según la leyenda, fueron criados por una loba tras ser abandonados en el río Tíber. Los hermanos fundaron su propia ciudad en la colina del Palatino, tras lo cual tendrían una riña que acabaría con Rómulo matando a su propio hermano y convirtiéndose en el primer rey de Roma a mediados del siglo VIII a. e. c., alrededor del año 753.

Por supuesto, la leyenda de la fundación de Roma no debe considerarse del todo cierta. Existen muchas otras teorías, incluso entre los propios antiguos romanos. Según otra famosa historia, los romanos eran descendientes de unos soldados aqueos que se habían asentado en el Tíber tras la guerra de Troya. Aun así, la leyenda de Rómulo y Remo es muy apreciada hasta nuestros días y está ampliamente considerada como la versión «aceptable» de la fundación de Roma.

Una vez más, debido a la falta de pruebas y registros, es difícil decir cómo se desarrolló Roma inmediatamente después de su fundación. A menudo se considera a Rómulo como el primer rey, pero no se sabe mucho sobre él y su gobierno. Tampoco se sabe mucho sobre lo que sucedió tras su gobierno. Siete reyes gobernaron la ciudad de Roma, aunque lo más probable es que Roma no fuera una entidad política totalmente independiente cuando fue gobernada por estos reyes.

Esta línea de reyes llegaría a su fin en el año 509 a. e. c., cuando el impopular reinado de veinticinco años de Lucio Tarquinio Superbo provocó un levantamiento popular. Antes de él, los romanos habían aceptado la soberanía de los reyes, considerándolos en su mayoría como simples gobernantes que defendían la ciudad de otros reyes etruscos. La razón del levantamiento contra Tarquinius Superbus, que significa «soberbio» en latín, no se debió enteramente a su injusto gobierno. En una de las historias más infames del mundo antiguo, su hijo Sexto Tarquinio violó a Lucrecia, una mujer de ascendencia noble, encendiendo la chispa que llevó al derrocamiento del rey. Tras el levantamiento popular, el pueblo de Roma decidió deshacerse de la monarquía, implantando un gobierno republicano.

A pesar de la conveniencia de esta historia sobre el último rey de Roma, los historiadores han cuestionado recientemente este punto de vista, sugiriendo que Tarquinio el Soberbio fue en realidad expulsado por un rey extranjero. Según esta versión, el rey de la vecina ciudad etrusca de Clusio, Lars Porsena, asedió y derrotó a los romanos. La población de Roma, ya descontenta, decidió no volver a instaurar un rey. Además, la historia de la violación de Lucrecia podría haber sido adaptada de una historia similar de uno de los tiranos griegos. La cultura griega ejerció una enorme influencia en la antigua Roma. La opinión general negativa de los griegos sobre los tiranos y su afán por el gobierno del pueblo podrían ser la razón de una descripción tan negativa de Tarquinio el Soberbio.

Sea como fuere, está claro que a finales del siglo VI a. e. c., Roma ya no estaba gobernada por un único rey, sino que había implantado un sistema que se asemejaba a la democracia aristocrática griega primitiva (oligarquía). Así comenzó una época muy influyente en la historia de la antigua Roma: la época de la República romana.

Los albores de la República

Roma seguiría siendo una república durante aproximadamente los cinco siglos siguientes. Este periodo configuró en gran medida las instituciones y el pueblo de la antigua civilización romana, sentando las bases de lo que vendría después. Roma iniciaría su expansión, emergiendo como una fuerza militar dominante y participando en muchas guerras antes de captar finalmente la atención de los griegos. Pero, ¿en qué consistía exactamente la «república»?

Al igual que las ciudades-estado griegas, las preocupaciones políticas y sociales de la temprana república giraban en torno a la propia ciudad de Roma, así como a las modestas posesiones bajo su jurisdicción. En los primeros años, el contacto con los vecinos era limitado, siendo los etruscos el único pueblo que preocupaba a los romanos. A pesar de que la República romana era, bueno, una república y, por tanto, responsable en gran medida del desarrollo del concepto mucho más tardío de republicanismo, su sistema político era muy complejo e incluso estuvo sujeto a luchas sistemáticas por el poder en sus primeras etapas.

Una cosa que está clara es el hecho de que el pueblo romano estaba harto de que una sola persona tuviera autoridad absoluta; querían tener más voz en la forma en que eran gobernados. Así, cuando el último rey fue derrocado, sus sucesores inmediatos fueron dos personas llamadas cónsules, que estaban al mando de las fuerzas romanas y actuaban básicamente como ejecutivos, ejecutando la voluntad del pueblo determinada por el Senado.

El Senado estaba compuesto por la élite, a menudo hombres ricos y prestigiosos de la clase patricia (el más alto de los dos grupos sociales de la antigua Roma). El Senado era técnicamente solo un órgano consultivo de los dos cónsules e incluso puede que existiera de alguna forma durante la monarquía romana. Los senadores debatían asuntos apremiantes y proponían soluciones, aprobando decretos que eran respetados y obedecidos por el público.

Al principio, mientras el pueblo se acostumbraba al nuevo sistema político sin reyes, el poder del Senado era bastante limitado. Sin embargo, con el paso del tiempo, el Senado creció hasta convertirse en el órgano más influyente de Roma. Eventualmente, los plebeyos, la clase social más baja de la antigua Roma, serían admitidos en el Senado. Todos los senadores eran vitalicios y el tamaño del Senado variaba de una época a otra.

Curiosamente, a pesar de la evidente hostilidad de los romanos hacia una autoridad única, una práctica común durante la república era el nombramiento de un dictador, una figura única que asumía el poder político absoluto durante un periodo de seis meses en tiempos de emergencia. Por ejemplo, cuando Roma estaba en guerra, y el Senado y los cónsules estaban divididos sobre las decisiones ejecutivas, el Senado nombraba a un dictador que tendría la capacidad de dirigir la república como quisiera antes de que terminara su mandato. De este modo, se evitaría la política más dilatada y basada en discusiones, ya que el dictador tendría la responsabilidad de actuar.

Este fenómeno es interesante, pues proporciona pruebas de la complejidad del sistema político de los primeros tiempos de la república, al tiempo que subraya el hecho de que abandonar por completo el régimen autoritario era imposible para Roma.

También había dos asambleas populares primarias, la Asamblea Centuriada y la Asamblea Tribal, donde se debatían y votaban sobre asuntos militares y civiles, respectivamente. Las asambleas permitían una participación pública aún mayor y a veces incluso actuaban como tribunales en tiempos de necesidad.

En el sentido moderno de la palabra, la República romana nunca llegó a ser realmente una democracia, en gran parte porque nunca fue plenamente representativa. Los patricios, que eran la minoría, tenían más voz y poder en el Senado. Sí, con el paso del tiempo, los plebeyos ganaron más poder, gracias a la cooperación de los patricios, pero nunca mantuvieron el control del Senado durante un tiempo sustancial.

En los primeros tiempos de la república, un ciudadano romano típico vivía fuera de la ciudad de Roma o de cualquier gran zona urbana y se dedicaba a la agricultura. A pesar de ello, era un defensor y promotor de las virtudes romanas y creía plenamente en la rectitud de la república. Estaba dispuesto a servir siempre que se lo necesitara. Poco a poco, los ciudadanos romanos hicieron crecer sus propiedades hasta convertirlas en gigantescos latifundios que cobrarían especial protagonismo en el último periodo de la república.

Expansión

Hoy en día, la gente piensa en Roma como un poderoso imperio que dominaba la mayor parte de Europa y Oriente Próximo. Sin embargo, antes de que Roma pudiera alcanzar ese nivel de dominio y desarrollar la tradición militar por la que se la conoce en la actualidad, tenemos que comprender sus humildes comienzos.

Ya hemos hablado un poco del dominio etrusco de los territorios al norte de la ciudad de Roma. Parece que los reyes etruscos estaban organizados en una especie de confederación —la Liga Etrusca—, pero las fronteras entre sus dominios eran bastante confusas. Eran más señores de la guerra que reyes propiamente dichos. Siempre estaban en guerra entre ellos y con otros pueblos italianos de la época, lo que explica los relatos un tanto incoherentes que tenemos de su poder real y de la política que dominaba sus reinos.

Lo que sí sabemos es que los etruscos fueron los primeros en enfrentarse a los romanos, probablemente porque la ciudad desafiaba su dominio en la región. Los reyes romanos lucharon contra los etruscos, pero fue en vano. Esto se debió en gran parte al hecho de que los ejércitos romanos no eran ni de lejos tan poderosos y experimentados como lo serían siglos más tarde.

La expansión romana comenzó realmente durante la república, pero incluso en los primeros tiempos, los avances romanos fueron más bien modestos. Los primeros romanos republicanos carecían de la firme voluntad de ser agresivos y participar en guerras, a diferencia de sus futuros homólogos. En el siglo V a. e. c., los romanos lograron victorias militares contra algunos de sus vecinos etruscos. Se hicieron con el control de la ciudad de Veyes e iniciaron un lento proceso de sustitución de los etruscos como amos de Italia central.

Los ejércitos romanos no eran en absoluto poderosos en ese momento. En el año 390 a. e. c., los bárbaros galos del norte bajaron y saquearon Roma, lo que supuso una de las primeras derrotas de Roma. Esta derrota significaba que Roma tenía que hacerse más poderosa, y una de las formas en que la república intentó conseguirlo fue librando guerras contra los reyes etruscos. Sin embargo, en lugar de centrarse únicamente en los etruscos, que eran posiblemente el pueblo más poderoso de Italia y que además estaban siendo presionados por invasores del norte, los romanos decidieron dirigir su atención hacia el sur y subyugar a las ciudades latinas, una empresa que tuvo mucho más éxito. Los latinos no fueron rival para los romanos (que a su vez eran latinos), y gran parte de la Italia continental estaba bajo control romano en el siglo III a. e. c.

La relación entre las ciudades conquistadas y Roma no era tan compleja. Las ciudades se sometían a tributo y los hombres libres se convertían en ciudadanos de Roma, pudiendo beneficiarse de los privilegios que les reportaba ese estatus. En los 150 años posteriores al saqueo de Roma en 390, Roma consiguió aumentar su dominio en la región, adquiriendo nuevas tierras y consiguiendo aliados en el sur.

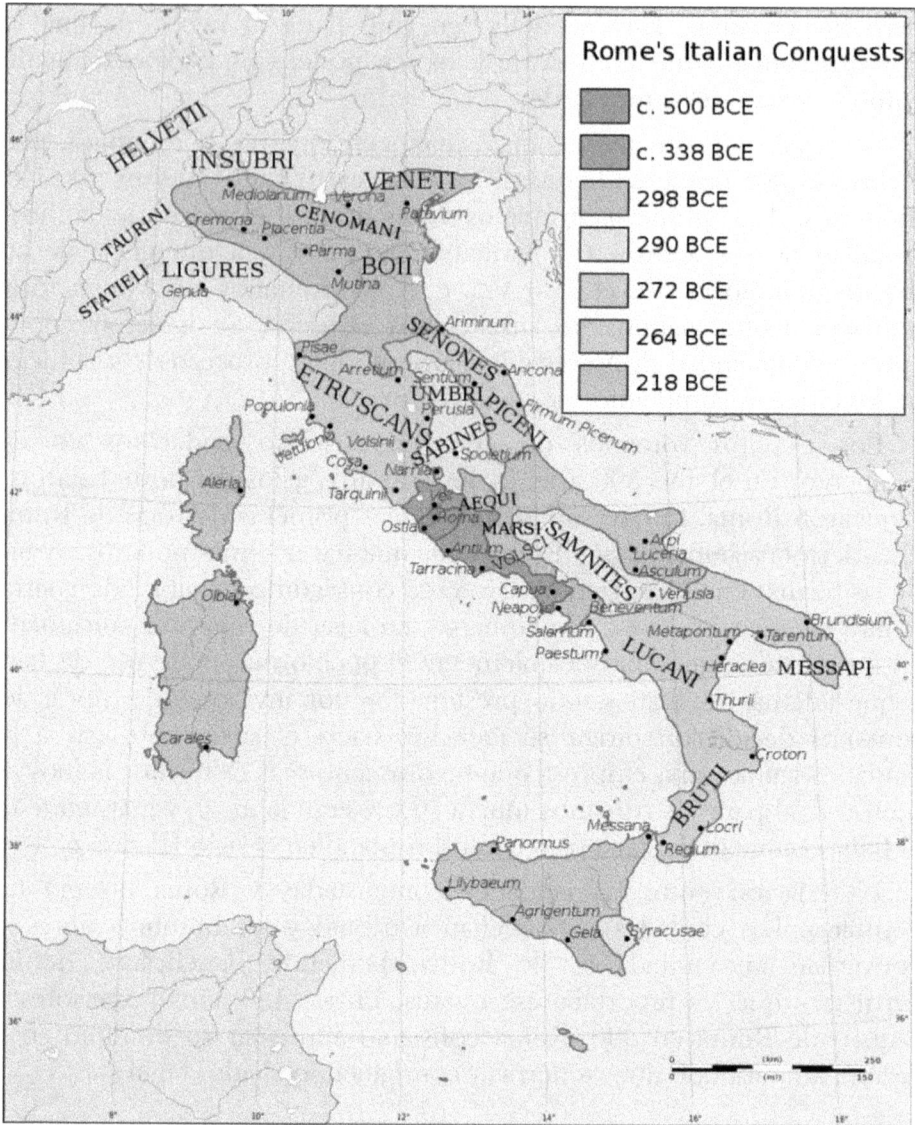

Rome's Italian Conquests

	c. 500 BCE
	c. 338 BCE
	298 BCE
	290 BCE
	272 BCE
	264 BCE
	218 BCE

Conquista romana de Italia⁴

Otra cosa que Roma exigía de sus territorios conquistados era mano de obra. A las ciudades conquistadas se les permitiría conservar a sus administradores locales a cambio de suministrar tropas a Roma en tiempos de guerra. Todo ciudadano varón propietario debía servir en el ejército siempre que fuera necesario, un sistema que hizo a Roma superior a sus vecinos. El sistema de reclutamiento hizo que un mayor número de ciudadanos se convirtieran en guerreros experimentados, al tiempo que disfrutaban de los beneficios materiales de regresar exitosamente de las campañas militares. Proporcionaron los cimientos de la maquinaria militar por la que Roma acabaría siendo conocida, y la creciente reserva de reclutas de los aliados de Roma hizo que la república nunca tuviera problemas de mano de obra.

A mediados del siglo III a. e. c., Roma había derrotado a los pueblos samnitas y repelido una invasión del rey Pirro de la ciudad-estado griega de Epiro. De hecho, las campañas de Pirro le resultarían tan costosas que el nombre de «victoria pírrica» quedaría unido para siempre a un éxito que costó mucho más de lo que valió.

Los éxitos romanos contra Epiro y los samnitas convirtieron a Roma en la fuerza más dominante de Italia, pero el verdadero desafío militar de Roma aún estaba por llegar. Las ambiciones de la república crecían a medida que intentaba expandir su dominio más allá de Italia, pero una potencia extranjera ya establecida se interponía en su camino. En la costa norteafricana, en lo que hoy es Túnez, había una antigua ciudad rica y próspera que básicamente había monopolizado el comercio marítimo en el Mediterráneo occidental. Esta ciudad era Cartago, de origen fenicio y verdadera sucesora de la tradición fenicia de supremacía naval.

Mientras Roma luchaba con otros pueblos italianos, Cartago no solo controlaba la costa norteafricana, sino que también se estableció en el sur de Iberia, Sicilia, Córcega y Cerdeña. Al implicarse en la política regional, Cartago consiguió evitar el ascenso de un actor poderoso, aunque los rápidos éxitos de Roma sin duda llamaron la atención de los habitantes de Cartago. Ambos eran claros rivales entre sí cuando entraron en guerra por primera vez en el 264 a. e. c.

Hubo tres guerras púnicas entre Roma y Cartago, que duraron del 264 al 146 a. e. c., pero el conflicto nunca cesó realmente durante este tiempo. La primera guerra acabaría con una completa victoria romana en 241 a. e. c., lo que supuso la expulsión de los cartagineses de Sicilia y un aumento exponencial del poder naval romano en el Mediterráneo. Córcega y Cerdeña también fueron tomadas por los romanos, junto con todas las riquezas y recursos que las islas podían ofrecer.

Cartago se lamió las heridas tras la humillante derrota y reunió una fuerza aún mayor. Su nueva invasión contra la República romana tomó forma en el 218 a. e. c. El legendario general cartaginés Aníbal Barca sorprendió a los romanos cuando dirigió sus fuerzas hacia Italia, no desde el sur por mar, sino desde el norte. Inició su marcha desde la ciudad de

Nueva Cartago, en el sur de España, subiendo por la costa a través de Francia y cruzando los Alpes con sus elefantes de guerra, en una de las maniobras militares más audaces de la historia antigua.

Gracias a este movimiento totalmente inesperado, Aníbal consiguió un par de victorias contra los romanos, pero los ejércitos romanos detuvieron su avance. Y gracias al genio militar del general romano Escipión el Africano, los romanos se refugiaron en sus ciudades, mientras que el ejército cartaginés tuvo que retirarse de Italia a causa del desgaste y las enfermedades. Luego, en un movimiento igualmente audaz, el Senado concedería a Escipión el Africano permiso para cruzar a África, persiguiendo al maltrecho enemigo y logrando una victoria decisiva en Zama contra Aníbal en el 202 a. e. c.

Cartago tuvo que conformarse con otra paz humillante. No se le permitió hacer la guerra sin permiso romano, y su poderío quedó reducido a una sombra de lo que fue. Escipión fue aclamado como el comandante más formidable, y los romanos disfrutaron del botín de guerra. Sin embargo, la rivalidad no había terminado en absoluto. Muchos en el Senado habían llegado a odiar a Cartago, y los senadores temían que los cartagineses tramaran la desaparición de la república.

Finalmente, tras unos cincuenta años de paz, Roma decidió enviar un gran ejército para castigar a Cartago por romper los términos de la paz, levantando sus fuerzas para rechazar a los númidas invasores. Los romanos lanzaron su asalto final en 146 a. e. c., sitiando la gran ciudad de Cartago. Los romanos acabaron por agotar las defensas cartaginesas tras un largo asedio. Cartago, que había sido una de las ciudades más prósperas del mundo antiguo, fue saqueada y arrasada. Al parecer, los victoriosos soldados romanos sembraron de sal sus campos para evitar que volviera a levantarse. Esto marcó el final de la tercera y última guerra púnica y el comienzo de la supremacía romana en el Mediterráneo y sus tierras circundantes.

La derrota de Cartago abrió nuevas posibilidades a Roma. Cartago había sido el estado más poderoso del Mediterráneo occidental y todas sus colonias estaban muy desarrolladas. Con la caída de Cartago, Roma se convirtió en un soberano natural de las colonias y entró en posesión de territorios en Iberia. Las riquezas y los esclavos que llegaban a Italia procedentes de las tierras recién adquiridas permitieron financiar expediciones aún más audaces. Roma acabó con los antiguos aliados cartagineses uno a uno.

A finales del siglo II a. e. c., incluso antes de que Cartago fuera totalmente erradicada por las legiones romanas, Roma ya estaba interesada en ganar más tierras en el este y tenía los ojos puestos en los griegos. La antigua colonia griega y vieja aliada de Cartago, Siracusa, fue derrotada, y Sicilia quedó unificada bajo el dominio romano. Solo después las legiones romanas se dirigieron a la Grecia continental, donde los sucesores de Alejandro Magno mantenían constantes disputas entre sí. El reino de Pérgamo, un estado helenístico en Anatolia occidental, solicitó ayuda a los romanos contra Macedonia, y Roma accedió, en parte porque Macedonia había estado en términos favorables con los cartagineses en el pasado. Los éxitos anteriores de Roma la motivaron para ir aún más lejos y ampliar los horizontes de la república, mucho más allá de los límites de lo que habían concebido sus fundadores.

Las posesiones romanas y cartaginesas antes de la primera guerra púnica[5]

A lo largo del siglo II a. e. c., Roma consiguió derrotar y apoderarse de toda Grecia, y las débiles ciudades-estado se vieron obligadas a unirse a sus nuevos soberanos latinos. De forma infame, quizá para demostrar su poder real e infundir miedo a los orgullosos griegos, las legiones romanas incendiaron la gran ciudad de Corinto en el año 146 a. e. c., lo que provocó que las antiguas tierras macedonias quedaran divididas en dos territorios administrativos: Macedonia y Acaya. Pérgamo se sometió en 133 a. e. c. mientras Roma se abría paso hacia Anatolia.

Mientras tanto, las legiones romanas también hacían campaña en Europa occidental, cruzando el río Po hacia el norte y lanzando expediciones contra los bárbaros celtas. Los celtas, que poseían una cultura y una civilización complejas y florecientes, ocuparon la mayor parte de Europa occidental y las orillas del río Danubio, y sus sucesores aún sobreviven en Gran Bretaña, Irlanda y el noroeste de Francia. Hábiles herreros y agricultores, los celtas eran también feroces guerreros, y sus cuerpos de infantería fueron siempre una espina clavada en el costado de las legiones romanas. Los celtas utilizaban tácticas de guerrilla y a menudo tendían emboscadas a los disciplinados romanos cuando se atrevían a adentrarse en los bosques europeos.

No obstante, los territorios celtas fueron conquistados uno a uno, a medida que los romanos se adentraban en el norte de Italia, España y Francia, a la que llamaron Galia, de ahí el nombre que dieron a sus habitantes, los galos. En última instancia, las diferencias entre facciones y tribus, así como la falta de una única entidad política unida, hicieron que los celtas sufrieran la derrota a manos de los romanos.

En el siglo I a. e. c., los romanos se habían abierto camino en Europa occidental y central. El Mediterráneo estaba ahora casi completamente bajo control romano, con solo sus costas orientales fuera del dominio romano.

El amanecer del Imperio romano

Además de las ganancias materiales, la expansión durante las últimas etapas de la República romana introdujo muchas novedades culturales por las que hoy se recuerda a la antigua Roma. Esto es especialmente cierto cuando se trata de la toma de Grecia por los romanos, algo que produjo una mezcla completamente única de lo mejor de las dos civilizaciones y condujo, de forma un tanto sorprendente, a la helenización de Roma y, por tanto, del resto de Europa occidental.

La cultura griega siempre había influido en Roma desde sus primeros días debido al estrecho contacto entre las dos civilizaciones y a la existencia de colonias griegas cerca de Roma, pero tras las conquistas romanas del siglo II a. e. c., estas influencias pudieron apreciarse mucho más claramente. Lo más importante es que los romanos adoptaron y perfeccionaron las prácticas griegas de política y gobierno, además de incorporar muchos de los elementos de la vida cotidiana griega, como los circos, los teatros y los baños públicos. La cultura helenística, aunque en un principio se consideró bárbara, no lo era en absoluto tanto como, por ejemplo, los pueblos galos, que ni siquiera tenían su propio sistema de escritura cuando fueron conquistados por los romanos.

La complejidad y belleza de la civilización griega, incluyendo su cultura, lengua, arquitectura y vida cotidiana, asombraron a Roma. La primera literatura romana fue la traducción de obras griegas. La lengua griega y los clásicos se enseñaban en las escuelas. La arquitectura griega fue aclamada y adoptada. Incluso la religión romana llegó a parecerse en gran medida a la griega.

La expansión de Roma significó que tuvieron que producirse cambios significativos en muchos aspectos de la vida romana. Las instituciones y la composición de la primitiva sociedad romana republicana dejaron de ser compatibles cuando Roma entró en posesión de la mitad de Europa, Anatolia y el norte de África.

Por ejemplo, se introdujeron cambios en lo que respecta a la ciudadanía romana. Antiguamente, los ciudadanos romanos eran todos hombres propietarios, en la mayoría de los casos pequeños campesinos plebeyos que habitaban la propia ciudad de Roma y sus alrededores. Tenían derecho a votar, a llevar asuntos ante los tribunales y a servir en los ejércitos romanos cuando el deber lo requería. Pero tras las guerras púnicas y a medida que Roma se involucraba en más y más guerras, estos pequeños agricultores ya no continuaron con sus actividades agrícolas originales. Las constantes guerras apartaron a muchos hombres de la agricultura, lo que provocó el empobrecimiento de la campiña italiana y llevó a muchos plebeyos a trasladarse a los centros urbanos. Incluso aquellos romanos que ganaban dinero con las guerras ya no vivían en el campo; decidieron comprar más fincas y emplear esclavos para trabajar sus tierras mientras se trasladaban a las ciudades.

La migración de los ciudadanos pobres a las ciudades dio lugar a la aparición de estratos sociales muy polarizados. Con el tiempo se los denominaría proletariado. Poseían poca o ninguna propiedad y trabajaban como empleados en las ciudades. Aún tenían ciudadanía, pero gradualmente fueron perdiendo importancia a medida que se generalizaba la esclavitud. El control de la clase patricia sobre el Senado aumentó como consecuencia de ello.

Este movimiento social también provocó cambios en la composición de los ejércitos romanos. Antes, solo los hombres con propiedades podían servir; ahora, el proletariado, al no tener otra utilidad aparente, fue animado a alistarse en las legiones romanas. A menudo se presentaban voluntarios para unirse al ejército, llenando a veces en exceso las filas y permaneciendo en el ejército durante la mayor parte de sus vidas. Esto, a su vez, condujo al desarrollo de ejércitos romanos casi completamente independientes, que llegaron a ser autosuficientes. Las legiones eran mucho más leales a sus comandantes y colegas que, por ejemplo, al Senado, y reclamaban para sí la mayor parte de la gloria y el botín de guerra de las conquistas extranjeras. Los generales romanos ascendieron en prominencia y se convirtieron gradualmente en poderosos actores políticos que se involucraron en asuntos cívicos para obtener aún más poder.

La expansión no cesó. Las costas meridionales del mar Negro de Bitinia y el Ponto fueron conquistadas en el 74 y el 65 a. e. c., Cilicia, en la costa sureste de Anatolia, fue conquistada en el 67 a. e. c., Siria fue tomada en el 63 a. e. c. y Chipre se convirtió en territorio romano en el 58 a. e. c.

El año que marcaría el principio del fin de la República romana es el 59 a. e. c. Ese año, un joven político llamado Julio César fue nombrado cónsul. Julio César es uno de los nombres más poderosos de la historia, y no es para menos. Un año después de su nombramiento, se convirtió en el comandante de las fuerzas romanas en la Galia y aniquiló por completo a los celtas que quedaban en la actual Francia durante los siete años siguientes aproximadamente. César incluso cruzó a Britania en dos ocasiones, pero decidió no permanecer allí, centrándose, en cambio, en consolidar su poder en la Galia y ganarse más respeto y lealtad de sus tropas. Los éxitos militares de César y el crecimiento exponencial de su reputación coincidieron con un periodo extremadamente problemático para la política interior romana que desembocó en una guerra civil.

Los generales de prestigio y éxito se estaban volviendo más independientes y actuaban al margen de los intereses del Senado. En otras palabras, se tomaban la justicia por su mano. Mientras tanto, con más gente convirtiéndose en ciudadanos y emigrando por las tierras romanas, el gobierno popular y el gobierno republicano empezaban a perder su importancia. La intriga política se hizo más común, con los senadores intentando manipular su camino hacia la cima. Querían más poder directo e influencia de los que tenían antes, y el temor a que volviera un único gobernante autoritario se generalizó entre la población.

Curiosamente, no sería otro que Julio César quien haría realidad ese temor. Habiendo pasado muchos años conquistando a los galos y reclamando la gloria por sus conquistas, había acumulado mucho prestigio y riqueza. Además, no se lo podía culpar de la inestabilidad de

Roma, ya que había estado ausente durante bastante tiempo. Los romanos estaban más disgustados con muchos de los grandes políticos. En otras palabras, el complejo y caótico clima político de la época hizo posible que César se abalanzara sobre ellos y asumiera el liderazgo dictatorial, llenando el vacío de poder romano.

César, gobernador de la Galia en aquel momento, recibió instrucciones del Senado de regresar a Roma en el año 50 a. e. c. Tuvo que dejar sus ejércitos en la Galia, ya que llevarlos a Italia significaría que estaba infringiendo la ley. En enero del 49 a. e. c., Julio César, a pesar de sus instrucciones, cruzó el Rubicón, que marcaba la frontera entre su provincia e Italia, y condujo a sus ejércitos a Roma, iniciando esencialmente su insurrección contra Roma. Durante los cuatro años siguientes, César libró una brutal guerra civil contra sus oponentes, aplastándolos en las batallas, al tiempo que recababa apoyos en el Senado y era nombrado dictador vitalicio.

Sin embargo, sus triunfos despertaron sospechas y desprecio en muchos que creían que restablecería una monarquía. En el año 44 a. e. c., unos cuarenta senadores asesinaron a Julio César.

César sigue siendo hasta hoy una de las figuras más ambiguas de la historia europea. Muchos afirman que era el héroe que Roma necesitaba y que era la persona adecuada para sacar a la república del caos que Roma había sufrido durante mucho tiempo. Otros creen que fue un usurpador, un villano que quería el poder absoluto e incluso llegó a conseguirlo durante algún tiempo. Sea como fuere, Julio César sigue siendo uno de los hombres más fascinantes de la antigüedad clásica, y ha sido objeto de muchas obras literarias y artísticas.

A pesar del asesinato de César, la guerra civil en Roma no había terminado en absoluto. La embestida que había dado hacia el restablecimiento de una Roma centralizada había dejado un impacto creciente en la sociedad y la política romanas. El sobrino nieto y heredero adoptivo de César, Octavio, irrumpiría en la escena política gracias a la lealtad de los ejércitos de su tío abuelo.

Octavio se involucraría en las luchas de poder de finales de la República romana. Formó un triunvirato con sus aliados, Marco Antonio y Marco Lépido. Octavio siguió luchando en la guerra civil en nombre de Julio César, vengando su muerte en la batalla de Filipos en el 42 a. e. c., cuando sus ejércitos derrotaron a las fuerzas de los asesinos de César, que estaban dirigidas por Bruto.

El triunvirato salió victorioso y dividió el reino romano en tres, en el que cada hombre gobernó uno e incluso consiguió expandir las conquistas romanas al mismo tiempo. Sin embargo, las crecientes tensiones en el seno del triunvirato hicieron que la cooperación ya no fuera posible. Aproximadamente una década después de Filipos, el triunvirato dejó de existir, y Octavio acabó derrotando a sus antiguos aliados para regresar a Roma, donde fue recibido por sus leales legiones.

La época del Imperio romano

Roma seguía siendo técnicamente una república en la época del éxito de Octavio contra sus rivales del triunvirato. Sin embargo, hacía tiempo que el Senado había dejado de ser tan influyente como lo había sido tradicionalmente debido a la mayor importancia concedida a los comandantes militares individuales y al poder que les otorgaban sus cuerpos militares.

Aunque Octavio marchó a Roma apoyado por sus leales legiones que lo consideraban el verdadero sucesor de Julio César, no se apresuró a declararse el nuevo rey de Roma. En lugar de mostrar que había salido victorioso de la guerra civil y que básicamente reunía todos los requisitos para convertirse en el nuevo amo de Roma, Octavio adoptó un enfoque más cuidadoso y planificado. Al igual que su tío abuelo y como buen romano que era, Octaviano aclamaba los principios republicanos sobre los que se fundó su sociedad, por lo que creía firmemente que respetar estos principios era lo que haría un gobernante benevolente y sabio, incluso si la noción de tal gobernante chocaba con la idea romana del republicanismo.

Así pues, Octavio decidió no llevar a cabo reformas radicales e imponer su gobierno por la fuerza al pueblo. En cambio, gracias al poder que había acumulado, se abrió camino en el Senado y manipuló a su favor el órgano político más importante de Roma. Mantuvo su título formal de *imperator* —el comandante de los ejércitos— al tiempo que era elegido cónsul año tras año, algo que le daba la suficiente influencia sobre el Senado como para ser básicamente la figura con más autoridad de la república. La excesiva cantidad de riqueza que había acumulado gracias a sus campañas y la confianza que el ejército tenía en él hicieron posible que Octavio se mantuviera, en cierto sentido, un escalón por encima del resto del Senado en términos de poder.

El principal objetivo de Octavio, como él mismo declaró, era sacar a Roma del inestable estado político y social en que se encontraba desde hacía varias décadas. Estaba dispuesto a demostrar su voluntad invirtiendo mucho de su propio dinero en proyectos que ayudaran a la vida pública, como la construcción de nuevas calzadas. Este enfoque parecía tener cada vez más éxito a medida que pasaban los años.

Todo seguía estando nominalmente en manos del Senado, pero era Octavio la persona más importante de todo el reino. A su debido tiempo, sus contribuciones a la estabilidad, la paz y el restablecimiento de la prosperidad romana se hicieron notar formalmente. En el año 27 a. e. c., se le concedió el título honorífico de Augusto, «el ilustre», que enfatizaba su autoridad y su estatus casi sagrado. También se le concedió el título de *princeps*, el primer ciudadano.

Octavio, que empezó a ser conocido como César Augusto, vio cómo su poder crecía exponencialmente, aunque insistía en que no era un déspota ni un tirano y que actuaba dentro del marco de la república. Por eso, la forma de gobierno que funcionaba antes del año 14 de la era cristiana se conoce como Principado. Pero a pesar de su insistencia en los principios republicanos, estaba claro que actuaba fuera del marco republicano. Por ejemplo, Augusto eligió a un heredero para sucederle, un acto normalmente mal visto por los romanos republicanos.

Antes de su muerte, eligió como sucesor a un joven prometedor llamado Tiberio, que procedía de una poderosa familia aristocrática. A la muerte de Augusto en el año 14 de la era cristiana, Tiberio se convirtió tanto en *princeps* como en *imperator*, asumiendo el nombre completo de Tiberio César Augusto y continuando el legado de su padrastro.

Octavio —o César Augusto— nunca fue realmente un «emperador» de Roma, en gran medida porque Roma nunca dejó de ser una república, técnicamente hablando. Por supuesto, en realidad, Octavio tenía todos los privilegios, beneficios y poder necesarios para ser considerado el primer emperador romano, y por eso lo conocemos como el primer emperador romano. Lo que es importante recordar es que la transición de la República romana al Imperio romano no fue tan clara y distinguida como la transición del Reino romano a la República romana. Fue un proceso gradual que comenzó en el siglo I a. e. c. con las acciones de Julio César y que finalmente llevó a Octavio a convertirse en *princeps* e *imperator* y a establecer una dinastía eligiendo a su sucesor. Con Octavio César Augusto comenzó un nuevo capítulo en la historia de Europa: la era del Imperio romano.

La dinastía Julio-Claudia, establecida por Augusto, duraría relativamente poco tiempo, y sus emperadores no fueron en absoluto los mejores que Roma llegaría a ver. Tiberio, por ejemplo, que gobernó hasta el 37 e. c., no fue un mal administrador, pero nunca confió verdaderamente en el Senado. Su elección de heredero tampoco resultó ser la mejor decisión, ya que Calígula, su sucesor, solo duraría cuatro años, durante los cuales se dedicó a comportamientos fastuosos e imprudentes, esquilmando el tesoro romano y ganándose un nombre como uno de los peores emperadores romanos. Su sucesor, Claudio, que gobernó hasta el año 54, fue un mejor político. Consiguió reformar la maltrecha economía romana y estabilizar algo la situación del imperio.

Después de Claudio vino Nerón, que gobernó durante los catorce años siguientes. Nerón es recordado como una de las figuras más infames de la historia romana. Era conocido por ser cruel, manipulador y despótico. También se le atribuye la instigación del gran incendio de Roma en el año 64 de nuestra era. Al final, Nerón se encontraría con la oposición de los senadores rebeldes, que lo obligaron a abandonar Roma. El emperador se suicidó, poniendo fin abruptamente a la dinastía Julio-Claudia y a la primera sucesión de emperadores romanos.

Tras la muerte de Nerón estalló una brutal guerra civil, que en cierto modo se parecía a la inestabilidad de un siglo antes y que dio lugar a una situación muy caótica en la que muchas personas pretendían ser emperador al mismo tiempo. La guerra civil puso de relieve una vez más la importancia del ejército, ya que el candidato con más apoyo militar solía encontrarse en la cima. El Senado tenía poca influencia directa sobre lo que ocurría, y optó en su lugar por operar entre bastidores mientras intentaba mantener la idea de que seguía siendo una institución importante. Designaba magistrados que, en realidad, tenían poco poder.

En el año 69 de la era cristiana, del caos surgió Vespasiano, un distinguido soldado de baja cuna que consiguió maniobrar para llegar a la cima y derrotar a sus rivales. Se convirtió en el nuevo emperador y fundó la dinastía Flavia. Claramente mejor que sus predecesores, Vespasiano es responsable de la reorganización del ejército y del reforzamiento de las relaciones del emperador con el Senado. Su reinado coincidió con el declive general de las antiguas familias romanas, algo que sin duda le permitió ganar la autoridad que necesitaba para estar al mando. Aun así, solo hubo dos emperadores de la dinastía Flavia después de él: su hijo, Tito, que tuvo un reinado corto pero relativamente próspero de dos años hasta el año 81, y Domiciano, que permanecería en el poder durante quince años y emergería como uno de los líderes más autocráticos de los inicios del Imperio romano. Debido a su tendencia a meterse con el

Senado y socavar su independencia, Domiciano fue asesinado en el año 96. La dinastía Flavia terminó con su muerte.

La Pax Romana

Como podemos ver, las primeras etapas del Imperio romano fueron ciertamente caóticas. Era la época en la que se estaba perfeccionando la noción de lo que significaba ser emperador, y los primeros emperadores experimentaron con esta noción más que los emperadores posteriores. Solo unos pocos tendrían la suerte de poder estar a la altura del gran Octavio César Augusto en popularidad o habilidad, y tal vez esta fuera la razón de su fracaso a la hora de establecerse como figuras queridas a los ojos de los romanos.

Sin embargo, con el paso del tiempo, el estándar de lo que significaba ser un buen emperador cambiaría en el período apropiadamente llamado de los «Cinco buenos emperadores». Este periodo duró aproximadamente un siglo, del 96 al 180. Cinco emperadores se sucedieron y fueron capaces de dar la vuelta a la nave y devolver la gloria a Roma.

La era de los Cinco buenos emperadores, que incluyó los reinados de Nerva, Trajano, Adriano, Antonino Pío y Marco Aurelio, también puede considerarse la edad de oro del Imperio romano. Roma se convertiría en la más grande, poderosa y próspera que jamás había sido, y el periodo de la «paz romana» —la legendaria *Pax Romana*— caracterizaría los avances culturales y materiales que culminarían durante el reinado de los Cinco buenos emperadores.

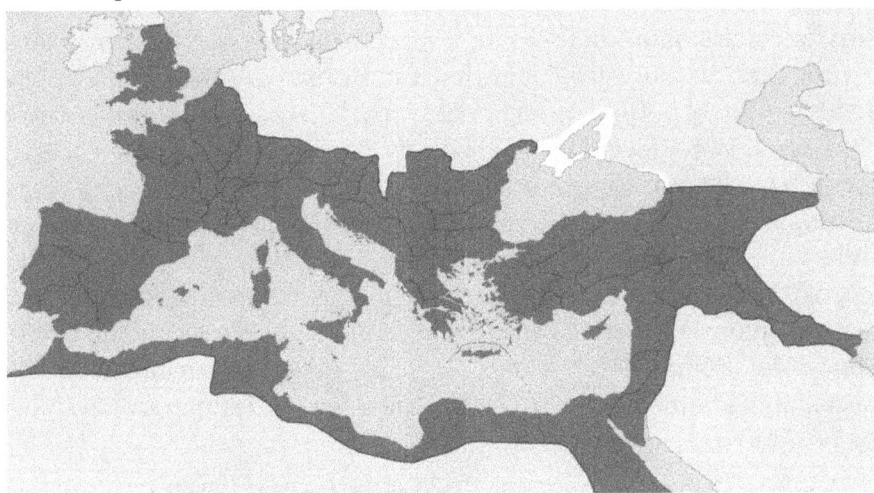

Mapa del Imperio romano en su mayor extensión[6]

A pesar de lo que su nombre podría sugerir, la *Pax Romana* nunca fue realmente una época plenamente pacífica, y los historiadores suelen datarla a partir del reinado de Augusto en lugar de limitarla al reinado de los Cinco buenos emperadores. El término se refiere sobre todo al hecho de que, a pesar de la inestabilidad interna que caracterizó a Roma en estos dos siglos, ninguna potencia exterior pudo desafiar el dominio de Roma en Europa o en Oriente Próximo.

Las adquisiciones territoriales durante esta época son una prueba de ello. Octavio es responsable de la consolidación de toda la costa norteafricana bajo el dominio de Roma, ya fuera de forma directa o a través de los vasallos del imperio. La conquista de Anatolia también se completó en gran medida durante esta época, mientras que las tierras de conexión entre el norte de Italia y Grecia, conocidas como Dalmacia, quedaron bajo dominio romano. Julio César ya había consolidado el control de Roma sobre la Galia, pero expediciones posteriores conquistaron la mitad de Europa central, la parte occidental de la actual Alemania. Durante la época del segundo de los Cinco buenos emperadores, Trajano, se hicieron esfuerzos para entrar en campaña en Britania y Mesopotamia. El resultado final fue que casi toda Europa occidental, los Balcanes, Anatolia, Mesopotamia, el Cáucaso meridional, el Levante y el norte de África estaban bajo dominio romano. Ningún otro imperio europeo había logrado esto antes que los romanos.

Sin embargo, la verdadera esencia de la *Pax Romana* era más profunda que el mero dominio militar y la victoria completa sobre los enemigos del imperio. La *Pax Romana* fue la época de la romanización de los pueblos conquistados. Fue la época en que la cultura romana se dio a conocer en todos los territorios que Roma controlaba. Fue la época del desarrollo económico, material y social, en la que se crearon y avanzaron a la perfección los máximos de la antigua Roma, la mayor parte de aquello por lo que hoy la recordamos. Fue la época del legado imperial, algo que podemos ver en las obras que los romanos dejaron en ladrillo y piedra, como circos, anfiteatros, bibliotecas, templos y edificios públicos. Hubo grandes hazañas de la ingeniería, como los acueductos romanos, que proporcionaron agua potable a muchas ciudades incluso después del colapso del imperio, y las calzadas pavimentadas, que conectaban las numerosas provincias entre sí y en las que se basarían las rutas posteriores.

Las innovaciones tecnológicas de la época son un gran testimonio del aspecto «pacífico» de la *Pax Romana*. La gente podía vivir cómodamente con innovaciones como la calefacción central, y la limpieza y el orden se facilitaron con la implantación de mecanismos de fontanería y saneamiento.

El aumento de los niveles de migración también significó el establecimiento de nuevos centros urbanos y la redefinición de las fronteras. Durante la edad de oro del Imperio romano, surgían nuevos núcleos de población y grandes ciudades en zonas anteriormente deshabitadas de Europa occidental. Todas ellas tenían características romanas (y griegas) distintivas y a menudo incluían sus propios circos, anfiteatros, foros y baños públicos.

La ciudad de Roma se convirtió en el nuevo centro de la civilización europea. En su apogeo, su población podría haber alcanzado el millón de habitantes, lo que constituía una hazaña extraordinaria. Roma fue la capital de Europa y del mundo romano, y siguió actuando como tal durante muchos siglos, incluso después del colapso del imperio. Más tarde, su estatus sería ciertamente cuestionado, pero los símbolos culturales, religiosos y materiales que Roma obtuvo durante la edad de oro perduraron.

Roma y las ciudades recién creadas no fueron las únicas que alcanzaron su apogeo durante la *Pax Romana*. Los centros urbanos ya establecidos crecieron hasta niveles aún más altos. Ciudades como Alejandría, por ejemplo, se convirtieron en centros sociales, atrayendo a miles de visitantes y emigrantes que quedaban deslumbrados por la ecléctica mezcla de elementos culturales procedentes de las tradiciones locales y de la tradición helenística de Roma.

La herencia intelectual de la edad de oro de Roma también es admirada hoy en día. Es cierto que Roma pudo haber quedado rezagada con respecto a la antigua Grecia en lo que a filosofía se refiere, aunque existen logros filosóficos romanos emblemáticos, como el estoicismo. Marco Aurelio, uno de los emperadores romanos más célebres, fue un famoso estoico. Las obras de poetas e historiadores romanos, como Virgilio y Livio, siguen considerándose lecturas básicas en lo que respecta a sus respectivos géneros.

Lo que era más importante para la Roma de la época que producir obras icónicas de la literatura era la creación de figuras públicas capaces que pudieran ocupar puestos relevantes para mantener las cosas en orden. Durante la *Pax Romana*, la educación romana permitió a los ciudadanos (por ciudadanos entendemos solo hombres) convertirse en hábiles oradores y administradores. Un gobierno competente, sobre todo en lo que respecta a las ramas burocráticas locales, significaba que el sistema podía persistir, y que la ley y el orden serían acatados y respetados por el pueblo, ya que este confiaba en los titulares de los cargos.

En la época de los Cinco buenos emperadores, la mayoría de las zonas urbanas bajo la jurisdicción de Roma hablaban latín y griego (aunque este último se hablaba en una medida comparativamente menor). Esto explicaría la prominencia de estas dos lenguas europeas y su uso en los asuntos cotidianos siglos después de su creación.

Galos, sirios, ilirios, íberos y otros grupos de población no eran romanos, latinos ni italianos, pero hablaban y vestían como sus conquistadores. Cada vez se sentían más orgullosos de su herencia romana. En 212 e. c., los derechos de ciudadanía se ampliarían a todos los súbditos varones libres del imperio, algo que reflejaba el éxito de siglos de asimilación y dio lugar a que más no romanos ocuparan puestos importantes, incluso en el Senado.

Ser romano ya no significaba haber nacido en Roma o en Italia. En cambio, ser romano se convirtió en una identidad más grande que la vida, una identidad que dio forma a la civilización romana y a sus estados sucesores.

División

La paz romana no estaba destinada a ser eterna. Muy pronto, el sistema romano empezó a mostrar grietas y quedó claro que las soluciones temporales no podían hacer desaparecer los problemas.

Por un lado, el Imperio romano se estaba haciendo demasiado grande para gobernarlo con eficacia. Un reino tan masivo requería una atención constante en todo momento, y el sistema romano dependía demasiado de la existencia de una figura poderosa que pudiera determinar la dirección política y social del imperio, mientras que los administradores locales se ocupaban de los asuntos locales. Pero el imperio estaba en constante expansión. Cada vez más legiones, dirigidas por comandantes ambiciosos que buscaban la gloria, se estacionaban en las fronteras del imperio, sobre todo en Europa central, para luchar contra los bárbaros. En el este, Roma luchaba constantemente por el dominio contra el Imperio parto.

Los constantes ataques de los bárbaros inmovilizaban cada vez más tropas en las fronteras, en los bosques de Europa. Por mucho que a los romanos les gustara el dominio y la asimilación de los «pueblos inferiores» a su imperio, dudaban en permitir que las tribus germánicas del centro y norte de Europa se asentaran en los territorios que controlaban. Temían que causaran inestabilidad por ser tan incivilizados.

Los pueblos germánicos estaban siendo presionados desde el este. En el siglo III de nuestra era, una enorme oleada migratoria procedente de Asia provocó su desplazamiento. Los pueblos hunos de las estepas asiáticas —fieros guerreros y expertos en el manejo del caballo— fueron los instigadores de la gran migración del siglo IV. Viajaron cada vez más lejos hacia el oeste, diezmando a los pueblos que se interponían en su camino. Para cuando llegaron a Europa, era inevitable que los bárbaros, a los que las legiones romanas, constantemente alerta, mantenían alejados de los territorios romanos, tuvieran que ir a alguna parte. Si no lo hacían, se encontrarían con la ira de los hunos.

Inicialmente, el Rin y el Danubio sirvieron como una buena frontera entre las tribus germánicas y los romanos, pero a finales del siglo III, los pueblos germánicos fueron capaces de penetrar a través de las defensas romanas y asentarse en territorios controlados por los romanos. Esto provocaría aún más inestabilidad en las provincias romanas más remotas, algunas de las cuales acabarían siendo abandonadas por los romanos. Cederían sus territorios a los bárbaros con la esperanza de que pudieran centrar su atención en otro lugar.

En el este, había existido un conflicto constante entre los romanos y los partos. Este conflicto había durado más de cien años y había tenido un éxito desigual. Las legiones romanas conseguían a veces victorias decisivas contra las fuerzas partas, pero no llegaban a nada significativo. El principal «terreno de juego» era Oriente Próximo, especialmente las tierras de Mesopotamia y Armenia, que cambiaron de manos en diversas ocasiones.

El Imperio parto acabaría siendo derrocado por un hombre llamado Ardashir, gobernante de la provincia de Fars, en el actual Irán. Se apoderó de las tierras orientales y restableció un imperio persa en el este. Creyendo ser el sucesor de Darío y Chipre, los grandes gobernantes aqueménidas de la antigüedad, la dinastía sasánida de Persia plantearía al Imperio romano un desafío mejor que el que nunca habían planteado los partos.

Atado en dos grandes frentes, el Imperio romano empezó a mostrar sus debilidades, provocadas por la extensión excesiva y quizá el exceso de indulgencia durante la *Pax Romana*.

Internamente, el sistema empezaba a tambalearse. En cierto modo, gran parte de la economía romana procedía de las victorias en las guerras. Un crecimiento territorial tan espectacular no solo proporcionaba a Roma un botín, que solía formar parte del mantenimiento de las tropas, sino también nuevos territorios que podían utilizarse con fines agrícolas y comerciales. Una interrupción de la expansión detuvo esta tendencia, lo que significó que los soldados se vieron privados de sus ingresos. Y en la antigüedad, no convenía ponerse en el lado malo de los militares. Así que el gobierno tuvo que sacar fondos de otras fuentes para pagar el mantenimiento de sus legiones, una tarea que resultó difícil.

Además, la disparidad de riqueza entre las clases sociales del imperio nunca había sido mayor. Los aristócratas seguían adquiriendo más tierras en las provincias romanas y aumentando sus riquezas personales, mientras que cada vez más personas tenían que emigrar de sus moradas originales en busca de trabajo en las ciudades o alistarse en los ejércitos. Un par de malas cosechas, causadas por un clima desfavorable, crearon escasez de alimentos. Este problema se agravó por el hecho de que los niveles de consumo habían crecido demasiado desde que Roma disfrutaba de prosperidad económica.

En un imperio tan grande, era difícil distribuir equitativamente los recursos entre todos los servicios públicos que necesitaban atención. Por ejemplo, la parte oriental del imperio era más rica, pero en la occidental se avecinaban muchos problemas.

La superpoblación y el aumento del número de esclavos dificultaron aún más las cosas. Se produjeron múltiples rebeliones de esclavos y hubo que llamar a los mejores soldados romanos para poner fin a sus revueltas.

Las intrigas en el Senado nunca cesaron. A medida que más personas obtenían riqueza y querían incursionar en la política, las cosas se complicaban aún más.

También podríamos culpar del declive gradual del sistema romano a la sucesión de gobernantes incompetentes que quizá carecían del carisma y el mando de sus más ilustres predecesores. Sin embargo, los emperadores que fueron y vinieron durante el siglo III poco pudieron hacer cuando se trataba de mantener unido al imperio en apuros. Había que encontrar una solución en alguna parte. Estaba claro que el pueblo era impotente para cambiar el sistema, ya que los conflictos internos conducirían a un caos aún mayor (como ocurrió durante las guerras civiles subsiguientes, en las que muchos se atribuían el título de emperador), por lo que era necesario un enfoque descendente. Roma necesitaba una reforma.

El emperador Diocleciano surgiría como la persona que aplicaría una venda temporal a los problemas romanos a finales del siglo III. Consiguió restablecer la estabilidad tras su ascenso al trono en 284.

Diocleciano sería proclamado emperador por sus soldados. Tardaría un par de meses en consolidar su dominio sobre el vasto imperio, ya que su poder se había centrado inicialmente en Oriente. A mediados de 285, sin embargo, se erigió como único gobernante del imperio y se puso manos a la obra. Su hazaña más memorable fue la división del Imperio romano en dos. Diocleciano se dio cuenta de que el imperio era demasiado grande para ser gobernado por un solo hombre, así que poco después de hacerse con el poder, proclamó a su amigo, un experimentado soldado y comandante que no era noble de nacimiento, Maximiano, como su coemperador.

Maximiano se encargó de dirigir el imperio en Occidente, mientras que los territorios de Oriente quedarían bajo el gobierno del propio Diocleciano. Nicomedia se convirtió en la nueva sede del emperador oriental, situada en el Bósforo, mientras que Maximiano optó por gobernar desde la ciudad de Milán, aunque Roma seguía conservando su estatus de capital del imperio. Diocleciano pretendía facilitar el gobierno del inestable Imperio romano; podría centrarse en los asuntos de Grecia, Tracia, Asia Menor, Siria y Egipto, mientras que Maximiano prestaría atención directa a las provincias imperiales de Occidente.

Ambas figuras asumieron el título de «Augusto», que significaba que eran iguales en estatus y poder. En 293, dos hombres, Galerio y Constancio, recibieron el título de César y fueron esencialmente los segundos en importancia en sus respectivos reinos. De este modo, el imperio llegó a tener cuatro señores, con Diocleciano y Maximiano ostentando los cargos superiores más importantes.

La división del imperio en la Tetrarquía, como sería denominada, no fue la única contribución que Diocleciano hizo para revivir la antigua gloria de Roma. Siguieron otras divisiones administrativas, con la división de las antiguas provincias en nuevas subprovincias más pequeñas, cada una con su propio gobernador. Por un lado, esto significó la descentralización del poder, pero el concepto de poder en sí era muy complejo en lo que se refería al Imperio romano de la época, ya que diferentes actores influían en los asuntos de diferentes maneras (como las legiones y los comandantes independientes, por no hablar del Senado). En cualquier caso, esto llevó gradualmente al Senado a perder su influencia, un proceso que había comenzado mucho antes de la época de Diocleciano.

También se emprendieron reformas militares muy necesarias, que dieron como resultado la ampliación del ejército romano hasta incluir unos 500.000 hombres en armas en todo momento en todo el imperio, gracias a la decisión de reinstaurar el servicio militar obligatorio.

Roma cristiana

Aparte de las reformas de Diocleciano, otra cosa por la que se lo recuerda es por su odio y persecución de los cristianos. El cristianismo, la religión que acabaría definiendo la historia de Europa, era bastante impopular durante los primeros tiempos del Imperio romano, en gran parte debido a que no había pasado mucho tiempo desde su concepción.

Relatar la historia del cristianismo no es tarea fácil, así que será mejor que nos limitemos a evaluar el estado de la religión en relación con el Imperio romano. El cristianismo comenzó a desarrollarse en Palestina entre el pueblo judío local cuando la región estaba bajo control romano. Los judíos habían sido durante mucho tiempo un pueblo distinto, con su propia cultura única y sus creencias monoteístas, que eran muy diferentes de la tradición politeísta y de culto del mundo grecorromano. A pesar de sus luchas, el pueblo judío había conseguido conservar su identidad bajo sus soberanos, a menudo opresores, y acabó dispersándose por las tierras que llegarían a ser ocupadas por Roma.

En la época de Augusto, Roma ya estaba más que familiarizada con el judaísmo y el pueblo judío, y la política de la república había consistido en tolerarlos como a cualquier otra religión, siempre que los adeptos toleraran el panteón romano de dioses, que se consideraba superior. Los romanos también conocían el concepto judaico del Mesías, el rey esperado y descendiente del legendario rey David, que debía aparecer en tiempos de necesidad y conducir al pueblo a la gloria. Había mucho desacuerdo sobre cuándo aparecería exactamente el Mesías entre los judíos y qué forma adoptaría, lo que explica en parte la animadversión que la mayoría de los judíos de Tierra Santa tenían hacia Jesús.

Jesús creció en la pequeña ciudad de Nazaret. Predicó y enseñó la palabra de Dios, afirmando ser el hijo de Dios. Los Evangelios, que fueron escritos por sus seguidores, son los relatos de su apasionante vida, narraciones que informan de que Jesús realizó milagros a la vez que predicaba las doctrinas ortodoxas del judaísmo.

Jesús ganaría rápidamente mucha tracción en Judea, tanto que sería condenado por los líderes religiosos judíos locales y acusado de blasfemia hacia el año 33 de la era cristiana. Llevándolo ante el gobernador romano de la época, Poncio Pilato, exigieron que Jesús fuera castigado adecuadamente por haber mentido y corrompido al pueblo de Judea. Insistieron en que Jesús hizo creer a la gente que era el hijo de Dios, mientras que, en realidad, no era más que un farsante. Para evitar ser responsable de causar más caos, Pilato pidió al público que decidiera el destino de Jesús, y el público decidió crucificarlo.

Poco después, los discípulos de Jesús creyeron que había resucitado de entre los muertos y, al cabo de poco tiempo, afirmaron que lo habían visto ascender al cielo. Por supuesto, al igual que ocurre con cualquier otra religión, es difícil saber qué ocurrió exactamente y si los relatos recogidos en los Evangelios son o no hechos reales. Lo que sí podemos afirmar con certeza es que la creencia en Jesús como el Mesías nunca cesó.

Al principio, el cristianismo (palabra que procede del nombre griego dado a Jesús —Cristo o «ungido»)— fue percibido como una nueva secta judía, y no tardaría en empezar a cobrar importancia en todo el territorio romano. Un concilio de cristianos se reunió en el año 49 e. c. y decidió predicar las enseñanzas de Jesús a los gentiles, los pueblos no judíos. Los creyentes cristianos pronto empezaron a salir en misiones.

Esto dio lugar gradualmente al crecimiento del cristianismo. A finales del siglo I, el mundo romano estaba lleno de congregaciones cristianas dispersas por las numerosas provincias. Estas congregaciones aún no se habían unificado bajo una «iglesia» mayor, pero sin embargo, compartían un par de cosas en común, como los ritos del bautismo (una práctica cristiana por la que se admitía a nuevas personas para que se unieran a la comunidad cristiana) y la eucaristía (el acto de alimentar a los creyentes con pan y vino para conmemorar el cuerpo y la sangre de Cristo en la víspera de su arresto y crucifixión). Sorprendentemente, el número de creyentes creció de forma casi exponencial, lo que significó que se necesitaría una estructura administrativa más rígida para dirigir las iglesias y las congregaciones.

Una cosa que distinguía al cristianismo a los ojos de los romanos era el hecho de que muchos gentiles se convirtieran. Esto era significativo, ya que el cristianismo ya no podía concebirse como una secta judía más; los propios judíos perseguían a los cristianos y se mostraban hostiles hacia ellos. Fue en parte debido a esta actitud hostil por lo que los cristianos fueron ampliamente oprimidos en el Imperio romano durante el primer siglo. Incluso se los culpó del gran incendio de Roma en el año 64 e. c. El uso de los creyentes cristianos como chivos expiatorios se convirtió en una práctica común, pero la actitud general del público solía reflejar los puntos de vista de los emperadores; si el nuevo emperador toleraba a los cristianos, también lo haría el público.

Dos de los apóstoles más conocidos, san Pablo y san Pedro, fueron algunas de las muchas víctimas de esta violenta persecución. Una preocupación particular que muchos romanos tenían contra los cristianos era el hecho de que cada vez estaban menos dispuestos a considerar sagrado el panteón romano y a implicarse en los rituales religiosos romanos. Roma consideraba la religión romana «oficial» y las ceremonias que la acompañaban como una parte necesaria de la tradición republicana y creía que lo mejor para el Estado era que se llevaran a cabo ampliamente. Dado que muchos cristianos eran gentiles, no sería justo concederles este «privilegio» de desobediencia, ya que técnicamente se negaban a seguir las leyes romanas.

Sin embargo, el cristianismo comenzó a crecer. Durante los siglos II y III, especialmente en tiempos de inestabilidad y guerra civil, nadie tenía recursos para perseguir a los cristianos y gastar su energía, prohibiéndoles practicar su religión. Los teólogos cristianos idearon las primeras formas de doctrina cristiana para ayudar a dar más estructura a la religión y hacerla más institucional. Se construyeron nuevas iglesias, la mayoría en zonas no urbanas, que fueron financiadas por las comunidades cristianas. Esta perseverancia hizo que a finales del siglo III aproximadamente una décima parte de la población del imperio fuera cristiana, y que algunos emperadores se mostraran tolerantes hacia la religión, estimulando una actitud pública positiva.

El siglo IV marcaría un periodo crucial para el cristianismo en Roma. En el año 306, Constantino, hijo de Constancio Cloro, uno de los cuatro gobernantes originales de la Tetrarquía, sería proclamado emperador de las provincias occidentales del Imperio romano. Constantino, que llegó a llevar el título de «el Grande», sería recordado como uno de los emperadores más influyentes que tendría Roma. Sin embargo, las dos primeras décadas de su reinado estuvieron llenas de guerras y contiendas. Al principio, al mando de las legiones en la Galia, Iberia y Britania,

Constantino emergería finalmente como único emperador del Imperio romano hacia 324.

En el año 312, antes de conducir a sus hombres a una batalla decisiva, Constantino tomó una decisión que tal vez alteraría el curso de la historia para siempre. Creyendo haber tenido una visión, Constantino ordenó a sus soldados que pusieran símbolos cristianos en sus escudos para honrar al Dios cristiano, diciendo que Dios vendría a ayudarles en la batalla. Ganaron la batalla, y Constantino, que ya era bastante partidario del monoteísmo y adoraba a un único dios solar, se interesó cada vez más por el cristianismo. Se convirtió al cristianismo (pero no se bautizaría formalmente hasta su lecho de muerte en 337) y promulgó un decreto imperial en 313, el Edicto de Milán, que restablecía los derechos de propiedad y culto de los cristianos que les habían sido arrebatados durante el reinado de Diocleciano. Fue un periodo prometedor para toda la cristiandad. Los cristianos contaban por fin con el pleno apoyo del emperador, algo de lo que nunca antes habían disfrutado.

La suerte de los cristianos no se detuvo ahí. En 325, Constantino asistió al primer concilio cristiano en Nicea, donde obispos de todo el mundo conocido se reunieron para discutir asuntos doctrinales. Aparte de poner realmente en orden las cuestiones doctrinales, el concilio se convertiría en uno de los acontecimientos más importantes de la historia del cristianismo. Constantino destacó el nuevo vínculo entre el emperador romano y la Iglesia cristiana. Esta relación especial seguiría manteniéndose más de mil años después del Concilio de Nicea.

Tal vez sin saberlo, ese apoyo abierto al cristianismo convirtió a la religión en un nuevo punto de mira para el mundo romano. Creció dentro de las fronteras del imperio, adaptándose a sus costumbres. La Roma cristiana sentaría las bases para el surgimiento de la Europa cristiana, y Constantino sería recordado para siempre en la historia como la persona que contribuyó masivamente a ello.

La caída del Imperio romano de Occidente

Pronto, las reformas de Constantino afectaron a todos los aspectos de la vida romana, y no solo se centraron en la transformación cultural y religiosa del imperio. A la entrada del mar Negro, en el estrecho del Bósforo, que era uno de los lugares más importantes como corredor principal entre Oriente y Occidente, Constantino ordenó la construcción de una nueva ciudad en el emplazamiento de la ya existente ciudad de Bizancio. Constantinopla, como se llamaría la ciudad, fue declarada la nueva capital del imperio y permanecería así durante más de un milenio. Constantinopla sucedió a Roma en convertirse en la ciudad más grande y próspera de Europa, y se convirtió en un símbolo de la renovación del imperio bajo Constantino.

Siguiendo el ejemplo de Diocleciano, Constantino decidió dividir el imperio en dos en el año 330, una decisión que tendría importantes consecuencias en el futuro. Constantinopla surgiría como el centro del Imperio romano de Oriente, que con el tiempo se conocería como el Imperio bizantino. Más rico y menos diverso, en parte debido a que estaba formado por territorios anteriormente helenizados, el Imperio romano de Oriente creció prósperamente. Lo cierto era que sus zonas urbanas se habían desarrollado mucho durante el apogeo de la antigua Grecia y las conquistas de Alejandro, lo que hizo que su gobierno fuera mucho más fácil que el del Imperio romano de Occidente.

El Imperio romano de Occidente, por su parte, seguía centrado en torno a Roma, pero estaba claro desde el principio que no podría sostenerse durante mucho tiempo. La mayor parte de la Galia, el norte de Iberia y Britania seguían habitadas en gran parte por los bárbaros romanizados. La civilización se había desarrollado con menos rapidez en estas zonas que en las provincias del Imperio romano de Oriente, como en Egipto, Grecia, Anatolia y Mesopotamia, algo que contribuyó al declive final de Roma.

La división de Constantino separó las dos zonas, tanto cultural como materialmente. Occidente pasaría a depender cada vez más de la importación de alimentos de África y del Mediterráneo para alimentar a su población y a sus contingentes militares en las zonas menos hospitalarias del norte de Europa. La mano de obra también disminuiría, lo que significaba que cada vez más tropas bárbaras debían participar en la composición de las legiones romanas. Constantinopla pronto llegaría a eclipsar el poderío de Roma, tomando prestados todos los aspectos que habían hecho gloriosa a esta última en su época dorada antes de que se viera aquejada por la superpoblación, la miseria y la corrupción.

El Imperio romano de Occidente caería aproximadamente un siglo después de que el emperador Teodosio declarara el cristianismo, religión oficial del Imperio romano en el 380, completando así el proceso de cristianización del imperio. Sin embargo, el colapso del imperio, como ya hemos comentado, fue un proceso gradual. Hacia el siglo IV, los problemas administrativos y económicos se habían convertido en demasiado con lo que lidiar, y gobernar un cuerpo tan diverso y grande estaba resultando cada vez más difícil. Para hacer frente a las exigencias del ejército y a la burocracia estatal de múltiples niveles, Roma elevó las tasas impositivas una y otra vez, lo que provocó desórdenes públicos, especialmente en las provincias más remotas del imperio. Para escapar de los elevados impuestos, la gente a menudo abandonaba las zonas urbanas y reiniciaba su vida en el campo, donde las garras de los burócratas ya no podían alcanzarlos. Los ejércitos también se debilitaron debido a la falta de fondos para pagar el mantenimiento de los soldados. Las legiones romanas de élite del pasado, compuestas por individuos altamente entrenados y decididos, fueron perdiendo poco a poco su calidad.

Una carga adicional para el imperio fue la oleada migratoria del siglo IV, algo a lo que ya nos hemos referido anteriormente. Los diferentes pueblos que habitaban Europa oriental y central se verían empujados cada vez más hacia los territorios del Imperio romano a medida que los implacables hunos arrasaban sus ciudades y esclavizaban a sus poblaciones. Estos grupos de pueblos se desplazarían a lugares remotos en grandes cantidades. Por ejemplo, los vándalos, que tradicionalmente habitaban en el noreste de Europa, se vieron obligados a emigrar primero a la Galia, luego a Iberia y finalmente cruzaron a África. Los habitantes godos de las costas del mar Negro fueron el grupo que más sintió la presión húngara, y acabaron desplazándose a Europa central e Italia y alterando la composición demográfica de estas zonas. También tuvieron que afluir a los territorios del Imperio romano de Oriente, aunque Constantinopla tenía capacidad para movilizar recursos y acoger a estos grupos de población.

En 376, los visigodos cruzaron el Danubio, la frontera entre bárbaros y romanos, y se les permitió establecerse. Pero siglos de aislamiento y rivalidad entre ambos hicieron que no pudieran coexistir juntos durante mucho tiempo. Solo dos años después de que se les permitiera entrar en las fronteras del Imperio romano de Oriente, estalló un conflicto entre los visigodos y las legiones romanas, que se saldó con la muerte del emperador Valente durante la batalla de Adrianópolis. El Imperio romano de Occidente quedó horrorizado por la noticia y comenzó a emplear a los bárbaros como soldados mercenarios para luchar contra otras tribus migratorias.

El siglo V significaría la perdición del Imperio romano de Occidente. El debilitado imperio poco podía hacer para detener las oleadas migratorias de bárbaros, cuyo número y descontento no hacían más que aumentar. En 410, los godos penetraron en el norte de Italia y alcanzaron Roma, que quedó indefensa, pues había sido abandonada por el Senado y el emperador. El posterior saqueo de Roma se convirtió en el tema de *La ciudad de Dios* de san Agustín, una de las piezas más emblemáticas de la literatura paleocristiana. Las cosas empeorarían aún más, ya que las administraciones provinciales se desmoronarían ante cientos de miles de nuevos habitantes.

Los vándalos, que habían acabado en Cartago y se habían hecho con el control de la mayor parte de la costa occidental norteafricana, serían los responsables de un nuevo saqueo de Roma en 455. El rey vándalo Genserico, aprovechando el caos político del imperio y la lucha dinástica entre los sucesores del emperador Valentiniano, cruzó el Mediterráneo y se acercó a la Ciudad Eterna, solo para ser recibido con las puertas abiertas por la temerosa población romana. Solo querían sobrevivir a la ira de los bárbaros.

El año 476 se considera el año oficial de la caída del Imperio romano de Occidente. La estructura de la que dependía el imperio se había hecho pedazos mucho antes. Pero el 476 es una buena fecha porque fue el año en que el último emperador romano, un hombre que llevaba los nombres de dos de las figuras más importantes de la historia de Roma, Rómulo Augústulo, sería depuesto por Odoacro, un soldado y comandante de origen bárbaro que dirigió el golpe contra el emperador. Rómulo Augústulo se vería obligado a abdicar, pero Odoacro le permitió retirarse a una finca, ya que en aquel momento solo era un adolescente.

Odoacro surgió como el nuevo gobernante único de Italia, poniendo fin a siglos de dominio romano. Sin embargo, en el este, el Imperio romano continuó existiendo durante otros mil años. No obstante, la caída del Imperio romano de Occidente marcó un momento crucial en la historia europea y mundial. Una nueva era se abría paso en el continente.

Capítulo 4 - El amanecer de la Edad Media

Europa tras la caída romana

La caída del Imperio romano de Occidente fue un acontecimiento geopolítico de una magnitud nunca vista en Europa. Durante siglos, la parte occidental del continente había estado totalmente dominada por los romanos, aunque aún habitaban grupos étnicos locales en las distintas provincias del imperio. Sin embargo, con la presión de la gran migración, nuevos grupos de población que antes habitaban los territorios de Europa oriental se desplazaron hacia el oeste, mezclándose con las comunidades locales y alterando el orden que había establecido Roma. Los cambios demográficos del continente pronto supondrían la perdición del propio imperio, ya que Roma se desmoronó ante los problemas derivados del creciente número de bárbaros que abrumaban a sus legiones y se asentaban dentro de sus fronteras.

El colapso del Imperio romano de Occidente dejó un enorme vacío de poder en Europa occidental y surgieron nuevos actores políticos. Lentamente, comenzaron a formarse nuevos Estados más pequeños, dando al continente una nueva forma. Es mejor examinar primero el estado de la Europa posromana inmediatamente después de la caída del Imperio romano de Occidente, antes de pasar a hablar de un influyente periodo de la historia europea llamado Edad Media.

En la época de la gran migración y la caída de Roma, las instituciones romanas llevaban bastante tiempo menguando. A pesar de ello, los pueblos romanizados de Europa occidental tenían un sentido establecido de lo que significaba ser súbdito del Imperio romano. No solo habían experimentado la administración del imperio y su herencia material en forma de baños públicos, calzadas, acueductos, vestimentas y otros aspectos arquitectónicos y sociales, sino que también habían desarrollado una identidad cultural única pero uniforme. Muchos de ellos eran también cristianos establecidos en la época del periodo migratorio. Por lo tanto, sería muy difícil erradicar por completo la «romanidad» de estos pueblos, por muy diversos que fueran cultural o étnicamente.

Así, los recién llegados tuvieron que adoptar los estilos de vida bien establecidos de los antiguos súbditos imperiales, lo que dio lugar a interesantes desarrollos. Además, el Imperio romano seguía vivo en Constantinopla. El gobernante del Imperio romano de Oriente seguía siendo, al final de la Antigüedad, percibido por muchos como la persona con más autoridad en sus vidas. Por supuesto, su control sobre Occidente era esencialmente inexistente, aunque los primeros emperadores bizantinos ciertamente intentarían muchas veces poner a las antiguas provincias bajo su dominio.

La nueva composición de la Europa posromana estaría determinada por las identidades existentes de los súbditos supervivientes del antiguo Imperio romano, Constantinopla y la Iglesia católica, que se fusionarían con las culturas y las estructuras sociales jerárquicas aportadas por los pueblos migratorios.

Gran Bretaña es un buen ejemplo de la difusión étnica que tuvo lugar en la época del colapso del Imperio romano. Tres pueblos germánicos emigraron a Gran Bretaña: los sajones, los anglos y los jutos. Desplazaron lentamente a los pueblos mayoritariamente celtas que habían vivido en la isla durante siglos. Los anglosajones y los jutos habitaban originalmente el norte de Europa central, lo que hoy es Alemania y Dinamarca. La difusión étnica y el desplazamiento que se produjeron acabarían dando lugar a la aparición de siete reinos anglosajones en el siglo VII. Los reinos celtas se mantendrían sobre todo en Irlanda, el oeste de Gales y Escocia.

Es interesante examinar la Gran Bretaña posromana, ya que la civilización romano-británica, que se había establecido esencialmente desde el siglo I e. c., sería sustituida casi por completo por los recién llegados, en mayor medida que básicamente en cualquier otro lugar de la Europa continental. El latín solo se mantuvo como lengua de aprendizaje, gracias a su importancia en el cristianismo, y las lenguas germánicas se hicieron más dominantes. Sin embargo, muchos conocimientos se perdieron tras la caída del Imperio romano de Occidente.

La Europa continental era otra historia. Las instituciones y costumbres romanas siguieron existiendo de un par de maneras, sobre todo en el elevado estatus de la lengua latina. Sí, las lenguas germánicas se convirtieron en la lengua común del mundo posromano, pero los pueblos germánicos adoptaron muchos elementos del latín.

La composición política de Europa también era más diversa. La Galia, por ejemplo, fue poco a poco tomada por los francos, que habían habitado sobre todo en la región del Bajo Rin. Uno de estos grupos francos, encabezado por la dinastía merovingia, que se había asentado originalmente en la ciudad belga de Tournai, sentaría las bases de uno de los estados sucesores más cohesionados y poderosos del Imperio romano de Occidente, el estado que acabaría convirtiéndose en Francia. El rey merovingio Clodoveo, que se convirtió en el gobernante de los francos occidentales en 481 y más tarde sería elegido gobernante de los francos orientales, se erigió esencialmente como el rey del norte de la Galia a finales del siglo VI. En 496, Clodoveo se convirtió al cristianismo mediante su matrimonio con la princesa de los burgundios, que controlaban las tierras al sureste de la actual Ginebra. Clodoveo se hizo cargo del territorio que unía sus reinos con Italia. El reino franco resultaría ser uno de los más importantes e influyentes del mundo posromano.

El rey Clodoveo fue un gran líder político y militar. Tras haber consolidado su poder en el norte de Francia y con Borgoña de su lado, Clodoveo defendió el reino contra los visigodos, que eran una amenaza para él desde el sur. El matrimonio real con los burgundios cristianos también lo puso en buenos términos con la Iglesia católica, dándole el apoyo del obispo de Roma (más tarde conocido como el papa). A la iglesia le gustó especialmente el hecho de que Clodoveo se hubiera convertido al catolicismo y no al arrianismo, una forma de cristianismo que afirmaba que Jesús era inferior a Dios, algo que había sido denunciado como herejía en el Concilio de Nicea. La relación «especial» entre los francos y el papa persistiría durante siglos, y ambos se erigirían en estrechos aliados durante la mayor parte de la historia del reino.

Aparte de eso, Clodoveo también había dado más importancia a la región de *Île de France*, donde se encuentra la actual capital de París, aunque durante la época de Clodoveo, París no era la capital. De hecho, la estructura del reino bajo Clodoveo no se acercaba ni de lejos al nivel de la organización política de la antigua Roma. Las estructuras jerárquicas que acabarían dando lugar al desarrollo del sistema feudal aún estaban surgiendo, por lo que las relaciones de parentesco adquirieron naturalmente una gran importancia.

Las futuras generaciones de francos considerarían a Clodoveo como el padre de su reino, sobre todo porque el reino se fragmentaría de vez en cuando en entidades más pequeñas debido a las luchas sucesorias y a la ausencia de un mecanismo de gobierno coherente que garantizara un gobierno hereditario estable. No obstante, la cultura y la sociedad francas se mezclarían con la herencia latina de Roma. Con el tiempo, esto condujo a la creación de un patrimonio propio diferenciado, como la *Historia de los francos* del siglo VI, escrita por Gregorio, obispo de Tours.

En cuanto a la propia Italia, pasaría a estar bajo el control de los pueblos godos, que originalmente eran los habitantes de las costas septentrionales del mar Negro. El rey de los ostrogodos, Teodorico, consiguió matar a Odoacro, el hombre que había depuesto al último emperador romano, y emerger como gobernante de facto de Italia, parte del sureste de Francia y una parte sustancial de los territorios de la orilla oriental del mar Adriático. De hecho, en 497, el emperador bizantino Anastasio le concedió el título honorífico de patricio, reconociendo así la relación especial entre Constantinopla y el nuevo rey de Roma.

El rey Teodorico mantuvo relaciones amistosas con Constantinopla durante toda su vida y estableció una nueva capital para sí mismo en Rávena, donde ya se habían trasladado la mayoría de los políticos importantes de la Roma imperial en los últimos días del imperio. Hizo todo lo posible por ser un romano y ser aceptado como tal, pero solo lo consiguió hasta cierto punto. Además, a pesar de sus mejores esfuerzos, el reino ostrogodo solo duraría muy poco tiempo. En el siglo VI, el emperador bizantino Justiniano lanzó una ambiciosa campaña militar para revivir el antiguo Imperio romano. Al final, tendría un éxito parcial. Los ostrogodos fueron expulsados de Italia. Sin embargo, esto provocó el declive de la región, y los francos aprovecharon la oportunidad para apoderarse de algunas de las provincias del norte de Italia.

Iberia fue tomada por los visigodos, que llegaron a controlar casi toda la península, así como un importante territorio en el sur de Francia. Los visigodos estaban muy romanizados cuando establecieron su reino en

España, pero las diferencias entre facciones y la presión de los invasores les causarían muchas dificultades. Perdieron sus posesiones en el norte a manos de los francos y se vieron presionados cada vez más por los vándalos procedentes de África.

A diferencia de los ostrogodos, los visigodos no vieron la necesidad de mantenerse en buenos términos con Constantinopla, operando en gran medida de forma independiente e incluso expulsando a los invasores bizantinos en 623. Establecerían su capital en Toledo y se convertirían al catolicismo en el siglo VI, iniciando una larga tradición de dominio católico en Iberia. Finalmente, el reino de Toledo sería duramente derrotado por las fuerzas invasoras árabes musulmanas, que conseguirían apoderarse de la mayor parte de Iberia e incluso llegar hasta Francia en el siglo VIII antes de ser rechazados por los francos. Esto, a su vez, iniciaría un largo periodo llamado la Reconquista española, en el que los reinos católicos españoles, que habían sido reducidos enormemente en tamaño por los árabes, intentarían arrebatar Iberia a los musulmanes.

En resumen, el caos de Europa occidental tras la caída de Roma empezaría a estabilizarse en el siglo VII. Diferentes actores intentaron diversas formas de asimilarse y adaptarse a los estilos de vida establecidos por el imperio tras su caída. Algunos lugares, como la antigua provincia de la Galia, tuvieron más suerte que otros, gracias a una multitud de factores. Aun así, la dominación de los pueblos germánicos supuso la introducción de sus costumbres y tradiciones, lo que creó, en muchos casos, malas consecuencias para la Europa posromana. Por ejemplo, los pueblos germánicos eran mucho más agresivos; estaban más dispuestos a resolver los asuntos de formas que se considerarían bárbaras, al menos para los estándares romanos. Dependían en gran medida del parentesco y de estructuras sociales más primitivas en comparación con Roma. Un buen ejemplo de ello fue la caída de las tasas de alfabetización en toda Europa, que siguió a la desurbanización y al retorno a estilos de vida más agrarios que llegarían a caracterizar a la Europa altomedieval.

Los fuertes dirigentes europeos deseaban ser «el» sucesor de Roma, por lo que intentaron mantener la piedra de toque cultural más fuerte del imperio, la Iglesia católica, tanto como pudieron para lograr este objetivo. Sin embargo, solo había un verdadero sucesor de Roma. Estaba en el este, con su capital en Constantinopla.

La civilización bizantina

Es obvio que el Imperio romano de Oriente fue el verdadero sucesor de la antigua civilización romana tras el colapso de su homólogo, el Imperio romano de Occidente. Con el tiempo, se alejaría de sus orígenes romanos, especialmente en lo que respecta a la cultura, pero lograría sobrevivir durante aproximadamente un milenio antes de ser destruido a manos de los turcos otomanos en el siglo XV.

En la época de la caída de Roma, el Imperio romano de Oriente gobernaba Grecia, Anatolia, Siria y Egipto, que eran algunas de las regiones más prósperas y desarrolladas de la antigüedad clásica. Los gobernantes del Imperio romano de Oriente se llamarían a sí mismos romanos, pero con el tiempo Occidente se referiría a ellos como griegos debido a las evidentes diferencias que llegarían a dar forma al sucesor de Roma, como un nuevo tipo de cristianismo.

El Imperio bizantino —nombre que deriva de la antigua colonia griega sobre la que se construyó la gran ciudad de Constantinopla— se esforzaría por revivir enseguida el antiguo Imperio romano. Sin embargo, no sería hasta la ascensión del emperador Justiniano en 527 cuando se realizarían verdaderos esfuerzos para alcanzar este objetivo.

Antes de Justiniano, los emperadores bizantinos solo se contentaban con imponer simbólicamente su supremacía sobre Occidente y mantener relaciones pseudoimperiales con figuras como Teodorico. Esto simbolizaba la debilidad y la incapacidad de Constantinopla para reafirmar realmente su dominio sobre Roma. Justiniano sería el primer emperador cuyo reinado estuvo marcado por exitosas campañas contra los recién establecidos reinos germánicos del mundo posromano. Sus generales, como Belisario, lograron grandes victorias contra el reino vándalo en el norte de África y contra los ostrogodos en Italia. Con estos dos importantes territorios bajo su dominio en el año 554, Justiniano lanzó entonces campañas de aún mayor alcance en el sur de España, aprovechando la guerra civil en el seno de los visigodos y consiguiendo hacerse con más tierras en Iberia. A finales de siglo, el Imperio bizantino controlaba en gran medida todo el Mediterráneo, aunque el objetivo mayor de restaurar el Imperio romano a sus fronteras más extensas aún no se había logrado.

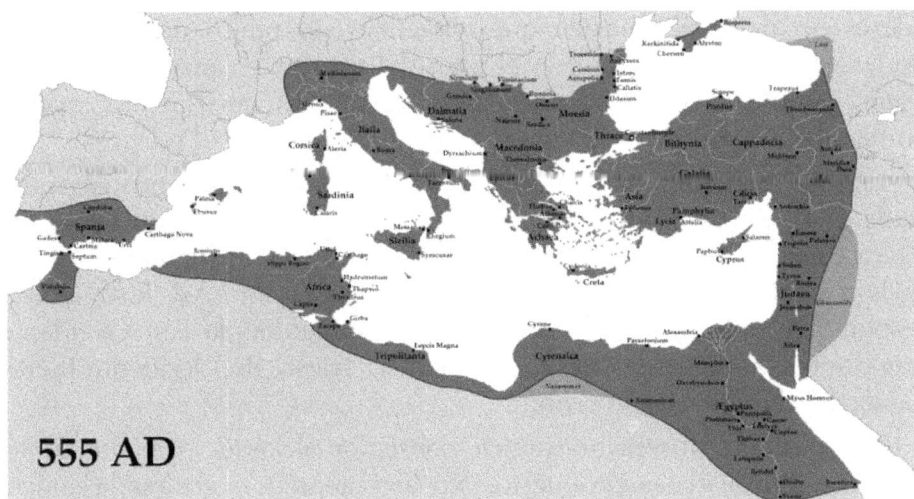
555 AD

El Imperio romano de Oriente en 555[7]

Justiniano también ayudó a dar forma a la civilización bizantina y le dio el impulso inicial que condujo al desarrollo de su identidad única. Basándose en las antiguas leyes romanas, introdujo mejoras significativas hacia la modernización del código legal y creó su códice tras trabajar en él durante cinco años. El código legal de Justiniano llegaría a ser muy influyente; incluso sustituyó a las tradiciones legales germánicas que dominaban la Europa medieval temprana. Reintrodujo la noción de que las leyes eran la creación de un único gobernante en lugar de algo que se transmitía por tradición, una noción que persistiría en el futuro y resultaría atractiva para los líderes europeos.

Justiniano también es parcialmente responsable del desarrollo de diferencias religiosas que provocarían una deriva en el cristianismo oriental y occidental, que finalmente desembocaría en el Gran Cisma de 1054 y en la separación oficial de la Iglesia católica de la Iglesia ortodoxa oriental. Justiniano tenía la visión de ser el emperador cristiano de un imperio cristiano y estaba dispuesto a imponer la superioridad de su religión, aunque ello supusiera la opresión de las minorías. Por ejemplo, privó de muchas libertades a los judíos, que constituían un gran número en el imperio.

El detalle que provocó el enfrentamiento entre él y la Iglesia occidental fue su insistencia en ser a la vez el líder político y religioso de sus súbditos, una noción que no podía ser aceptada por la Iglesia católica, que consideraba al papa como el jefe espiritual del mundo material. La Iglesia occidental se diferenciaba del Estado y, durante muchos siglos, los líderes occidentales tendrían que «obtener» sus títulos del papa, cuyo poder no hizo sino crecer con el paso del tiempo, alcanzando su punto álgido durante la época de las cruzadas. En Oriente, sin embargo, el emperador reclamaba todo el poder, incluida la autoridad religiosa.

En muchos aspectos, Justiniano fue el primer autócrata europeo tras la caída de Roma, disfrutando de un poder absoluto y actuando como una figura especial designada por Dios. Justiniano creía firmemente en esta noción e impulsó la uniformidad religiosa en su reino. Así, Justiniano es responsable del inicio de la ruptura de Constantinopla con Occidente. Las disputas teológicas y doctrinales con la Iglesia de Occidente fueron habituales durante su gobierno.

En resumen, Justiniano nunca consiguió alcanzar plenamente los objetivos que se había propuesto. No fue capaz de restaurar la antigua gloria del Imperio romano y no consiguió la unidad religiosa de la Iglesia de Oriente en el grado que deseaba. Sin embargo, su reinado fue vital en el curso de la historia bizantina y europea. La época de Justiniano fue una etapa crucial de transición entre los tiempos inestables de la antigüedad clásica tardía y el periodo más estabilizado de la Alta Edad Media.

Con el tiempo, la civilización bizantina dejaría de ser el centro de Europa. Plagada de dificultes internas y externas, caería en 1453. No obstante, la civilización bizantina fue la principal sucesora de la antigua Roma. Constantinopla, una de las ciudades más prósperas de toda Europa y Oriente Próximo, acabaría convirtiéndose en el centro de la cristiandad, pero al Imperio bizantino le esperaban desafíos.

El cristianismo en Europa

La Alta Edad Media fue una época de desarrollo cultural y social tras la caída de Roma. Siglos de dominio imperial en los antiguos territorios del Imperio romano de Occidente habían proporcionado un marco muy bueno para cuando los bárbaros migratorios se asentaron en las tierras y establecieron nuevas entidades políticas. Aunque estos pueblos trajeron sus prácticas únicas, a menudo claramente paganas e inaceptables, una institución siguió siendo la principal conservadora de la «vieja usanza»: la Iglesia cristiana.

Como hemos señalado antes, la Iglesia occidental no estaba ni mucho menos tan avanzada como ahora, pero eso podría decirse del cristianismo en su conjunto. La religión solo tenía un par de cientos de años en el momento del colapso de Roma, y solo había sido la religión oficial del imperio durante poco más de un siglo. Sin embargo, ya se había sembrado profundamente en las raíces de la tradición romana, y quiso conservar su estatus especial incluso cuando la vieja estructura imperial se vino abajo.

A medida que los bárbaros se familiarizaban con las ruinas de Roma, comprendían también que la iglesia y sus funcionarios eran los aspectos «romanos» más evidentes que quedaban. Las figuras religiosas eran respetadas en todas las sociedades. Tenían mucha educación y experiencia en casi todo, incluso en cosas como la administración, y poseían riquezas, lo que aumentaba aún más su posición social a los ojos de los demás.

Naturalmente, se los percibía como las caras que quedaban de la autoridad en un mundo que había ardido por los recientes acontecimientos. La gente, especialmente los que habían vivido en el imperio antes del 476, veían a la iglesia con esperanza. La veían como una institución que podía sacarlos del caos del mundo posromano, algo de lo que se dio cuenta rápidamente la propia iglesia. Con una nueva motivación y un celo inquebrantable, la Iglesia occidental trató de mejorar su posición dentro del nuevo orden mundial y participar activamente en su estabilización y transformación. Esto cobró especial importancia a medida que el otro símbolo del antiguo orden —el Imperio romano de Oriente— se alejaba progresivamente de Occidente.

No es sorprendente que el obispo de Roma fuera considerado la persona religiosa más influyente de Occidente en el año 476. Presidía la diócesis más prestigiosa, que se creía que había estado anteriormente bajo san Pedro. Durante la época del imperio, los obispos de Roma habían estado muy cerca del Senado y de otras instituciones imperiales, así como del propio emperador. Cuando estas instituciones fueron aplastadas en pedazos por las tribus germánicas, la iglesia fue lo único reputado que quedó en Roma. Muy pronto, la iglesia, con el obispo de Roma actuando como su líder, afirmó que era la principal sucesora de la antigua forma romana, una afirmación que implicaba que necesitaba ganarse el respeto de los nuevos pueblos que se asentaban en las antiguas tierras romanas.

El obispo de Roma pasaría a llamarse papa, que significa «padre». La posición suprema del papa sobre los demás obispos sería reforzada por León Magno, cuyo pontificado comenzó en el año 440. Persona ambiciosa y extremadamente devota, León asumió el título de *pontifex maximus* (el sumo sacerdote) y se embarcó en un viaje para fortalecer la iglesia. El papado, nombre dado a la institución del obispo de Roma, seguía formando parte del imperio, pero lo que León Magno había iniciado persistiría hasta bien entrado el mundo posromano.

Gregorio Magno, papa de 590 a 604, fue el segundo papa con el título de «el grande» y merecidamente. Al asumir el liderazgo de la iglesia en una época en la que los primeros reinos germánicos se estaban estableciendo sobre las ruinas de la Roma imperial, el principal objetivo de Gregorio era asegurarse de que esas tribus se convirtieran al cristianismo. Gregorio supervisó la erradicación del arrianismo de los reinos germánicos recién establecidos en Europa. Envió a Agustín, el primer obispo de Canterbury, a Inglaterra en 596, donde logró la conversión de la región. A pesar del estatus de Gregorio, mantuvo relaciones amistosas con el emperador bizantino, pero no se sometió abiertamente a él como su inferior.

En resumen, la labor crucial de algunos de los papas más importantes poco después de la caída del Imperio romano de Occidente fue vital para ayudar a transformar el panorama religioso y cultural de Europa, cada vez más poblada por pueblos de origen germánico.

Para el cristianismo, el periodo inmediatamente posterior al colapso de Roma fue muy difícil. Los líderes de la iglesia reconocieron correctamente que se encontraban bajo presión desde varios frentes. Los pueblos paganos se mezclaban cada vez más con las antiguas sociedades romanas, y era importante que la iglesia fuera capaz de reafirmar el estatus del cristianismo como continuador de las tradiciones romanas y civilizadas. La inestabilidad política no ayudaba, ya que dificultaba enormemente el proceso de difusión del cristianismo en Europa.

Por otra parte, debido a estas circunstancias sociales y políticas, el Imperio romano de Oriente se distanciaba cada vez más, tanto literal como simbólicamente, del resto de la Europa «civilizada». Se hizo evidente que Constantinopla perdía gradualmente su influencia y control sobre Europa occidental, ya que se veía aquejada por sus propios problemas procedentes del este y dentro del propio imperio.

En el siglo VII, con el auge del islam, el cristianismo se encontró con un nuevo desafío. Los estados musulmanes se extendieron muy rápidamente desde la península arábiga y se apoderaron de gran parte de Oriente Próximo y el norte de África. Algunos de estos lugares habían sido cristianos durante muchos siglos y habían estado dirigidos por gobernantes cristianos. Los invasores musulmanes lanzaron ataques en el Mediterráneo. En 652 invadieron Sicilia y en 711 atacaron la península ibérica, poniendo fin al dominio visigodo. Los cristianos supervivientes consiguieron poner fin temporalmente a nuevas conquistas árabes a mediados del siglo VIII, pero el emirato de Córdoba, un estado musulmán en Iberia, siguió siendo el principal objetivo de los príncipes cristianos durante siglos, durante la Reconquista.

El repentino aumento de poder del islam puso en peligro la cohesión del cristianismo, por la que presionaban los líderes de la iglesia. Estaba claro que para extender la religión cristiana por toda Europa, la iglesia tenía que encontrar poderosos aliados europeos.

Carlomagno

Este aliado no procedía de Constantinopla, sino del noroeste de Italia. El reino de los francos, gobernado por la dinastía merovingia, había sido comparativamente más próspero que otras entidades políticas de la época, sobre todo en el siglo VII, cuando los lombardos atacaban Italia y los musulmanes lanzaban invasiones en Iberia. Por supuesto, los mecanismos de gobierno y las estructuras sociales de los francos eran muy rígidos, y el rey franco solo tenía un cierto poder sobre su gran corte, que estaba llena de nobles y aristócratas poderosos y ricos.

Sin embargo, a pesar de este sistema algo frágil, los francos consiguieron derrotar a los omeyas musulmanes que avanzaban en Tours (también conocida como la batalla de Poitiers) en 732, obligándolos a abandonar su invasión de la Galia y haciéndolos retroceder por los Pirineos. Carlos Martel, el líder de las fuerzas francas en Tours, acabó convirtiéndose en el gobernante de facto de los francos, eclipsando a los merovingios. Sus esfuerzos incluirían también la expansión territorial hacia el este y una mayor defensa de las tierras francas frente a los musulmanes, algo que resonó positivamente en la iglesia. A su muerte, los nobles francos eligieron a su segundo hijo, Pipino el Breve, como nuevo rey. Sería ungido nada menos que por el papa Esteban II, subrayando la estrecha relación entre la corona franca y el papa. Declarado esencialmente como el nuevo patricio, título que antes ostentaba el emperador en Constantinopla, el rey Pipino devolvería la gratitud del papa con su derrota de los lombardos en 756. También devolvió la ciudad de Rávena al jefe religioso.

El reinado de Pipino el Breve fue el inicio de la alianza entre el papado y los francos, que duraría muchos siglos, pero el hijo mayor de Pipino transformaría el paisaje sociopolítico de Europa más que ningún otro rey franco. Carlomagno, que llegó a gobernar a los francos en 768, fue una figura muy importante en la historia de la Europa posromana, algo de lo que da fe su apodo de «Carlomagno» o «Gran Carlos». Carlomagno no solo se erigiría en uno de los conquistadores más exitosos de su época, sino que también asumiría el papel de principal rey cristiano y reforzaría la alianza franca con el papa.

En 774, Carlomagno hizo campaña en el norte de Italia, derrotando a los lombardos y apoderándose de gran parte de sus tierras. Se convirtió en su rey y rescató al papado de un mayor caos. En el norte, su exitosa campaña contra los sajones condujo a la conversión de este pueblo pagano, mientras que grandes ciudades tan al este como Magdeburgo llegaron a aceptar su soberanía. El control de Carlomagno se extendió incluso a las provincias de Bohemia, Carintia y Moravia, algo que le permitió establecer contacto con el Imperio romano de Oriente a través del Danubio. En el sur, ayudó a reconquistar Cataluña e instaló a un rey cristiano en Iberia para dirigir los esfuerzos contra los musulmanes omeyas.

En resumen, en el apogeo de su poder, Carlomagno llegaría a gobernar una enorme parte de Europa, incluyendo la mayor parte de las actuales Francia y Alemania, el noreste de España, casi toda Italia excepto los reinos del papado y Sicilia, e incluso provincias de la frontera oriental de la Europa cristiana. Era, a todas luces, el hombre más poderoso de Europa tras la caída del Imperio romano de Occidente.

Las conquistas de Carlomagno condujeron finalmente a un acontecimiento extraordinario para la época. El día de Navidad del año 800, el papa León III proclamó a Carlos emperador de los romanos. Se trataba de un acontecimiento muy significativo, pero también algo confuso. ¿Debía haber ahora dos emperadores, uno en Constantinopla y otro en Occidente? Además, ¿de qué era emperador Carlomagno? Era el rey de los francos y los lombardos, y había hecho grandes cosas para cristianizar Europa central. Pero el título de emperador, que le había otorgado el papa, era un nivel totalmente distinto. Casi lo santificaba. Es cierto que los ejércitos de Carlomagno habían ayudado al papa a recuperar sus reinos de los invasores lombardos, pero ¿era convertirlo en emperador de los romanos la única forma en que el papa podía devolverle su gratitud? Carlomagno era abrumadoramente popular entre sus súbditos. Como descendiente de la tradición germánica de rey guerrero, se lo percibía como muy poderoso y respetuoso. Con este nuevo papel, Carlomagno inició un largo proceso de reconexión consciente con el pasado romano.

Eficaz es probablemente la palabra adecuada para describir el gobierno de Carlomagno. Este reconocía su estatus y no dudaba en interiorizarlo en sus súbditos y defenderlo. Era el emperador y deseaba seguir siéndolo. Ejerció una gran influencia sobre la iglesia franca debido a sus ya grandes relaciones con Roma. Bajo Carlomagno, las mayores instituciones religiosas se convirtieron en una herramienta más de gobierno, pero esto no quiere decir que el crecimiento religioso o cultural se viera frustrado en modo alguno. Carlomagno impulsó reformas religiosas que destacaban la importancia del estilo de vida monástico según las enseñanzas de san Benito, sentando las bases de la fuerte tradición benedictina del catolicismo francés. Encargó la copia y reescritura de la Biblia, haciéndola más accesible a las diferentes congregaciones de todo su imperio, especialmente en las tierras donde la mayoría de la población aún era pagana. El clero franco fue readaptado para difundir el cristianismo en provincias difíciles, como Iberia y el centro-este de Europa. Aquisgrán, su sede imperial, se convirtió en una próspera ciudad del norte de Europa, dotada de grandes obras arquitectónicas. Estaba conectada con el resto del imperio a través de una red de calzadas de estilo romano. Con el énfasis de Carlomagno en el aprendizaje y la religión, se lo asoció cada vez más con la imagen de los reyes legendarios del Antiguo Testamento, ya que, al igual que ellos, había sido nombrado por nada menos que el «representante» de Dios como emperador de los romanos.

La tradición popular ha llegado a reforzar la imagen de Carlomagno como un gobernante cristiano benévolo, y cuando leemos los relatos contemporáneos, no es difícil ver por qué. Carlomagno, un hombre culto que hablaba tanto el franco como el latín y podía entender el griego, se acercaba mucho al emperador «ideal» de los antiguos tiempos romanos. No solo era estoicamente sabio, sino que su gran aspecto físico también le ayudaba a imponer su autoridad sobre sus subordinados. Siempre lo rodeaba una sensación de magnanimidad y majestuosidad, y por algo ha sido recordado como el más grande que jamás gobernó en la Alta Edad Media. Más que ninguna otra cosa, Carlomagno marcó una etapa transitoria de la inestable Europa tras el colapso de Roma. Fue la manifestación más evidente de la tendencia natural de Europa, impuesta como estaba por la iglesia, a conservar el gran pasado romano y continuar la tradición de una forma nueva. Como emperador poderoso, sabio y, sobre todo, cristiano, se esperaba que Carlomagno fuera la persona que condujera a Europa hacia una nueva era y, hasta cierto punto, pudo hacerlo.

Carlomagno, como casi todos los grandes gobernantes hasta hace relativamente poco, tuvo éxito en gran parte gracias a sus cualidades personales, aunque también influyeron las magistrales novedades administrativas y burocráticas que introdujo durante su reinado. Antes de su muerte, quiso dividir su imperio entre sus hijos según el modo franco habitual, pero esto no funcionó, ya que cuatro de sus cinco hijos murieron antes que él. Esto significó que Luis el Piadoso se convirtió en el único gobernante del imperio en 814, y dos años más tarde, fue ungido por el papa, continuando el legado de su padre.

Sin embargo, la partición del imperio no se pospondría durante mucho más tiempo. En 843, con el Tratado de Verdún, los tres hijos de Luis dividieron el imperio de Carlomagno en tres. Lotario, el emperador reinante, se quedó con el núcleo de las tierras francas, que contenía territorios situados entre los ríos Rin y Ródano, incluida la capital de Aquisgrán, la mayor parte de los Países Bajos y las posesiones de Carlomagno en el norte de Italia. Este reino se llamaría Lotaringia en honor a su primer rey y sería mucho menos diverso étnicamente que los otros dos reinos. Además de Lotaringia, existía el reino del oeste, que incluía la mayor parte de la actual Francia y se centraba en torno a las provincias de Aquitania, Gascuña y Septimania. Carlos el Calvo se convirtió en su gobernante. El control de los territorios al este del Rin y al noreste de Italia fue asumido por Luis el Germánico.

Como demostraría la historia, esta partición sería muy influyente para el futuro de Europa, ya que marcó esencialmente el inicio del largo proceso de división cultural y política de lo que más tarde se convertiría en Francia y Alemania. A lo largo de los siglos, las fronteras cambiarían innumerables veces entre estas dos entidades antes de que finalmente se asentaran.

En cuanto a la dinastía carolingia, pronto declinaría en poder. Debido a la partición, surgieron otros reinos y ducados, como Borgoña, que desafiaron las fronteras establecidas en el tratado. Los sucesores de Carlomagno tardarían siglos en implantar sistemas administrativos eficaces para garantizar la cohesión de sus reinos y su propia autoridad personal. Antes de eso, la nobleza y la aristocracia locales detentaban el poder en la mayoría de los lugares, por lo que resultaba casi imposible sustituirlas. Además, acontecimientos inesperados también perturbarían a los reinos, como la llegada de los nórdicos a principios del siglo X y su asentamiento en la actual Normandía. En 987, los reyes carolingios dejaron de controlar la Francia occidental, dando paso a la dinastía de los Capetos durante unos cuatrocientos años. Su primer rey, Hugo, fue elegido rey por los nobles.

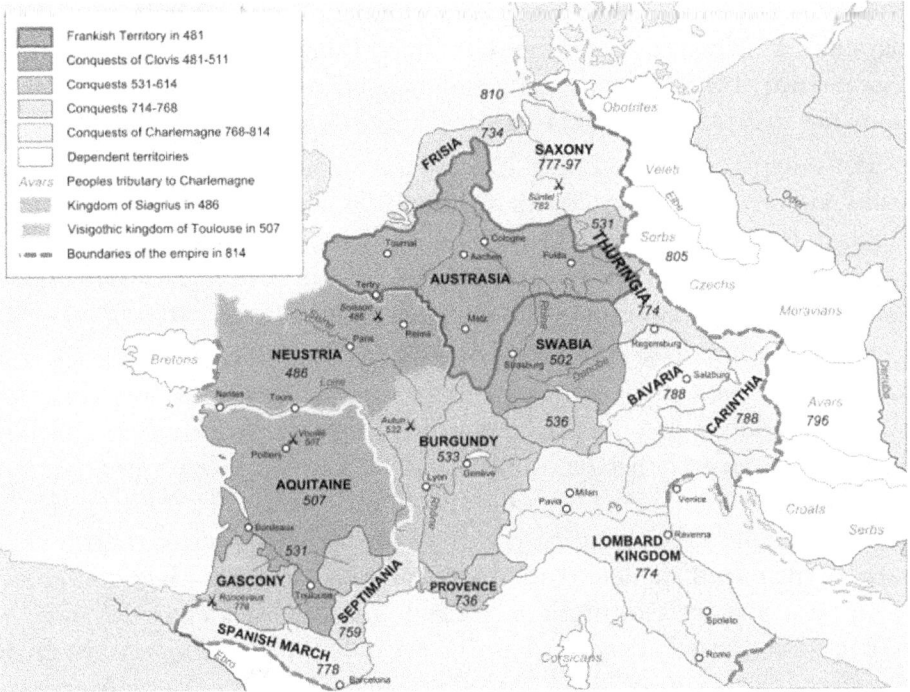

Imperio franco del 481 al 814ᵉ

El Sacro Imperio Romano Germánico

La Francia Oriental llegaría a ser un legado particularmente interesante de Carlomagno. Situada en los territorios que los romanos habían dejado en gran parte intactos durante la Antigüedad, los procesos políticos que se iniciaron en el siglo X acabarían dando lugar a la formación del moderno país de Alemania. Aun así, la historia de Francia Oriental es muy complicada, debido, en gran medida, a la ausencia de gran parte de la herencia posromana que existía en otras partes del imperio de Carlomagno, particularmente en la Galia e Italia.

En 911, el último rey carolingio de Francia Oriental moriría, y Conrado de Franconia sería elegido nuevo rey por la nobleza del reino. Sin embargo, Conrado se vería avergonzado por los pueblos magiares que vivían al este de sus dominios, ya que dominaban a los ejércitos francos y debilitaban a Francia Oriental.

Muy pronto, Francia Oriental pasaría a ser gobernada por los emperadores sajones, una corta sucesión de gobernantes que procedían de la provincia de Sajonia, en el norte. El primero de ellos, Enrique el Pajarero, sería elegido en 919 por los duques de Sajonia, Suabia, Franconia y Baviera, y encabezaría la lucha del reino contra los magiares, logrando la victoria. Este fue también el comienzo de una división regional muy fuerte y de una autoridad especial que los líderes regionales alemanes disfrutaron durante siglos.

Por encima de todo, Enrique el Pajarero contaba con el apoyo de sus leales sajones, quienes valoraban mucho las antiguas relaciones de tipo tribal. Fue a través de la guerra como el nuevo rey asumió y mantuvo el poder. Incluso consiguió hacerse con tierras en Lotaringia y Dinamarca, convirtiendo a sus gobernantes regionales en tributarios suyos.

Su hijo, Otón I, sería elegido por los príncipes para ser el siguiente rey, en parte por su parentesco con Enrique. Llegado al poder en 936, continuó la labor de su padre contra los magiares, logrando una victoria decisiva en 955 en la batalla de Lechfeld y apoderándose de gran parte de Austria. Sin embargo, a diferencia de su padre, Otón I era profundamente cristiano e hizo de la iglesia una poderosa herramienta para sí mismo. Estableció un nuevo arzobispado en Magdeburgo, en parte para ayudar a difundir la religión más al este, entre los pueblos eslavos. Más tarde, invadió el norte de Italia, acudiendo en ayuda del papado y casándose con Adelaida, una princesa borgoñona con pretensiones sobre Italia. De este modo, Otón asumió para sí el trono italiano. Diez años más tarde, en 962, Otón I fue coronado oficialmente por el papa como nuevo emperador, marcando el inicio del Sacro Imperio Romano Germánico.

Como se ha señalado célebremente, el Sacro Imperio Romano Germánico no sería ni «sacro» ni «romano» ni un «imperio», pero estos tres nombres encerraban, no obstante, mucho significado para la época. A todos los efectos, Otón no asumió el control casi total del papado, como lo había hecho Carlomagno, ni su reino se centró en torno a Roma. Simbólicamente, Otón se convirtió en el nuevo protector de la iglesia, hablando estrictamente en un papel militar, mientras que el gobierno de la iglesia estaba en manos del papado.

El reino de Otón, por otra parte, descansaba en gran medida en las autonomías de las provincias y principados locales. La administración del Sacro Imperio Romano Germánico dependería en gran medida de la cooperación de los príncipes que, en última instancia, se consideraban a sí mismos «germanos», significara eso lo que significara en el siglo X. La estructura política era muy volátil, pero también resultó ser eficaz, sobre todo si un emperador fuerte como Otón era su cabeza.

El hijo de Otón, Otón II, fue elegido para ser el siguiente emperador en 973, y Otón III, hijo de Otón II, se aseguró el trono en 983 a pesar de enfrentarse a problemas internos. Los tres emperadores Otón se esforzaron cada vez más por tener más influencia sobre el papado en Roma, participando en la deposición y nombramiento de papas para obtener favores y demostrar su estatus.

El Sacro Imperio Romano Germánico existiría hasta el siglo XIX y sigue siendo una de las entidades políticas más interesantes de la historia europea. Era un enorme conglomerado de entidades regionales y menores, y a veces estaba formado por cientos de baronías, condados y ducados con fuertes identidades locales.

Con el tiempo, como ya hemos señalado, la idea unificadora de todos estos diferentes actores sería que eran alemanes, pero antes de eso, el Sacro Imperio Romano Germánico fue una creación ambigua que obstaculizó el desarrollo de un Estado alemán unido durante siglos. Se construyó sobre la cooperación de los actores de la confederación, y el emperador, aunque nominalmente era la persona más fuerte, a menudo tenía poco poder en comparación con sus príncipes.

Sin embargo, desde el principio, el Sacro Imperio Romano Germánico fue importante porque era otra manifestación del deseo de Europa de conectar con su pasado romano clásico. Esta vez, como su nombre indica, el énfasis se puso tanto en la santidad como en la «romanidad», algo que hizo muy distinta al Sacro Imperio Romano Germánico.

A lo largo de los siglos, el imperio llegaría a tener relaciones complicadas con el papado, por no decir otra cosa. Aun así, el Sacro Imperio Romano Germánico fue parcialmente responsable de poner fin al estado de caos que se había apoderado de Europa central tras la caída del Imperio romano de Occidente. Aunque nunca llegaría a ser tan poderoso y próspero como la antigua Roma, el Sacro Imperio Romano Germánico desempeñaría un enorme papel en la configuración del continente, como veremos más adelante.

Los nórdicos

Una región interesante a la que no hemos prestado mucha atención hasta ahora es Escandinavia. Por supuesto, la Escandinavia medieval se asocia más a menudo con sus habitantes, los vikingos, que eran maestros marineros, hábiles artesanos o agricultores y despiadados guerreros. Son tristemente célebres por sus innumerables incursiones y actividades bárbaras por toda la costa europea septentrional (y más tarde mediterránea).

Cada vez más, después del siglo VIII, los escandinavos se desplazaban fuera de su patria original, posiblemente debido a la superpoblación o a las duras condiciones de vida de Escandinavia que dificultaban una agricultura sostenible. Buscando tierras para asentarse permanentemente o para asaltar y saquear, los vikingos aterrorizaron Gran Bretaña, Irlanda, Alemania, Francia, el Báltico e incluso Rusia. Los vikingos se empeñaron en entrar en contacto con otros pueblos de Europa y no dudaron en colonizar las tierras que descubrían. Fueron los primeros en asentarse en Islandia y fundaron ciudades en Gran Bretaña e Irlanda, como Dublín. Los nórdicos también llegaron a Groenlandia y vivieron allí durante varios cientos de años antes de ser probablemente expulsados por los inuit locales. Los barcos largos vikingos navegaron hasta el oeste de Terranova, donde se establecieron asentamientos temporales antes del año 1000 de nuestra era.

El impacto de los vikingos en la historia de la cristiandad del norte y oeste de Europa no debe subestimarse. Aparecieron en Inglaterra a finales del siglo VIII, asaltaron la campiña e incendiaron un monasterio en Lindisfarne. Irlanda fue la siguiente, después la costa frisona y, por último, el norte de Francia en 842. A lo largo del siglo IX, los vikingos consiguieron circunnavegar la costa occidental europea, acabando primero en Iberia y dirigiéndose después a Sicilia e Italia, donde libraron escaramuzas con las flotas árabes.

La consecuencia de sus incursiones en Francia es la más evidente. Bajo su líder, Rollo, una expedición vikinga llegó tan al interior como París, y la constante amenaza que suponían para las ciudades del norte de Francia obligó finalmente al rey franco a pedir la paz. Este accedió a conceder a los vikingos tierras en lo que se convirtió en la Normandía francesa. Los sucesores de Rollo acabaron integrándose en la nobleza francesa. Nunca abandonaron del todo sus raíces escandinavas, pero se asimilaron bastante bien a la recién surgida cultura franco-romana.

Los nórdicos cosecharon éxitos similares tras sus innumerables incursiones en Inglaterra. La Britania posromana ya había sido objeto de numerosas migraciones por parte de los pueblos germánicos, lo que había provocado el traslado de las poblaciones celtas locales a Irlanda y las Tierras Altas escocesas. Los siete reinos ingleses que surgieron tras la llegada de los nuevos emigrantes se conocen como la Heptarquía. Los reinos de Wessex, Essex, Sussex, Kent, Anglia Oriental, Northumbria y Mercia se disputaron el dominio durante siglos, sin que ninguno consiguiera mantenerse realmente en la cima durante mucho tiempo.

En el siglo VII, gracias a los esfuerzos de la Iglesia romana, los reinos ingleses se convirtieron al catolicismo y abandonaron cualquier inclinación que pudieran haber tenido hacia el arrianismo. Sin embargo, Inglaterra no estaría a salvo de los ataques vikingos, y la fragmentación de la Heptarquía, así como el repentino impacto de las incursiones nórdicas, hicieron muy difícil resistir a los invasores. A mediados del siglo IX, los vikingos daneses empezaron a ocupar partes del centro y el este de Inglaterra y, durante unos veinte años, fueron una fuerza muy temida.

Después del año 871, los ingleses empezaron a tomar represalias lentamente. Con el ascenso del rey Alfredo al trono de Wessex, que había sido el más poderoso de la Heptarquía y a menudo mantenía relaciones amistosas con otros reinos anglosajones, un ejército inglés unido consiguió derrotar decisivamente a los vikingos por primera vez, obligándolos a abandonar algunos de sus asentamientos y a retirarse. El rey Alfredo consiguió incluso negociar una paz temporal con los vikingos en 878 y persuadir al líder danés para que se convirtiera al cristianismo, lo que tuvo una consecuencia directa en la posterior conversión de muchos en el Danelaw, ya que respetaban las acciones de su líder. (El Danelaw era una zona de Inglaterra dominada por los vikingos en los siglos IX y X).

Poco a poco, los vikingos empezaron a retirarse de Inglaterra a medida que Alfredo consolidaba más poder en el sur. Los ingleses también aprendieron a derrotar a los nórdicos en batallas abiertas en lugar de en encuentros desorganizados, en los que los vikingos destacaban. Aun así, las costumbres, tradiciones y modos de hablar vikingos dejaron una huella permanente en el centro y este de Inglaterra.

El rey Alfredo está considerado en gran medida como el primer rey héroe inglés, ya que consiguió defender el país de los invasores, pero también hizo avanzar a Inglaterra cultural e intelectualmente al alejarse de los orígenes tribales germánicos de su pueblo.

Poco después de la muerte de Alfredo, los daneses tomaron represalias. A principios del siglo XI, los ejércitos daneses regresaron, derrocaron al descendiente anglosajón de Alfredo y establecieron el próspero Imperio del Mar del Norte hacia 1016. El rey danés Cnut fue rey de Dinamarca, Noruega e Inglaterra hasta su muerte en 1035. Treinta años más tarde, el último rey anglosajón de la dinastía de Wessex, el rey Eduardo el Confesor, moriría sin descendencia, un acontecimiento que desencadenó otra oleada de invasiones y una lucha por la sucesión entre diferentes actores.

Harold Godwinson, cuñado de Eduardo, se vio obligado a enfrentarse a los invasores noruegos en 1066 en la batalla de Stamford Bridge, donde logró una victoria decisiva, una de las más emblemáticas de la historia de Inglaterra. Sin embargo, poco después, otra fuerza invasora desembarcó en el sur de Inglaterra. Esta fuerza estaba dirigida por Guillermo de Normandía, que pasaría a ser recordado en la historia como Guillermo el Conquistador. Al frente de una enorme fuerza compuesta por miles de guerreros normandos, frisones, bretones y franceses, Guillermo derrotó a Harold Godwinson y se hizo con el trono de Inglaterra. Dado que los normandos eran originariamente nórdicos, no es del todo incorrecto decir que una forma de civilización vikinga llegó a gobernar Inglaterra en 1066, una fecha que puede considerarse el comienzo de una nueva era.

Europa del Este

Paralelamente a la cristianización de Europa, se estaban produciendo interesantes acontecimientos en la parte oriental del continente. El Imperio bizantino tuvo ciertamente su apogeo con el reinado de Justiniano, ya que los bizantinos consiguieron reconquistar gran parte del norte de África e Italia, pero pronto quedó claro que el imperio entraba en un periodo de lucha, con desafíos que surgían en múltiples frentes a la vez. Las conquistas de Diocleciano se desvanecieron una a una, puesto que Italia fue tomada por los lombardos, mientras que la creciente amenaza árabe procedente del este presionaba significativamente a Constantinopla, apoderándose de la mayoría de sus posesiones en África y el Levante.

El mundo musulmán se expandía rápidamente y, la mayoría de las veces, esa expansión se producía a costa de la cristiandad bizantina. Occidente solo llegaría a saborear la derrota frente a los musulmanes cuando estos conquistaron la mitad de Iberia y se apoderaron de gran parte de Sicilia, pero los bizantinos habían estado luchando con los árabes desde el principio.

No se hicieron esfuerzos efectivos para restablecer relaciones amistosas con Roma, por lo que el Imperio romano de Oriente se alejó y dio lugar a una cultura cada vez más diferente. Las diferencias religiosas entre Roma y Constantinopla desembocarían en el infame Gran Cisma de 1054, un acontecimiento que trataremos más adelante. El Gran Cisma condujo a la separación oficial del catolicismo occidental y la ortodoxia oriental.

Además de estos problemas, existía otra frontera para los bizantinos que se volvió cada vez más problemática con el paso del tiempo: Europa oriental. Los territorios al norte de los Balcanes eran una especie de zona fronteriza entre las antiguas provincias romanas occidentales y orientales. En esta región surgió una nueva civilización con el paso del tiempo y estuvo plagada de constantes cambios sociales y demográficos debido a su proximidad con el resto de Europa y Asia «más desarrolladas» a través de la llanura euroasiática al norte del mar Negro.

Los pueblos que habitaban el territorio que hoy llamamos «Europa del Este» eran los eslavos. Este pueblo era muy interesante. Estaban justo en la frontera del intercambio cultural y étnico de las tribus asiáticas que llegaban, como los hunos, y otros europeos emigrantes, como los godos. Llegarían a sobrevivir a los que pasaron temporalmente por sus tierras. Los eslavos demostraron una presencia de ánimo única para aprender y adaptarse a las culturas y tecnologías de sociedades más avanzadas, e incluso llegaron a convertirse en guerreros experimentados. El resultado fue la expansión de los pueblos eslavos por toda Europa oriental, tan al este como la actual Rusia, donde iniciarían una próspera civilización al entrar en contacto con los vikingos, y tan al oeste como Francia oriental, donde no fueron bien recibidos por los reyes francos, que los consideraban bárbaros incivilizados.

A menudo se considera a Bulgaria como el primer Estado eslavo, pero técnicamente, los búlgaros eran étnicamente asiáticos, y solo habían adaptado las costumbres y estilos de vida eslavos tras asentarse en el Danubio durante la gran migración. Con el tiempo, los búlgaros adoptarían plenamente el estilo de vida eslavo, lanzando innumerables incursiones en las tierras bizantinas más ricas del sur, donde eran percibidos como paganos a los que había que mantener alejados. Comenzaron siglos de luchas entre los bizantinos y los búlgaros, que persistieron incluso después de que estos últimos se convirtieran al cristianismo en el siglo IX.

La conversión del rey búlgaro Boris I fue el primer peldaño en la historia de la cristianización de Europa oriental y el comienzo de una profunda tradición cristiana que se extiende por la región hasta nuestros días. La cristianización de Bulgaria también es importante porque dio lugar al desarrollo del primer alfabeto eslavo por san Cirilo y san Metodio, que habían sido enviados como misioneros ortodoxos primero a Bohemia y después a Bulgaria. Los alfabetos glagolítico y cirílico, inventados por estas figuras, ayudaron a difundir rápidamente el cristianismo en estas regiones paganas, y la adopción gradual del alfabeto por los eslavos hizo posible que la cultura eslava fuera única. Por supuesto, el estrecho contacto con los bizantinos también ayudó en gran medida.

Pero una civilización aún más impresionante con raíces eslavas comenzó a tomar forma en el siglo VIII más al este. Esta civilización daría origen, tras siglos de lucha, a la nación moderna de Rusia. Los orígenes de esta civilización se encontraban en el punto de encuentro de los ríos Don, Dniéper y Volga, donde los dispersos eslavos eran cada vez más vulnerables a las presiones culturales y sociales procedentes no solo de Asia, sino también de los nórdicos. Cuando en el año 860 desembarcó en Constantinopla, procedente del mar Negro, una partida de incursión de un par de centenares de barcos largos al estilo vikingo, con hombres vestidos como vikingos y que luchaban como tales, y atacaron la ciudad, no es de extrañar que los bizantinos se quedaran conmocionados. Estos invasores se llamaban los Rus', y vivían en el valle del Dniéper, principalmente alrededor de la ciudad de Kiev.

A pesar de sus proezas militares, la Rus de Kiev apenas podía llamarse estado en el siglo IX. Según la leyenda, un vikingo llamado Rúrik consiguió consolidar su poder en la ciudad de Nóvgorod, muy al norte, cerca del mar Báltico. Desde allí, los descendientes nórdicos de Rúrik conquistaron gran parte del territorio del sur, habitado en su mayoría por eslavos, sobre todo los de las orillas del Dniéper.

La Rus de Kiev surgió así como resultado de la mezcla de las culturas nórdica y eslava. Los gobernantes de la Rus de Kiev serían, durante mucho tiempo, descendientes directos de Rúrik y pertenecerían a la dinastía Rúrika, mientras que el pueblo al que gobernaban era en su mayoría eslavo que se adaptó al nuevo estilo de vida.

Fundamentalmente, los rus dependían en gran medida de sus ríos y hacían un gran uso de la tecnología naval de los vikingos para maniobrar a través de las profundas y amplias cuencas de sus territorios. En última instancia, esto permitió una mayor conectividad norte-sur, lo que fomentó el comercio, entre otras cosas. Kiev, situada a orillas del Dniéper, se convertiría en una de las ciudades europeas más prósperas fuera de la cristiandad.

La relativa estabilidad económica y política significó un crecimiento cultural y literal. La prosperidad de la Rus de Kiev fue reconocida a principios del siglo X por los bizantinos, que concedieron a la Rus privilegios comerciales, sobre todo para disuadir de nuevos ataques a Constantinopla.

Sin embargo, la estructura política de la Rus de Kiev era aún inmadura, ya que estaba moldeada por fuertes divisiones regionales. El gran príncipe, gobernante de Kiev, imponía su autoridad sobre otros príncipes menores y dependía de su apoyo en tiempos de necesidad. En tiempos de paz, sin embargo, la magistral utilización de los grandes ríos hizo posible que la Rus' conectara el norte de Europa con el mar Negro y, por tanto, con el resto de la civilización bizantina.

Sin embargo, las relaciones con Constantinopla siempre fueron complicadas. Los bizantinos también llamaban a los primeros incursores de la Rus los «varegos» y se conservan registros que describen sus actividades tan lejos de su lugar de residencia original en Escandinavia como Bagdad. Durante mucho tiempo, antes de que pudieran ser aceptados como pueblos no paganos, los varegos fueron considerados feroces guerreros, entre otras cosas porque siempre fueron una espina en el costado de Constantinopla. Muy pronto, Constantinopla empezó a emplear a los varegos en sus ejércitos como unidades de infantería pesada, algo que ayudó a los rus a reforzar sus vínculos comerciales con Constantinopla.

En un par de décadas, esta relación se materializó en la conversión de la reina Olga de Kiev al cristianismo en 957 durante su visita a Constantinopla. Aunque su hijo, Sviatoslav, se adhirió más a las creencias paganas y era el estereotipo de vikingo hambriento de guerra al que poco le importaba el cristianismo, comenzó el proceso de cristianización de Kiev. Con la subida al trono de Vladimiro en 980, el cristianismo se convirtió en la religión principal de la Rus'. Es posible que la decisión de Vladimiro de convertirse no surgiera totalmente de la pura creencia y el entusiasmo; había prestado ayuda militar a los bizantinos y esperaba casarse con su princesa tras su conversión. No obstante, no cabe duda de que presionó a sus súbditos para que se bautizaran.

En la Rus de Kiev y en Bulgaria, la decisión de convertirse al cristianismo fue únicamente política y no algo necesario, y en ambos casos, el Imperio bizantino desempeñó un papel crucial. El Imperio romano de Oriente estaba mucho más cohesionado culturalmente que casi cualquier otro lugar de Europa occidental. Los eslavos, que vivían cerca de Constantinopla, conocían la prosperidad del imperio y modelarían sus estados siguiendo las instituciones bizantinas en lugar de las occidentales. Adoptaron la fe ortodoxa, aunque el Gran Cisma aún no se había producido oficialmente. En consecuencia, se acercaron más a Constantinopla que a los reinos francos de Occidente, que se adherían a la tradición católica romana.

La propia ciudad de Kiev se convirtió en un icono por sus iglesias ortodoxas, que tomaban prestados en gran medida los estilos arquitectónicos griegos. Siguió siendo una de las ciudades más ricas de Europa durante un par de cientos de años antes de que factores externos provocaran su declive. La Rus de Kiev se transformó en un bastión cristiano ortodoxo de Oriente, separado de Occidente por las tierras de la costa báltica, aún en gran parte paganas. El reino siempre estuvo conectado con Constantinopla a través del mar Negro. Muy pronto, el centro de la civilización de la Rus' se desplazaría más hacia el este, alrededor de la cuenca del río Volga.

Capítulo 5 - Una Europa en transformación

El cisma

El Imperio bizantino quedaría en gran medida al margen de la transformación de todo el continente que tuvo lugar después de 476. Al principio, las atribuladas nuevas sociedades de las antiguas tierras romanas de Occidente verían a Constantinopla como continuadora de las viejas tradiciones romanas y de la gloria de los viejos tiempos. Con el tiempo, sin embargo, esta visión se abandonaría debido, en parte, a la separación gradual de Constantinopla de Occidente y a la aparición de nuevas sociedades autosuficientes en Occidente que ya no necesitaban la «autoridad» de Constantinopla. Las diferencias sociales y culturales entre Occidente y Oriente se mostrarían cada vez más claramente con el paso del tiempo y culminarían finalmente en el Gran Cisma de 1054.

El Imperio bizantino llevaba varios siglos alejándose de Europa occidental y tuvo sus propios periodos de estabilidad y caos mientras Occidente seguía descifrando las cosas. Después del siglo VII, se vio desafiado desde el exterior con la aparición del islam como nueva ideología unificadora de Oriente Próximo y el ascenso militar de los estados musulmanes. Pero por debajo de este constante tira y afloja político y militar con los musulmanes, los bárbaros e incluso los francos, subyacía una pugna cultural mucho más amplia entre la Iglesia de Oriente y la Iglesia de Occidente.

Hay que recordar que en los primeros tiempos del cristianismo, los obispos de Roma, Alejandría y Antioquía eran considerados los más destacados, al frente de sus propias iglesias, al tiempo que se mantenían en contacto entre sí para ponerse de acuerdo sobre diferentes cuestiones, ya fueran doctrinales u organizativas. Con la aparición de Constantinopla como nueva capital imperial y el declive del poder de Roma, el obispo bizantino adquirió más eminencia. Mientras tanto, los obispados de Alejandría y Antioquía perdieron lentamente su importancia a medida que los árabes tomaban el control.

La tensión que existía entre los obispos de Constantinopla y Roma se amplificó tras la caída del Imperio romano de Occidente. La Iglesia de Roma se veía cada vez más como la institución responsable de la protección y la estabilidad de sus súbditos tras el colapso del imperio, ya que la gente la consideraba una de las instituciones romanas más esenciales. Gracias al caos que cayó sobre Europa después del 476, a la inestabilidad cultural y social que trajo consigo la migración de los bárbaros a las antiguas tierras romanas, así como la ausencia de un rival espiritual fuerte en Occidente que pudiera desafiar la superioridad de la Iglesia romana en su misión de «romanizar» Occidente, la Iglesia romana asumió un papel más predominante en la sociedad. Esto no fue aceptado por la Iglesia de Constantinopla, que siempre había considerado a Roma como su igual. Debido a las diferencias culturales y religiosas existentes entre ambas, empezaron a separarse lentamente con el paso del tiempo.

Ya existían grandes diferencias desde hacía un par de siglos en 1054, año en que el papa León IX excomulgó al patriarca Miguel Cerulario de Constantinopla, separando «oficialmente» las Iglesias oriental y occidental. La Iglesia oriental consideró inaceptable el estatus superior autoproclamado del obispo de Roma y se agrupó en torno al patriarca de Constantinopla para contrarrestar el estatus de Roma. La existencia de un discurso teológico más activo en Oriente, en comparación con el monopolio romano del cristianismo en Occidente, dio lugar a muchas opiniones divergentes sobre cuestiones de doctrina y prácticas. La Iglesia oriental, por ejemplo, se horrorizó ante la decisión de Roma de afirmar que el Espíritu Santo procedía del Padre y del Hijo en lugar del Padre. Los sacerdotes católicos también tenían una larga tradición de celibato, algo con lo que los orientales no estaban de acuerdo. Además, había diferencias cuando se trataba de asuntos, al menos a primera vista, intrascendentes, como el uso de pan con levadura en la Eucaristía.

Una de las mayores distinciones entre la Iglesia occidental y la oriental era la actitud poco amistosa de la primera hacia el uso de la iconografía. En la Iglesia oriental, los iconos eran una herramienta para centrar la espiritualidad y la enseñanza de la gente, especialmente las imágenes de Jesús, la Virgen María y otros santos que se consideraban importantes. La Iglesia ortodoxa sigue utilizando iconos en la actualidad. En el punto álgido de esta disputa religiosa, Occidente estuvo a punto de prohibir su uso, considerando los iconos como ídolos y un obstáculo para que una persona pudiera rendir culto correctamente. Por supuesto, podría haber explicaciones más prácticas y políticas para el gran énfasis de la Iglesia ortodoxa en la iconografía; un campesino medieval medio con poca o ninguna educación tendría más probabilidades de encontrar la espiritualidad al ver símbolos religiosos poderosos como los iconos.

Así, a medida que pasaban los siglos tras la caída de Roma, el Imperio romano de Oriente se fue distanciando cada vez más del resto de Europa. Por supuesto, el Imperio bizantino también se separó físicamente de Occidente. La conexión por tierra entre Europa central, la Europa cristiana y los Balcanes bizantinos se vio interrumpida por los bárbaros que ocuparon las provincias que antes estaban bajo el control del Imperio romano. El norte de África fue tomado totalmente por los musulmanes. La creación del Sacro Imperio Romano Germánico tampoco ayudó, y los emperadores bizantinos nunca reconocieron plenamente la supremacía imperial de los emperadores latinos en Alemania.

Por supuesto, el intercambio cultural y político continuó entre ambos, aunque no al nivel que habría tenido si las dos partes de Europa se hubieran reunificado. Así, la civilización bizantina se fue haciendo cada vez más ajena a los latinos, sobre todo a medida que se materializaban las disputas religiosas. Las dos partes no se reconciliaron hasta hace relativamente poco, en el siglo XX.

La sociedad europea medieval

Aparte de la evolución política de Europa tras la caída de Roma, que condujo a la formación de nuevos Estados sobre las ruinas del antiguo Imperio romano, también se estaba produciendo una enorme transformación social. Habiendo salido de la antigüedad, Europa tuvo que reestructurar casi por completo su vida social, y la dominación germánica del continente desempeñó sin duda un papel en la reestructuración de los sistemas jerárquicos que habían estado vigentes durante siglos. Los reveses que sufrió Europa con el colapso de la civilización romana occidental fueron muy difíciles de superar, y pasarían muchos siglos antes de que el crecimiento y el progreso sostenibles pudieran volver a ser un elemento básico europeo. Hemos hablado sobre todo de la transformación cultural del continente después del 476, principalmente de cómo los pueblos emigrantes que se asentaron en los antiguos territorios imperiales fueron adoptando poco a poco el cristianismo. El resultado fue el abandono gradual de sus antiguos modos de vida y la romanización (que incluía la cristianización) de las sociedades de Francia, Alemania e Inglaterra. Dirijamos también nuestra atención a los cambios socioeconómicos que tuvieron lugar durante esta época.

Cuando los bárbaros en guerra se asentaron, surgió un nuevo orden social, basado en la posesión y el acceso a la tierra. La agricultura constituía, con diferencia, la mayor parte de la primitiva economía posromana, y así siguió siendo durante más de mil años. El desarrollo agrícola de las zonas menos hospitalarias del norte y noroeste de Europa tuvo lugar durante este periodo. Estos lugares no habían experimentado la próspera vida económica y el clima favorable que el Mediterráneo ofrecía a las sociedades de Italia, Iberia y Grecia. Los centros urbanos se despoblaron lentamente, a medida que más y más gente acudía al campo para desarrollarlo con el uso de herramientas tecnológicas más avanzadas, como los nuevos arados. Los antiguos reyes bárbaros, jefes y nobles se convirtieron en terratenientes, y su estatus vendría determinado por la cantidad de tierra que poseían y por lo que producían sus posesiones. Fue el comienzo del feudalismo europeo, que dominaría el continente hasta una fecha tan tardía como el siglo XIX.

Los terratenientes ricos concedían tierras a los más pobres, de los que se esperaba que proporcionaran apoyo militar en tiempos de necesidad. Esto dio lugar a una mayor descentralización de la administración, ya que los reyes germánicos no podían permitirse el lujo de gobernar eficazmente a sus súbditos; dependían en gran medida de su cooperación, pero también tenían que controlarlos cuidadosamente para que nadie los superara en riqueza y estatus. Las antiguas relaciones leales, que habían caracterizado a las sociedades bárbaras basadas en la sangre, la hermandad y los jefes de guerra, empezaron a transformarse lentamente en relaciones más recíprocas basadas en la fidelidad y el sentido del deber moral.

Otra parte de la sociedad europea medieval que fue acumulando poco a poco mucho poder fue la Iglesia. La Iglesia romana hizo desde el principio un esfuerzo consciente por mantener su *statu quo*, y el hecho de que fuera la institución «responsable» de coronar a los reyes ayudó mucho. Hacia el año 1000, Europa era abrumadoramente cristiana y devota de la causa cristiana, y la iglesia gozaba de múltiples privilegios. El clero era sistemáticamente la clase más culta de la sociedad europea, al menos hasta la invención de la imprenta. La gente creía en el cristianismo. Daba sentido a sus vidas y un ideal por el que luchar. Así, los gobernantes europeos no tardaron en darse cuenta de la importancia de la religión y empezaron a utilizarla como herramienta de gobierno. Concedieron tierras a la iglesia y ayudaron a construir monasterios para acumular favores con el clero. La iglesia pronto llegó a poseer bastantes posesiones en los nuevos estados europeos, y la construcción de monasterios en las zonas más remotas dio lugar al desarrollo de pequeñas comunidades en torno a las iglesias locales. Los dominios del papa en Italia también se expandieron, y surgió la entidad que hoy llamamos los Estados Pontificios. Cada uno de los Estados Pontificios tenía su propio ejército y súbditos, los cuales habitaban en las tierras controladas por el papa. Pronto quedó claro que, para la mayoría de la gente, la Iglesia era el segundo pilar de estabilidad y poder junto a su soberano.

Los cimientos del nuevo sistema feudal se sentaron aproximadamente con el cambio de milenio (1000 e. c.), tras lo cual la sociedad europea comenzó a enriquecerse y crecer lentamente. Las guerras persistieron, y se hicieron aún más violentas a medida que los avances tecnológicos trajeron armas más mortíferas. Sin embargo, el caos total provocado por la caída de Roma había terminado en el siglo XI.

Disponemos de bastantes datos estadísticos de la época, sobre todo gracias a los censos que realizaban los monarcas o el clero. Estos datos indican un aumento estable de la población europea hasta el siglo XIV. Las cifras son todas aproximaciones, por supuesto, pero son lógicas, dado el estado económico y político del continente en aquella época. La población de Europa occidental era de unos cuarenta millones de personas en 476 y aumentó a unos setenta millones en 1300.

La principal explicación de este aumento fue que se empezó a cultivar más tierra. Los densos bosques del centro y el norte de Europa se transformaron lentamente en nuevas posesiones agrícolas, lo que dio lugar a la transformación gradual del paisaje físico del continente. La productividad casi se duplicó y el suministro de alimentos, en términos generales, aumentó tras haber sufrido importantes reveses que llegaron con el colapso de la interconectividad romana y la interrupción de las rutas comerciales. Y lo que es más importante, los nobles vieron aumentar su riqueza a medida que el sistema se hacía más estable, mientras que los campesinos pobres seguían viviendo en condiciones deplorables.

A partir del siglo XII aproximadamente, se produjo un notable crecimiento urbano. El resurgimiento de la vida urbana coincidió con la reactivación del comercio, y esto fue especialmente cierto en las zonas urbanas situadas en la costa o cerca de ella. Los antiguos centros urbanos romanos experimentaron un crecimiento considerable, especialmente en Italia, donde prosperaron Florencia, Venecia y Génova. Esto se debió en gran medida a la importancia y prominencia de la clase mercantil italiana. Los italianos tenían un acceso casi total y sin restricciones al Mediterráneo, y podían comerciar con Constantinopla y el mundo musulmán. También estaban dispuestos a aventurarse hacia el norte y llevar al Mediterráneo mercancías producidas en Flandes y el norte de Alemania.

Mientras tanto, el norte de Europa organizó su propia liga comercial, la Liga Hanseática, que aseguraba el flujo de textiles, especias, madera y otras mercancías hacia los mercados europeos a través de Rusia y el corredor del Báltico. Estos acontecimientos estimularon el crecimiento de las ciudades, que fueron reconstruidas y reedificadas gracias a la riqueza que afluía a ellas. Se repavimentaron las carreteras, se restablecieron los espacios públicos y los mercados locales atrajeron a más habitantes para que se establecieran cerca de ellos. Así comenzó el desarrollo regulado de las ciudades europeas.

Para proteger estos centros de riqueza y prosperidad, se añadieron estructuras defensivas. Con el tiempo, tomar una ciudad amurallada durante un asedio se hizo muy difícil. La seguridad significaba nuevos negocios y más habitantes, lo que, a su vez, significaba más riqueza. No es difícil ver la importancia que tuvieron las ciudades europeas. Los desarrollos culturales y tecnológicos de la era posterior deben mucho al renacimiento urbano de principios del siglo XI.

Un acontecimiento crucial que tuvo lugar en la Europa medieval del siglo XIV fue una epidemia que afectó a todo el continente, diezmando a la población europea y deteniendo el rápido crecimiento que estaba experimentando. La epidemia de peste bubónica, que hoy se conoce como peste negra, tuvo efectos drásticos en los cambios sociales que se venían produciendo.

La peste fue introducida en Europa desde Asia (lo más probable es que se originara en las montañas del este asiático). Alcanzó su punto álgido a mediados de del siglo XIV y provocó la muerte de entre 65 y 200 millones de personas, haciendo retroceder el reloj de los avances sociales, culturales y económicos. Para las personas que viven en el siglo XXI, cuando el acceso a los servicios médicos es más fácil que nunca para la mayoría, quizá sea difícil comprender plenamente la magnitud de aquella catástrofe. A pesar de todo el crecimiento registrado desde la caída de Roma, la economía europea seguía siendo bastante frágil, ya que dependía en gran medida de la agricultura y del trabajo manual. La producción agrícola nunca solía ser suficiente para durar mucho tiempo si había una mala cosecha, al menos para los que se encontraban en lo más bajo de la jerarquía social. Además, el arado constante de la tierra y la ausencia de fertilizantes eficaces distintos del estiércol hacían que las tierras fueran menos fértiles, lo que se traducía en un menor rendimiento. Se necesitaba más tierra para ampliar la producción de alimentos, pero en el siglo XIV, la mayor parte de la tierra ya se utilizaba para la agricultura. Solo en un puñado de regiones se desarrolló el regadío que mejoró la agricultura.

Por lo tanto, no es de extrañar que a medida que más personas contraían la plaga, que se propagó muy rápidamente a través del contacto humano, toda la economía comenzara a desmoronarse, especialmente en las ciudades. Miles de personas morían cada día, lo que provocó un colapso demográfico nunca visto. Además de la gente que moría a causa de la peste, decenas de miles morían de hambre. Todas estas muertes se tradujeron en una menor producción de alimentos, ya que no quedaba nadie para dedicarse a la agricultura. El desorden público alcanzó su punto álgido. Grupos de campesinos empobrecidos buscaron justicia y se unieron para tomar lo que pudieran para sobrevivir. La peste negra fue un desastre que se interpuso en el camino del progreso.

Sin embargo, la peste negra, aunque provocó un colapso parcial de la sociedad europea, también abrió un abanico de nuevas posibilidades cuando comenzó a desvanecerse lentamente a finales del siglo XIV. La escasez de mano de obra sacudió a las clases terratenientes, que se vieron obligadas a renunciar a muchas de sus fincas simplemente porque no encontraban suficiente gente para trabajarlas. Esto, a su vez, provocó el aumento del protagonismo de otras clases sociales, que adquirieron más poder con el paso del tiempo. El mejor ejemplo es la clase mercantil. Anteriormente, los mercaderes habían sido en su mayoría tenderos o comerciantes de artículos de lujo que obtenían a través de sus contactos con Oriente y otras regiones. La clase mercantil adquirió la mayor parte de su poder tras los turbulentos tiempos de la peste negra, ya que la economía se vio obligada a desplazarse del campo a las ciudades. El precio de la tierra, así como el de los alojamientos urbanos, cayó drásticamente, lo que significó que aquellas personas que tenían sus propios negocios y acumulaban una cantidad decente de dinero podían expandir su riqueza con mayor facilidad.

Esto fue especialmente evidente en Italia, donde los mercaderes lograron obtener la mayor riqueza y acabaron convirtiéndose en gobernantes de diferentes regiones. La familia Médicis de Florencia estableció su propia dinastía y gobernó durante mucho tiempo una de las ciudades italianas más prósperas, mientras que Venecia se esforzó mucho por deshacerse de la vieja nobleza en favor de nuevos aristócratas, que eran ricos comerciantes que contribuyeron al desarrollo de la vida urbana.

El ascenso de la clase mercantil significó el desarrollo urbano, y las ciudades empezaron a experimentar otra oleada de crecimiento a medida que se restablecía el comercio y se estabilizaba la economía. Con el tiempo, los miembros de la clase mercantil se convirtieron en la burguesía. Vivían y trabajaban en las ciudades, disfrutaban de una relativa libertad financiera y podían centrarse en otras cosas aparte de la supervivencia.

A pesar de ello, Europa occidental seguía siendo feudal. En Francia, Inglaterra y España, los pueblos y ciudades gozaban de menos libertad que en los Países Bajos, Alemania e Italia debido a un sistema político más centralizado en esos lugares. El dominio que poseía la nobleza terrateniente fue desafiado por los mercaderes, pero nunca llegó a desaparecer del todo. El poder nobiliario ya estaba bien establecido. Tenía una justificación histórica y era difícil de desarraigar por completo. Pero los valores que defendía la nobleza se transformaron lentamente, conservando sus fundamentos militares (casi obligatorios) y añadiendo las nociones de lealtad y honor, que acabaron dando lugar a la tradición de la caballería europea con énfasis en la devoción, la piedad y la disciplina. Muy pronto surgieron nuevos títulos entre las clases más altas para distinguirse del resto, como duques o barones, indicando su estatus.

El concepto de caballería también nació y se desarrolló entre los siglos Xi y XIV, con el ideal de un caballero cristiano caballeresco, llegando a ser muy prominente y permaneciendo influyente en Europa durante muchos siglos.

En conjunto, se estaba produciendo una gran época de cambio social europeo a pesar de algunos contratiempos importantes. A menudo se hace referencia a la Alta Edad Media como la Edad Oscura europea, pero esa distinción se basa sobre todo en la comparación del periodo con la época cultural y políticamente más próspera de siglos posteriores.

Las cruzadas

Ya hemos mencionado que la identidad europea de la Edad Media estaba conformada por el cristianismo, pero también por las ideas del «otro», que, para Europa occidental, significaban los mundos cristianos orientales del Imperio bizantino y los reinos islámicos que se extendían más allá del Mediterráneo. La identidad europea occidental se desarrolló gradualmente en contraste con estas dos entidades, considerándolas hostiles o ajenas en diversos grados. También conviene recordar el limitado conocimiento que los europeos tenían del mundo físico en el que vivían. Los dominios musulmanes de Oriente Próximo, que tenían fronteras cambiantes, pero terminaban en gran parte en Persia oriental, eran básicamente todo lo que los europeos conocían, e incluso este conocimiento no era extenso. Estas regiones del mundo estaban mal comunicadas y la información tardaba meses en llegar de un lugar a otro. Incluso los mercaderes que se permitían el lujo de comerciar con mercancías del Lejano Oriente sabían poco sobre las tierras de las que procedían sus productos.

Hacia el año 1000 de la era cristiana, el islam había surgido como enemigo natural de la cristiandad, tanto de los bizantinos ortodoxos como de los católicos romanos. Los musulmanes, cada vez más militaristas, dominaron los ejércitos cristianos durante siglos tras la aparición de la nueva religión. La Reconquista española, que comenzó poco después de la conquista árabe de la mitad de Iberia, fue quizá la primera lucha consciente de la cristiandad contra el islam. El empuje de los príncipes ibéricos contra los árabes, por muy lento que fuera al principio, fue seguido por normandos hambrientos de guerra y aventuras, que navegaron por todo el continente y acabaron en el Mediterráneo, donde desafiaron a los musulmanes por el control de Sicilia. El reino normando recién establecido en Sicilia era una mezcla ecléctica de culturas árabe, nórdica y católica, y el papa incluso dio permiso a los normandos sicilianos para presionar las posesiones bizantinas en el sur de Italia tras darse cuenta de que los normandos católicos podían ser un aliado para la iglesia. La cristiandad occidental de la Europa medieval había iniciado su larga lucha contra sus rivales.

Por supuesto, una materialización aún mejor de una lucha europea consciente contra los pueblos islámicos fue una serie de campañas militares en Palestina, conocidas como las cruzadas. Este período de doscientos años de la historia europea llegaría a ser influyente, moldeando la mentalidad de muchos europeos cristianos de la época. La idea de una cruzada santa, una expedición militar a Tierra Santa en Israel y Palestina, nació muy pronto, pero con el paso de las décadas se materializó en una empresa organizada que se hizo más compleja y meditada.

Todo comenzó en 1095 en el Concilio de Clermont, una de las mayores reuniones de la historia europea. Al concilio asistieron nobles y clérigos de todas partes de Europa. El papa Urbano II instó a todos los cristianos a luchar en nombre de Cristo contra los infieles musulmanes y recuperar la ciudad santa de Jerusalén. Por supuesto, Jerusalén y la noción de Tierra Santa llevaban mucho tiempo en la conciencia de los europeos. La multitud reunida sabía muy bien que Jesucristo había nacido en Tierra Santa. Algunos de los cristianos más devotos habían peregrinado a las ciudades santas de vez en cuando, pero estaban absurdamente lejos para el europeo medio.

A pesar de ello, el apasionado discurso del papa Urbano convenció a muchas figuras importantes para que empezaran a movilizar sus ejércitos y se aventuraran a ir a Tierra Santa. Urbano dejó claro en su discurso que Tierra Santa estaba siendo asolada por los musulmanes, quienes negaban a los peregrinos el acceso a los lugares tradicionalmente cristianos. También había dejado claro que aquellos que estuvieran dispuestos a luchar en nombre de Cristo alcanzarían la salvación eterna y serían recordados para siempre como héroes en sus tierras natales, algo que fue más que suficiente para que los reunidos consideraran seriamente la idea de una cruzada y emprendieran el viaje tan pronto como pudieran.

Por supuesto, no todo lo que decía el papa era cierto, pero por lo que sabían los demás, Urbano había sido contactado por emisarios del emperador bizantino Alejo I antes del concilio. Los emisarios traían graves noticias de las derrotas bizantinas a manos de los turcos musulmanes, que habían aplastado al ejército bizantino en la batalla de Manzikert y se habían apoderado de gran parte de Anatolia. Alejo quería que Occidente acudiera en ayuda de Constantinopla y aliviara la presión. El papa vio la emergencia como una oportunidad para aumentar aún más su posición en el mundo cristiano.

Así pues, se convocó la primera cruzada en Clermont y se animó a todo el mundo a probar suerte. El objetivo era Jerusalén, y a aquellos que estuvieran dispuestos a morir en nombre de Cristo se les prometía su lugar en el cielo. Parecía prometedor, pero los cruzados llegarían a darse cuenta de lo difícil que era el objetivo que se habían fijado.

La primera cruzada se lanzó en 1096, y le siguieron siete más a lo largo de los años. Aunque las demás cruzadas se organizaron con objetivos similares a los de la primera, se dirigieron a lugares diferentes, como la Iberia musulmana y la Europa oriental pagana. La primera cruzada fue la más experimental, pero también resultaría ser una de las más exitosas. Estuvo encabezada por varios condes, nobles y duques importantes de Francia, Alemania, Italia e Iberia, que consiguieron reunir hasta 100.000 hombres.

Llegaron a Levante tras un largo viaje a través de los Balcanes y Anatolia. A finales de 1099, consiguieron derrotar a los musulmanes y se apoderaron de gran parte de la costa oriental del Mediterráneo, estableciendo cuatro reinos cristianos para mantener el control sobre Tierra Santa. Estos reinos eran el Reino de Jerusalén, el Principado de Antioquía, el condado de Edesa y el condado de Trípoli. Estos reinos llegaron a conocerse como los Estados cruzados o los reinos latinos y, durante casi doscientos años, fueron los puestos avanzados de los cristianos latinos en Palestina y otros países actuales de Oriente Próximo. Tras la infame toma de Jerusalén en 1099, donde los cristianos masacraron brutalmente a los habitantes de la ciudad santa y saquearon sus hogares, la idea de la cruzada permanecería en la mente de los europeos durante muchos siglos, incluso después de que el último de los reinos latinos de Levante fuera destruido a finales del siglo XII.

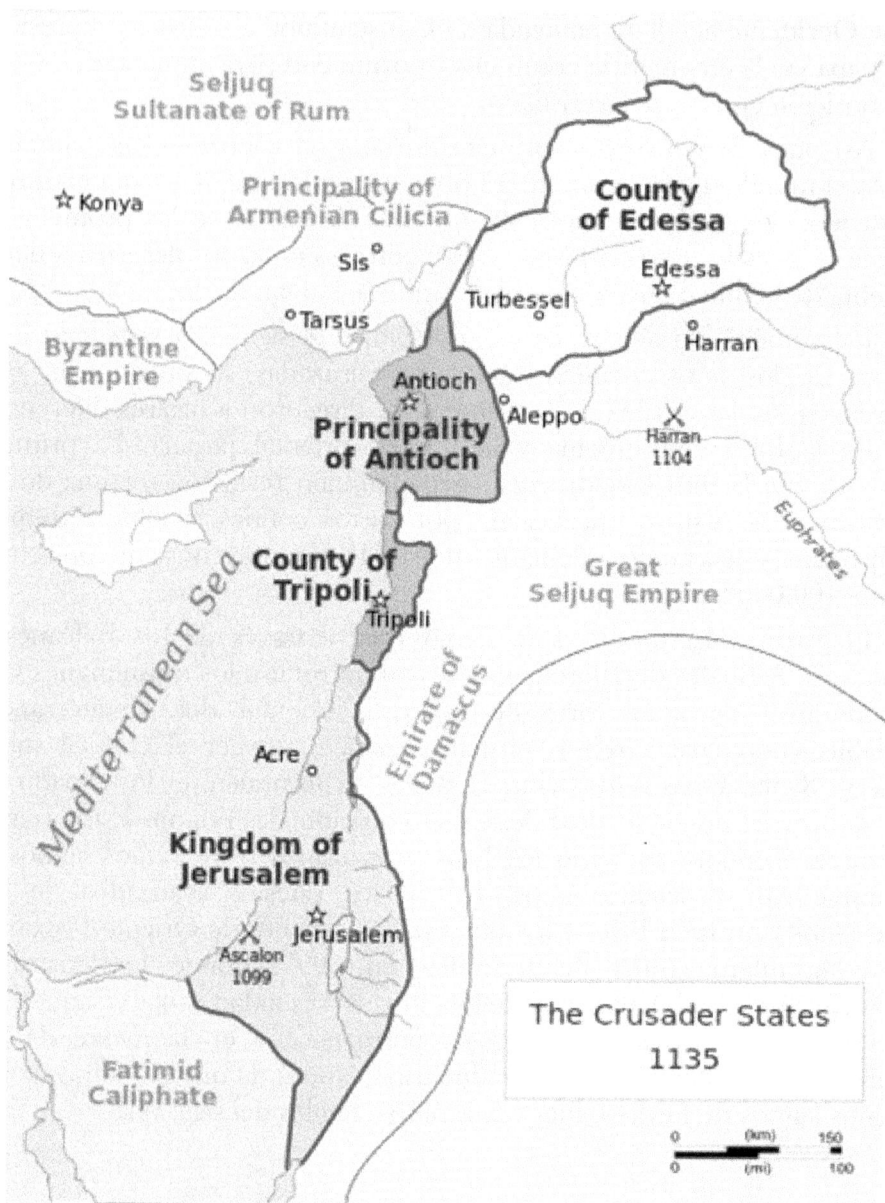

Mapa de los Estados cruzados en 1135 [9]

El éxito de la primera cruzada puso en marcha una serie de acontecimientos políticos que llegarían a influir enormemente en los asuntos de Europa. El resultado positivo de la campaña se debió más a la inestabilidad de los reinos musulmanes que a la brillantez militar de los europeos. Cuando el mundo islámico tomó represalias, quedó claro que aferrarse a los reinos latinos recién establecidos no sería tarea fácil, sobre todo por la falta de efectivos cristianos, el ansia de expandirse constantemente y apoderarse de más territorios y las luchas políticas entre la envidiosa nobleza franca.

Uno a uno, los puestos avanzados cristianos del Levante, algunos de ellos entre las fortificaciones más maravillosas del mundo conocido de la época, se irían perdiendo, y las sucesivas campañas para recuperarlos acabarían en fracaso. En 1244, Jerusalén sería capturada definitivamente por los musulmanes, y ninguna otra expedición volvería a tomarla. En 1281, cayó la magnífica ciudad de Acre, el último punto de apoyo cristiano en el Levante.

En última instancia, las cruzadas fueron una empresa infructuosa, en gran medida porque todo su modelo era profundamente defectuoso, ya que se basaba en expectativas poco realistas y debía mucho a la suerte. Los retos logísticos de organizar expediciones tan largas costaron a los líderes europeos mucho dinero para un rendimiento relativamente poco fructífero. Con el paso del tiempo, la gente se atrevió a aventurarse en una cruzada para encontrar la gloria y alcanzar la riqueza, pero lo vieron menos como una misión espiritual. Eran raras las personas que llegaban a Tierra Santa y regresaban victoriosas. En su país, eran considerados leyendas vivientes. Los propios reinos latinos, que debían cooperar y defenderse de la amenaza musulmana, se enemistaron entre sí, negándose a ayudarse militarmente. Finalmente, el flujo de soldados profesionales a Tierra Santa disminuyó.

Las cruzadas tuvieron varias implicaciones sociales y políticas duraderas para Europa. En primer lugar, reafirmaron el *statu quo* del papado. El papa siempre había sido un líder espiritual que incursionaba en la política, pero cada vez se lo consideraba más como una poderosa figura política durante las cruzadas y después de ellas. Parecía como si diera una dirección general a la cristiandad, algo que ya había hecho antes de las cruzadas, pero que se materializó más claramente en la continua exhortación y bendición a los líderes europeos para que lucharan por Cristo.

Además, las cruzadas fueron importantes para replantear y desarrollar el concepto europeo de caballería. En el transcurso de las cruzadas, los caballeros pasaron a ser respetados como los mejores guerreros de Europa. Un caballero ideal era virtuoso, valiente y, sobre todo, cristiano. Las órdenes militares católicas ayudaron mucho al desarrollo de este concepto. Los miembros de organizaciones legendarias como los caballeros templarios y los caballeros hospitalarios eran algunos de los mejores y más renombrados guerreros del mundo conocido. Con el tiempo, aumentaron exponencialmente su poder e influencia gracias a las generosas donaciones de los señores europeos que creían estar ayudando a organizaciones que mantenían a salvo Tierra Santa.

Las órdenes militares sobrevivirían durante siglos tras la pérdida de Tierra Santa. Los templarios, que llegaron a ser demasiado ricos y poderosos para su propio bien, serían brutalmente perseguidos, primero en Francia y luego en el resto del mundo. Fueron acusados de blasfemia y satanismo. Sus posesiones, que incluían gran número de fincas y castillos enteros (por no hablar del dinero), fueron confiscadas. Los hospitalarios se vieron obligados a abandonar Tierra Santa y trasladarse a Chipre y después a Rodas, donde serían una espina en el costado de los otomanos. Más tarde, los hospitalarios se trasladaron a Malta, que convirtieron en uno de los lugares más fortificados de Europa. Serían respetados siglos después de ser expulsados de Tierra Santa y acabarían abandonando sus labores militares para dedicarse a la caridad, volviendo a sus orígenes de dirigir un hospital cristiano en Jerusalén. La Orden Teutónica, la tercera de las «tres grandes», acabaría encontrando su lugar en la costa del Báltico, en el noreste de Europa. Una orden de alemanes, los teutones, se establecieron en Marienburgo y con el tiempo llegaron a poseer su propio estado soberano, luchando en nombre del catolicismo contra los paganos de la región.

La caída de Constantinopla

En última instancia, la cristiandad occidental no consiguió nada significativo con las cruzadas. Tras más de doscientos años de lucha y constantes expediciones al Levante, los reinos europeos se dieron cuenta de que habían perdido el tiempo en gran medida, ya que no se había obtenido ninguna ganancia material. El papado fue quizá el que más se benefició, al menos en lo que se refiere a aumentar su estatus. El papado se consolidó como la institución internacional más respetada. Los papas se consideraban los guías espirituales y políticos de las naciones europeas cristianas, aunque esta afirmación no era del todo correcta. En realidad, la mayoría de las personas que respondían a la llamada papal de «Deus Vult» («Dios lo quiere») estaban motivadas por sus propias razones personales, además de la creencia de que estaban haciendo lo correcto en nombre de Cristo. No obstante, durante los siglos siguientes, el papado trataría de imponerse a las naciones europeas en la misma medida que lo había hecho durante la época de las cruzadas. Y aunque las interminables campañas tuvieron su precio para las economías europeas, las cruzadas acabaron precipitando, quizá involuntariamente, la caída del Imperio bizantino en 1453.

Ya hemos mencionado la «verdadera» razón del lanzamiento de las cruzadas: la petición de ayuda de los bizantinos contra los turcos. De hecho, los turcos, que habían emigrado desde Asia central y arrollado Persia, el Cáucaso y Mesopotamia, adoptando el islam en el proceso, habían presionado al Imperio bizantino. Hacia 1100, el corazón de Anatolia se había perdido a manos de los conquistadores de Asia central, que, al igual que sus antepasados y sucesores, eran maestros del caballo, pero no precisamente hábiles en diplomacia o administración. Las primeras cruzadas aliviaron ciertamente parte de la presión sobre Constantinopla, pero las decisiones incoherentes de los latinos y sus disputas entre ellos no produjeron los resultados positivos que los bizantinos esperaban.

Los turcos no eran el único problema al que se enfrentaba el Imperio bizantino. Constantinopla fue desafiada por una potencia en ascenso en Italia: Venecia. La ciudad-estado italiana posromana más exitosa se convirtió en una república que elegía a su gobernante, el dux. Venecia tenía una posición defensiva favorable y acceso al mar, lo que dio lugar a su larga y famosa tradición marítima. Desde principios del siglo IX, los venecianos estaban bajo la protección del emperador bizantino, disfrutando de muchos privilegios en el imperio e incluso ayudando a Constantinopla a luchar contra los normandos en el sur de Italia y Grecia. Sin embargo, la creciente fuerza de Venecia coincidió con el declive gradual del dominio bizantino en el Mediterráneo oriental. La ciudad-estado italiana construyó una gran armada y comerciaba extensamente con el norte de África y Palestina, donde los venecianos eran mejor recibidos que los mercaderes bizantinos. Hacia el siglo XII, la República de Venecia sustituyó lentamente a Constantinopla como la potencia más dominante del Mediterráneo oriental y ya no actuaba como su vasalla. Amplió sus posesiones hasta incluir las costas de Dalmacia e Istria, estableciendo numerosos puestos comerciales fortificados en el sur de Grecia y el Egeo. Venecia se hizo cada vez más independiente y, al notar el declive de la fuerza de Constantinopla, cada vez más hostil a sus antiguos soberanos.

Lo que quebró al Imperio bizantino fue la cuarta cruzada (1202-1204), cuando los cruzados latinos partieron para hacer campaña contra los musulmanes en Egipto y Palestina, pero cambiaron de rumbo, ya que atacaron y saquearon Constantinopla. Venecia había negociado con los cruzados antes de la expedición, acordando que les prestaría barcos para llegar a Jerusalén, pero los líderes de la cruzada fueron incapaces de pagar el precio que se había acordado. Entonces, Venecia propuso que los cruzados ayudaran a tomar la ciudad católica rebelde de Zara, en la costa adriática, a lo que los cruzados accedieron a regañadientes, ya que no tenían otra opción, habiendo llegado a Italia desde Francia y el Sacro Imperio Romano Germánico. Zara fue rápidamente recuperada para Venecia, tras lo cual los cruzados debían continuar su camino hacia Jerusalén.

Sin embargo, los cruzados se reunieron con el príncipe bizantino Alejo Ángelo en 1203. Alejo pidió que los cruzados hicieran una parada en la ciudad antes de llegar a Levante. Necesitaba ayuda en la disputa sucesoria que se había producido en el imperio. Habiendo logrado ponerse de acuerdo con algunos de los cruzados, los condujo a Constantinopla, la cual fue tomada con relativa facilidad. Sin embargo, no había transcurrido ni un año cuando Alejo fue depuesto por una revuelta popular, que finalmente llevó a los cruzados a saquear Constantinopla en abril de 1204.

El saqueo de Constantinopla fue un duro golpe para el Imperio bizantino, que nunca logró recuperar su antigua fuerza tras el incidente. Los cruzados, que profanaron Santa Sofía y robaron monumentos y estatuas de oro, decidieron permanecer en Constantinopla, estableciendo en su lugar el Imperio latino, que duraría hasta 1261, cuando la capital fue recuperada por el emperador Miguel Paleólogo VIII con la ayuda de turcos mercenarios. La sustitución del Imperio bizantino por el Imperio latino fue nominal, ya que los cruzados solo controlaron temporalmente la capital y sus alrededores, lo que condujo al establecimiento de estados sucesores bizantinos centrados en Nicea, Epiro y Trebisonda, así como otros ducados regionales en Grecia y los Balcanes. Aunque el restablecimiento del poder imperial en 1261 dio ciertas esperanzas al viejo imperio, no pasaría mucho tiempo hasta que surgieran nuevos retadores.

Durante las cruzadas, el sultanato turco de Rum, situado en Asia Menor, había sido una espina clavada para los bizantinos. Desde el siglo XIII en adelante, los invasores turcos ya se habían establecido en Anatolia y habían dominado a los griegos una y otra vez, pero pronto fueron incapaces de mantener un estado unido, lo que llevó a la creación de varios poderes turcos regionales justo a las puertas bizantinas llamados beylicatos. Habiéndose apodado a sí mismos *gazis* —guerreros santos que luchaban por difundir el islam entre los infieles no religiosos— uno de los señores turcos, Osman, empezaría a emerger lentamente como el *gazi* más poderoso de la región. Tras consolidar su poder y hacerse con el control de las tierras alrededor del río Sakarya, en el noroeste de Anatolia, Osman fundó una dinastía que duraría hasta el siglo XX. El imperio otomano se convirtió en el mayor y más peligroso de todos los beylicatos de Anatolia, desafiando directamente la presencia bizantina en la región y presionando al imperio desde el este mientras Venecia presionaba desde el oeste.

A mediados del siglo XIV, los reinos bajo control otomano se habían extendido al otro lado del Bósforo hacia Europa, y los barcos otomanos empezaron a controlar rutas marítimas cruciales en los Dardanelos, cortando esencialmente a Constantinopla del resto del Mediterráneo, lo que supuso un golpe directo al poder de Constantinopla. Los griegos poco podían hacer contra los otomanos, ya que se veían superados cada vez que sus ejércitos luchaban. En 1389, los otomanos consiguieron derrotar a la coalición de Bulgaria, Serbia y Albania, estableciendo su soberanía sobre estas tierras y básicamente emparedando los territorios bajo control imperial en la década de 1400.

El Imperio bizantino fue abandonado por el resto de la cristiandad. Las diferencias religiosas, culturales y políticas condujeron poco a poco al aislamiento total de Constantinopla respecto a Europa, así que cuando Constantinopla más necesitaba la ayuda de Occidente, este no estaba dispuesto a ayudar. Los europeos habían terminado de luchar contra las cruzadas, tras conocer sus efectos perjudiciales, y las naciones occidentales no estaban dispuestas a acudir en ayuda de una nación ortodoxa.

El fin del Imperio romano de Oriente llegó en 1453. A principios del siglo XV, los otomanos se vieron obligados a hacer frente a la nueva amenaza mongola en Oriente, lo que alivió un poco la presión sobre los bizantinos. Sin embargo, los otomanos consiguieron volver a centrar su atención en la ciudad más preciada del mundo: Constantinopla. Tras haber permanecido durante unos mil años como la ciudad más próspera de toda Europa, Constantinopla era el último vestigio del glorioso Imperio romano, y era una de las ciudades mejor defendidas. Sin embargo, el sultán otomano Mehmed II, uno de los comandantes militares más brillantes que jamás tendría el imperio, estaba decidido a tomar la ciudad y acabar por fin con los bizantinos. Sabiendo que Constantinopla había sido abandonada por Occidente y que no disponía de recursos suficientes para presentar una buena batalla para defenderse, el asedio de Mehmed fue relativamente rápido, gracias a sus enormes cañones que bombardearon las murallas de la ciudad durante dos meses.

Finalmente, a finales de mayo de 1453, las tropas otomanas asaltaron Constantinopla, derrotando decisivamente a las fuerzas del emperador Constantino XI y dirigiéndose directamente a Santa Sofía, que fue convertida en mezquita. Se pretendía que sirviera como símbolo de la victoria musulmana sobre su enemigo de siempre.

Sin más, el Imperio bizantino llegó a su fin. Consiguió durar cerca de un milenio tras la caída del Imperio romano de Occidente, pero su gloria nunca fue la misma que en los primeros tiempos del Imperio romano.

La caída de Constantinopla fue histórica, ya que marcó el apogeo de una nueva superpotencia europea, que tenía una religión diferente a la del resto de Europa y unas tradiciones que procedían de Asia. El Imperio otomano pronto llegaría a estar en posesión de gran parte del sureste de Europa, lo que suponía una amenaza directa para el resto del continente cristiano.

El colapso del Imperio bizantino fue el fin de una era. Fue el final de la Alta Edad Media, que marcó un cambio de paradigma en la historia de Europa. Lo que vino después fue un periodo europeo de innovación, progreso y estabilidad, pero también fue un periodo de guerra y conquista.

Capítulo 6 - El Renacimiento

Reinos europeos

El año 1453 es una gran fecha para empezar a hablar de los vastos cambios sociales, políticos y, sobre todo, culturales que tendrían lugar en Europa. El periodo conocido como Renacimiento, que significa «volver a nacer», fue tan influyente en la historia de Europa como la época altomedieval, que durante el Renacimiento pasaría a denominarse Edad Oscura.

El Renacimiento duró desde el siglo XIII hasta el siglo XVII en muchos lugares, y aceleró los procesos que han producido el patrimonio cultural con el que hoy identificamos al continente. También sentó las bases de una versión revisada de lo que significaba ser europeo, y su transformación social a gran escala dejó huella en los grandes pensadores que seguirían a los primeros años del Renacimiento.

Antes de adentrarnos en lo que el Renacimiento significó realmente para los distintos aspectos de la vida europea, debemos hablar primero del estado político del continente en el momento de la caída de Constantinopla. Para entonces, el mapa de Europa había sufrido una serie de cambios, y las fronteras de varios reinos se mantuvieron en gran medida en líneas similares durante los siglos venideros. Esto, a su vez, influyó en las posteriores luchas de poder político entre estos estados.

En definitiva, fue el apogeo de las monarquías europeas. Los Estados europeos eran reinos o, en el caso del Sacro Imperio Romano Germánico, imperios, con un soberano todopoderoso en la cúspide de la jerarquía, seguido de una serie de personas de diversa posición social en función de su nacimiento. Habiendo conseguido asentarse tras una época bastante caótica, las familias reales, la nobleza, la aristocracia y otras divisiones sociales estaban en su sitio y permanecerían así durante muchos siglos. En su mayor parte, permanecieron prácticamente inalteradas. Los reyes gozaban de grandes ventajas, incluida el aura prestigiosa, casi mítica, que les rodeaba. Las diferentes tareas administrativas y legislativas se encargaban a menudo las instituciones locales, las asambleas y los tribunales en relación con la estructura social feudal. Aun así, ninguna tenía el poder suficiente para dominar al rey o a la reina.

Dos de los lugares que mejor encarnaban este estado de cosas, ya que las naciones se habían unificado en torno a un soberano central de forma estable durante siglos, eran Inglaterra y Francia, cuyas fronteras se han mantenido relativamente similares a como eran en los primeros años del Renacimiento. En estos dos reinos, la sucesión hereditaria y el poder centralizado podían verse más claramente que en otros lugares.

En Francia, la dinastía de los Capetos consiguió mantener un control ininterrumpido de la corona desde el siglo X hasta el XIV. Con París como capital, el reino de Francia era grande y poderoso, y los reyes franceses dependían de los nobles que estaban a cargo de diferentes provincias que se extendían desde el canal de la Mancha en el norte hasta los Pirineos en el sur y desde la costa del Atlántico en el oeste hasta los ríos Rin y Ródano en el este. Los franceses hicieron funcionar el sistema, a diferencia de sus vecinos alemanes del Sacro Imperio Romano Germánico, que tuvieron problemas con la sucesión imperial.

En Inglaterra, los normandos consiguieron establecer una monarquía bastante estable tras la conquista de 1066. Los lores, condes y barones ingleses asumieron papeles importantes y siguieron desempeñándolos durante años. Una ventaja evidente que tenía Inglaterra era el hecho de estar separada del resto del continente por una masa de agua, lo que le proporcionaba una seguridad muy necesaria cuando la Europa continental se despedazaba por la guerra. Cruzar el canal de la Mancha para montar una invasión en Inglaterra, al menos después de 1066, parecía menos factible, sobre todo tomando en cuenta que los escandinavos habían renunciado a las incursiones a larga distancia al estilo vikingo y se habían establecido ellos mismos como reyes cristianos. Gracias a ello, los reyes ingleses pudieron consolidar su poder sobre las sociedades más fragmentadas y menos desarrolladas de Gales, Irlanda y Escocia, sus vecinos inmediatos.

Curiosamente, Inglaterra y Francia surgirían como dos de los rivales europeos más famosos. Esto se debió en gran parte a las reivindicaciones territoriales inglesas en Francia, gracias a sus antepasados normandos que controlaban la provincia septentrional de Normandía y algunas tierras francesas occidentales. La lucha entre franceses e ingleses en el siglo XIV ha llegado a conocerse como la guerra de los Cien Años, aunque fue un conflicto esporádico entre 1337 y 1453. Hasta la fecha, sigue siendo una de las guerras más emblemáticas de la Europa medieval.

A lo largo de la guerra, que se desarrolló casi por completo en el lado francés del canal de la Mancha, los ingleses llegaron a estar periódicamente en posesión de casi todo el oeste de Francia. Estuvieron peligrosamente cerca de apoderarse de París y de toda la propia Francia. A lo largo de la guerra se forjaron muchas alianzas, como la que unió a Inglaterra con Portugal y a Francia con Escocia. La rivalidad que se estableció entre ambos bandos marcaría el curso de la política europea occidental durante mucho tiempo.

Sin embargo, hacia 1500, Inglaterra había perdido todos los territorios que había conseguido ganar en Francia, excepto Calais. Francia se lamió lentamente las heridas y la monarquía volvió a consolidar su dominio sobre las provincias.

La guerra de los Cien Años es más importante para la historia europea, no porque alterara la geografía política del continente, sino porque fue, quizá sorprendentemente para ambas naciones, el primer impulso real hacia la formación de sus respectivas identidades nacionales. Esto ocurrió en Francia e Inglaterra mucho antes que en otros reinos europeos, que acabarían adoptando el concepto de Estado-nación.

A finales del siglo XV, se habían producido grandes acontecimientos en Iberia, donde la Reconquista estaba llegando a su fin. Los reinos ibéricos habían conseguido expulsar casi por completo a los árabes de la península gracias, en parte, a la ferviente cooperación y ayuda que recibieron de las órdenes militares católicas. El antiguo reino de Asturias, que se había establecido en el norte como el primer reino ibérico cristiano tras la conquista árabe de la península, renació como reino de Castilla y León.

En el este, el reino de Aragón había unido Cataluña, Zaragoza y Valencia, y había conseguido presionar a los musulmanes para que abandonaran Sevilla. En 1479, las coronas de Aragón y Castilla se unificaron tras el matrimonio real entre Fernando de Aragón e Isabel de

Castilla. Había nacido el primer Estado español unido. En el oeste, surgió el reino portugués, aunque estaba ligado a sus vecinos españoles, al tiempo que conseguía conservar su independencia en los tiempos más turbulentos.

En los albores del siglo XVI, la España católica y el Portugal católico eran los amos de Iberia. Forjadas en la sangre contra un enemigo común, las coronas de estos dos reinos serían relativamente estables. La lucha contra los musulmanes acentuaría el papel de la Iglesia católica más en España y Portugal que en otras monarquías de Europa.

Mucha menos estabilidad y cohesión había en el Sacro Imperio Romano Germánico, donde el caos político era total. Inicialmente, el cargo imperial había estado estrechamente ligado a Roma, pero esta relación empezó a desaparecer con el tiempo. El emperador, elegido por un colegio de principados, era supuestamente el soberano de cientos de estados más pequeños, principados, provincias y ciudades libres, que incluían territorios de la actual Alemania, Austria, Polonia, Dinamarca, Italia, Francia, Suiza y los Países Bajos. En realidad, sin embargo, el emperador dependía mucho más de la misericordia y la cooperación de sus subordinados que, por ejemplo, en Francia o Inglaterra, debido a las numerosas diferencias regionales y a la dificultad de ejercer eficazmente el control imperial en estas regiones. El emperador poseía sus propias tierras, pero estas estaban dispersas por todo el imperio. La capital imperial cambiaba a menudo. Aquisgrán, Fráncfort, Praga, Innsbruck, Palermo y Viena fueron todas sedes del emperador del Sacro Imperio Romano Germánico. Alemania se quedó en gran medida sin una identidad nacional unificadora hasta finales del siglo XIX.

Sin embargo, lo más importante es que en 1273 el trono del Sacro Imperio Romano Germánico fue asumido por la familia austriaca de los Habsburgo, quizá la más famosa (o infame) de la historia de Europa. Tras más de un siglo de luchas, los Habsburgo consiguieron afirmar su poder a partir de 1438, proporcionando emperadores casi en perfecta sucesión hasta que el imperio llegó a su fin en 1806. Incluso después de eso, los lazos dinásticos y familiares de los Habsburgo los convirtieron en reyes y reinas de muchos estados europeos diferentes, sobre todo del Imperio austrohúngaro.

Una situación bastante similar se daba en Italia, que había sido la más afectada por el vacío de poder dejado tras el colapso del Imperio romano. El norte fue dominado primero por el Sacro Imperio Romano

Germánico, incluida la propia Roma, mientras que el sur había sido reconquistado por Constantinopla durante el reinado de Justiniano. La autoridad imperial en la península de los Apeninos comenzó a menguar lentamente, y los señores de estas tierras acabaron siendo desafiados por los lombardos del norte, los árabes y los normandos. Además, el propio papa estuvo a cargo de gran parte de Italia durante siglos, gobernando los Estados Pontificios.

A pesar de ello, la estructura política descentralizada de Italia no estaba al mismo nivel que la del Sacro Imperio Romano Germánico, y contuvo estados y ciudades-estado fácilmente distinguibles durante gran parte de la época medieval. La República de Venecia es un buen ejemplo de una fuerte ciudad-estado italiana que expandió lentamente su poder y se convirtió en un actor dominante en el Mediterráneo. También estaba la República de Génova, otra ciudad-estado de tradición mercantil, los ducados de Milán y Palermo, y las repúblicas de Florencia y Pisa.

Estas ciudades-estado funcionaban en gran medida de forma similar a las antiguas ciudades-estado griegas, controlando sus territorios circundantes, pero no mucho más que eso. De vez en cuando, se enzarzaban en conflictos y alianzas entre sí, así como con potencias extranjeras que intentaban imponerles su autoridad. Sorprendentemente, hacia el siglo XVI, Italia era relativamente estable, sin muchas guerras destructivas de la magnitud de, por ejemplo, la guerra de los Cien Años. Existía un sentimiento generalizado de esperanza en el retorno del glorioso Imperio romano, pero pocos se atrevían a intentar embarcarse en una misión para unir la península. La estabilidad económica y política de Italia, aunque fragmentada, significaba que el escenario estaba preparado para una oleada de renacimiento cultural que se extendería lentamente al resto de Europa.

Mientras tanto, una serie de complejos acontecimientos políticos influyeron en el estado de las cosas en Rusia. La Rus de Kiev decayó en el siglo XIII tras las brutales invasiones mongolas, que finalmente desembocaron en la destrucción de Kiev en 1240. La mayoría de los centros urbanos de la Rus' se despoblaron y el reloj sociopolítico retrocedió considerablemente. Durante los dos siglos siguientes, el yugo tártaro, como llegaría a denominarse el periodo de dominación mongola de Rusia, provocó un cambio gradual en la sociedad rusa. El centro de la civilización rusa se desplazó más hacia el noreste, al recién surgido Principado de Moscovia.

Los príncipes rusos, ahora bajo la soberanía de los kanes mongoles, estaban demasiado desorientados y centrados en las disputas entre ellos. No hicieron ningún progreso significativo hacia la reunificación hasta que Moscovia fue lo suficientemente fuerte como para liderar la expulsión de los mongoles a finales del siglo XIV. Con el tiempo, el otrora gran Imperio mongol se fragmentó debido a las disputas dinásticas, y Moscovia pudo consolidar el poder suficiente para convertirse en la nueva Kiev de Rusia, aunque nunca llegó a alcanzar la prosperidad que antaño había tenido la gran ciudad del Dniéper.

Estos acontecimientos coincidieron con la caída de Constantinopla en 1453 y pronto empezó a extenderse el discurso de que Moscú sería la sucesora de la mayor ciudad europea. Moscú debía ser la «tercera Roma» y suceder a Constantinopla como centro de la verdadera fe cristiana. Este papel religioso ayudó a la ciudad a eclipsar a todos los demás principados rusos y propició que Moscovia emergiera como el gran principado, convirtiéndose en la sede de los futuros reyes de Rusia.

Iván III el Grande, el hombre que derrotó a los últimos ejércitos mongoles, asumió el título de zar en 1462, estableciendo conscientemente una conexión con la tradición de los césares, de la que derivaba el título. Diez años más tarde, se casó con una princesa bizantina y empezó a copiar antiguas insignias y símbolos imperiales y a rusificarlos. Se convirtió así en el primer autócrata europeo completo al estilo de los emperadores bizantinos. En 1514, con la toma de Smolensk, se fijaron básicamente los límites de Rusia. El Imperio ruso llegaría a dominar Europa oriental y gran parte de Asia en los siglos venideros.

Otras naciones comenzaron a formarse lentamente hacia el año 1500, aunque algunas tuvieron más éxito que otras. La labor misionera de Occidente, por ejemplo, consiguió difundir el cristianismo católico en Polonia, cuyo primer gobernante del que se tiene constancia histórica, Miecislao I, adoptó oficialmente la religión en 966. Los habitantes polacos eran de etnia eslava, pero la elección de su gobernante de convertirse al catolicismo los distinguió significativamente de sus homólogos del sureste y del este, que optaron por abrazar el cristianismo ortodoxo. Con el tiempo, el Estado polaco reclamaría Silesia, Moravia y Cracovia, desafiando al Sacro Imperio Romano Germánico. En el este, se apoderaría de gran parte del Báltico y soportaría el peso de las invasiones mongolas.

En el siglo XI, una Hungría cristiana empezaría a tomar forma tras la creciente cristianización de los pueblos magiares emigrantes. Pronto, Hungría se convertiría en uno de los reinos cristianos más piadosos, sobre todo porque tuvo que coexistir con una constante amenaza otomana al sur y mongola al este.

Otros estados balcánicos también se vieron antagonizados por el creciente Imperio otomano, que pronto controlaría toda Europa al sur del Danubio, incluyendo Albania, Bulgaria y Serbia, todos los cuales habían sido estados cristianos antes de ser tomados por los otomanos. De hecho, el Imperio otomano estaría peligrosamente cerca de avanzar hacia el centro y el oeste de Europa en 1529, cuando el sultán Solimán el Magnífico puso sitio a Viena. Sin embargo, el ejército de los Habsburgo fue capaz de hacer retroceder a los otomanos invasores. No obstante, el Imperio otomano consiguió apoderarse de gran parte del antiguo Imperio romano de Oriente y era seguramente el Estado más poderoso de Europa en el siglo XVI, al menos en lo que respecta a su ejército.

Una nueva era

La época del Renacimiento no es totalmente distinta de lo que llamamos Edad Media. No fue una ruptura cultural o social total. En cambio, el término Renacimiento se utiliza con mayor frecuencia para describir los destacados desarrollos de la ciencia, el arte y la erudición en Europa, que duraron aproximadamente desde finales del siglo XIV hasta el siglo XVI. Aunque no se puede trazar una línea clara para distinguir el Renacimiento de la Edad Media, lo que sí se aprecia cada vez más desde el siglo XIII hasta el XIV es una serie de cambios tecnológicos y culturales que condujeron al inicio de una nueva era, posiblemente la más influyente de la historia europea.

El Renacimiento se manifestó con el auge del humanismo, una ideología que se centraba en el ser humano, incluyendo su naturaleza, sus logros y su espíritu. Los humanistas, que a menudo eran pensadores laicos y no figuras religiosas, deseaban salvar la distancia con la antigüedad clásica. Tomaron la imagen de un hombre sabio y filosófico, capaz de aprender, mejorar personalmente y dominar la naturaleza y la convirtieron en el nuevo ideal. Según ellos, este tipo de hombre se había perdido tras la aparición del orden cristiano, que había subrayado la importancia de la absolución y el perdón cristianos como ideal para todos. Era un desafío audaz, aunque no preveía una ruptura total con el cristianismo. En su lugar, el objetivo de los humanistas era reafirmar que la gente podía liberarse de las limitaciones de cómo era una vida ideal, algo que la cristiandad les había impuesto. Los humanistas querían que la gente creyera en sus capacidades intelectuales, morales y creativas y que las utilizara como lo habían hecho en los tiempos de la antigua Grecia y Roma. Buscaban el renacimiento de un hombre virtuoso, sabio y noble que se dedicara a pensar, criticar y aprender. Debía ser muy diferente de la filosofía escolástica tradicional de la Europa medieval, que se había basado en las primeras enseñanzas cristianas y destacaba la importancia del modo de vida cristiano.

Italia es considerada con razón la cuna del Renacimiento, aunque el movimiento se extendería a prácticamente toda la Europa cristiana al oeste de Rusia, donde los procesos políticos impidieron que fuera acogido plenamente como en otros lugares. En el siglo XIV, especialmente tras el colapso del Imperio bizantino, muchos eruditos, científicos y artistas comenzaron a vivir en Italia. Hay que recordar que la mayor parte de la literatura y la sabiduría antiguas se desvanecieron gradualmente tras la caída del Imperio romano de Occidente en 476, ya que las invasiones bárbaras y las constantes migraciones provocaron la pérdida de los conocimientos antiguos. Los clásicos, que estaban disponibles en pequeñas cantidades, solo estaban al alcance de la población alfabetizada, que era una extrema minoría. La mayoría de los clérigos sabían leer y favorecían el dogma cristiano.

Eso no quiere decir que el mundo medieval no viera su buena dosis de eruditos importantes. Por ejemplo, la filosofía de san Agustín era una mezcla de influencias aristotélicas y cristianas. Criticó la antigüedad por su falta de un plan o propósito, que se había expresado más claramente en el cristianismo.

La antigua tradición clásica se ha conservado, aunque no en Europa. De hecho, se pueden encontrar obras clásicas en el mundo musulmán. Durante la Edad de Oro islámica, que duró desde el siglo VIII hasta el XIII, los eruditos, científicos, matemáticos, poetas y filósofos musulmanes hicieron grandes avances en sus campos. Una de las cosas que hicieron fue conservar los textos clásicos griegos y romanos, y traducirlos al árabe. Estas traducciones se difundieron ampliamente. Estos textos clásicos estuvieron disponibles en los mundos árabe y bizantino durante mucho tiempo, pero el aislamiento de estas civilizaciones de la civilización europea occidental hizo que la Europa católica no estuviera familiarizada con ellos.

A medida que estas civilizaciones entraban cada vez más en contacto entre sí, especialmente tras la caída de Constantinopla, cuando muchos griegos eruditos emigraron hacia el oeste llevándose consigo sus preciadas posesiones, la cristiandad occidental fue conociendo cada vez más el patrimonio cultural del mundo antiguo. Las obras antiguas comenzaron lentamente a ser reescritas y traducidas al griego, al latín, al hebreo y, finalmente, a las diferentes lenguas de los estados europeos.

Los efectos de este largo y pesado proceso se aceleraron masivamente con la imprenta. La fabricación de papel despegó después del siglo XI. Se había introducido desde Oriente y se fabricaba papel de buena calidad. En la ciudad alemana de Maguncia, un artesano llamado Johannes Gutenberg montó la primera imprenta, que utilizaba metal fundido para los tipos de letra y tinta a base de aceite, hacia 1450. Con la nueva imprenta, copiar se convirtió en una tarea mucho más eficaz y rápida, lo que impulsó la producción y el uso de libros. Aunque al principio los índices de alfabetización eran demasiado bajos, lo que significaba que los plebeyos no podían leer los textos traducidos y copiados, el Renacimiento estaba muy avanzado en el siglo XVI en los círculos de la alta sociedad europea.

Las clases elitistas de Italia encabezaron el desarrollo del Renacimiento en todas sus formas, más claramente en lo que se refiere al arte. Las pinturas renacentistas se encuentran entre las más notables del mundo, y con razón. Los pintores desarrollaron nuevas técnicas avanzadas, prestaron más atención al mundo que los rodeaba, aprendieron anatomía humana para representar a los personajes con mayor precisión y se centraron cada vez más en temas mitológicos o bíblicos. El Renacimiento supuso un cambio masivo en el arte medieval, que hasta entonces había estado dominado por imágenes más primitivas de temas cristianos.

Artistas como Leonardo da Vinci, Rafael, Sandro Botticelli, Miguel Ángel, Perugino y otros lideraron el movimiento artístico y crearon algunas de las mejores obras de la historia del arte europeo. Estos artistas serían contratados por las familias adineradas de las ciudades italianas, que les encargarían pinturas para fincas privadas y edificios públicos.

Florencia, gobernada por la familia Médicis, fue el centro cultural del Renacimiento antes de que el movimiento comenzara a despegar lentamente en el norte. Cuando el movimiento alcanzó su clímax en los siglos XV y XVI, Italia podía presumir de tener algunos de los desarrollos culturales más singulares e innovadores de Europa, muy influidos por la antigüedad clásica y el deseo de aprender y alcanzar la perfección.

La Reforma

El Renacimiento también dio lugar a uno de los desarrollos más vitales de la historia del cristianismo: la Reforma protestante. Por accidental que haya sido, las raíces de la Reforma y las críticas dirigidas a la Iglesia católica existían mucho antes de que naciera Martín Lutero. En el siglo XVI, la iglesia mantenía su papel como la institución más importante en la vida de los europeos, especialmente en lo que se refería a las clases bajas. La gente creía mucho en la noción de la vida después de la muerte y deseaba alcanzar la salvación. Sin embargo, se sabía que el estamento religioso no atendía (o no podía atender) las necesidades de todos, siendo discriminatorio con algunos mientras favorecía a otros. Existía la necesidad de una reforma eclesiástica, pero la autoridad de la Iglesia católica nunca había sido cuestionada del mismo modo que durante la Reforma.

Un problema evidente era que, a pesar de la riqueza y la grandeza, cuya naturaleza rayaba en la extravagancia, la iglesia se había vuelto cada vez más dependiente del dinero. Durante el apogeo del catolicismo medieval, la compra de indulgencias era algo habitual. Se animaba a los laicos que creían profundamente en la vida después de la muerte y en la autoridad del clero a acercarse a la iglesia, pagar una suma de dinero y recibir una indulgencia que perdonaba parcial o totalmente sus pecados. La iglesia ganó una enorme cantidad de dinero con la venta de indulgencias. Con el paso del tiempo, la práctica se volvió sospechosa. Los clérigos, aunque solían ser los más cultos de las sociedades locales, se estaban volviendo menos «profesionales», estudiaban perezosamente los textos sagrados y disfrutaban de vidas privilegiadas por toda Europa.

Martín Lutero, un monje agustino alemán, formuló sus *Noventa y cinco tesis* en protesta contra la iglesia y las clavó en la puerta de la iglesia del castillo de Wittenberg en 1517. Había experimentado personalmente las injusticias y lo ilógico de las prácticas cotidianas de la iglesia. A sus ojos, algunas prácticas eran absurdas, como la venta de indulgencias, que, en su opinión, requerían reflexión.

Lutero había sido un católico devoto y un erudito entusiasta. Había estado en Roma y se hizo monje a los veintiún años. Dedicó gran parte de su tiempo a estudiar las escrituras y contrastó su contenido con las realidades de su época, llegando a la conclusión de que la iglesia se había desviado bastante de las sagradas escrituras. Lutero estaba furioso porque las figuras religiosas básicamente engañaban y se aprovechaban de los plebeyos a diario, y quería que el sistema cambiara. Las *Noventa y cinco tesis* que clavó en la puerta de la iglesia también fueron enviadas al arzobispo de Maguncia, quien las remitió al papa en Roma.

A pesar de la gran oposición de los líderes religiosos y políticos, Lutero consiguió difundir sus argumentos con gran rapidez, gracias a la imprenta y a la estructura fácilmente comprensible de sus escritos. Criticó muchos aspectos de la Iglesia católica, pero sobre todo argumentó que la fe por sí sola bastaba para la salvación. Si una persona era lo suficientemente devota, podía alcanzar la salvación y lo haría; no había necesidad de indulgencias ni de la propia Iglesia. Lutero pedía la descentralización de la institución y la transición del poder de manos del clero a los laicos. Quería que hubiera una interpretación más directa y precisa de las escrituras, ya que creía plenamente que la esencia del cristianismo estaba mejor encapsulada en la Biblia.

Pronto, los argumentos de Lutero encontraron un amplio atractivo en toda Alemania. Estaba claro que estaba haciendo entrar en razón al pueblo. Otros eruditos religiosos comenzaron a formular sus propias visiones, y clérigos influenciados empezaron a enseñar según las nuevas doctrinas que se formulaban en las «sectas» más recientes del cristianismo. El luteranismo, el calvinismo, el bautismo y otros movimientos fueron considerados protestantes y se extendieron por la Europa continental a partir del siglo XVI.

Eso no quiere decir que la Iglesia católica no intentara silenciar a Lutero y a otros protestantes. Lo que salvó a Lutero fue la estructura política sumamente fragmentada del Sacro Imperio Romano Germánico. Los príncipes alemanes eran todos católicos, pero algunos simpatizaban más con el luteranismo y otras congregaciones protestantes que otros, debido a una variedad de razones. Se convirtieron a las religiones protestantes para afirmar su autoridad y destacar, así como para superar la tenue autoridad de la Iglesia, que normalmente gozaba de privilegios y beneficios por parte de los dirigentes políticos. Muchos príncipes apoyaron a Lutero cuando fue convocado ante la Dieta de Worms en 1521, donde defendió fervientemente sus puntos de vista y se negó a disculparse.

Aunque el emperador del Sacro Imperio Romano Germánico, Carlos V, declaró a Lutero proscrito en 1521 y el papa León X lo excomulgó, el reformador siguió viviendo bajo la protección del solidario Federico de Sajonia en el castillo de Wartburg, en Eisenach, hasta su muerte en 1546. Allí, Lutero continuó escribiendo y estudiando los textos, con el objetivo de perfeccionar su doctrina e iluminar a tantos cristianos como pudiera.

Finalmente, en la Paz de Augsburgo de 1555, se reconoció oficialmente que los príncipes alemanes podían elegir entre el catolicismo y el protestantismo, iniciando una nueva etapa en la historia del cristianismo.

El protestantismo adoptó numerosas formas diferentes, y todas eran distintas cuando se trataba de cuestiones sobre la doctrina o la práctica de la religión. Algunos movimientos fueron más radicales que otros. La ciudad suiza de Ginebra dio origen al calvinismo, propagado por Juan Calvino. El calvinismo fue quizá el segundo movimiento protestante más influyente después del luteranismo.

Los movimientos protestantes empezaron a extenderse lentamente por Europa, pero encontraron más éxito en unos lugares que en otros. Francia y España, por ejemplo, siguieron siendo fervientes defensores del catolicismo tradicional y acabaron convirtiéndose en los principales aliados del papa, mientras que los Países Bajos y Escandinavia acogieron el protestantismo con los brazos abiertos. En Inglaterra, Enrique VIII abandonó el catolicismo en 1534 y se autoproclamó cabeza de la Iglesia de Inglaterra porque quería divorciarse de su esposa, algo que había sido prohibido por Roma. La recién creada Iglesia anglicana seguiría formando parte de Inglaterra durante siglos, aunque al principio se enfrentaría a muchas barreras políticas y sociales.

La Reforma protestante estaba profundamente arraigada en las enseñanzas humanistas del Renacimiento y, en conjunto, encarnaba los mejores aspectos de la época. Había surgido tras un riguroso estudio y se había ramificado, democratizándose a sí misma y a la fe, en su conjunto, a todos los creyentes. Las congregaciones protestantes eran mucho menos estrictas y discriminatorias y, con el tiempo, llegaron a hacer hincapié en el sentido de la lucha personal, además del sentido de comunidad. En muchos lugares, como Alemania, el protestantismo llegó a asociarse con una identidad nacional temprana, a diferencia del catolicismo, que había sido una religión omnicomprensiva y más general.

Las enseñanzas protestantes se difundieron rápidamente y estimularon otra oleada de aprendizaje que nunca cesó del todo. Los textos religiosos se tradujeron por fin a las lenguas locales y se pusieron a disposición del pueblo llano, que hasta entonces solo había confiado en la palabra del clero para conocer la Palabra de Dios. Fue una gran época de educación y avance cultural, aunque también daría lugar a guerras sangrientas y opresión.

La era de la ciencia y la exploración

Por último, pero no por ello menos importante, una de las consecuencias más relevantes del Renacimiento fueron los avances en las ciencias naturales y la tecnología, que condujeron a una mejor comprensión del mundo físico. Hay que recordar que la Europa medieval tenía un conocimiento limitado de la Tierra y no había intentado realmente explorar sus límites más allá de Oriente Próximo y África. A grandes rasgos, para la Europa del siglo XV, el mundo estaba formado por tres masas continentales: Europa, Asia y África. Cuán lejos se extendían África o Asia seguía siendo un misterio, y aunque algunos mercaderes europeos tendrían la suerte de comerciar con mercancías procedentes de las lejanas tierras de la India y China, no se había hecho ningún esfuerzo por establecer un contacto fiable con estos lugares casi míticos. De hecho, la cultura europea se había extendido hasta el oeste de la India durante las conquistas de Alejandro. Por ejemplo, en el actual Afganistán aún pervive el patrimonio arqueológico helenístico, pero pocos europeos de la época altomedieval se atrevieron a intentar ir más allá. Un europeo medio ni siquiera salía de su provincia en vida y llevaba una vida aburrida, peligrosa y repetitiva. Pero eso fue antes del apogeo del Renacimiento.

Con una mayor atención al aprendizaje y con los avances científicos y tecnológicos que se produjeron a partir del siglo XIV, más gente empezó a poner la vista más allá de Europa. Aproximadamente un siglo más tarde, a finales del siglo XV, los europeos cruzaron resueltamente el Atlántico y empezaron a colonizar las Américas.

Lo que hizo esto posible, además de la curiosidad, la pasión y otros sentimientos de los europeos reavivados por el humanismo renacentista, fue la dura situación política. El Imperio otomano, que se había apoderado del este y llamaba a las puertas de Europa occidental, había monopolizado básicamente el control de las rutas comerciales terrestres que habían conectado Europa con la India y China durante siglos. En el norte, la inestabilidad política y los bosques remotos e inexplorados de Rusia eran demasiado peligrosos para confiar en ellos. Así, muchos europeos empezaron a creer que necesitaban encontrar otras rutas para llegar a Asia. Necesitaban encontrar una forma de burlar el monopolio comercial de los otomanos y reactivar el comercio euroasiático.

Los avances en navegación y diseño naval hicieron realidad estas aspiraciones. Los nuevos diseños del casco y de las velas de los barcos de engranaje europeos hicieron posible que los marineros experimentados recorrieran largas distancias y sortearan condiciones meteorológicas adversas. En cuanto a la navegación, la introducción de la brújula supuso una gran diferencia. Antes de la brújula, que llegó a Europa en el siglo XIII, muy probablemente desde China, las antiguas formas vikingas de surcar los mares, que utilizaban la estrella polar, eran las más avanzadas. De hecho, los vikingos habían logrado cruzar el océano Atlántico utilizando este método en el apogeo de su época de exploración. Sin embargo, el Renacimiento y el afán de aprender permitieron comprender mejor la geografía y la navegación. La cartografía y la hidrografía se convirtieron en valiosas profesiones que utilizaban una geometría y unas matemáticas nuevas y más avanzadas. A menudo, los profesionales eran contratados por las cortes reales europeas, además de acompañar a los barcos mercantes.

Se estaba produciendo un cambio de paradigma a gran escala. Científicos como Copérnico y Galileo asombraron a la gente cuando sugirieron que existía el modelo heliocéntrico del universo, que significaba que la Tierra y otros planetas giraban alrededor del sol en lugar de que la Tierra fuera el centro del universo, algo que se había aceptado durante mucho tiempo. Esto por no hablar de la nueva tecnología militar que se introdujo desde Oriente. La pólvora era el producto de moda para los ejércitos europeos durante el Renacimiento, y las pistolas y los cañones llegarían a sustituir a las armas más antiguas debido a su eficacia.

La perspectiva de nuevos descubrimientos, riqueza y gloria motivó a muchos a invertir en la exploración marítima. Curiosamente, los europeos que hicieron grandes avances en este sentido en el siglo XV no fueron los genoveses o los venecianos, dos de las potencias navales más consolidadas de Europa. En cambio, fueron los portugueses y los españoles, dos monarquías cristianas estables que acababan de conseguir solidificar su posición en Iberia y buscaban nuevas formas de expandirse y dominar. También eran los más cercanos al océano y a la costa occidental de África, lo que podía proporcionar a estos reinos cristianos la capacidad de orquestar un golpe inesperado contra los musulmanes norteafricanos.

Así, los portugueses se dirigieron hacia el oeste, alcanzando las islas Canarias con el apoyo del príncipe Enrique, que obtuvo su apodo de «el Navegante» debido a su inversión en la exploración naval. Después, se dirigieron hacia el sur, explorando la costa occidental de África, donde esperaban encontrar oro. Los exploradores portugueses también llevaron consigo a frailes católicos, que se aseguraron de convertir a los musulmanes «paganos». Esto hizo que el papa bendijera las acciones de los exploradores. El papa se mostraba inflexible a la hora de extender el catolicismo a nuevos territorios, especialmente en el momento álgido del cisma católico-ortodoxo y de la siempre presente amenaza musulmana.

Poco a poco, los portugueses continuaron su exploración hacia el sur, ciñéndose a la costa occidental africana y sin adentrarse verdaderamente en el interior. En la década de 1440, ya habían alcanzado las islas Madeira y cabo Bojador y, unos años más tarde, llegaron a cabo Verde. Los portugueses se establecieron tan al oeste como las Azores. En la década de 1450, Portugal había construido su primer fuerte permanente en Senegal, lo que garantizaba una conexión más segura entre la madre patria y las tierras exploradas. En 1473 o 1474, cruzaron el ecuador y, a su debido tiempo, llegaron al cabo de Buena Esperanza, el extremo sur de África, donde también establecieron puestos comerciales y fuertes. Fue un logro magnífico. Al este estaba el océano Índico, donde los árabes y los turcos habían comerciado durante siglos con artículos de lujo como las especias. Finalmente, en 1498, el explorador portugués Vasco da Gama consiguió circunnavegar completamente África y echar el ancla en la costa occidental de la India. Esto prometía un futuro brillante para los portugueses, que poco a poco empezaron a involucrarse en el comercio de objetos de valor orientales, llevándolos a casa y suministrándolos a Europa.

Viendo el éxito de Portugal, los españoles decidieron entrar en el juego de la exploración. Gracias a los conocimientos geográficos y de navegación recién adquiridos, la Corona española financió expediciones que siguieron la costa occidental de África. Por supuesto, quizá la expedición española más importante fue la de Cristóbal Colón en 1492. Apasionado navegante genovés y hábil marino, Colón creía que si la Tierra era realmente esférica, podría llegar a Asia navegando hacia el oeste. Esto, a su vez, abriría un abanico de nuevas oportunidades para Europa.

Para obtener los recursos para su audaz viaje, Colón se dirigió primero al rey Juan II de Portugal. Después de que el monarca portugués rechazara la idea, por considerarla imposible de llevar a cabo, Colón se dirigió entonces a la Corona española. La reina Isabel de España encargó a Colón los barcos y le dio permiso para navegar bajo bandera española. El resto es historia.

Tras unos setenta días de viaje hacia el oeste con tres naves, Colón y su tripulación descubrieron por fin tierra firme después de una serie de contratiempos. Sin embargo, en lugar de encontrar Asia, Colón tocó tierra en las Bahamas; había llegado al hemisferio occidental, tropezando con las islas del Caribe en su camino hacia la India. Sin saberlo, bautizó a las islas que descubrió como las Indias Occidentales, creyendo plenamente en el hecho de que había llegado a la costa de la India. Los habitantes nativos americanos de las islas fueron llamados indios, un nombre que perduró durante siglos después de la muerte de Colón. Este condujo entonces a su tripulación a Cuba, explorando brevemente la cuenca del Caribe. Dejó atrás a algunos hombres antes de decidir regresar a España. Por supuesto, él no lo sabía, pero había descubierto un mundo completamente nuevo.

A diferencia de los portugueses, que habían avanzado cuidadosamente año tras año a lo largo de la costa occidental africana, Colón había dado un gran salto a través del Atlántico hasta llegar a las Américas. No podía imaginar que allí había toda una nueva masa continental que le impediría llegar a Asia navegando hacia el oeste, aunque su teoría, como todos sabemos, no era incorrecta. Colón solo pensaba que el mundo era mucho más pequeño de lo que era en realidad.

Al regresar triunfante de su viaje, Colón solicitó más barcos y tripulación. Realizó tres expediciones más a las Indias Occidentales, descubriendo poco a poco cada vez más zonas del Caribe y de la costa oriental del continente norteamericano. Otras expediciones españolas también despegaron, llegando a diferentes islas y estableciendo su presencia en ellas. La Era de la Exploración estaba en marcha.

El alcance de este libro no nos permite cubrir por completo la historia de la temprana colonización europea de las Américas, a pesar de su enorme importancia para la historia de Europa y del resto del mundo. Lo que debemos abordar es el hecho de que los colonizadores europeos empezaron lentamente a explorar cada vez más el Nuevo Mundo, entrando en contacto con civilizaciones completamente nuevas y ajenas. Los nativos americanos no se parecían a los pueblos asiáticos. Eran primitivos, al menos en algunos aspectos, y los colonizadores no tardaron en darse cuenta de ello.

A pesar de su primitivismo, la tierra que habitaban los nativos era rica en recursos valiosos, incluido el oro, que se convirtió en un objetivo primordial para los europeos, que empezaron a conquistar y subyugar a los nativos. En las décadas siguientes, las civilizaciones azteca, maya e incaica de México, América Central y Perú fueron tomadas por colonos europeos, que esclavizaron a los nativos y se apoderaron de sus riquezas. Grandes ciudades americanas como Tenochtitlan y Cuzco fueron ocupadas por los españoles, y lo que hoy es Brasil fue tomado por los portugueses.

Pronto, Francia, Inglaterra y los Países Bajos probarían suerte en la colonización, lo que conduciría al establecimiento de nuevas colonias en Norteamérica, África, India y Asia Oriental. Para entonces, el explorador portugués Fernando de Magallanes había completado su viaje de Europa a la India, circunnavegando el mundo y regresando a Portugal (aunque el propio Magallanes no realizó el viaje en su totalidad). Los nuevos descubrimientos geográficos animaron a más europeos a probar suerte en la colonización, y se reclamaron nuevas tierras a diestro y siniestro. La severa tradición militar y la superioridad tecnológica de Europa hicieron que los europeos ganaran innumerables guerras a las poblaciones nativas en el siglo XVII.

Pronto quedó claro que había surgido una nueva visión eurocéntrica del mundo, según la cual la civilización y la cultura europea estaban por encima de otras culturas más primitivas. Sin embargo, aunque las ideas y los pueblos «europeos» empezaban a sentirse cada vez más importantes, aún quedaba mucho por descubrir, explorar y pensar. El Renacimiento reavivó el espíritu cultural y material de Europa. El escenario estaba ahora preparado para que ocurrieran cosas mayores.

Capítulo 7 - Guerras, revoluciones y expansión

La Contrarreforma y los Habsburgo

La Reforma protestante y el inicio de la colonización europea del mundo hasta entonces desconocido tuvieron importantes efectos en cadena sobre el estado político del continente a partir del siglo XVI. Debemos recordar que a pesar de todos los méritos culturales y materiales del Renacimiento, gran parte de la situación social de Europa había permanecido igual. Los Estados europeos eran monarquías. A menudo estaban descentralizados y dependían de la cooperación de la nobleza. Las jerarquías sociales estaban tan fragmentadas como siempre, y el Renacimiento fue en gran medida incapaz de alterar eso. No había diferencias considerables en la vida de los campesinos en el siglo XII y en el siglo XIV, por ejemplo, siempre que no tengamos en cuenta las ligeras mejoras en la tecnología agrícola. Las guerras, las intrigas y los disturbios continuaron en toda Europa, incluso mientras los artistas del Renacimiento producían algunas de las obras más asombrosas de la historia del arte.

Así pues, antes de pasar a los mayores logros intelectuales y culturales que entrarían en el discurso europeo en los siglos posteriores, quizá sea prudente resumir los acontecimientos políticos que tuvieron lugar cuando el Renacimiento aún estaba en su apogeo.

El desarrollo más obvio fue una serie de guerras religiosas causadas por el nuevo cisma en el cristianismo. La aparición del protestantismo, con todos sus diferentes movimientos, provocó un gran malestar en la

Europa occidental católica, anteriormente unida. Esto fue más evidente en el Sacro Imperio Romano Germánico, donde la estructura política descentralizada dio lugar a guerras intermitentes entre los príncipes que querían convertirse al protestantismo o deseaban seguir siendo católicos. El conflicto se resolvió finalmente con la Paz de Augsburgo de 1555, que puede considerarse el principio del fin de la cristiandad europea unida.

El papado intentó con vehemencia oponerse al posible resultado prolongado de la fragmentación religiosa de Europa con la llamada Contrarreforma. De hecho, la Contrarreforma fue un movimiento de reevaluación e innovación institucional y doctrinal dentro de la Iglesia católica, destinado a solidificar los cimientos de la religión e identificar claramente a sus aliados en todo el continente. El catolicismo romano se volvería más disciplinado y estricto para no permitir en el futuro otro desliz como el que había conducido a la Reforma. Identificaría y castigaría rápidamente la herejía allí donde pudiera, lo que acabaría dando lugar al establecimiento de la Inquisición papal y a la publicación de una lista de libros prohibidos en 1557.

El efecto inmediato de la Contrarreforma fue un movimiento renovado para intentar presionar a los Estados europeos protestantes. Aun así, lo que dominó las relaciones internacionales europeas en el siglo XVI fueron las luchas dinásticas y económicas, aunque los factores religiosos desempeñaron ciertamente un papel en la justificación de los conflictos y en la formación de alianzas. Esencialmente, puesto que el siglo XVI marcó la ruptura de la unidad religiosa de la cristiandad europea, también marcó el comienzo de las luchas entre Estados individuales por motivos no religiosos o nacionales, aunque el apogeo del nacionalismo estaba aún bastante lejos. Durante la época del cardenal francés Richelieu, de cuyo mandato nos ocuparemos más adelante, se empezó a hacer más hincapié en los conceptos de *realpolitik* y *raison d'état*, lo que significaba que los Estados daban más importancia a los factores racionales que a los espirituales a la hora de entrar en conflicto.

En el siempre cambiante panorama político, afectado por el descubrimiento y la explotación de nuevas tierras y por la Reforma, surgieron dos ejes de poder. El primero de estos ejes giraba en torno a la familia real de los Habsburgo. La rica familia austriaca había llegado a ser la gobernante del Sacro Imperio Romano Germánico y aumentaría su influencia a pesar de que la influencia del emperador comenzaba a declinar lentamente. Los Habsburgo habían entrado en posesión directa de varias provincias alemanas y eran también los amos de la Corona española. En 1519, tras cabildeos y negociaciones, Carlos I Habsburgo de España se convirtió también en Carlos V Habsburgo del Sacro Imperio Romano Germánico. Además, consiguió heredar las ricas provincias de los Países Bajos Austriacos, los modernos Países Bajos de Bélgica y los Países Bajos, gracias a una complicada línea sucesoria. No solo eso, sino que Carlos también se convirtió en el gobernante de Sicilia, que había heredado de su madre aragonesa, y gracias a los viajes de los conquistadores en el Nuevo Mundo, fue el gobernante de riquísimos territorios de ultramar. Su hermano Fernando, que le sucedería como emperador del Sacro Imperio Romano Germánico, también poseía las tierras de Bohemia y Hungría, algo que reforzó aún más la posición de la familia.

El segundo eje de poder de la época era la monarquía francesa. Sus territorios estaban bien delimitados y la expulsión de los ingleses tras la guerra de los Cien Años había servido como factor impulsor para ganar más poder. Francia era también un Estado católico, aunque existían algunos enclaves protestantes que la monarquía toleraba relativamente sin problemas. Este sentimiento de unidad dio a los franceses una ventaja frente al Sacro Imperio Romano Germánico, ya que podían explotar la estructura política descentralizada de sus vecinos alemanes e influir en las divisiones entre los príncipes en su propio beneficio.

La Casa real de Valois ganó poder en el siglo XIV y acabaría siendo reemplazada por la dinastía de los Borbones en 1589; sin embargo, la unidad general de Francia se mantuvo en gran medida. Aun así, a pesar de la estructura política aparentemente cohesionada de Francia, no era ni de lejos tan rica y poderosa como los reinos de los Habsburgo, y la familia austriaca surgió como la principal rival de Francia tras la derrota de Inglaterra.

El rey Carlos VIII de Francia inició el conflicto contra los Habsburgo cuando reclamó el trono de Italia en 1494 y cruzó los Alpes para afirmar su dominio. Las posteriores guerras italianas entre las dinastías Valois y Habsburgo duraron hasta 1559, arrastrando a ciudades-estado italianas independientes como Venecia, Milán, Génova, Florencia y Lucca. Las divisiones en Italia convirtieron a la región en un blanco fácil para potencias mayores, y las constantes invasiones retrasaron el proceso de unificación de Italia unos cuantos siglos más.

Al final, las guerras italianas apenas aportaron nada a Francia, y para Carlos V de Habsburgo fueron una costosa distracción de los acontecimientos más apremiantes de la Reforma, que se desarrollaban simultáneamente a la lucha. España conservó su control sobre el sur de Italia, pero tuvo un alto precio. En cuanto a los propios estados italianos, Venecia entró en un rápido periodo de decadencia, mientras que las tierras de Florencia, Milán y Génova fue asolado.

Sin embargo, lo más dramático fue que las guerras socavaron la superioridad de España. En la primera mitad del siglo XVI, la Corona española había sido la más próspera, gracias al flujo constante de recursos procedentes de sus colonias americanas. De hecho, en la década de 1550, los conquistadores españoles habían reclamado tierras desde el sur de Estados Unidos hasta Argentina. Aunque todavía se estaban implementando herramientas eficaces de gobierno, la conquista española de las Américas había dado al monarca una ventaja injusta sobre otros estados. Esta ventaja fue utilizada en gran medida por el rey Carlos, ya que también era el gobernante de los Países Bajos, el sur de Italia y el Sacro Imperio Romano Germánico.

Durante las guerras italianas, Carlos sobrecargó de impuestos a sus súbditos americanos e incluso financió campañas en el norte de África musulmán con el espíritu de un verdadero monarca católico español, continuando, al menos en su opinión, la gloriosa Reconquista. Es cierto que España quizá no tuviera los problemas internos asociados a la Reforma, ya que el protestantismo nunca llegó a despegar allí, pero el agotamiento de sus arcas era un problema acuciante. A la larga, esto provocó el declive de España como la potencia europea más dominante, algo que se demostró más claramente con la ruptura de los reinos de los Habsburgo tras la muerte de Carlos en 1558. Su hermano, Fernando, heredó los territorios austriacos y alemanes, siendo elegido nuevo emperador del Sacro Imperio Romano Germánico, mientras que su hijo, Felipe II, nacido en España, se convirtió en el gobernante de España.

Países Bajos

El declive de la monarquía española y su ruptura con el eje general austro-alemán de los Habsburgo (aunque el propio rey Felipe II era Habsburgo) fue un acontecimiento muy importante. Dio lugar a una renovada identidad católica del reino, algo que propugnaba el rey Felipe, quien seguía los pasos de su padre. Las fronteras ideológicas abiertas por la Contrarreforma, así como el hecho de que durante la lucha en Italia, Francia, una nación tradicionalmente católica, se había aliado brevemente con el Imperio otomano musulmán para una ofensiva conjunta, dieron lugar a que España abrazara aún más el catolicismo. Un resultado de esto fue la conversión masiva de los súbditos nativos americanos y la propagación del cristianismo católico en lo que ahora llamamos Latinoamérica. Otro resultado fue la Inquisición española, que comenzó oficialmente en Castilla en 1480 y pronto se convirtió en una herramienta de la Corona española para tratar brutalmente a todos los súbditos no católicos del reino.

La fuerte adhesión de Felipe al catolicismo condujo finalmente a una serie de conflictos que transformaron de nuevo el panorama político de Europa. Comenzaron a surgir problemas en los Países Bajos españoles, que Felipe había heredado de su padre. La región era cada vez más protestante. En realidad, los Países Bajos habían sido durante mucho tiempo una provincia problemática de gobernar para los Habsburgo, pero como los Países Bajos eran una de las tierras más urbanizadas, desarrolladas agrícola y comercialmente y, por tanto, más ricas de toda Europa, aferrarse a ellos era una prioridad. Felipe, el decidido monarca católico que era, intentó imponer los decretos de la Contrarreforma, formulados en el Concilio de Trento, a estos territorios altamente independientes y desarrollados. Esto, unido a los elevados impuestos y a los esfuerzos por reforzar el control del gobierno central a costa de las autoridades locales, no fue bien recibido por las ciudades flamencas. La Inquisición española también intentó imponer el catolicismo, lo que fue la gota que colmó el vaso. Los flamencos se unieron en torno a Guillermo de Nassau, príncipe de Orange, y se rebelaron contra los españoles. Siguió una larga lucha desde la década de 1560 hasta 1648; a veces se la conoce como la guerra de los Ochenta Años.

Al final, a pesar de algunos éxitos, los españoles fueron incapaces de mantener una campaña militar prolongada en el norte, y la oposición flamenca se atrincheró en torno a la ciudad de Amberes, haciendo retroceder a los ejércitos españoles hacia la campiña meridional. La división entre los Países Bajos, aún controlados por España, y los rebeldes dio lugar al establecimiento de las fronteras actuales entre Bélgica y los Países Bajos, que entonces se llamaban Provincias Unidas. Incluso Inglaterra, que había permanecido inactiva al principio, se unió a los holandeses. La Armada española que se disponía a organizar una invasión naval de Gran Bretaña, sería destruida por una tormenta, socavando aún más el poder español.

Tras un largo estancamiento, durante el cual ninguna de las partes hizo avances, se acordó la Paz de Münster entre la Corona española y la

República de los Siete Países Bajos Unidos. Las nuevas Provincias Unidas iban a ser la primera gran república de Europa después de Venecia. Con el tiempo, gracias a su prosperidad cultural y económica, los Países Bajos emergerían como una de las potencias navales más fuertes de Europa, estableciendo colonias por todo el mundo y manteniendo una fuerte tradición marítima. El nuevo Estado debía basarse en los principios de libertad personal y provincial, tolerancia religiosa y sentimientos antiespañoles.

La guerra de los Treinta Años

Con el declive de España, la inestabilidad provocada por la Reforma y la Contrarreforma, la aparición de nuevas potencias regionales en forma de Suecia y Polonia, y las ambiciosas intrigas de los Habsburgo y las Coronas francesas, Europa experimentaría por primera vez en el siglo XVII lo que realmente puede llamarse una guerra paneuropea. La guerra de los Treinta Años, como llegaría a conocerse, fue más un conglomerado de varios conflictos que una sola guerra. Duraría de 1616 a 1648. La guerra de los Treinta Años llegaría a redefinir las fronteras políticas y culturales de Europa e introduciría una nueva dinámica de poder que se mantendría en gran medida hasta el ascenso de Napoleón a principios del siglo XIX.

Se cree que la guerra de los Treinta Años comenzó en 1618, antes de la elección imperial en el Sacro Imperio Romano Germánico. La Bohemia protestante y sus aliados austriacos se rebelaron contra el futuro emperador Fernando II, que había intentado imponerles el catolicismo romano, ignorando esencialmente los términos de la Paz de Augsburgo de 1555. A pesar del éxito de Fernando a la hora de acallar a los rebeldes bohemios, el conflicto se extendió más allá del Sacro Imperio Romano Germánico y comenzaron a involucrarse nuevos actores, que justificaban su entrada alegando factores ideológicos y lealtades, aunque, en su mayoría, se unieron para obtener más poder político.

Por ejemplo, debido a la caótica estructura política del Sacro Imperio Romano Germánico, los gobernantes de Suecia y Dinamarca, que poseían territorios que formaban parte del imperio, se involucraron rápidamente, entrando en una alianza antiimperial para socavar el poder del emperador y ampliar sus posesiones. A finales de la década de 1620, la monarquía de los Habsburgo contaba con la oposición de coaliciones anticatólicas y antiimperiales, incluidos varios principados alemanes, Suecia e incluso las Provincias Unidas de los Países Bajos. Mientras tanto, la España católica de Felipe III surgió como un aliado natural del emperador Fernando, cuñado del rey, sobre todo porque ya había participado en un conflicto contra los holandeses. Así las cosas, la guerra de los Ochenta Años, que finalmente desembocó en la independencia holandesa, se enredó en la mucho mayor guerra de los Treinta Años entre alianzas católicas y protestantes.

También fue importante la lucha concurrente entre los Habsburgo y los franceses. Sin embargo, los franceses se dieron cuenta de lo desunidos que estaban los príncipes alemanes y trataron de aprovechar la oportunidad, a pesar de que Francia era una monarquía católica. Los franceses católicos, bajo el liderazgo del cardenal Richelieu, una de las figuras políticas más consumadas de la historia de Europa, contaron con la ayuda de la Suecia luterana y de los Países Bajos calvinistas. Apoyaron las luchas de los príncipes alemanes, que eran anticatólicos y antiimperialistas, contra el emperador.

Richelieu, clérigo, antiguo secretario de Asuntos Exteriores y finalmente ministro principal de Francia, había escalado las filas del poder durante el reinado del segundo monarca Borbón de Francia, Luis XIII, que solo tenía nueve años cuando su padre, Enrique IV, falleció, dejándolo a cargo del país. Richelieu quería centralizar el poder de la monarquía y hacer que Francia dependiera menos de su tradicionalmente fuerte nobleza. A pesar de su origen católico, estaba más que dispuesto a llevar a cabo políticas anticatólicas para hacer valer los intereses del Estado soberano de Francia, que, en su opinión, estaba por encima del Estado católico de Francia.

Tras unirse a la guerra contra los Habsburgo después de la Paz de Praga de 1635, según la cual muchos príncipes alemanes aceptaron un alto el fuego y unas condiciones bastante justas, Francia arrolló al emperador Fernando III y a sus aliados, lo que dio lugar a la Paz de Westfalia de 1648, que puso fin a la guerra de los Treinta Años.

Al final, la Paz de Westfalia puso patas arriba la dinámica cultural y de poder europeo. En primer lugar, reconfirmó la pluralidad religiosa del Sacro Imperio Romano Germánico, que se había afirmado en 1555, e incluso amplió los privilegios concedidos anteriormente a los príncipes luteranos y calvinistas. El Sacro Imperio Romano Germánico, en su conjunto, se transformó. Los Habsburgo austriacos, que seguían siendo emperadores, controlaban ahora directamente la parte oriental del imperio, que incluía Austria, Bohemia, Silesia, Carintia, Estiria y Tirol.

Los Habsburgo españoles, por su parte, conservaron el control de los Bajos Países Bajos (que acabarían convirtiéndose en Bélgica). Suecia también reclamó algunas provincias del norte de Alemania e incluso obtuvo un voto en la Dieta Imperial. Era la potencia más dominante en el Báltico. Con el declive de España y de los Habsburgo, Francia empezó a convertirse en la potencia más dominante de Europa occidental, gracias en gran medida a las reformas internas del cardenal Richelieu.

En muchos aspectos, la guerra de los Treinta Años puede considerarse la última gran guerra que tuvo lugar debido a los avances logrados durante el Renacimiento. También fue la primera gran guerra europea total. Sin embargo, aún estaba por llegar más destrucción.

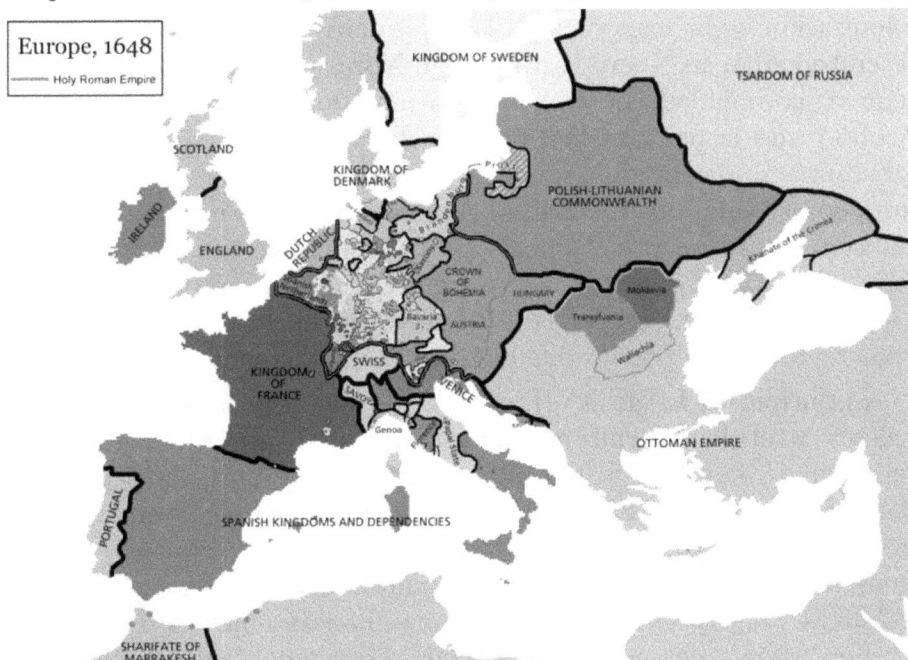

Europa tras la Paz de Westfalia[10]

Inglaterra y la Ilustración

Mientras se producían los acontecimientos de la guerra de los Treinta Años, en Inglaterra se desarrollaban importantes acontecimientos. Tras abandonar el catolicismo por la Iglesia anglicana, Inglaterra se convirtió en uno de los estados protestantes más poderosos de Europa, a pesar de que tuvieron que pasar unos tres monarcas para que el anglicanismo encontrara finalmente un lugar permanente como religión oficial de Inglaterra. La reina Isabel I, una de las gobernantes más exitosas y populares de la historia de Inglaterra, encabezó el ascenso inglés a la grandeza tras su coronación en 1558. Amada por las masas, encarnó el concepto de monarca poderosa y consiguió fortalecer políticamente a Inglaterra, especialmente en tiempos de guerra con España.

Sin embargo, por muy grande que fuera Isabel I, no tenía herederos. Jacobo, pariente de Isabel, se convertiría en el primer rey de Inglaterra y Escocia. Procedía de la Casa de Estuardo.

Jacobo era un hombre muy ambicioso. Para cuando se convirtió en rey de Inglaterra, había gobernado Escocia durante más de veinte años, lo que lo convertía en un gobernante muy experimentado. Durante su reinado, Inglaterra empezaría a implicarse cada vez más en la colonización y la exploración. Los primeros misioneros protestantes desembarcarían en Nueva Inglaterra, en Norteamérica, estableciendo una pequeña comunidad que acabaría convirtiéndose en las Trece Colonias. Jacobo firmó la paz con España para detener la sangría financiera que había supuesto la guerra, y se mostró reacio a involucrarse en los asuntos europeos a menos que fuera absolutamente necesario, iniciando una larga tradición de aislamiento. También fue el primero en referirse a sí mismo como el rey de Gran Bretaña, ya que gobernaba tanto Escocia como Inglaterra. A pesar de ello, la línea Estuardo de reyes ingleses se haría tristemente célebre por sus diferencias con el Parlamento.

A principios del siglo XVII, cuando los conflictos entre los monarcas ingleses y el Parlamento empezaron a surgir de forma regular, el Parlamento ya era una institución antigua, aunque no tenía el poder del que goza hoy en día. El Parlamento se convirtió en el principal órgano legislativo del país, además de la corte del rey, y evolucionó tras sus humildes comienzos durante el reinado de Eduardo I en el siglo XII. Los monarcas ingleses se dieron cuenta básicamente de que cierta representación regional de personas distinguidas era esencial para gobernar el país con eficacia, aunque nunca confiaron plenamente en el Parlamento ni en sus leyes. El rey podía, por ejemplo, aprobar sus propias leyes cuando quisiera, aunque esto era bastante raro, o podía simplemente disolver el Parlamento.

El Parlamento inglés contaba con dos cámaras, la Cámara alta de los Lores y la Cámara baja de los Comunes, y con el mayor énfasis en la educación y el profesionalismo que había traído consigo el Renacimiento, el Parlamento empezó a participar más activamente en los asuntos internos de Inglaterra. A la población inglesa también le gustaba votar en las elecciones parlamentarias, aunque solo podían hacerlo algunos hombres que superaban un determinado umbral de ingresos. En resumen, Inglaterra no se parecía en nada a la monarquía constitucional que es hoy, ni se adhería a los principios de la democracia y el republicanismo como la antigua Grecia o Roma. Sin embargo, en la época del absolutismo, de la que hablaremos en detalle más adelante, era una monarquía relativamente única.

El siglo XVII llegaría a ser una época decisiva para Inglaterra y su tradición parlamentaria, ya que el Parlamento se opondría al monarca en la guerra civil inglesa. Para cuando el hijo de Jacobo, Carlos I, se convirtió en rey en 1625, la crisis en Inglaterra empezó a hacerse más evidente, alimentada por problemas económicos, religiosos y sociales. Carlos, al igual que muchos de sus contemporáneos europeos, era un firme creyente en la autoridad absoluta y divina de los reyes, el «derecho divino de los reyes», por lo que presionó al Parlamento inglés, que había asumido importantes funciones en la administración y el gobierno. La decisión de Carlos de defender a las Provincias Unidas de España fue impopular entre el Parlamento, que tuvo que dar cuenta de los gastos militares gravando con impuestos excesivos a los súbditos del reino. El resultado fue que Carlos disolvió el Parlamento en 1629 y no volvió a convocarlo hasta pasados once años.

Su decisión en 1639 de apoyar la introducción del *Libro de Oración Común* en Escocia impuso el estilo inglés de culto en la Escocia no anglicana. Por supuesto, esto se encontró con una gran oposición por parte de los escoceses, lo que dio lugar a una rebelión conocida como la primera guerra de los Obispos. Carlos se vio obligado a convocar brevemente al Parlamento (conocido como el Parlamento Corto) para recaudar más impuestos, pero el conflicto subsiguiente con Escocia terminó con una victoria escocesa después de que tomaran Newcastle en 1640. Carlos tuvo que volver a convocar al Parlamento para llenar su tesorería.

El Parlamento recién reunido no se disolvió durante veinte años y trabajó con vehemencia para asegurarse de que la insumisión de Carlos no volviera a repetirse. Empezó a aprobar leyes que reducían los poderes del rey, encarcelaba a los partidarios reales y desafiaba la autopercibida autoridad absoluta de Carlos. Cuando estalló otra rebelión en Escocia, el Parlamento concedió su apoyo a los escoceses, dando comienzo a la guerra civil entre los realistas ingleses y los parlamentarios (también conocidos como cabezas redondas).

En 1645, los parlamentarios habían conseguido suficiente apoyo e impulso para derrotar a los ejércitos del rey en la decisiva batalla de Naseby. En 1646, Carlos fue derrotado, aunque durante los dos años siguientes se produjeron grandes disturbios en Inglaterra, sobre los que Carlos podría haber reafirmado su poder de haber sido inteligente. Mientras los victoriosos parlamentarios discrepaban sobre las reformas que debían aprobarse, Carlos y sus partidarios se sublevaron, pero pronto fueron derrotados. Carlos fue encarcelado una vez más, acusado de tiranía y traición en 1649. El Parlamento lo declaró culpable y Carlos fue decapitado.

El parlamentario y soldado Oliver Cromwell se convirtió en la principal figura política durante el breve periodo de interregno que siguió. Dirigió al ejército para acallar las rebeliones que surgieron por toda Gran Bretaña e Irlanda, derrotando tanto a los escoceses como a los irlandeses. La república fue bautizada como la «Commonwealth», pero por mucho que el Parlamento intentó introducir ambiciosas reformas constitucionales y sacudir los órganos administrativos ingleses, pronto quedó claro que Inglaterra no estaba preparada para independizarse del todo sin un líder como Cromwell.

A pesar de que se restableció el orden tras una década de inestabilidad, la monarquía resurgió en 1660 tras la muerte de Cromwell. El Parlamento acordó traer de vuelta al rey, que era el hijo de Carlos, Carlos II, quien prometió adherirse a los principios parlamentarios y tolerar la libertad religiosa en sus dominios. Las luchas entre el rey y el Parlamento continuarían, pero el futuro baluarte del mundo estaba en camino de equilibrar un gobernante absoluto con un cuerpo legislativo nacionalmente representativo, a diferencia de muchos de sus vecinos europeos contemporáneos.

La guerra civil inglesa fue una de las primeras luchas conscientes contra la autoridad absoluta del monarca y también puede considerarse uno de los primeros productos del movimiento intelectual que empezó a tomar Europa por asalto durante los siglos XVII y XVIII. Este movimiento fue conocido como la Ilustración. Aunque los historiadores suelen señalar la Revolución Gloriosa de Inglaterra de 1688 como la primera manifestación de la Ilustración, cuando el rey Jacobo II, abiertamente católico, fue depuesto en favor del protestante Guillermo III de Orange, invitado por prominentes ingleses para restaurar el orden, los acontecimientos de la guerra civil inglesa fueron, sin duda, un preludio de la misma.

La Ilustración fue un subproducto del creciente celo por el aprendizaje, el empirismo y la explicación que trajo consigo el Renacimiento, así como de la aparición de monarcas absolutistas en Europa que intentaron centralizar para sí todo el poder en sus respectivos Estados. La ciencia experimental de Galileo, Copérnico, Newton y Descartes, la valentía de los exploradores españoles y portugueses, y la lucha de Martín Lutero y otros reformadores por la reforma religiosa demostraron que el humanismo, que se había arraigado en la tradición clásica y hacía hincapié en los humanos como seres creativos que merecían ciertos derechos, había estado en lo cierto. La razón, la lógica y el pensamiento eran los nuevos ideales que había que defender. Los avances científicos pusieron esto muy de relieve al afirmar que era posible encontrar la verdad siguiendo una determinada metodología, y los intelectuales empezaron a aplicar el razonamiento y la experimentación a importantes cuestiones filosóficas.

El resultado fue el movimiento al que ahora nos referimos como la Ilustración, que se originó en Gran Bretaña y se extendió a Francia antes de acabar arrasando todo el continente. Destacados pensadores como John Locke, Thomas Hobbes y Jean-Jacques Rousseau empezaron a escribir sobre la existencia de un contrato social, un acuerdo imaginario entre los miembros de la sociedad sobre la organización de esta, que había sacado a la raza humana de los tiempos anárquicos y caóticos en los que cada uno luchaba por su propia supervivencia y no cooperaba. Aunque los teóricos del contrato social podían estar en desacuerdo sobre cuál era la mejor forma de gobierno y de organización de la sociedad, intentaron romper con la forma tradicional de pensar, es decir, la afirmación de que los monarcas tenían el derecho dado por Dios a gobernar y que sus súbditos debían respetarlo a toda costa.

Los pensadores de la Ilustración empezaron a señalar que la forma en que debía organizarse el Estado dependía del pueblo, ya que se suponía que el Estado debía servir a los intereses del pueblo. El monarca o cualquier otra persona u organismo encargado de gobernar debía tener conocimientos sobre si su gobierno se ajustaba o no a los intereses del pueblo, aunque señalara tener el derecho divino de gobernar

La Ilustración surgió poco a poco como un desafío a los gobernantes autoritarios, y los acontecimientos de la guerra civil inglesa y la Revolución Gloriosa fueron los primeros en dejarlo claro. En Inglaterra, «el pueblo» (aunque aún estaba por averiguar quiénes eran exactamente) no había dudado en criticar y, si era necesario, deshacerse por completo del monarca, subrayando la necesidad de una mayor representación y de una forma más elevada de sociedad. Por supuesto, la era de la democracia estaba aún muy lejos, pero el ascenso de los valores liberales y nacionalistas, que se desarrollaría a lo largo del siglo XIX, transformaría el paisaje político de Europa y, más tarde, del mundo entero.

Absolutismo europeo

La recién formulada filosofía política de la Ilustración abogaba esencialmente por un cambio completo de paradigma. La noción de un contrato social y de un Estado perteneciente a la voluntad del pueblo eran todavía conceptos extraños para los europeos de finales del siglo XVII a principios del XVIII. Las únicas repúblicas que habían existido en Europa habían sido las ciudades-estado italianas, pero eran oligarquías controladas por familias poderosas y ricas. Las Provincias Unidas de los Países Bajos tenían una estructura similar. El Sacro Imperio Romano Germánico, aunque técnicamente era una monarquía, elegía a su emperador, pero solo los príncipes más poderosos estaban representados en las elecciones. Además, los Habsburgo siguieron siendo emperadores durante siglos, utilizando su influencia en las elecciones imperiales. En Inglaterra, aunque el Parlamento ya era un órgano muy respetado, solo empezaría a acumular más poder lentamente a finales de la década de 1660, dando lugar finalmente a la monarquía constitucional que todavía existe en el Reino Unido en la actualidad.

Algo más común eran las monarquías fuertes, con el rey (raramente una reina) en la cima de la jerarquía, seguida de personas distinguidas por su nacimiento y el clero religioso. Por mucho que el Renacimiento hubiera ampliado la posición de comerciantes, banqueros, abogados y otros profesionales, la inmensa mayoría de las sociedades europeas seguían recordando el sistema cristiano, feudal, agrario y jerárquico que había dominado la época medieval.

Aunque el Imperio español del siglo XVI, con todas sus empresas coloniales y europeas, puede considerarse un ejemplo de Estado absolutista, Francia vería cómo este tipo de sistema político extremadamente autoritario llegaba a su plenitud. En 1643, Luis XIV se convirtió en rey de Francia, regocijándose con el botín de la guerra de los Treinta Años y consiguiendo asumir un poder casi total sobre los asuntos judiciales, económicos, culturales y legislativos del país. Continuó, casi a la perfección, el proceso de centralización política de Francia que había iniciado Richelieu. Luis comprendió que gobernaba una sociedad profundamente jerarquizada, con la nobleza y el clero en la cúspide, y los campesinos de baja cuna en la base. Por ello, centró su atención en asegurarse de que ninguna de las clases superiores cuestionara su autoridad absoluta, concediendo a los sirvientes leales y a los aliados de la Corona muchos privilegios sin dejar de mantenerlos a distancia. Fue un firme defensor de la Iglesia católica, ya que se dio cuenta de su uso potencial en el gobierno y de cómo podía reforzar aún más su posición. Afirmó el dominio de la Iglesia católica sobre las minorías protestantes de su reino llamadas los hugonotes.

Luis contaba con el ejército europeo más fuerte, que acababa de salir victorioso en una guerra intercontinental y había humillado a sus enemigos. Ninguna potencia europea se atrevía a invadir tierras francesas, y todas respetaban y temían la implicación de Francia en los asuntos internacionales. En ultramar, Francia era cada vez más activa en la colonización, con especial atención a Norteamérica. La fuerza militar y política del Estado jugó mucho a favor de Luis. Aunque la creciente fuerza de Francia se vería frenada por una alianza formada por holandeses, ingleses y los Habsburgo durante la guerra de los Nueve Años, la Paz de Ryswick de 1697 no debilitó significativamente la posición de Luis.

Lo que era aún más importante, al menos para el propio Luis y el resto de los monarcas europeos, era el aspecto simbólico y estético del absolutismo, que Luis también consiguió perfeccionar. Como era la persona más relevante, honorable, sabia y piadosa de Francia, consiguió crear la imagen de cómo debería ser un monarca ideal, construyendo lujosos palacios como Versalles, engalanándose a sí mismo y a la familia real al máximo, afirmando que la cultura francesa y sus valores eran los más civilizados y avanzados, y disfrutando de un estilo de vida excesivamente fastuoso. A todas luces, Luis XIV era el centro de Francia y dirigió el país durante más de setenta años. Controlando los asuntos políticos y religiosos de su Estado y respaldado por un fuerte ejército y logros culturales, el reinado de Luis fue la encarnación de lo que era el poder absoluto.

Muchos intentaron hacerse con la autoridad absoluta en la medida en que lo había conseguido Luis XIV. Los Habsburgo construyeron fastuosos palacios, pero nunca consiguieron alcanzar el mismo tipo de estabilidad política que Luis. La monarquía española, por su parte, siguió decayendo. Cada vez dependía más financieramente de sus colonias y luchaba por afirmar su poder. Tras la guerra de sucesión española, el trono de España fue ocupado por un Borbón, y los Países Bajos españoles desaparecieron definitivamente. Italia estaba tan fragmentada como siempre, pero las otrora grandes ciudades-estado no eran rival para los ejércitos de los imperios más grandes que las rodeaban. El reino de Suecia era una monarquía poderosa en el norte; cada vez se implicaba más en los asuntos continentales, aunque sus conquistas en el Báltico serían constantemente desafiadas. Polonia (conocida oficialmente como la Mancomunidad Polaco-Lituana en 1569) ocupaba un amplio territorio. Polonia y otros reinos cristianos de Europa oriental, como Hungría, fueron constantemente desafiados por los otomanos y nunca alcanzaron los niveles de desarrollo de los estados de Europa occidental en el siglo XVIII. Inglaterra, las Provincias Unidas y el Portugal sin salida al mar se centraron sobre todo en sus territorios no europeos, involucrándose rara vez y de forma vacilante en los costosos asuntos europeos principales.

Curiosamente, un lugar donde el absolutismo se manifestó muy claramente fue Rusia. Los cambios culturales y sociales provocados por el Renacimiento nunca llegaron a Rusia en los siglos XV y XVI , y no fue hasta la ascensión del zar Pedro Romanov en 1682 cuando otras naciones europeas empezaron a tomarse en serio a Rusia.

Ya hemos mencionado que los príncipes rusos, después de luchar durante más de dos siglos bajo sus conquistadores mongoles, finalmente se unieron en torno a Moscovia, iniciando un nuevo capítulo en la historia rusa a finales del siglo XV. Durante los doscientos años siguientes, los últimos miembros de la dinastía de los Rurikíes, descendientes del legendario nórdico Rúrik, fundador de la Rus' de Kiev, consiguieron consolidar su poder, algunos con más éxito que otros. A pesar de ello, la dura situación geográfica de la nueva civilización rusa, ahora centrada en torno a la ciudad de Moscú, mucho más al norte y mucho más al este que el anterior centro de Kiev, dificultó la participación de Rusia en los asuntos europeos hasta la última parte del siglo XVII. Al este y al sur, los descendientes tártaros de los mongoles seguían siendo una amenaza, pero fueron derrotados gradualmente, extendiendo las pretensiones rusas tan al este como los montes Urales e incluso más allá. Ucrania pertenecía a los cosacos, que mantenían relaciones precarias con los príncipes rusos. Al oeste, con el creciente poder de Suecia y durante el apogeo de la Mancomunidad polaco-lituana, los europeos presionaban cada vez más a Rusia. La cuenca del mar Negro y el Cáucaso, las otras regiones de posible expansión rusa, estaban dominadas por los otomanos, los tártaros y los persas.

Sin embargo, de forma lenta pero segura, Rusia se fue involucrando cada vez más en los asuntos de Occidente, sobre todo porque estaba en constantes luchas por sus provincias occidentales con los polacos y los suecos. Aunque era un Estado eslavo, carecía de unidad étnica o racial, pero una identidad unificadora para el Estado había sido siempre la Iglesia ortodoxa, cuya importancia. Moscú, como nuevo centro ortodoxo (y, a ojos de los rusos, verdadero cristiano) del mundo, creció, y la evolución de la Iglesia rusa en el siglo XVII y la inestabilidad que siguió aumentaron el prestigio del zar. Los monarcas rusos empezaron a ganar más poder e influencia, y un nuevo capítulo de la historia rusa comenzó con la dinastía Romanov. El zar Pedro Romanov el Grande, como se lo llegaría a llamar, fue quizá la figura más influyente en la historia de la Rusia moderna temprana. Sus esfuerzos se dirigieron a crear una ruptura consciente con el ambiguo pasado ruso y una sociedad atrasada y corrupta y, en cambio, a abrazar los principios progresistas europeos. Las reformas introducidas por Pedro el Grande afectaron a todos los aspectos de la vida rusa.

Pedro consiguió centralizar el poder en Rusia hasta tal punto que sin duda podría compararse con el apogeo del reinado de Luis XIV. Abolió los anticuados consejos locales e instaló nuevos gobernadores leales en las provincias más remotas para garantizar un flujo constante y fiable de impuestos y mantener el orden. Impulsó la urbanización y la industrialización, comenzando a explotar los ricos recursos naturales de las vastas tierras rusas. Pedro fundó nuevas universidades y modernizó el ejército. Su amor por la construcción naval y sus experiencias personales tras sus viajes a Holanda e Inglaterra fueron cruciales para aumentar el poder naval ruso. Fomentó el aprendizaje y el abandono de viejas tradiciones inútiles. También obligó a la burguesía rusa a vestir, hablar y comportarse como europeos.

Pedro consiguió aplastar a sus enemigos, reclamando más tierras en Asia, estableciendo relaciones con Persia y China y derrotando a los suecos en la gran guerra del Norte. Se apoderó de las costas del Báltico y se estableció en Finlandia. Su joya de la corona, la guinda del pastel, fue la construcción de una nueva capital llamada San Petersburgo, situada en la costa del Báltico y modelada a imagen de las grandes ciudades europeas. San Petersburgo pronto se convertiría en el nuevo centro de la civilización rusa, albergando su mayor y único puerto que no se helaba en invierno.

Durante el reinado de Pedro, la sociedad rusa empezó a despertar de un profundo letargo tras siglos de luchas internas e inestabilidad provocadas por los conquistadores orientales y occidentales. Rusia empezó a identificarse más con Europa, pero aún tardaría unos cien años en empezar a integrarse realmente en la sociedad europea. Pedro fue un auténtico autócrata, asumió el título de emperador en 1721 y contribuyó en gran medida al desarrollo radical de su imperio. Las reformas administrativas, sociales, militares y económicas de su reinado pusieron a Rusia en el mapa para muchos europeos. Para los rusos, Pedro iniciaría una larga y, en muchos casos, truculenta tradición de monarcas absolutistas y su tendencia a intentar asumir la centralización a su escala.

Rusia se convirtió en un Estado europeo donde el absolutismo europeo prosperó a un nivel similar al de Francia. Con el tiempo, ambos regímenes encontrarían finales similares.

La Revolución francesa

Con el auge del absolutismo y la estabilización gradual del orden político europeo tras los tiempos turbulentos provocados por la Reforma, el siglo XVIII no fue testigo de muchos conflictos que cambiaran considerablemente el panorama político del continente. Italia aún no estaba unificada y se enfrentaba a la creciente presión de la Austria de los Habsburgo, que se estaba convirtiendo en su propio y poderoso Estado fuera de las fronteras del Sacro Imperio Romano Germánico. En el norte de Alemania, surgía un nuevo actor influyente en forma de Brandeburgo-Prusia, con Berlín como capital. Rusia se estaba expandiendo, expulsando gradualmente a los otomanos y a los persas del Cáucaso y extendiendo sus posesiones hasta Asia central. El Imperio otomano, en conjunto, era un Estado moribundo, que tenía que ceder cada vez más de sus territorios europeos a las naciones balcánicas debido a las crecientes presiones de la Persia safávida. Francia, Gran Bretaña, España, Portugal y los Países Bajos estaban centrados sobre todo en sus territorios de ultramar, compitiendo por más tierras, rutas comerciales y recursos.

La tendencia social general del continente fue el declive del sistema feudal y un fuerte aumento de la influencia de la burguesía, una clase elitista de plebeyos ricos que querían obtener más poder político. Esto, a su vez, provocó una discrepancia masiva de la riqueza y una sociedad cada vez más desigual, lo que condujo a un descenso del nivel de vida.

En ningún lugar fue más evidente esta tendencia que en Francia. Tras el apogeo de Luis XIV, la sociedad francesa se volvió menos hospitalaria para las clases más pobres, especialmente los campesinos, que se veían constantemente avasallados por la recién surgida burguesía. Los campesinos y los ciudadanos más pobres soportaron la carga fiscal, especialmente tras la costosa implicación de Francia en los asuntos coloniales y su lucha por financiar las empresas de ultramar. Las colonias francesas, aunque proporcionaban recursos para volver a casa, se vieron eclipsadas por las posesiones más prósperas de británicos y holandeses, que controlaban la mayoría de las rutas comerciales y habían surgido como rivales naturales de Francia.

Para debilitar el impacto de su principal rival, Gran Bretaña, Francia decidió apoyar a las Trece Colonias durante la Revolución estadounidense, concediendo armas, dinero y equipamiento a los rebeldes americanos que, al final, consiguieron liberarse de los británicos en 1776, estableciendo los Estados Unidos de América. Sin embargo, a pesar de que la Revolución estadounidense había sido un éxito y de que la posición de Gran Bretaña se había debilitado, Francia se enfrentó a una crisis económica mortal y a la inflación, cuyo peso recayó sobre las clases más pobres que no podían hacer frente al aumento de los precios y a la escasez de bienes. En la década de 1780, a esto siguió una escasez de alimentos provocada por una serie de malas cosechas. A finales de la década de 1780, Francia, el país más poblado y más desigual de Europa, se encontraba en una situación terrible.

La agitación del siglo XVIII alcanzaría finalmente su punto álgido en 1789 con uno de los acontecimientos más influyentes de la historia europea: la Revolución francesa. Los problemas económicos, sociales y políticos habían llegado a ser demasiado. Además, la Ilustración y lo que el movimiento propugnaba desempeñaron un importante factor. Francia había sido el lugar donde se habían extendido los comentarios críticos hacia el Antiguo Régimen. Personas como Rousseau, Voltaire, Montesquieu y otros abogaban por el cambio y por una mayor participación del público en general en el proceso de gobierno. El éxito de la Revolución estadounidense fue otro factor. En las Trece Colonias, los súbditos británicos protestaban contra los impuestos excesivamente elevados de sus soberanos de ultramar, sobre todo porque no tenían representación en el Parlamento británico y, por tanto, ninguna posibilidad de cambiar las cosas. Tras años de guerra, los colonos salieron victoriosos frente a los británicos. Eligieron a su propio líder e hicieron que su gobierno fuera lo más representativo posible.

En Francia, las clases pobres no tenían representación y eran constantemente ignoradas en el proceso de toma de decisiones. Se sentían alienadas de la burguesía y aún más de la monarquía. El absurdo estilo de vida del que disfrutaba el círculo real resultaba vergonzoso y directamente ofensivo para los campesinos, que ni siquiera podían arreglárselas día a día. La famosa anécdota que Rousseau escribió por primera vez en sus *Confesiones*, publicadas en 1782, es la que mejor describe la situación social de Francia: Cuando a una «gran princesa» le dijeron que los campesinos no tenían pan, respondió: «Pues que coman pasteles». La total desconexión de la burguesía con las pesadas cargas de la vida cotidiana queda aquí brillantemente plasmada, y no es de extrañar que esta anécdota acabara atribuyéndose a la reina María Antonieta, esposa de Luis XVI, para transmitir su indiferencia ante las luchas de los pobres.

La Revolución francesa comenzó cuando los Estados Generales se reunieron por primera vez en más de 170 años para celebrar elecciones y debatir la reforma financiera. La reforma financiera, que había sido aprobada por los ministros del rey Luis XVI alrededor de un año antes, había sido un fracaso, causando un descontento masivo entre la opinión pública, por lo que los Estados Generales se reunieron para resolver la cuestión.

Sin embargo, los reunidos pronto se enfrentaron a un problema. Los Estados Generales, que celebraron sus elecciones en la primavera de 1789, habían sido el órgano más representativo de la monarquía francesa, compuesto por tres «estamentos» o grupos de pueblos: el clero (el Primer Estado), la nobleza (el Segundo Estado) y los campesinos (el Tercer Estado). De estos tres, los campesinos tenían la mayor representación, apenas seiscientos miembros, mientras que la nobleza y el clero estaban representados por trescientos miembros cada uno. A pesar de ello, existía un problema fundamental. Si los Estados Generales votaban por cabeza (lo que significa que cada persona tiene un voto), los campesinos, teóricamente, nunca se verían superados. Si votaba por estamentos (lo que significa que cada estamento obtiene un voto), los campesinos, que eran más numerosos, se verían superados por la nobleza y el clero. El sistema era defectuoso, ya que la nobleza y el clero casi siempre se apoyaban mutuamente y eclipsaban la voz de los campesinos, a quienes les resultaba prácticamente imposible llevar a cabo su programa deseado.

Así, el Tercer Estado se indignó tras un mes de debates que no dieron ningún resultado, por lo que sus miembros decidieron finalmente declararse Asamblea Nacional. Amenazaron con proceder sin la consideración de los otros dos estamentos. Los miembros se encerraron en la pista de tenis del rey en Versalles y, rodeados por las tropas reales, juraron en junio que no se dispersarían hasta que Francia tuviera una nueva constitución, una que les concediera más derechos e impulsara una mayor igualdad y representación.

Mientras tanto, debido a la pesada carga de la crisis financiera, la gente protestaba por todo el país, presionando al rey Luis XVI, que no era precisamente el mejor político ni el más decidido. Poco a poco, las masas disgustadas tomaron las calles y superaron a la policía. Además, miembros del Primer y Segundo Estados se unieron a la Asamblea Nacional, que cambiaría de nombre y se convertiría en la Asamblea Nacional Constituyente.

El 14 de julio de 1789, las multitudes de París asaltaron la prisión de la Bastilla, símbolo del privilegio real y de la tiranía, y los campesinos se rebelaron en las provincias. Fue una protesta de una magnitud nunca vista. En agosto, la Asamblea Nacional Constituyente abolió el régimen feudal y el impuesto del diezmo. Más tarde, ese mismo mes, emitieron la Declaración de los Derechos del Hombre y del Ciudadano, un documento histórico inspirado en la Declaración de Independencia estadounidense y en la teoría política de la Ilustración. El documento afirmaba los principios liberales, la libertad y la igualdad.

El rey tuvo que ceder, ya que sus propios soldados empezaban a volverse contra él. En octubre, cuando los revolucionarios escoltaron a la familia real de Versalles a París, Luis carecía básicamente de poder ejecutivo. Sus partidarios estaban desorganizados y el empuje de los revolucionarios era abrumador. La Revolución francesa estaba en marcha.

Los primeros meses bajo la dirección de la Asamblea Nacional Constituyente resultaron bastante eficaces, ya que el gobierno representativo trató de abordar los problemas económicos y administrativos para mantener su legitimidad y sacar al país de la crisis. Abolió por completo el feudalismo y concedió el derecho de voto a más de la mitad de los ciudadanos varones del país, algo muy progresista para los estándares del siglo XVIII. Para hacer frente a la enorme deuda pública, la asamblea tomó la decisión de nacionalizar y vender las propiedades de la Iglesia católica francesa, lo que enfureció al clero católico y al papado. Esta política dio lugar a una enorme redistribución de la riqueza y la propiedad, y la deuda se fue saldando gradualmente.

El nuevo régimen también introdujo una nueva división administrativa de los territorios de Francia, dividiéndola en más unidades administrativas que permitían una gobernanza más eficaz. El sistema judicial se hizo más independiente, con jueces elegidos localmente. Se promovieron los principios de libertad e igualdad, que con el tiempo se arraigaron en la conciencia nacional francesa. La nueva constitución también pretendía crear una monarquía constitucional, con poderes legislativos y ejecutivos compartidos por el monarca y el órgano judicial elegido, pero Luis XVI, en lugar de cooperar, intentó huir del país, influido por los miembros de la alta sociedad de la burguesía que esperaban restaurar el *statu quo* prerrevolucionario y aumentar su posición política. Sin embargo, el rey y su familia fueron capturados antes de que pudieran escapar del país.

La etapa inicial de la Revolución francesa tuvo efectos dominó en toda Europa. Los revolucionarios creían luchar por principios universales y declararon que era un derecho de toda persona rebelarse contra sus monarcas autoritarios. Los radicales franceses esperaban que la revolución se extendiera por regiones volátiles de Europa con un clima sociopolítico similar. Sin embargo, a los monarcas europeos no les entusiasmó demasiado la agitación que había provocado Francia. Las cortes del emperador del Sacro Imperio Romano Germánico, Leopoldo, y del rey prusiano, Federico Guillermo II, se vieron inundadas de burgueses y aristócratas franceses emigrados, que los instaron a tomar medidas para preservar la monarquía de Francia. De hecho, la hermana de Leopoldo, la reina María Antonieta, había escrito a su hermano para que invadiera Francia y rescatara la monarquía, creyendo que él correría la misma suerte que ella si permitía que la revolución madurara.

En vista de estos acontecimientos y de la rivalidad existente entre las naciones, Francia declaró la guerra a Austria el 20 de abril de 1792. Tanto el rey como los revolucionarios apoyaron la decisión: los revolucionarios querían que la revolución triunfara en otras partes de Europa, y el rey esperaba que su posición se viera reforzada tras una rápida victoria.

El ejército francés invadió los Países Bajos Austriacos, pero la revolución había causado desorganización y falta de disciplina en el ejército francés, que sufrió derrotas al principio. Para empeorar las cosas, Prusia se unió a Austria en una alianza contra Francia, y esta hizo retroceder a los soldados franceses, que cruzaron la frontera y avanzaron hasta París. Sorprendentemente, esto impulsó a los revolucionarios, que se unieron para defenderse de los invasores.

Culpando a la familia real de la inestabilidad, los revolucionarios asaltaron el palacio de las Tullerías en el verano de 1792 y capturaron a la familia real. También atacaron a miembros de la aristocracia parisina. El aumento del empuje fortaleció al ejército, ya que cada vez se alistaban más revolucionarios, lo que dio lugar a la victoria decisiva de Francia contra los prusianos en la batalla de Valmy el 20 de septiembre de 1792. El ejército francés siguió con una contraofensiva contra los austriacos, ocupando noroeste de Italia e incluso adentrándose en Alemania y llegando hasta Frankfurt.

Por si fuera poco, para avivar aún más el espíritu de los revolucionarios, una nueva asamblea, la Convención Nacional, abolió la monarquía el 21 de septiembre y proclamó la república. Luego, para hacer las cosas aún más intensas, la Convención Nacional sometió al rey a juicio. Dirigida por Maximillien Robespierre, la facción montañesa de la Convención Nacional, que era más radical y contraria a la monarquía, y además, abogaba por un mayor igualitarismo entre las clases, anuló a la facción girondina, compuesta en su mayoría por miembros burgueses moderados. Luis XVI fue acusado de traición y condenado a muerte. Fue ejecutado el 21 de enero de 1793. Su esposa, la reina María Antonieta, corrió la misma suerte nueve meses después.

La ejecución de Luis XVI fue un acontecimiento chocante para los monarcas europeos. Si el rey había sido condenado a muerte en Francia, entonces sus propias posiciones no estaban seguras. A principios de 1773, Gran Bretaña, Prusia y Austria formaron una coalición de monarquías europeas y convencieron a España, Portugal y los estados italianos para que se unieran a la guerra contra Francia. La presión de la nueva coalición hizo retroceder a Francia, pero también fortaleció la causa revolucionaria como lo había hecho un año antes.

En la Convención Nacional, la facción montañesa se hizo con todo el poder. Introdujeron la Ley del Máximo General, que establecía regulaciones sobre los precios, nuevos impuestos para las clases más ricas, una mayor redistribución de la riqueza y la confiscación de las propiedades de los burgueses no radicales. Aunque esta medida radical provocó la oposición de diversas formas en toda Francia, Robespierre y sus secuaces impusieron el llamado Reinado del Terror a todos los que se oponían a la revolución, lo que llevó a la detención de cientos de miles de personas y a la ejecución de decenas de miles. Francia se transformó básicamente en un estado policial. Se colocaron horcas y guillotinas públicas por todo París. También introdujeron el servicio militar obligatorio e instaron a más gente a alistarse en el ejército, lo que dio lugar a más de un millón de soldados en activo.

El Reinado del Terror duraría poco menos de un año, terminando en julio de 1794, cuando las mareas de la guerra ya se estaban inclinando de nuevo a favor de Francia. Crucialmente, el triunfo de las fuerzas francesas en la batalla de Fleurus en junio de 1794 hizo inútiles los cambios radicales. Sin embargo, a Robespierre y a los miembros radicales de la Convención Nacional les resultó difícil abandonar el poder. Cada vez se los acusaba más de haber conseguido demasiado poder para sí mismos, y finalmente fueron perseguidos y condenados, siendo la mayoría de ellos sentenciados a muerte a finales de julio.

Aunque los monárquicos y los conservadores intentaron recuperar el poder en las provincias y revertir los cambios realizados por la revolución, fueron derrotados por un aspirante a general llamado Napoleón Bonaparte. Pronto, la Revolución francesa y la historia de Europa entrarían en una nueva era.

Napoleón

Poco después de la victoria francesa en Fleurus se redactó una nueva constitución que proporcionaba nuevas instituciones para el gobierno en ausencia de una monarquía. En noviembre de 1795, la Convención Nacional aprobó la reorganización del gobierno en el Directorio, dirigido por cinco figuras ejecutivas (llamadas los directores). Estarían apoyados por dos órganos legislativos: el Consejo inferior de los Quinientos y el Consejo superior de los Antiguos. Esto transformó esencialmente a Francia en una república burguesa, y parecía un modelo de gobierno sostenible. Sin embargo, el mandato de cuatro años del Directorio se vería perturbado por la inestabilidad interna y externa. Aun así, en 1795, el ejército francés había conseguido ocupar Bélgica y Renania, obligando a Prusia, las Provincias Unidas, Toscana y España a abandonar el conflicto.

Por la misma época, un joven soldado de Córcega llamado Napoleón Bonaparte ascendería en las filas del ejército francés. Un militar educado y apasionado que se adhería a los principios del republicanismo, Napoleón se distinguió mientras lideraba las fuerzas francesas para la

Convención Nacional, y reprimía rebeliones y contrarrevoluciones por todo el país. Era un jacobino entregado, que apoyaba un igualitarismo más radical y creía que Francia podía ser una república. Sus distinciones le valieron el puesto de comandante del Ejército del Interior —un cargo muy prestigioso— y pronto fue nombrado comandante del Ejército de Italia.

Tras lograr una serie de victorias en el norte de Italia, Napoleón derrotó a los ejércitos sardo y austriaco. Marchó hacia Viena y obligó a Austria a acordar un armisticio en 1797. Los austriacos renunciaron a sus pretensiones sobre Holanda y reconocieron la independencia del norte de Italia, que fue reorganizada como república por Napoleón. A finales de año, solo Gran Bretaña seguía en guerra con Francia, que, contra todo pronóstico, había conseguido derrotar a todas las grandes potencias europeas en diferentes frentes mientras luchaba por mantener la estabilidad en su país.

Sin embargo, el Directorio establecido de forma violenta y radical no tardaría en encontrar su fin. Los monárquicos huyeron del país, pero intentaron restaurar la monarquía y recuperar el poder desde el exterior. En el plano interno, los cambios radicales y rápidos habían alterado enormemente la situación política del país y no se había logrado una estabilidad a largo plazo para las clases bajas. El nuevo régimen había introducido innumerables medidas para combatir la desigualdad de la riqueza, pero sin resultado.

Al final, la Revolución francesa acabaría con su propio éxito: el poder que había confiado a los militares para pacificar y desviar la atención de los ciudadanos de los problemas internos acabó por morder al Directorio en la espalda. Dos años después de la magnífica campaña italiana de Napoleón y un año después de haber llevado a sus soldados a las lejanas tierras de Egipto para debilitar la influencia británica y amenazar a la India británica, Napoleón regresó a París. Allí se encontró con una situación volátil. Cada vez eran más los jacobinos que abogaban por la supresión radical de los monárquicos, entre ellos incluso el director Emmanuel Sieyes, que propuso a Napoleón la idea de un golpe de Estado. El joven general, tras ganarse la lealtad de sus fuerzas, aceptó salvar la república y concluir la revolución. En noviembre de 1799, Napoleón y sus fuerzas dispersaron los consejos legislativos, asaltaron los edificios del gobierno e hicieron dimitir a los directores. Se estableció un nuevo sistema. Francia iba a ser ahora un consulado gobernado por tres cónsules, y Napoleón se convertiría en el primer cónsul.

La siguiente década y media, tras el establecimiento del Consulado francés, sería una de las más llenas de acción de la historia europea y conduciría a la transformación a gran escala del panorama social y político del continente. El ascenso de Napoleón supuso una nueva etapa de la Revolución francesa. Sin embargo, aunque el primer cónsul afirmaba que se adhería a los principios del republicanismo, la realidad era muy distinta. De hecho, a su debido tiempo, Napoleón recuperó básicamente la monarquía en una forma renovada. Primero se declaró primer cónsul vitalicio y, en 1804, proclamó que Francia era un imperio, siendo él el emperador.

Fue un acontecimiento sorprendente, aunque durante los cinco años anteriores a la proclamación «oficial» del imperio, de todas maneras, Napoleón había actuado en gran medida como un gobernante absolutista. Trajo de vuelta el Reinado del Terror, ya que arrestaba y ejecutaba a la gente a su antojo. Limitó la libertad de expresión y de prensa, gobernando con puño de hierro mientras conducía al ejército francés a la victoria en todo el continente. No obstante, justificó su proclamación del imperio con un plebiscito popular que, de hecho, votó por él.

Napoleón, que es recordado como una de las mentes militares más grandes de la historia, llevó a Francia a la guerra una vez más contra toda Europa, y pareció ganarla durante los primeros diez años. En 1803, Gran Bretaña, Rusia, Suecia, Nápoles y Sicilia se unieron en una coalición para detener a Napoleón. Aunque la armada británica consiguió derrotar a una flota conjunta franco-española en la crucial batalla de Trafalgar para disuadir la invasión de Gran Bretaña en 1805, el ejército francés asoló la Europa continental, arrollando a la oposición allí donde la encontraba. Finalmente, se crearían siete coaliciones para resistir los avances de Napoleón, algunas con más éxito que otras, pero casi todas ellas estaban formadas por los mismos estados, entre ellos Gran Bretaña, el principal enemigo de Napoleón y al que nunca consiguió derrotar del todo, así como Austria y Prusia, ambas naciones poderosas en sus propios aspectos, pero que siempre fueron superadas por los franceses. También estaba Rusia, que era un nuevo retador en escena. Rusia envió fuerzas que no eran rivales para los cuerpos de ejército profesionales de Napoleón.

Los esfuerzos de la coalición no sirvieron de nada al principio. España era un Estado títere de Napoleón y Francia controlaba directamente Renania, las Provincias Unidas y gran parte de Italia, lo que proporcionaba a Napoleón unos recursos muy necesarios para mantener el esfuerzo bélico.

Las fuerzas francesas marcharon hacia el este, obteniendo victorias decisivas en Austerlitz, Jena y Friedland, antes de obligar a la coalición a acordar la Paz temporal de Tilsit en 1807. La paz añadió nuevos estados franceses clientes al mapa y esencialmente dio a Napoleón el control de Europa occidental. Napoleón también invadió Portugal, el último aliado que le quedaba a Gran Bretaña en el continente, y tomó Lisboa en 1807. Sin embargo, su decisión de deponer a la familia real española e instalar a su hermano como nuevo rey de España produjo inestabilidad en Iberia, dando lugar a unos siete años de guerra de guerrillas, que maniataron a las tropas francesas.

La quinta coalición fue derrotada en 1809, solo dos años después de Tilsit, y el nuevo acuerdo de paz reconfirmó la posesión por Napoleón de la mitad de Europa. Los principados alemanes occidentales se reorganizaron en la Confederación del Rin, los territorios polacos al este de Berlín se convirtieron en el Gran Ducado de Varsovia, mientras que Suiza, el Reino de Italia (en la parte septentrional de la región) y el Reino de Nápoles, al sur, pasaron a ser estados clientes de Francia. Napoleón había conseguido conquistar prácticamente tanta Europa como Carlomagno. Pero aún quería más. Tras la derrota de la quinta coalición, Napoleón estableció el Sistema Continental para tratar de impedir que las naciones europeas comerciaran con Gran Bretaña con el fin de debilitar al principal rival de Francia y prepararse para otra invasión.

Mapa de la mayor extensión del Imperio francés [11]

Sin embargo, Napoleón pronto tuvo que cambiar sus planes, ya que Rusia violaba constantemente el Sistema Continental, lo que dio lugar a su error fatal: la invasión de Rusia en 1812. Aunque reunió el mayor ejército que jamás había desplegado, con unos 600.000 hombres en total, con la mayoría de los regimientos procedentes de los territorios ocupados, las tácticas precipitadas de Napoleón no funcionaron en las vastas tierras de Rusia. Los rusos reconocieron correctamente que no eran rivales para las fuerzas profesionales francesas y se retiraron cada vez más hacia el este, privando a Napoleón de suministros y alargando el tiempo antes de que el invierno destruyera por completo a los franceses. Napoleón consiguió incluso tomar Moscú, pero se vio obligado a abandonar a regañadientes la invasión en diciembre de 1812, cuando se dio cuenta de que cerca del 90% de sus tropas habían muerto o desertado debido a las duras condiciones.

Mientras se retiraba, una nueva coalición formada por Austria, Prusia, Rusia y Suecia se reunió y derrotó a Napoleón en la batalla de Leipzig en octubre de 1813. Después, continuaron su marcha hacia el oeste, persiguiendo a Napoleón hasta París, mientras las guerrillas españolas, apoyadas por los británicos, presionaban a los franceses desde el sur.

Napoleón se vio obligado a abdicar en abril de 1814. Fue exiliado a la isla de Elba y la monarquía borbónica fue reinstaurada en Francia durante un breve periodo. Sin embargo, Napoleón consiguió escapar del cautiverio en febrero de 1815 y fue restituido como emperador gracias a la ayuda de sus leales partidarios. Parecía que volverían los días de gloria de sus primeras conquistas. Sin embargo, su segundo mandato solo duraría cien días, ya que sería derrotado decisivamente en la batalla de Waterloo en junio de 1815, lo que provocaría un nuevo exilio, esta vez a la remota isla de Santa Elena, donde pasaría el resto de sus días.

Capítulo 8 - El largo siglo XIX

La Europa postnapoleónica

Las guerras napoleónicas transformaron el paisaje sociopolítico de Europa. Francia nunca volvería a ser la misma tras la derrota final de Napoleón en 1815. Bajo Napoleón, los principios de la Revolución francesa y las novedades que trajo consigo se institucionalizaron en la conciencia nacional francesa. La nueva división administrativa, el código legal, las instituciones sociales y políticas, así como la adhesión de la sociedad a valores como la libertad personal y la libertad de expresión adquirieron gran importancia para la sociedad francesa. Como se ha señalado, Napoleón era un déspota revolucionario. Creía profundamente en la Revolución francesa, pero asumió el poder total debido a su ambición personal y a sus tendencias narcisistas. Aunque sus campañas trajeron destrucción y derramamiento de sangre al continente, también produjeron una serie de efectos secundarios que resonarían muy fuerte a lo largo del siglo XIX.

La consecuencia más inmediata de las guerras napoleónicas fue la creación de un nuevo orden político europeo, algo que se determinó en lo que fue esencialmente la primera conferencia paneuropea moderna. El Congreso de Viena se reuniría para discutir los términos de la paz y el estado de los asuntos europeos tras la derrota de Napoleón. Todas las grandes potencias estuvieron representadas. El zar Alejandro I de Rusia asistió personalmente, el príncipe Clemente de Metternich representó a Austria, el rey Federico Guillermo III y el príncipe Karl von Hardenberg de Prusia estuvieron allí, y el vizconde Castlereagh fue el representante de

---

Gran Bretaña. También estuvieron presentes otros estados europeos.

Tras nueve largos meses de negociaciones, el Congreso de Viena redibujó el mapa de Europa. Se anularon casi todas las conquistas francesas tras la Revolución francesa y se restablecieron las fronteras francesas tal y como estaban en 1789. Los vecinos de Francia fueron reforzados para disuadir un nuevo brote de agresión francesa. Las Provincias Unidas se hicieron con Bélgica, mientras que Prusia obtuvo nuevos territorios en Renania.

En lugar del Sacro Imperio Romano Germánico, que había sido básicamente destruido por Napoleón tras sus conquistas de 1806, se redistribuyeron los territorios alemanes y se abolió la independencia de cientos de pequeños principados. Los antiguos territorios se reorganizaron en la nueva Confederación Germánica, que contenía hasta cuarenta estados en lugar de más de trescientos, con Austria como actor principal. Prusia, Baden, Hannover y Baviera serían a partir de entonces los cuatro mayores estados alemanes.

Gran Bretaña ganó valiosos territorios de ultramar, entre ellos Sri Lanka y el cabo de Buena Esperanza. También se creó un nuevo Reino de Polonia, aunque sometido a la influencia rusa.

Y lo que es más importante, el Congreso de Viena condujo a la reorganización de Europa en Estados conservadores para evitar los volátiles procesos políticos que habían provocado las ideas de la Revolución francesa. Fue un intento de mantener la paz entre las monarquías ahora que se había restablecido el orden, y funcionó en gran medida durante más de cincuenta años, ya que no estalló ningún conflicto europeo importante durante ese tiempo.

Pero por mucho que los líderes del Congreso de Viena esperasen mantener una estabilidad eterna, Napoleón había conseguido extender los principios de la Revolución francesa por todo el continente e incluso por el mundo. La Europa postnapoleónica acabaría dando lugar al nacionalismo, que tomaría el continente por asalto. El legado de Napoleón fue el despertar de sentimientos patrióticos entre los diferentes pueblos de Europa, pueblos que antes habían luchado por encontrar un sentido y una identidad común, como en Alemania e Italia. La Declaración de los Derechos del Hombre y del Ciudadano sería reinterpretada por las distintas sociedades una y otra vez, y Europa viviría una nueva era revolucionaria.

No todas las revoluciones europeas de la primera mitad del siglo XIX tuvieron éxito. Sin embargo, algo común que las unía a todas era su objeción a los restos conservadores de los antiguos regímenes. Querían más liberalización. El nacionalismo también desempeñó un papel importante. Durante siglos, la gente había aceptado el hecho de que el soberano era todopoderoso y poseía el derecho divino a gobernar, pero la Revolución francesa alteró esa concepción. También se habían producido acontecimientos similares en la guerra civil inglesa y, finalmente, en el establecimiento de una monarquía constitucional en Gran Bretaña, pero fue el celo de Napoleón por difundir los principios de la Revolución francesa lo que realmente hizo que los europeos se sublevaran a lo largo del siglo XIX.

Al principio, los levantamientos nacionalistas de las naciones cristianas de los Balcanes controlados por los otomanos desembocaron en la independencia de Serbia y Grecia a mediados de la década de 1830. El Imperio otomano había controlado durante mucho tiempo las tierras balcánicas ocupadas por los cristianos, y estas naciones habían intentado una y otra vez afirmar su independencia, aunque nunca tuvieron el empuje necesario para lograr sus objetivos antes del auge del nacionalismo. Esto debilitó aún más al ya enfermo Imperio otomano, que pronto sería llamado el «enfermo de Europa», y que era uno de los Estados en los que las ideas de la Ilustración occidental nunca lograron penetrar. Los otomanos tuvieron que ceder, sobre todo porque otras grandes naciones europeas brindaron su apoyo a los revolucionarios, con la esperanza de ver debilitado aún más el imperio musulmán.

Las cosas fueron diferentes en otras partes de Europa durante la llamada oleada revolucionaria de la década de 1830. Grecia, que consiguió su independencia en 1832, fue un raro ejemplo de revolución exitosa. Bélgica también sería reconocida como independiente de los Países Bajos en 1831. En Francia, la situación era diferente. Tras los decretos conservadores del rey Carlos X, que limitaban la libertad de prensa y disminuían la influencia de los órganos legislativos que se habían creado durante la Revolución francesa, los liberales radicales se rebelaron, obligándolo a abdicar. Sin embargo, la burguesía no estaba dispuesta a establecer una república y ceder plenamente a las demandas de los radicales, por lo que introdujeron un nuevo sustituto para el rey: Luis Felipe, duque de Orleans, un pariente de los Borbones que también participó personalmente en la Revolución francesa en su juventud. La Revolución de Julio, como se conoció a la instancia, restauró la monarquía constitucional en Francia, que se hizo un poco más liberal de lo que había sido antes. En otros lugares, sin embargo, las revoluciones fueron rápidamente controladas por monarcas conservadores. En Italia, Polonia y Alemania, los liberales esperaban una oleada general de cambio social y concesiones por parte de sus soberanos, pero no consiguieron gran cosa.

Le seguiría otra oleada de revoluciones europeas. Conocidas como la «primavera de los pueblos», las revoluciones de 1848 también tuvieron resultados desiguales para los revolucionarios. En todo el continente se alzaron fuerzas nacionalistas liberales, especialmente en lugares multiétnicos y diversos como el Imperio austriaco, Alemania e Italia. El objetivo general de los revolucionarios parecía haber sido el establecimiento de Estados-nación. Por ejemplo, los nacionalistas húngaros, checos y austriacos se alzaron con la esperanza de acabar con el dominio conservador del Imperio austriaco, que limitaba la soberanía de estos pueblos diferentes dentro de sus fronteras.

En general, los revolucionarios exigían más libertades, representación y participación en los procesos gubernamentales, y la creciente inestabilidad y la escasez de alimentos causadas por las malas cosechas recientes avivaron los movimientos. Las revoluciones lograron algunos resultados a largo plazo. La servidumbre fue abolida en Austria, Dinamarca dejó de ser una monarquía absoluta, se establecieron monarquías constitucionales en Cerdeña y Prusia, y Francia extendió el sufragio a todos los súbditos varones. Sin embargo, la primavera de los pueblos no condujo a la transformación del orden existente a gran escala. Muchos movimientos fueron brutalmente reprimidos por los gobernantes conservadores, que se prestaron apoyo mutuamente, temiendo que el fin de uno significara el fin del otro. Decenas de miles de personas murieron, y aún más fueron arrestadas o exiliadas, pero los cambios sociales eran cada vez más evidentes. Pronto, las revoluciones de 1848 darían paso a movimientos unificadores en Alemania e Italia, cambiando para siempre el curso de la historia europea.

La unificación de Italia y Alemania

Como una de las últimas consecuencias indirectas de la Revolución francesa, la unificación de Italia y Alemania a mediados del siglo XIX puede considerarse uno de los acontecimientos más influyentes de la historia de la Europa moderna. Alemania e Italia habían estado efectivamente desunidas desde la caída del Imperio romano, y nunca consiguieron alcanzar la estabilidad, la cohesión o la centralización política que habían sido posibles en Francia, Inglaterra o España. La naturaleza absurdamente complicada del Sacro Imperio Romano Germánico, una serie de complejas sucesiones feudales, los intereses de factores externos y la falta de voluntad interna para unirse habían impedido la unificación alemana e italiana hasta el siglo XIX. No obstante, los habitantes de estas zonas se consideraban alemanes e italianos por el patrimonio cultural y material que compartían entre sí. No había duda de que una persona de Venecia compartía más similitudes con una de Sicilia que con alguien de Viena. Sin embargo, la evolución política a lo largo de la Edad Media y el Renacimiento impidió que estas dos naciones afirmaran claramente su soberanía y formaran sus propios Estados-nación. Todo cambiaría tras la Revolución francesa.

Debido a los pensamientos liberales de la Ilustración, al auge del nacionalismo que tomó Europa por asalto tras la Revolución francesa y a las conquistas de Napoleón, que transformaron el continente, tanto Italia como Alemania se vieron de repente encaminadas hacia la unificación y la soberanía nacionales tras siglos de división. El Congreso de Viena impuso un incómodo orden político a estas dos naciones. En lugar del Sacro Imperio Romano Germánico, los estados alemanes más pequeños fueron reorganizados en la Confederación Germánica, que carecía de unidad y cohesión. El Reino de Prusia, en el norte, era ahora el estado alemán más poderoso, y ambicionaba expandirse aún más y afirmar su dominio en la región. Una gran parte de Alemania también estaba controlada por la Austria de los Habsburgo que, a pesar de sus orígenes, puede decirse que estaba culturalmente próxima al resto de Alemania. Austria era un imperio multinacional y multiétnico que contenía poblaciones húngaras, polacas, checas, serbias e italianas. Austria también controlaba directamente una gran parte del norte de Italia, influyendo en los reinos más pequeños que la ocupaban. El Imperio de los Habsburgo, aunque desbordado, estaba dispuesto a darlo todo para mantener el *statu quo* y preservar el viejo orden en las tierras que controlaba, ya que acababa de ser humillado por las campañas de Napoleón y se empeñaba en no volver a tropezar.

Mientras tanto, los movimientos liberales y nacionalistas se hicieron más prominentes en Alemania e Italia tras el Congreso de Viena. La sociedad secreta de los carbonarios en Italia, por ejemplo, encabezada por el republicano italiano Giuseppe Mazzini, abogaba por la unificación de los estados italianos más pequeños en una sola república para evitar la inestabilidad y el caos que habían dominado la península durante tanto tiempo. En Alemania, era obvio que si se quería lograr la unidad nacional, esta tendría que incluir a Prusia o a Austria, ya que ambas se veían a sí mismas como principales influencias y no deseaban renunciar a su influencia sobre la menos poderosa Confederación Germánica.

Sin embargo, los movimientos revolucionarios posteriores a las guerras napoleónicas habían acabado en su mayoría en decepción para los liberales de las dos naciones. A pesar de conseguir temporalmente algunas concesiones de los regímenes conservadores, su reacción fue siempre mucho más fuerte y estricta, lo que se tradujo en la supresión de muchos movimientos. Además de Prusia y Austria, Francia también vigilaba de cerca la evolución nacionalista en Alemania e Italia, consciente de que la aparición de un Estado fuerte en sus fronteras podía convertirse en una amenaza potencial.

No podemos abarcar aquí con gran detalle la historia de la unificación de Italia y Alemania, aunque se trata de un tema muy importante, pero repasaremos los acontecimientos clave que influyeron en ellas y que acabaron dando lugar a la aparición de dos de las naciones más poderosas que siguen siendo fuertes en la actualidad. En Italia, el proceso de unificación nacional estaría encabezado por el Reino de Cerdeña-Piamonte, que controlaba la isla de Cerdeña y los territorios del noroeste de la región en el momento de la unificación. Tras las guerras napoleónicas, emergió lentamente como uno de los estados italianos más poderosos, junto con el Reino de las Dos Sicilias, que controlaba el sur de la península y la isla de Sicilia. Austria, como ya hemos mencionado, era el principal actor en la parte noreste de la región, y los Estados Pontificios controlaban gran parte del centro de Italia, incluida Roma.

En 1848, los levantamientos antiaustríacos y nacionalistas en Italia dieron a Cerdeña-Piamonte una falsa sensación de éxito potencial y declararon la guerra a Austria. Sin embargo, los Habsburgo fueron capaces de sofocar las revueltas e incluso consiguieron derrotar a los sardos en agosto. Entonces, en noviembre, un levantamiento popular en Roma dirigido por Giuseppe Mazzini y otro nacionalista radical, Giuseppe Garibaldi (que se había visto obligado a exiliarse en Sudamérica durante más de una década, donde también participó en actividades revolucionarias), consiguió hacerse con el control de la ciudad y sus alrededores, obligando al papa Pío IX a huir de la ciudad. Los revolucionarios proclamaron una efímera República romana y pretendían luchar por una mayor unificación de los estados italianos, pero la autoridad papal fue finalmente restaurada por una expedición francesa en julio de 1849.

A pesar de estos reveses iniciales, Cerdeña lograría dar un giro positivo a la situación en un par de años, después de que Camillo Benso di Cavour, un conservador moderado, entrara en el gabinete de ministros del rey en 1850. Su política económica de *laissez-faire* consiguió reducir la riqueza pública de Cerdeña y mejorar la situación financiera del país. Y lo que es mucho más importante, bajo su liderazgo, Cerdeña mejoró su reputación internacional, uniéndose a la guerra de Crimea en 1855 del lado de los franceses y los británicos. El ejército que Cavour envió a Crimea tuvo éxito, lo que le valió un puesto en la mesa de París como uno de los vencedores.

La recién lograda posición internacional resultó ser crucial. Cavour afirmó que mientras el Imperio austriaco estuviera implicado en los asuntos italianos, la unificación de los pueblos italianos sería imposible, estimulando una enorme oleada antiaustríaca en la opinión pública. Esto condujo finalmente a una nueva alianza secreta entre Francia y Cerdeña. Cavour, decidido a expulsar a los austriacos y lograr la unificación, se alió con los franceses, prometiendo concederles territorios en Saboya y Niza a cambio de su ayuda militar. Habiendo obtenido el apoyo francés en 1859, el rey sardo Víctor Manuel II pronunció un discurso patriótico en el que instaba a toda Italia a levantarse contra Austria, lo que condujo a otra guerra. Esta vez, con la ayuda de los franceses, las fuerzas austriacas fueron derrotadas en Lombardía, y el acuerdo de paz que siguió en noviembre vio cómo Austria cedía el control de la provincia a Cerdeña-Piamonte.

Crucialmente, casi al mismo tiempo, un millar de revolucionarios carbonarios al mando de Giuseppe Garibaldi invadieron Sicilia y conquistaron la isla en menos de tres meses. En mayo de 1860, Garibaldi declaró que gobernaba Sicilia en nombre de Víctor Manuel II y cruzó al continente, acabando por deponer al rey siciliano en Nápoles. Con el éxito de los republicanos y las recientes victorias diplomáticas y políticas de Cerdeña en el norte, Parma, Módena, Romaña, Toscana, Nápoles, Sicilia, Umbría y los Estados Pontificios celebraron plebiscitos y votaron abrumadoramente a favor de la anexión a Cerdeña. A finales de 1860, casi toda la Italia peninsular, con la exclusión de Roma (que seguía bajo control papal) y Venecia (que estaba bajo control de Austria) había sido unificada. En marzo de 1861, en Turín, se proclamó oficialmente el Reino de Italia, con Víctor Manuel II como rey. Iba a ser otra monarquía constitucional.

Mientras tanto, en Alemania empezaban a producirse acontecimientos similares. Tras el Congreso de Viena, el establecimiento del Zollverein —una unión aduanera bajo liderazgo prusiano— hizo que muchos estados alemanes de la Confederación Germánica se acercaran a Berlín. La cuestión del *Grossdeutsch* (Alemania, incluidas las posesiones alemanas de Austria) o del *Kleindeutsch* (Alemania sin los Habsburgo) era cada vez más importante, sobre todo después de que la oleada revolucionaria de 1848 y los reveses del ejército austriaco en Italia hubieran suscitado dudas sobre el poderío de los Habsburgo.

A lo largo de la década de 1850, los estados alemanes siguieron de cerca los acontecimientos nacionalistas en Italia. Prusia había intentado tomar la iniciativa, pero se vio obligada a dar marcha atrás después de que Austria, respaldada por Rusia, amenazara con la guerra. Sin embargo, en 1862, con el ascenso de Otto von Bismarck como primer ministro de Prusia, el proceso de unificación alemana se aceleraría. Bismarck, aunque él mismo era un conservador no demasiado partidario del establecimiento de un régimen republicano en una Alemania unida, tenía un carácter muy fuerte y aptitudes para adaptarse a las situaciones políticas internacionales. Bismarck comprendía la inestable posición de Austria tras sus reveses en Italia y sabía que Francia estaba interesada en la unificación alemana. Mientras tanto, Rusia había dejado de desempeñar un papel importante en los asuntos europeos tras su derrota en la guerra de Crimea en 1856, y una Italia recién unificada se mostraba muy hostil hacia los Habsburgo. Idealmente, Bismarck podría afirmar el dominio de Prusia en Alemania, unir a los miembros de la Confederación Germánica en el *Kleindeutsch* sin Austria y establecer una monarquía constitucional que complaciera a un gran número de liberales alemanes.

Al final, Bismarck conseguiría hacerlo, aunque le costó muchos años de maniobras políticas y conflictos sangrientos. En 1865, Prusia y Austria se vieron envueltas en un conflicto por los ducados de Schleswig-Holstein, en el norte, dos territorios alemanes que estaban gobernados por el reino de Dinamarca. Dos años antes, los nacionalistas alemanes se habían sublevado contra el rey danés, y la guerra germano-danesa de 1864 se había saldado con una aplastante victoria de la Confederación Germánica, que apoyaba a los nacionalistas de Schleswig-Holstein y estaba liderada por Prusia, con su reorganizado ejército bajo el mando de Bismarck. Austria y Prusia no pudieron llegar a un acuerdo sobre qué hacer con los ducados tras la derrota de Dinamarca, lo que condujo a un completo deterioro de las relaciones entre ambas potencias. Crucialmente, Bismarck consiguió aliarse con Italia antes de una mayor escalada, prometiendo conceder al recién establecido reino italiano la provincia de Venecia a cambio de su apoyo militar contra los austriacos si estallaba la guerra. Mientras tanto, Viena convenció a Francia para que se mantuviera neutral y reunió a la mayoría de los estados de la Confederación Germánica en torno a sí, ya que veían a Austria como garante de su soberanía frente a la creciente ambición de Berlín.

Lo que siguió fue una breve pero decisiva guerra en Alemania conocida como la guerra de las Siete Semanas, que terminó en agosto de 1866. Sorprendentemente para todos en aquella época, las fuerzas austriacas fueron derrotadas por las prusianas, que parecían mucho más disciplinadas, organizadas y mejor equipadas. Dirigidos por Helmuth von Moltke, arrollaron a los desmoralizados austriacos y lograron una victoria decisiva en la batalla de Sadowa. El Tratado de Praga sacó esencialmente a Austria de la cuestión alemana y concedió Venecia a Italia. Además, los territorios alemanes del norte se reorganizaron en una nueva Confederación Germánica del Norte, con Prusia como líder y el rey prusiano como presidente. A los estados alemanes que optaron por permanecer independientes en la parte sur de la antigua Confederación Germánica se les permitió unirse al Zollverein.

En los cinco años siguientes se completaría el proceso de unificación tanto de Alemania como de Italia. Bismarck sabía que los estados alemanes que habían optado por independizarse no volverían a desviarse hacia Austria, pero necesitaba algún detonante para convencerlos de que se unieran a la federación y formaran una nación alemana unida. Al final, resultó ser otra guerra, esta vez contra Francia, en la que los estados alemanes independientes se unieron para derrotar a un enemigo exterior común.

La guerra franco-prusiana estalló por la cuestión de la sucesión del trono español, ya que el pariente del rey prusiano Guillermo, el príncipe Leopoldo, era candidato a convertirse en el nuevo rey español. Un miembro de la familia Hohenzollern, a la cabeza de otra nación vecina alarmó enormemente a Francia; no había esperado que Prusia saliera indemne de la guerra con Austria, y la recién unida Federación Alemana del Norte había alterado el equilibrio de poder en Europa. Francia esperaba tomar represalias afirmando su dominio en Renania, posiblemente ganando nuevos territorios, y se apresuró a declarar la guerra a Prusia poco después de las manipulaciones de Bismarck sobre la sucesión española.

Bismarck había esperado algo así desde el principio y convenció fácilmente al resto de los estados alemanes para que se unieran contra los franceses, que fueron, para sorpresa de muchos, rápidamente derrotados por los ejércitos alemanes dirigidos por Prusia. El emperador francés Napoleón III se vio obligado a abdicar y las fuerzas alemanas consiguieron penetrar en Francia hasta París, sitiando la ciudad mientras el nuevo gobierno republicano suplicaba la paz.

El resultado fue magnífico para Alemania. Francia cedió Alsacia-Lorena a Alemania, y los estados alemanes del sur acordaron oficialmente unirse a Prusia y formar un Imperio alemán unificado, con el káiser Guillermo como emperador. Proclamado en Versalles en enero de 1871 mientras París seguía siendo bombardeada, el nuevo estado alemán unificado pronto llegaría a dominar la Europa continental, explotando a las debilitadas Austria y Francia y desafiando a Gran Bretaña, que había emergido silenciosamente para convertirse en una hegemonía mundial.

En cuanto a Italia, la guerra franco-prusiana liberó Roma y sus alrededores, que habían estado ocupados por soldados franceses desde que estos habían restaurado la autoridad del papa. En 1870, las fuerzas italianas entraron y tomaron Roma tras luchar contra las fuerzas papales, pero el papa Pío IX se negó a reconocer su derrota, retirándose al Vaticano, donde se declaró prisionero. En lugar de resolver el asunto violentamente, los italianos permitieron que el papa permaneciera aislado en su palacio, una situación que duraría hasta 1929. Mientras tanto, reclamaron Roma como nueva capital de su reino. La unificación de Italia y Alemania quedaba así completada.

Mapa de Europa tras la unificación italiana y alemana [12]

La Revolución Industrial y la Pax Britannica

Casi al mismo tiempo, Europa experimentaba otra revolución, pero esta no era política. La Revolución Industrial tuvo implicaciones materiales y sociopolíticas de gran alcance. Desde el siglo XVIII, las constantes innovaciones tecnológicas en los campos de la agricultura, la producción, el transporte, las infraestructuras y la transferencia de información revolucionaron el mundo. Poco a poco, las economías europeas se modernizarían, y los campesinos y artesanos anteriormente agrarios emigrarían a las fábricas, trabajando con máquinas y produciendo equipos que transformaron las sociedades.

La invención y el perfeccionamiento de la máquina de vapor abrieron un abanico de nuevas oportunidades para los europeos. La nueva máquina podía transformar el vapor en energía con gran eficacia para la época, pero necesitaba hierro y carbón para su funcionamiento.

Los resultados fueron asombrosos. A lo largo del siglo XIX, la Revolución Industrial condujo a niveles de urbanización nunca vistos, a la aparición de nuevas clases sociales y económicas, al establecimiento del capital como principal fuente de riqueza, al fomento del comercio internacional y a la aparición de un nuevo orden cultural y social que cambió visual e inmaterialmente el aspecto de Europa y del resto del mundo.

Sin embargo, no toda Europa tendría la suerte de experimentar la Revolución Industrial desde el primer momento. A mediados del siglo XIX, solo Gran Bretaña podía considerarse una economía industrial relativamente madura, pero el resto del continente pronto empezaría a despertar e intentar alcanzarla. Las razones del protagonismo del primer industrialismo británico son múltiples. La razón principal fue el hecho de que los inventos tecnológicos aparecieron por primera vez en Gran Bretaña en la segunda mitad del siglo XVIII. Cada vez más granjeros, trabajadores textiles y mineros británicos se dieron cuenta de que los nuevos inventos podían hacer el doble de su trabajo en la mitad de tiempo e invirtieron cada vez más en las máquinas. A esto siguió una política comercial proteccionista y la insistencia del gobierno británico en que Gran Bretaña no debía renunciar a las ventajas que había acumulado hasta entonces frente a sus rivales continentales exportando maquinaria y nuevas técnicas.

La relativa estabilidad política de Gran Bretaña fue otro factor. Mientras Europa estaba ocupada luchando en guerras y reprimiendo revoluciones, la situación social y política era mucho más estable en Gran Bretaña. De hecho, las luchas sociales se convertirían en una de las consecuencias de la Revolución Industrial, ya que cada vez más trabajadores acudían a las fábricas, lo que provocó una rápida urbanización y, en ocasiones, la superpoblación de las ciudades. En las ciudades, la gente experimentaba malas condiciones de trabajo y de vida.

A pesar de estas dificultades, la industrialización de la sociedad británica fue más rápida que en ningún otro lugar durante más de cincuenta años, lo que dio lugar a una transformación física bastante radical de Gran Bretaña. En efecto, Gran Bretaña no solo contaba con la red ferroviaria más completa de toda Europa (algo que acabaría convirtiéndose en un elemento básico de las sociedades industriales), sino que empezaron a aparecer cada vez más ciudades industriales con cielos negros y humeantes, cortesía de cientos de fábricas que quemaban carbón a todas horas.

La industrialización, unida al aumento general del nivel de vida y a la urbanización, condujo a un crecimiento estable de la población en toda Europa. Francia, que era el país más grande a principios de siglo, dejó de ser el más poblado, ya que se vio eclipsado por el recién unido Estado alemán y aún más por el creciente Imperio ruso, que ganó nuevos territorios en el este. Más población significaba la oportunidad de desplegar ejércitos más grandes, por lo que el continente fue testigo de una creciente militarización durante el siglo XIX. La guerra fue uno de los aspectos de la vida que se industrializó y modernizó, a medida que más naciones dedicaban ingentes recursos a la investigación militar y a la producción de armas a gran escala, además de la adopción de nuevas tácticas. Finalmente, a finales de siglo, esto desembocaría en una carrera armamentística sin cuartel entre las dos principales superpotencias de Europa, Gran Bretaña y Alemania.

Sin embargo, durante la mayor parte del largo siglo XIX, como se denomina a veces el periodo que va desde la Revolución francesa hasta el estallido de la Primera Guerra Mundial, hubo un Estado que consiguió emerger en la cima del nuevo orden mundial y mantuvo su posición. Se trataba de Gran Bretaña. El periodo de estabilidad social, militar y económica que experimentó hizo que se estableciera como hegemonía mundial. La era de la hegemonía británica llegó a conocerse como *Pax Britannica* («la paz británica»).

Había algunos marcadores evidentes de la paz británica. Ya hemos mencionado que el aislamiento del que gozaba Gran Bretaña le otorgaba influencia política sobre el resto del continente, que a menudo se veía envuelto en guerras. Gran Bretaña había sido el único lugar que Napoleón nunca consiguió invadir, y la principal razón de ello era el hecho de que Gran Bretaña es una isla. Con el tiempo, la Marina Real británica se convertiría en la superior del mundo, y el dominio británico de los mares garantizaría la estabilidad económica y militar de la nación. El aislamiento de Gran Bretaña le dio la oportunidad de vigilar las actividades políticas de las naciones europeas y actuar como mediador internacional.

Antes de finales de siglo, ninguna nación europea consiguió alcanzar niveles de desarrollo similares a los de Gran Bretaña, que se convirtió en el principal actor del comercio mundial gracias a su extensa red colonial. En la década de 1880, las colonias británicas de Canadá, Australia, India, Indochina y Oriente Próximo proporcionaban al continente una cantidad ingente de materias primas, que luego podían transformarse en artículos de lujo y productos cotidianos. Además, Gran Bretaña controlaba valiosos puntos en corredores comerciales clave, como el estrecho de Gibraltar, la isla de Malta y el recién construido canal de Suez, que se completó en 1869 y redujo significativamente el tiempo del transporte marítimo de mercancías desde el océano Índico hasta el mar Mediterráneo. Tras la Conferencia de Berlín de 1884/85, Gran Bretaña se haría con una gran parte del continente africano, algo de lo que hablaremos más adelante.

En conjunto, la *Pax Britannica* proporcionó a la nación estabilidad socioeconómica y política, a diferencia de otras naciones europeas de la época. Sin embargo, otros estados pronto se inclinarían por alcanzarla.

El sistema bismarckiano y el imperialismo europeo

En el siglo XIX surgió un orden internacional muy complejo, especialmente tras la unificación de Italia y Alemania, que puso fin a unos mil años de inestabilidad y caos provocados por la naturaleza del Sacro Imperio Romano Germánico y el vacío de poder en la región. Alemania asumió el papel de nación más fuerte después de Gran Bretaña, debido en gran parte a las políticas de su canciller y principal arquitecto del Estado alemán unificado, Otto von Bismarck. Tras su victoria contra los franceses en 1871 y la proclamación del Imperio alemán, Bismarck creía que la única forma de mantener y ampliar el dominio alemán en la Europa continental era aislando a Francia.

En 1873, sus maniobras diplomáticas condujeron a la formación de la Liga de los Tres Emperadores con Austria y Rusia, ya que estas naciones tenían un claro recuerdo de lo que Francia había sido capaz de hacer. Aunque esta liga era vulnerable debido principalmente a que Austria y Rusia se enemistaron por la Cuestión Oriental, que afectaba a la organización y el futuro alineamiento de las naciones balcánicas a medida que se independizaban lentamente del débil Imperio otomano, la alianza logró, no obstante, el objetivo de aislar a Francia o, al menos temporalmente, impedir que Francia disfrutara de tanta libertad y poder como hubiera deseado. En 1879, Bismarck reconfirmó la alianza austro-alemana con un nuevo tratado, y en 1882, Italia estableció una alianza defensiva con ambas naciones, principalmente contra una posible agresión de Francia.

Mientras tanto, Alemania lideraba la modernización de la Europa continental. Un Estado alemán unido condujo a lo que el cardenal Richelieu había temido siglos antes: se había vuelto demasiado poderoso, demasiado independiente económicamente y demasiado capaz militarmente como para que otros pudieran frenarlo. Los pequeños principados alemanes que se habían dispersado por la región ya no podían ser explotados.

Tras la unificación, Alemania se industrializó y urbanizó rápidamente, con una clara división de clases entre la aristocracia, la clase media y la clase baja. Su ejército también había demostrado ser muy capaz, habiendo derrotado tanto a Austria como a Francia en rápida sucesión. El sistema de voto por riqueza garantizaba a la aristocracia rica el control de los procesos económicos y políticos del Estado. Los aristócratas ricos fueron los principales aliados de Bismarck durante todo su mandato como canciller.

El estado de Alemania era radicalmente diferente de la situación de Rusia y Austria, cuyos principales problemas eran su multietnicidad y su atraso económico, que tenían efectos dominó en lo que respecta a su posición internacional, militar y estabilidad social. El Imperio austriaco fue el ejemplo más destacado de un Estado en el que el auge del nacionalismo resultó ser un gran problema. En 1870, el Imperio austriaco contenía varias nacionalidades diferentes, incluidos millones de alemanes, polacos, rumanos, rutenos, eslovacos, croatas, serbios, checos e italianos, todos ellos con identidades etnonacionales distintas pero bajo la soberanía de los Habsburgo, que eran de Austria. Esto dio lugar a una perpetua inestabilidad dentro del imperio y a la eventual igualdad de los húngaros, que lograron ser reconocidos como parte de una monarquía dual en 1867 tras una serie de luchas por la independencia, represiones militares y supresión.

Después de 1867, Austria se transformó en una monarquía dual, que pasó a llamarse Imperio austrohúngaro, aunque no hubo verdaderos cambios constitucionales o políticos que dieran a los húngaros un mayor reconocimiento o sensación de independencia, aparte de la inclusión de su nombre en el título del monarca, que era Francisco José Habsburgo. Los Habsburgo nunca llegarían a lidiar con la naturaleza multiétnica de su imperio, en gran parte porque se esforzaron demasiado por mantener el *statu quo* conservador. Esto, a su vez, condujo a un atraso relativo en materia económica y militar en comparación con Alemania, Francia y Gran Bretaña.

Austria-Hungría también se veía a sí misma como el líder natural de cualquier nueva nación balcánica que pudiera independizarse del vecino Imperio otomano, otro Estado enfermo que no era ni de lejos tan poderoso como lo había sido quinientos años antes. El control otomano sobre sus súbditos balcánicos y predominantemente cristianos se fue desvaneciendo poco a poco, lo que dio lugar a unas relaciones ambiguas con muchos de ellos. Los gobernantes otomanos conservadores y el fuerte clero islámico impidieron que el imperio se modernizara y adoptara los principios nacionalistas, industrialistas y liberales de la Ilustración. Amenazas externas como Persia, Rusia e incluso Gran

Bretaña, que tenía intereses coloniales en los territorios controlados por los otomanos, debilitaron aún más a Estambul. El «enfermo de Europa» luchaba por seguir el ritmo de los cambios en Europa, incluso más que Austria, que al menos se consideraba una «necesidad europea», según Bismarck.

Fundamentalmente, Rusia tenía interés en los Balcanes, ya que se veía a sí misma como la noble protectora del gran número de eslavos ortodoxos de la región. De hecho, Rusia compartía muchas similitudes con Austria-Hungría, sobre todo en lo referente a su reticencia a permitir el florecimiento de movimientos liberales o nacionalistas. Los zares conservadores y autocráticos de Rusia hicieron todo lo posible por mantener su poder absoluto, aunque se dieron cuenta de los méritos del industrialismo. A lo largo del siglo XIX, los zares rusos estuvieron en un constante tira y afloja con las fuerzas internas que abogaban por la reforma y la liberalización. Los gobernantes rusos no deseaban proseguir con la industrialización, ya que amplificaría las voces de estos grupos y provocaría la aparición de un nuevo orden social que podría reducir el poder de la monarquía. Rusia era también el Estado más poblado de Europa en aquella época, gracias a su rápida expansión en Asia, y era quizá el más rico en cuanto a la posesión de recursos naturales. Aun así, no consiguió acumular una ventaja significativa sobre sus vecinos europeos. Cuando se puso a prueba militarmente a finales de siglo y principios del XX, quedó claro que no podía mantener el ritmo.

Así, en la década posterior a la unificación de Alemania e Italia, el estado de cosas se ralentizó un poco. La insistencia de Bismarck en mantener la paz en Europa mediante la ingeniería de un complejo conjunto de alianzas dirigidas principalmente a aislar a Francia estaba funcionando y, en gran medida, todas las naciones perseguían sus propios intereses. Austria-Hungría y Rusia seguían de cerca los acontecimientos en los Balcanes. Eran reacias a entrar en guerra entre sí, por lo que se abstuvieron de implicarse activamente, prefiriendo centrarse en reforzar las instituciones conservadoras de sus naciones. Gran Bretaña disfrutaba de una política de aislamiento y era la hegemonía del mundo, mientras que las antaño grandes potencias de España, Países Bajos, Portugal y Suecia iban perdiendo importancia poco a poco con la aparición del nuevo orden mundial. En Francia, la fase de constante inestabilidad, guerras, revoluciones y luchas sociales se había desvanecido, y su derrota frente a Alemania en 1871 sirvió como una ducha de agua fría a la nación francesa, que perseguía la industrialización.

Alemania, por su parte, estaba en auge, habiendo adquirido una ventaja económica sobre sus vecinos continentales. El káiser Guillermo II asumió el trono en 1890 y destituyó a Bismarck, que tanto había hecho por la prosperidad del Estado alemán. Su sustituto, sin embargo, fue el barón von Holstein, que desvió a Alemania del camino político eurocéntrico que el país había elegido bajo el liderazgo de Bismarck para desafiar la posición de Gran Bretaña como la nación más poderosa del mundo.

Creyendo que ya se había logrado una paz estable en Europa y que Alemania tenía la capacidad de transformar su prosperidad industrial en dominación mundial, Holstein impulsó la política de la *Weltpolitik,* que pretendía transformar a Alemania en una potencia mundial dominante como Gran Bretaña. Muchas cosas precedieron a esto. La más importante, un renovado interés por el colonialismo, que se manifestó durante la Conferencia de Berlín de 1884/85. Habiéndose estabilizado tras un largo periodo de conflictos e inestabilidad, las naciones europeas comenzaron a desarrollar cada vez más actividades coloniales y se implicaron a mayor escala en Asia. Los ricos mercados chino y japonés estaban al alcance de la mano, aunque estos dos Estados asiáticos eran extremadamente aislacionistas y no mostraban ningún interés en comerciar con los europeos. La superioridad tecnológica de Europa permitió a las naciones europeas afirmar lentamente su dominio sobre las nuevas colonias, algo que fue especialmente frecuente en el subcontinente indio, sometido al control británico. Con nuevas armas, tácticas más avanzadas, métodos influyentes de comunicación como el telégrafo y formas eficientes de viajar, gracias a la máquina de vapor, se necesitaban menos europeos para establecer y mantener un control efectivo de las sociedades nativas menos desarrolladas, como había sido el caso en la India.

Esta tendencia, unida a la percepción de que la era de la expansión en Europa prácticamente se había desvanecido, hizo que renaciera el interés por la colonización. La Conferencia de Berlín trató de estabilizar las relaciones de ultramar entre las naciones coloniales europeas. Su principal objetivo era repartir África entre los europeos, que ya habían avanzado bastante en la colonización del continente, para evitar conflictos y regular las áreas de interés. El resultado fue el reparto de África, tras la cual las naciones europeas afirmaron su dominio en diferentes regiones africanas, lo que condujo a la colonización casi completa del continente y al apogeo del imperialismo europeo. Francia, Gran Bretaña, Alemania,

Bélgica, Italia, España y Portugal consiguieron para sí trozos sustanciales del continente africano. Europa era más fuerte que África, donde la historia no había conducido a los mismos procesos tecnológicos o industriales que en Europa. Esta noción fue, de forma bastante incorrecta, apoyada a los ojos de los colonizadores europeos por la revolucionaria idea de Darwin de la selección natural y la supervivencia del más apto, que rápidamente se hizo popular en los círculos intelectuales tras su publicación inicial en la década de 1850.

Una consecuencia no deseada fue la aparición de la noción de darwinismo social y la aplicación malentendida de los principios de la supervivencia del más apto a las sociedades del mundo. El darwinismo social afirmaba que algunas etnias y nacionalidades eran naturalmente más avanzadas y desarrolladas que otras y, por tanto, tenían derecho a afirmar su dominio sobre las inferiores. Fue el resurgimiento de una visión inherentemente racista y xenófoba del mundo, lo que condujo a brutales prácticas imperialistas en las colonias africanas y asiáticas. Esta brutalidad se justificaba con la idea de que los europeos eran naturalmente superiores, social, tecnológica, cultural y moralmente a los pueblos que colonizaban. La retórica de llevar la Ilustración a las sociedades coloniales atrasadas se hizo cada vez más prominente y no hizo sino reforzar el imperialismo.

El enfoque de Alemania fuera de Europa y la creciente colonización que siguió a la década de 1880 conducirían a la finalización de los sistemas de alianzas europeos. El cambio preferido por Holstein en la dirección de la política nacional alemana y su respaldo a Austria cuando se trataba de asuntos en los Balcanes dio lugar a una nueva alianza franco-rusa, que se firmó en 1894. Francia estaba más que contenta de encontrar un amigo en Europa y financió alegremente proyectos industriales en Rusia con la esperanza de que San Petersburgo apoyara a París si estallaba una guerra contra Alemania.

Además, acontecimientos internacionales como la Restauración Meiji en Japón, que presenció la completa transformación y modernización de una sociedad japonesa anteriormente aislacionista y su emergencia como nueva potencia regional en Asia, así como la insistencia de Alemania en intentar alcanzar a Gran Bretaña, acabaron por provocar la decisión británica de poner fin a su largo periodo de «espléndido aislamiento» e implicarse más activamente en los acontecimientos políticos de Europa. Alemania se militarizaba a un ritmo más rápido, invirtiendo en el desarrollo de una armada lo suficientemente fuerte como para desafiar la supremacía de la Marina Real británica. Estados Unidos también se estaba convirtiendo en un factor, derrotando a los españoles y completando la construcción del canal de Panamá, lo que podría afectar a las rutas comerciales existentes y perjudicar a la economía británica. Así pues, Gran Bretaña trató de equilibrarse frente a las crecientes amenazas, principalmente contra Alemania. Su tratado de 1901 con Estados Unidos fue una declaración de amistad entre las dos naciones, mientras que la alianza Entente Cordiale con Francia en 1904 puso fin a siglos de rivalidad anglo-francesa y aclaró las disputas coloniales entre los dos países. Francia estaba más que contenta de aliarse con Gran Bretaña como contrapeso frente a Alemania.

Tres años más tarde, durante el Convenio anglo-ruso de 1907, Gran Bretaña mejoró sus relaciones con Rusia, resolviendo asuntos relativos a las posiciones de ambas potencias en Afganistán y Persia. Esto condujo finalmente a la formación de un nuevo eje británico-francés-ruso en oposición a la Triple Alianza de Alemania, Austria-Hungría e Italia. A principios del siglo XX, estos dos bandos se habían ido imponiendo cada vez más. Se apoyaban mutuamente en las disputas internacionales que se referían principalmente a la situación de sus colonias mientras continuaban industrializándose y modernizándose para hacer sombra a sus rivales.

En 1914, los procesos diplomáticos internacionales iniciados por la insistencia de Bismarck en lograr la paz europea, unidos a una militarización cada vez mayor y a una industrialización competitiva, desembocarían en el conflicto más mortífero de la historia de Europa y en el comienzo de una nueva era.

Capítulo 9 - La construcción de la Europa moderna

El camino hacia la Primera Guerra Mundial

En retrospectiva, puede ser fácil decir que Europa en el siglo XX era propensa a una guerra destructiva total. La paz que se había mantenido tras la unificación alemana e italiana se construyó cuidadosamente, sobre la base de la preservación del orden y la persecución de los intereses nacionales. Europa no quería la paz por la paz. Las naciones europeas querían aumentar su posición política en el nuevo orden internacional y dominar a sus vecinos. Una sociedad industrializada y militarizada les garantizaría que no perderían una guerra, o al menos eso creían. En realidad, múltiples cosas podrían haber desencadenado una nueva guerra, como un conflicto colonial o actividades revolucionarias. Al final, surgiría un conflicto en la región europea más volátil de la época, los Balcanes, donde el nacionalismo estaba cobrando más fuerza.

A medida que el Imperio otomano perdía poco a poco su control sobre las naciones balcánicas, se formaban más estados-nación independientes en la región. En 1907, los otomanos estaban casi fuera de Europa y solo controlaban Macedonia. Grecia, Montenegro, Serbia y Bulgaria eran independientes. Bosnia y Herzegovina, por su parte, aunque nominalmente estaban bajo la soberanía de los otomanos, eran administradas por el Imperio austrohúngaro, que pretendía explotar la debilidad de los pequeños Estados-nación balcánicos recién creados y ganar más terreno en la región. Con la anexión austriaca de Bosnia-

Herzegovina en 1908, las aspiraciones serbias se redujeron aún más. Las tensiones eran especialmente fuertes entre el Imperio austrohúngaro y Serbia, ya que millones de personas de etnia serbia vivían en el imperio, y los recientes acontecimientos políticos en Belgrado llevaron al poder a un gobierno radicalmente antiaustríaco. Serbia gozaba además del privilegio de tener su independencia garantizada por Rusia, su hermano mayor cristiano ortodoxo, y San Petersburgo se jugaba mucho en los Balcanes, donde pretendía aumentar su influencia a costa de los Habsburgo.

Los problemas comenzarían cuando Italia, que tenía intereses en la Libia controlada por los otomanos, declaró la guerra al Imperio otomano en 1911 e invadió África. De repente, las naciones balcánicas se dieron cuenta de que no tendrían mejor momento para golpear a los otomanos y acabar por completo con su dominio en la región. Las fuerzas otomanas estaban atadas luchando contra los italianos, y los acontecimientos internos en Estambul habían llevado al establecimiento de un gobierno liberal, que era muy débil. Gracias a la ayuda rusa, en octubre de 1912, la alianza de Serbia, Bulgaria, Montenegro y Grecia declaró la guerra al Imperio otomano. La alianza lograría una rápida victoria en mayo de 1913, y el resultado sería la completa expulsión de los otomanos de los Balcanes. Se concedió la independencia a Albania y la Macedonia controlada por los otomanos se repartió entre los vencedores.

Un mes más tarde, sin embargo, la alianza balcánica se desmoronaría por disputas territoriales en la recién ganada Macedonia, lo que conduciría a la segunda guerra de los Balcanes, en la que Bulgaria luchó contra Grecia, Serbia y Rumanía. Bulgaria fue derrotada, y la principal consecuencia fueron territorios adicionales para Serbia.

Ahora que había salido victoriosa de dos guerras cortas, el nacionalismo serbio estaba en su punto álgido, especialmente tras la creación de la organización *Narodna Odbrana* (Defensa Nacional), que pretendía llevar a cabo actividades antiaustríacas. Pronto, gran parte del nacionalismo serbio se volvió violento. La sociedad Mano Negra fue un subproducto de la Defensa Nacional y propugnaba medidas violentas, como atentados con bomba y asesinatos de políticos y estadistas austriacos.

Lo que ocurrió a continuación cambió para siempre la historia. Los nacionalistas serbios planearon y llevaron a cabo el asesinato del archiduque austriaco Francisco Fernando, que se encontraba de visita en la capital bosnia de Sarajevo, el 28 de junio de 1914. Mientras recorría las calles en un coche descubierto, el intento inicial de atentar contra Francisco Fernando —una de las figuras austriacas que abogaba por el federalismo para hacer frente a los problemas multiétnicos que habían surgido en el imperio— fracasó, y los sospechosos fueron detenidos. Sin embargo, tras un desafortunado giro equivocado que tomó el conductor, Gavrilo Princip, de diecinueve años, uno de los asesinos que había huido de la escena anterior, consiguió disparar su revólver y matar tanto a Fernando como a su esposa.

Las maniobras diplomáticas que siguieron al asesinato de Francisco Fernando se conocen a menudo como la «crisis de julio». A lo largo de todo el mes, las potencias europeas intentaron encontrar reacciones adecuadas a la crisis política que se había creado. Inicialmente, algunos consideraron que el asunto era solo una cuestión local; sin embargo, los acontecimientos que se desarrollarían acabarían por desencadenar los sistemas de alianzas y conducirían al estallido de la Primera Guerra Mundial.

Al principio, Austria dudó en emprender una acción militar contra Serbia, al darse cuenta de que una acción terrorista radical no era técnicamente responsabilidad del gobierno serbio. Viena prefirió esperar e informarse, sabiendo que Rusia podría salir en defensa de los serbios. Aun así, la inacción significaba una derrota diplomática para Viena, por lo que se tomó la decisión de presentar una lista de exigencias a Belgrado, cuya negativa daría a los austriacos justificación suficiente para declarar la guerra. El 23 de julio, el ultimátum de Austria a Serbia incluía exigencias que, a ojos de Belgrado, suponían una violación de la soberanía nacional serbia. Rusia también respaldó la postura de Belgrado.

Aún más crucial fue la reacción de Berlín, que rápidamente reafirmó que Viena contaba con todo el apoyo de Alemania. La posición de Alemania hacia Austria era el infame «cheque en blanco», lo que significaba que Alemania estaba dispuesta a apoyar cualquier acción que Austria decidiera emprender. Esta decisión se tomó a la luz de los recientes acontecimientos internos. La costosa carrera armamentística con Gran Bretaña y la rápida industrialización habían provocado procesos sociales turbulentos y una carga financiera para los ciudadanos alemanes. Los socialdemócratas alemanes ganaron más poder en el Reichstag y abogaron por las clases medias y trabajadoras, alterando el equilibrio de poder, ya que hasta entonces el control había estado en manos de los aristócratas alemanes. Así, para el personal del káiser Guillermo II, que nunca había logrado alcanzar el prestigio de Bismarck y su gabinete, la guerra era una opción potencial para mejorar la posición de Alemania ante la opinión pública. El propio káiser Guillermo II no era muy partidario de la guerra. Sin embargo, Alemania confiaba en su ejército, sobre todo porque las reformas militares en Rusia, financiadas por Francia, aún no habían concluido. En caso de guerra con Rusia, el alto mando alemán creía que las fuerzas alemanas podrían derrotar fácilmente a los rusos, incluso si Francia, el principal aliado de Rusia, intervenía.

Así, el 25 de julio, cuando Belgrado solo accedió parcialmente a las demandas de Viena, el emperador austriaco Francisco José fue convencido por su Estado Mayor y sus aliados alemanes para declarar la guerra dos días después. Rusia declaró la movilización parcial contra Austria. Aunque el embajador alemán en Rusia intentó convencer al zar Nicolás II de que Austria no tenía intención de anexionarse a su aliado serbio, ya era demasiado tarde. Un día después, Nicolás II anunció la movilización total de todas las fuerzas rusas en la frontera occidental del país, lo que significaba que Rusia se preparaba para la guerra con Austria-Hungría y Alemania. Para sorpresa de Alemania, Francia estaba dispuesta a apoyar a Rusia, ya que la misión diplomática del primer ministro francés había coincidido con el asesinato de Francisco Fernando. Cuando la misión diplomática regresó a París a finales de julio, el sentimiento de la opinión pública también era militarista.

El alto mando alemán confiaba plenamente en obtener una victoria y sentía que tenía la oportunidad de afirmar de una vez por todas el poderío continental de Alemania. Así pues, el alto mando alemán puso en marcha su Plan Schlieffen, diseñado para librar una guerra en dos frentes contra Rusia y Francia, basada en ofensivas y envolvimientos rápidos y decisivos. El 1 de agosto, Alemania declaró la guerra a Rusia, y el 3 de agosto, declaró la guerra a Francia. Alemania también exigió el paso seguro de sus fuerzas a través de Bélgica para poner en marcha el Plan Schlieffen, pero cuando Bélgica se negó, Alemania declaró la guerra a Bélgica.

Italia, al ver que austriacos y alemanes libraban una guerra ofensiva en lugar de ser atacada primero, decidió optar por la neutralidad para no romper los términos de su Triple Alianza defensiva. Finalmente, fue el turno de actuar a Gran Bretaña. La guerra supuso un punto de ruptura para el Parlamento británico. Los Balcanes no interesaban a los británicos y, debido a la inestabilidad interna en Irlanda, no era el mejor momento para poner fin a la política aislacionista y unirse a una guerra continental.

Sin embargo, después de que las tropas alemanas entraran por la fuerza en Bélgica, Gran Bretaña se dio cuenta de que ceder a la presión alemana podría ser fatal para sus aspiraciones de hegemonía mundial. Así pues, Londres exigió a Berlín que detuviera toda acción militar en Bélgica, y cuando esa exigencia fue rápidamente rechazada, Gran Bretaña decidió declarar la guerra a Alemania, uniéndose a la Primera Guerra Mundial en el bando de la Entente el 4 de agosto de 1914.

El estallido de la Gran Guerra

Es imposible abarcar toda la historia en profundidad de la Primera Guerra Mundial, un conflicto que en su momento se denominó a menudo la «guerra para acabar con todas las guerras». La Primera Guerra Mundial fue un conflicto de una magnitud nunca vista, que se extendió desde Europa y afectó directa e indirectamente al resto del mundo. Nadie sospechaba al principio que la guerra duraría cuatro años. Esto se debió principalmente a que décadas de relativa paz y la rápida militarización de Europa habían dado a prácticamente todas las naciones europeas la sensación de que sus tácticas y su estrategia militar eran superiores y que todas ellas serían capaces de lograr rápidas victorias sobre sus enemigos. Esta falsa sensación, sin embargo, se hizo añicos solo un par de meses después de iniciada la guerra. Los beligerantes reconocieron que, debido a los avances tan radicales en armamento, todo el arte de la guerra se había transformado por completo. Los nuevos cañones, la artillería y las piezas mecanizadas habían inutilizado gran parte de los antiguos conocimientos militares, y la guerra de trincheras se convirtió rápidamente en un elemento básico de la Primera Guerra Mundial.

Las líneas del frente se extendían a veces a lo largo de cientos de kilómetros a la vez, y ambos ejércitos se atrincheraban en las trincheras a un par de kilómetros de distancia el uno del otro. La peligrosa «tierra de nadie» se extendía entre ellos. Las trincheras daban seguridad a los ejércitos modernos y los defendían de los disparos directos, pero atravesar la tierra de nadie era una tarea casi imposible, ya que la infantería que avanzaba tenía que sortear el fuego feroz de las ametralladoras y cruzar hileras de alambre de púas.

Después de que la fase inicial de la guerra se saldara con un estancamiento en el frente occidental (donde la mayoría de los combates tuvieron lugar en Bélgica y Francia) y, aunque en menor medida, en el frente oriental (en la frontera austro-alemana-rusa), los avances se producían sobre todo tras largos bombardeos de artillería o gracias a ocasionales maniobras de flanqueo que ablandaban la moral de las tropas y permitían al enemigo abrirse paso.

A finales de 1914, tras unos seis meses de combates, se habían puesto de manifiesto varias cosas. La fase inicial de la guerra había sido decepcionante para las Potencias Centrales (Alemania, Austria-Hungría y, finalmente, el Imperio otomano). Alemania encontró una dura resistencia por parte de las fuerzas francesas, belgas y británicas en el frente occidental, y el intento de ambos bandos de flanquearse mutuamente dio lugar a la infame «Carrera al mar». A finales de octubre, el frente se extendía desde Suiza, que había permanecido neutral en la guerra, todo el camino hacia el norte hasta el canal de la Mancha, y Alemania había logrado un avance inicial, pero se había visto frustrado en el transcurso del otoño.

El frente occidental quedaría en tablas durante los dos años siguientes a pesar de los innumerables esfuerzos de ambos bandos por lograr una ventaja. El estancamiento permitió al alto mando alemán transferir muchas de sus fuerzas liberadas al frente oriental, donde la situación era mucho más volátil. Para sorpresa de todos, las fuerzas austriacas se vieron atadas por los serbios en su ofensiva, por lo que Alemania tuvo que acudir en ayuda de su aliado para ayudar a rematar la conquista.

El poderío militar alemán se haría especialmente predominante en la lucha contra Rusia, que en las fases iniciales de la guerra resistía por sí sola frente a las Potencias Centrales. Esto se debía principalmente al hecho de que los combates estaban teniendo lugar sobre todo en Polonia y Ucrania, que estaban en manos rusas, mientras que el corazón del Estado ruso en torno a Moscú no estaba amenazado. A pesar de ello, las fuerzas alemanas eran muy superiores a todo lo que Rusia podía proporcionar. Aquejada de una moral baja, problemas de abastecimiento, falta de disciplina y un equipamiento inferior, solo era cuestión de tiempo que Rusia fuera doblegada.

Un acontecimiento más preocupante para Rusia y la Entente fue la decisión del Imperio otomano de entrar en la guerra del lado de las Potencias Centrales. Enver Bajá, el líder del gobierno de los Jóvenes Turcos, había admirado la destreza militar alemana desde el principio y negoció la entrada del Imperio otomano en la guerra a cambio de futuras concesiones territoriales en los Balcanes y el Cáucaso, dos regiones que los otomanos se disputaban con los rusos. En octubre de 1914, la flota otomana del mar Negro hundió dos barcos rusos y bombardeó valiosas ciudades costeras de Ucrania mientras las fuerzas otomanas se preparaban para una ofensiva en el Cáucaso. Rusia se vio obligada a declarar la guerra y ahora estaba efectivamente aislada de sus aliados.

La entrada de los otomanos abrió nuevas perspectivas a la Entente, que había luchado por abrirse paso en el frente occidental. Los continuos intentos de romper el estancamiento provocaron la pérdida de cientos de miles de soldados británicos y franceses en 1915, por lo que se ideó un nuevo plan para organizar una invasión marítima de las tierras otomanas y abrirse paso hasta Viena y, finalmente, hasta Berlín desde los Balcanes. Lo que siguió fue la infame Campaña de Galípoli, en la que miles de fuerzas aliadas de Francia, Gran Bretaña y sus colonias intentaron un asalto anfibio de la península de Galípoli en los Dardanelos. Más de 300.000 soldados otomanos y 250.000 fuerzas de la Entente murieron en el lapso de aproximadamente un año antes de que los británicos se vieran obligados a suspender el asalto, sin haber conseguido ningún progreso valioso en enero de 1916.

Otras naciones también se implicaron, la más importante Italia. Con la ambición de ser una gran potencia, todos reconocieron desde el principio que Italia no podía permanecer neutral en la guerra. Tanto la Entente como las Potencias Centrales enviaron emisarios a Roma para solicitar el apoyo italiano. Al final, Italia optó por unirse a la Entente, tras habérsele prometido concesiones territoriales en los Balcanes a costa de Austria y tierras en África. En mayo de 1915, Italia declaró la guerra a Austria-Hungría, pero tampoco se conseguirían avances en el frente sur. Por si sirviera de algo, las Potencias Centrales tuvieron suerte de enterarse de la relativa incompetencia de las fuerzas italianas, que intentaron sin éxito una y otra vez cruzar el río Isonzo por el norte y penetrar en el corazón de Austria.

A las Potencias Centrales se unió Bulgaria en septiembre de 1915. A Bulgaria se le prometieron partes de Macedonia y vengarse de Rumanía, que estaba considerando entrar en la guerra del lado de la Entente. Rumanía se unió a la Entente en agosto de 1916, motivada por los recientes y sorprendentes éxitos de los rusos en el frente oriental y con la esperanza de recibir Transilvania.

La entrada de Rumanía marcó el final de la primera mitad de la guerra. Ninguno de los dos bandos había logrado una ventaja significativa, pero la Gran Guerra ya había causado millones de bajas. Se libraron grandes batallas entre los alemanes y los aliados en Verdún y en el

Somme, mientras que las fuerzas rusas en el este consiguieron recuperar parte del terreno perdido ante los alemanes después de que el zar Nicolás II asumiera personalmente el control de sus fuerzas en un intento desesperado de cambiar el rumbo de la guerra.

En diciembre de 1916, los rusos estarían exhaustos de su contraofensiva, ya que los refuerzos alemanes y austriacos llegaron de los otros frentes gracias al estancamiento. Además, Rumanía, el último aliado de la Entente, había sobrestimado la fuerza de los rusos. Tras declarar la guerra a Austria, Rumanía intentó abrirse paso, pero un contraataque unido búlgaro-alemán-otomano provocó la derrota completa de las fuerzas rumanas. Las Potencias Centrales se apoderaron de Bucarest a principios de diciembre, lo que les permitió obtener una nueva frontera con Rusia, por lo que potencialmente podían flanquear a las fuerzas rusas que avanzaban desde el sureste. Esta era una gran oportunidad y acabaría provocando nuevas pérdidas para los rusos.

Por otro lado, Alemania había sufrido derrotas en ultramar, ya que las colonias británicas y francesas lanzaron sus propias ofensivas contra las posesiones alemanas de ultramar. Japón, aliado de Gran Bretaña desde 1902, también decidió unirse a la guerra, estando más que feliz de ayudar a los británicos a expulsar a los alemanes de los puertos chinos y de Asia Oriental.

El colapso del viejo orden y la derrota de Alemania

Tras una serie de ofensivas en todos los frentes, que solo dieron resultados insignificantes para ambos bandos, se ejerció más presión sobre las potencias beligerantes a nivel interno. Las potencias habían optado por declarar el estado de guerra total, lo que significaba que lo ponían todo en juego mientras trataban desesperadamente de lograr la victoria. Era una situación de «todo o nada» para toda Europa. La guerra había provocado una crisis económica y los movimientos sociales por la paz tomaron por asalto las naciones europeas. Todo esto fue dejado de lado por los altos mandos, que se obstinaban en salir victoriosos a toda costa.

Se inventaron nuevas armas más destructivas. La Primera Guerra Mundial fue la primera guerra en la que se popularizó el uso de armas químicas. Se utilizaron gas mostaza y gases lacrimógenos para quebrar la moral del enemigo atrincherado, pero pronto se adoptarían contramedidas. Con el tiempo, la guerra química se prohibiría internacionalmente debido a sus mortíferas consecuencias.

Alemania también dependía cada vez más de su armada, especialmente de su creciente fuerza submarina, que era una espina clavada en el costado de la Marina Real británica. Poco después de la adopción de la guerra total, el alto mando alemán declaró que no dudaría en hundir cualquier barco enemigo, ya fuera civil o militar. Esto, unido a la inestabilidad interna, supuso un gran desafío tanto para la Entente como para las Potencias Centrales.

Uno de los lugares donde más se demostró esto fue Rusia, que no pudo resistir las presiones de 1917. El mito del gran ejército ruso había quedado desacreditado al principio de la guerra, y el país ya había pasado apuros sociales y económicos bajo el régimen conservador del zar. Después de más de un millón de bajas en el frente oriental, Rusia no había conseguido obtener ninguna ventaja sobre el enemigo, y la derrota de Rumanía proporcionó a las Potencias Centrales una nueva perspectiva para debilitar a los rusos desde el sur. La población rusa sufrió una escasez masiva de alimentos, y las clases más bajas fueron las más afectadas. El zar Nicolás II intentó evitar hacer frente a la inestabilidad interna, yendo él mismo al frente.

Todo esto preparó el terreno para la Revolución rusa de principios de 1917, que finalmente terminó con la abdicación del zar y el establecimiento de un régimen socialista en Rusia. Durante la Revolución de Febrero, cientos de miles de personas protestaron en San Petersburgo, y la policía no fue capaz de contener el descontento de las masas. Los principales manifestantes, junto con los miembros del Parlamento ruso, proclamaron un gobierno provisional, lo que condujo a la decisión del zar de abdicar.

El vacío de poder que se creó en el país condujo finalmente a la Revolución de Octubre, que vio el derrocamiento del gobierno provisional y la llegada al poder del Partido Bolchevique, socialista radical, dirigido por Vladímir Lenin. De hecho, Lenin, un veterano activista y un apasionado seguidor de las teorías de Karl Marx sobre la revolución del proletariado contra la burguesía corrupta, había sido anteriormente exiliado de Rusia. Sin embargo, tras el caos de la Revolución de Febrero, fue introducido clandestinamente desde Suiza de vuelta a San Petersburgo con la ayuda del alto mando alemán. Después de que Lenin tomara el poder en el golpe de Estado de octubre, procedió a declarar que la Gran Guerra no era una guerra entre naciones, sino una guerra entre clases. Al darse cuenta de que no podría obtener más poder en Rusia sin la paz, negoció un armisticio por separado a finales de 1917 con las Potencias Centrales.

De este modo, cesaron los combates en el frente oriental. Según los términos del Tratado de Brest-Litovsk, Rusia cedió el control de una enorme parte de sus territorios occidentales, que eran, por cierto, los más ricos en cuanto a producción industrial. El régimen de Lenin rechazó cualquier petición de la Entente para reincorporarse a la guerra, y Lenin intentó consolidar el control total de Rusia mientras las luchas internas desgarraban el país durante los acontecimientos de la guerra civil rusa, que duraría los años siguientes. Finalmente, la revolución comunista en Rusia tendría éxito y conduciría a la creación de la Unión Soviética.

Con Rusia fuera de la guerra, las Potencias Centrales podían ahora utilizar sus contingentes liberados en el frente oriental e inclinar la marea de la guerra a su favor. Sin embargo, se produjeron nuevos acontecimientos que alteraron su plan. Lo que realmente hizo oscilar la marea de la guerra fue la entrada de Estados Unidos en el bando de la Entente, no como aliado directo, sino como «potencia asociada». Estados Unidos había seguido durante mucho tiempo una política de aislamiento y no deseaba interferir en los asuntos europeos, aunque la nación había aumentado gradualmente su poder político, militar y económico a lo largo del siglo XIX. Estados Unidos era una potencia industrial con una gran población y una identidad propia. Las naciones europeas habían optado por ignorar su ascenso al poder (quizá sin saberlo) debido a la decisión del país de permanecer aislado de los acontecimientos del hemisferio oriental. Incluso cuando estalló la Primera Guerra Mundial, Estados Unidos se mantuvo aislacionista, gracias a los esfuerzos del presidente Woodrow Wilson, quien abogó por la paz y la resolución de conflictos desde el principio. Aun así, el país experimentó un crecimiento económico espectacular gracias al aumento de las peticiones de suministros, municiones y materiales por parte de la Entente.

La opinión pública estadounidense empezó a inclinarse a favor de entrar en la guerra después de que Alemania adoptara una política de guerra total. Los submarinos alemanes hundieron un barco civil llamado *Lusitania* en mayo de 1915, matando a más de cien ciudadanos estadounidenses (aunque el barco transportaba municiones a Gran Bretaña). El presidente Woodrow Wilson intentó calmar a la enfurecida opinión pública y envió una delegación a Europa para realizar gestiones de paz, que no tuvieron éxito. Con el tiempo, a medida que continuaban los ataques alemanes a barcos con estadounidenses a bordo, Estados Unidos empezó a afiliarse más a la Entente, llegando incluso a romper relaciones diplomáticas con Alemania tras el éxito de la propaganda británica que presentaba a los británicos de habla inglesa y a los estadounidenses como pueblos hermanos.

La gota que colmó el vaso, sin embargo, llegaría en marzo de 1917, cuando la inteligencia británica interceptó el infame telegrama Zimmerman, que pretendía llegar al gobierno mexicano. El telegrama instaba a México a declarar la guerra a Estados Unidos para impedir que abasteciera a la Entente. El mensaje prometía a México ganancias territoriales en el sur de Estados Unidos si ganaban las Potencias Centrales. La inteligencia británica comunicó urgentemente el contenido del telegrama a Washington, y México negó cualquier conspiración con los alemanes para evitar verse arrastrado al conflicto. A principios de abril de 1917, los Estados Unidos de América declararon la guerra a Alemania y se unieron a la Primera Guerra Mundial en el bando de los Aliados.

La entrada de EE. UU. pudo proporcionar un apoyo moral y material muy necesario al estancado frente occidental, mientras que gran parte de las divisiones alemanas seguían estancadas en el frente oriental, luchando contra contingentes nacionalistas que se habían sublevado después de que Rusia renunciara a reclamar sus territorios polacos, ucranianos y bálticos. Los problemas internos también provocaron el completo colapso financiero de Alemania, y los aliados alemanes fueron incapaces de proporcionar ningún apoyo, ya que ellos mismos estaban pasando apuros. Después de haber sobrecargado de trabajo y de impuestos a su población, con millones de muertos en el frente, y habiendo derrotado solo a Rusia, el alto mando alemán estaba hecho trizas. Cada vez más gente abogaba por la paz en las grandes ciudades alemanas, mientras que el káiser y la élite aristocrática intentaban desesperadamente sacar partido de la situación como fuera. Aquejadas por la falta de moral y de suministros, las divisiones alemanas intentaron salir del punto muerto en el frente occidental ejerciendo más presión sobre la Entente, pero sus ofensivas fueron rechazadas a principios de 1918.

En verano, Austria-Hungría y el Imperio otomano estaban destrozados. Con la entrada de Grecia en el bando de la Entente, las fuerzas expedicionarias británicas y francesas lanzaron exitosamente ofensivas en los Balcanes, presionando a las Potencias Centrales y derrotando decisivamente a los contingentes búlgaros. Austria-Hungría se derrumbó desde dentro; checos, croatas, bosnios, serbios y polacos empezaron a declarar su independencia y se levantaron contra los Habsburgo. Italia también consiguió abrirse paso tras librar once batallas en el Isonzo. Con la Entente en la contraofensiva en el frente occidental y con los otomanos, búlgaros y austrohúngaros sucumbiendo a la presión, Alemania finalmente cedió y firmó un armisticio el 11 de noviembre de 1918.

La Primera Guerra Mundial había terminado por fin, aunque las consecuencias que esperaban a Europa traerían aún más destrucción y carnicería.

La configuración de la Europa de posguerra

Como hasta entonces no se había visto la magnitud de la Primera Guerra Mundial, con muchos beligerantes diferentes e intereses contrapuestos, muchas naciones empezaron a acordar los términos de la paz incluso antes de que la guerra terminara. El Tratado de Versalles se convertiría en el documento más exhaustivo sobre el arreglo de los asuntos tras la Gran Guerra.

Tras la rendición incondicional de Alemania y las demás Potencias Centrales, se celebraría en París, en el Palacio de Versalles, la mayor y más importante conferencia internacional desde el Congreso de Viena, donde se reunieron delegaciones de todo el mundo para discutir el nuevo mundo que iba a surgir tras la guerra. Gran Bretaña, Estados Unidos, Francia, Italia y Japón, como principales vencedores de la guerra, tenían la mayor influencia, y dirigirían la conferencia a partir de finales de 1918.

Tras rigurosas negociaciones, la conclusión de acuerdos de alto el fuego y nuevos acontecimientos importantes, como la revolución en el Imperio otomano y el surgimiento del Estado-nación democrático de Turquía con Mustafá Kemal Atatürk como líder, los resultados de la Conferencia de Paz de París cambiaron las reglas del juego.

Europa cambió por completo. Se crearon múltiples nuevos Estados-nación democráticos en lugar de los antiguos imperios austrohúngaro, alemán, ruso y otomano. Con los Habsburgo fuera del poder, Austria-Hungría se dividió definitivamente. Se crearon Checoslovaquia, Polonia, Austria y Hungría, y Rumania se amplió a expensas de las antiguas tierras de los Habsburgo y de Bulgaria. También nació un estado completamente nuevo llamado Yugoslavia; era una confederación de tierras serbias, croatas, eslovenas y bosnias, con el rey serbio como líder. También se reconoció la independencia de Estonia, Lituania, Letonia, Bielorrusia, Ucrania, Georgia, Azerbaiyán y Armenia, y los territorios que se les atribuyeron se parecen en gran medida a los que estos países ocupan hoy en día. El Imperio otomano quedó reducido a un Estado-nación turco en Anatolia, mientras que sus tierras en Levante se repartieron entre franceses y británicos.

El Tratado de Versalles fue también un intento directo (y exitoso) de debilitar radicalmente el poder de Alemania. La República de Weimar ocupó el lugar del antiguo Reich, y Francia recuperó el control de la provincia de Alsacia-Lorena, que había perdido en 1871. Renania, la región alemana más avanzada económicamente, iba a ser desmilitarizada, y el ejército alemán iba a quedar reducido a una mera sombra de lo que había sido. La Entente había visto lo que podía hacer una Alemania fuerte y unificada, y deseaba evitarlo a toda costa, de ahí su decisión de culpar totalmente a los alemanes del estallido de la guerra, aunque la realidad había sido muy diferente.

Aún más importante, Alemania tuvo que pagar absurdas reparaciones de guerra a las naciones vencedoras, algo que provocaría el colapso total de la economía alemana y sentimientos antagónicos hacia las naciones aliadas. El Tratado de Versalles fue deliberadamente punitivo, a diferencia de los tratados que resolvían otros asuntos como la desintegración de Austria-Hungría o la reorganización de las colonias. Pocos predijeron entonces que tendría resultados devastadores en el futuro.

La Sociedad de Naciones fue otra creación de la Conferencia de Paz de París. Gracias a la insistencia del presidente Woodrow Wilson, iba a ser la primera institución internacional con el objetivo de ser árbitro para evitar otro conflicto y garantizar la soberanía de sus miembros. De los 42 miembros originales, 26 no eran europeos. Sin embargo, la Sociedad de Naciones sería, en última instancia, un intento inútil de crear una organización internacional realmente eficaz. La falta de acuerdos, instituciones y mecanismos de unión, así como el hecho de que se hubiera creado con tanta rapidez, acabaron provocando que la Sociedad de Naciones no fuera lo suficientemente eficaz a la hora de prevenir estallidos de guerra y violencia.

Aun así, la Conferencia de Paz de París sacudió el estado del mundo y alteró el equilibrio de poder en Europa. Estados Unidos fue considerado por fin una superpotencia digna y disfrutó de una nueva posición dominante. Antes de 1914, los sistemas económico y político de Europa, aunque construidos en gran medida sobre la desconfianza y el interés propio, habían sido extremadamente eficaces, habiendo proporcionado un crecimiento industrial y social masivo a las naciones que los habían adoptado, como Gran Bretaña y Alemania. Después de la guerra, estos sistemas se pusieron completamente patas arriba. Todo el mundo estaba endeudado, y el antiguo orden económico no se restablecería.

El dominio de EE. UU. era frágil, lo que se refleja en el hecho de que el auge económico que experimentó el país durante los «locos años veinte» se debió en gran medida a los préstamos que había concedido a las economías europeas en dificultades. Estados Unidos también decidió no unirse a la Sociedad de Naciones, un hecho bastante ilógico que socavó aún más su recién supuesto dominio sobre el resto del mundo.

A pesar de los mejores esfuerzos de Wilson y del resto de los vencedores para remodelar el mundo y convertirlo en uno más estable construido sobre el principio del nacionalismo liberal democrático, las consecuencias imprevistas de la Conferencia de Paz de París pronto vendrían a morder al mundo por la espalda.

El ascenso del Tercer Reich

Un colapso económico total conmocionó al mundo poco después del final de la guerra. Aunque la producción europea, la inflación y la producción económica general se estabilizaron lentamente en 1929, a continuación se produciría una crisis económica mundial. Esto se debió a que los cimientos de las economías de posguerra eran muy frágiles. Estados Unidos se había convertido en el mayor exportador de capital y de recursos valiosos, como el carbón y el hierro, y prestó millones de dólares a las naciones en dificultades, que, a su vez, dependían de la economía estadounidense. El auge de posguerra que experimentó el mercado bursátil estadounidense culminaría en 1929, y el cobro de los préstamos estadounidenses, unido a factores psicológicos y a la histeria que provocaron una caída de la demanda, hizo que el mercado bursátil estadounidense se desplomara, provocando la práctica quiebra de las empresas estadounidenses y de las inversiones extranjeras estadounidenses.

La Gran Depresión, que duraría aproximadamente los diez años siguientes, provocó una crisis financiera masiva en todo el mundo, con desempleo masivo, falta de producción y la devaluación de las monedas mundiales. Las ganancias económicas que se habían producido gracias a la Revolución Industrial, incluyendo nuevas profesiones y empleos, niveles de vida más altos y urbanización, sufrieron un retroceso, especialmente en las sociedades más desarrolladas.

La crisis económica masiva tuvo inmensas consecuencias sociopolíticas. Sobre todo, los que más sufrieron el desmoronamiento de la economía llegaron a creer cada vez más que el intento de forjar un orden mundial democrático liberal había sido un fracaso total. El fracaso del capitalismo en todo el mundo mejoró aún más la posición de los partidos económicamente de izquierdas, como los que se adherían a los principios marxistas. En Rusia, los bolcheviques consiguieron consolidar su poder, derrotando a la oposición en la guerra civil rusa y abogando por una revolución comunista mundial. La creación de la URSS (Unión de Repúblicas Socialistas Soviéticas) fue la manifestación de la imposición que los bolcheviques rusos aplicaron a sus estados vecinos, que veían la clase, y no la nacionalidad, como el principal diferenciador entre las personas. Para los arquitectos de la URSS —Vladímir Lenin, Leonid Trotsky y José Stalin— el auge mundial del socialismo era un fenómeno inevitable. Mientras que los movimientos socialistas no cobraron mucha importancia en la década de 1930 en Europa occidental salvo algunas excepciones, en Asia, el comunismo fue el principal motor de la revolución que desembocó en la guerra civil china y en la aparición del segundo Estado comunista más destacado de la historia mundial.

También se produjo el ascenso del fascismo, primero en Italia y más tarde en Alemania. A pesar de salir victoriosa de la guerra, Italia no consiguió alcanzar plenamente sus ambiciones, y el estilo de vida de los italianos se vio muy afectado por la guerra. Además, el creciente protagonismo del socialismo en el país decepcionó aún más a muchos italianos, que creían que los marxistas eran improductivos e incapaces de gobernar. La sociedad italiana siempre había sido conservadora debido a la importancia de la Iglesia católica romana, y el nacionalismo había desempeñado un gran papel en la unificación del país en el siglo XIX.

La impotencia del liberalismo y un sentimiento cada vez más antisocialista dieron origen al movimiento fascista, palabra que procede del italiano *fascio* o «fardo». Poco después del final de la guerra, bajo el liderazgo de Benito Mussolini (que por cierto era un ex socialista), el movimiento fascista empezó a despegar. El movimiento se vio reforzado por muchos jóvenes nacionalistas descorazonados que estaban dispuestos a arrebatar el poder a los socialistas por cualquier medio, incluida la violencia. Las elecciones y otros procesos democráticos no eran aceptables para los jóvenes fascistas, que se agrupaban en bandas y acosaban a los políticos socialistas y las reuniones sindicales. Básicamente, institucionalizaron la violencia en muchas partes del país.

En 1921, formaron el Partido Nacional Fascista y, un año después, consiguieron resultados significativos en las elecciones.

Finalmente, la situación política en Italia se volvió muy inestable y, ante la insistencia del rey, los fascistas formaron un gobierno de coalición dirigido por Mussolini. En los cuatro años siguientes, el partido, que tenía el terrorismo en sus raíces y denunciaba por igual el liberalismo y el socialismo, consiguió consolidar lentamente su dominio sobre Italia. En 1926, se suspendieron las elecciones, a lo que, como era de esperar, no se opuso la opinión pública. El fascismo italiano se construyó sobre la retórica del odio, la pasión y la energía. En realidad, sin embargo, el movimiento carecía de raíces ideológicas que pudieran hacer más tangible su «revolución». En retrospectiva, se trataba de un movimiento desesperado y ambiguo que en ningún caso podía demostrar ser autosuficiente, y el propio Mussolini, aunque consiguió reforzar su imagen de dictador todopoderoso, fue un mal gobernante totalitario.

Durante el resto de la década de 1920, los fascistas italianos no lograron ninguna victoria significativa y mensurable, ni política ni económicamente, aunque sí consiguieron enemistarse y captar la ira de gran parte del atribulado público. El fracaso de las políticas fascistas y del gobierno de Mussolini se dejó de lado mientras el nacionalismo radical italiano se aprovechaba de muchos italianos que habían llegado a desconfiar del sistema existente. Y lo que es más importante, tendría implicaciones radicales para el vecino del norte de Italia, Alemania, donde un clima sociopolítico y económico similar dio lugar a una completa renovación del gobierno.

El movimiento fascista encontró refugio en Alemania, que experimentó una transformación radical durante la década de 1930, pasando de ser la nación derrotada que más había sufrido tras la Gran Guerra al Estado más poderoso de toda Europa con ambiciones de conquistar el mundo.

La Alemania de posguerra sufrió inexplicablemente, mucho más de lo que lo había hecho Italia. Muchas de las medidas del tratado se habían dirigido a asegurarse de que el Estado alemán nunca pudiera volver a conseguir un poder similar al que había tenido en 1914, y la depresión económica de finales de la década de 1920 aplastó cualquier moral pública que la nación alemana hubiera conseguido acumular desde su derrota. La República de Weimar, al igual que su vecina italiana, no había logrado alcanzar la prosperidad. Sus fracasos también habían hecho posible una interpretación ideológica de los acontecimientos de posguerra e incluso de preguerra, algo que explotó muy bien un nuevo gobernante llamado Adolf Hitler, que llegaría al poder en 1933.

Nacionalista radical y antisemita, Hitler había participado, aunque sin mucho éxito, en la política alemana durante la década de 1920. Sin embargo, las cosas empezaron a ir a su favor después de que la popularidad del Partido Nacionalista Socialista Obrero Alemán, también conocido como Partido Nazi, consiguiera convertirlo en canciller de Alemania en 1933.

Al igual que Mussolini, Hitler era un agitador apasionado y un orador entusiasta, pero a diferencia de Mussolini, sus mensajes eran mucho más sencillos de entender. Hitler tenía un carácter fuerte y no temía identificar chivos expiatorios responsables de la ruina social y económica de Alemania y de la humillación que había sufrido la nación durante y después de la guerra. Antagonizó a las masas contra los marxistas alemanes que, según él, trabajaban con los judíos alemanes para socavar la nación. A sus ojos, eran amenazas internas que impedían que el país recuperara su estatus dominante.

Por supuesto, el revanchismo fue algo que le granjeó mucha popularidad entre las masas atribuladas, que culpaban de sus problemas a los actores internacionales. Curiosamente, Hitler también buscaba una reinterpretación completa de la vida cultural y social alemana «purificándola», lo que significaba excluir a todos los pueblos étnicamente no arios para formar un Estado alemán verdaderamente cohesionado, único y puro para los alemanes «étnicamente superiores».

Unido a su talento para pronunciar discursos poderosos y a una asombrosa maquinaria propagandística, completada con influyentes elementos visuales como el nuevo simbolismo y el uso magistral de nuevas tecnologías como la radio para inclinar los oídos de la gente hacia su causa, Hitler fue capaz de dispararse hacia la popularidad. El Partido Nazi disfrutó de esta popularidad en gran medida porque dio un nuevo sentido a la luchadora población alemana.

Tras convertirse en canciller, Hitler penetró lentamente en todas las instituciones nacionales en su camino hacia la obtención del poder absoluto. Los procesos democráticos cesaron por completo, pero el pueblo no reaccionó enérgicamente ante ello. La reacción internacional a su meteórico ascenso al poder fue ambigua, ya que los líderes europeos no sabían exactamente cómo reaccionar, sobre todo al principio. Algunos incluso creyeron que Hitler no era más que otro líder nacionalista como Mussolini o Atatürk, con la esperanza de revivir el espíritu de la nación alemana. Nadie estaba dispuesto a admitir que tomaría medidas para socavar los términos del Tratado de Versalles. También era evidente que nadie estaba dispuesto a adoptar una postura contra Alemania, al menos hasta que fuera demasiado tarde.

Una cosa que el ascenso de Hitler al poder demostró fue que el orden internacional que las naciones victoriosas de la Gran Guerra se habían esforzado por establecer era muy inmaduro. La cuestión alemana (cómo debía pagar Alemania los daños causados por la Primera Guerra Mundial) había sido importante, y todo el mundo lo sabía, pero nadie estaba dispuesto a responderla. Estados Unidos, el principal ingeniero del estado del mundo de posguerra, estaba sufriendo un colapso económico radical y culpaba de las penurias de la Gran Depresión a los europeos. La opinión pública estadounidense había virado, una vez más, hacia el aislacionismo después de que la decisión de implicarse en los asuntos europeos hubiera fracasado aparentemente. También era bastante imposible que Francia y Gran Bretaña contuvieran a Alemania; no lo habían conseguido ni siquiera cuando tenían a Rusia de su lado en 1914. Con una sociedad tan fundamentalmente nueva en la forma de la Unión Soviética, que fue antagónica desde el principio con Europa occidental y el *statu quo* capitalista liberal, Europa occidental había perdido un aliado. Los franceses sabían de su inferioridad militar en comparación con los alemanes y optaron por centrarse sobre todo en una estrategia defensiva, mientras que los británicos estaban desbordados. No podían vigilar la Europa continental, donde históricamente tenían poco interés, ni sus vastas colonias de entonces.

El ascenso del fascismo en Italia aisló al país de sus antiguos aliados de Europa occidental. La decisión de Mussolini de invadir Etiopía y reafirmar su sueño de crear un imperio italiano de ultramar en 1935 fue dejada de lado tanto por Francia como por Gran Bretaña, aunque violaba claramente el Pacto de la Sociedad de Naciones. Como resultado, Etiopía no solo perdió su independencia durante varios años, sino que Hitler, que ya iba camino de hacerse con el poder absoluto, vio que el orden de posguerra era frágil.

Un año más tarde, cuando estalló una guerra civil en España entre izquierdistas y conservadores, Hitler y Mussolini se convirtieron en aliados mutuos, aunque el segundo tenía previamente una opinión dudosa de las acciones del primero. Tanto Alemania como Italia enviaron divisiones militares para apoyar al general nacionalista Francisco Franco contra los socialistas de izquierdas, que a su vez recibieron el apoyo de la Unión Soviética comunista.

El resultado fue la formación de tres campos ideológicos y políticos antes de que estallara la Segunda Guerra Mundial en 1939: el campo democrático, liderado por Francia y Gran Bretaña (y, hasta cierto punto, por Estados Unidos), que luchó por mantener su unidad frente a estos nuevos aspirantes; el campo fascista, cada vez más agresivo, de la Alemania de Hitler y la Italia de Mussolini (y parcialmente la España de Franco, donde la situación nunca llegó a ser la misma que en los otros dos países); y el campo comunista, con la Unión Soviética a la cabeza, que insistía en una revolución comunista y en el derrocamiento completo del orden mundial capitalista.

Cuando Italia violó los acuerdos de la Sociedad de Naciones, Hitler lo tomó como una señal para empezar a romper también los términos de la paz que habían minado la sociedad alemana. En 1935, anunció el inicio del rearme alemán, algo que rompía directamente el Tratado de Versalles. Pronto, las tropas alemanas entraron en la zona desmilitarizada de Renania, donde las tropas francesas y británicas estacionadas anteriormente habían sido retiradas en 1930. Ninguno de los dos intentó castigar a Alemania. ¿Qué iban a hacer Gran Bretaña y Francia?, ¿entrar de nuevo en guerra después de que sus propios Estados hubieran quedado destrozados por el conflicto más devastador de la historia?

La decisión del *führer* fue respaldada por la opinión pública y conduciría a la toma de Austria por Alemania en 1938. El *Anschluss*, como se lo llamó, debía verse como la reunificación destinada de los pueblos alemán y austriaco, que compartían la misma lengua y cultura. Una justificación similar se hizo cuando Alemania se apoderó de la parte checa de Checoslovaquia poco después del *Anschluss*, que fue la manifestación real del sueño largamente añorado de Hitler y Alemania de unificar la Gran Alemania. Gran Bretaña volvió a dar marcha atrás en marzo de 1939, cuando Hitler se expandió fuera de los límites virtuales de la Gran Alemania, apoderándose de la parte eslovaca del antiguo Estado checoslovaco.

Sin embargo, el primer ministro Neville Chamberlain trazó la línea allí, sabiendo de la ambición de Hitler de tomar el corredor polaco entre Prusia Oriental (un trozo de territorio alemán en el este) y el continente, que también contenía la antigua ciudad alemana de Danzig. Chamberlain ofreció una garantía a otros países de Europa oriental en caso de agresión alemana. Para sorpresa de todos, Hitler procedió a declarar la guerra a Polonia en septiembre de 1939, habiendo obtenido el apoyo de su supuesto enemigo principal, la URSS.

Stalin, que creía necesitar más tiempo para completar la industrialización y la transformación de la atrasada sociedad rusa en una amenaza mundial, aceptó a regañadientes y en secreto repartirse Polonia entre la Unión Soviética y Alemania. Firmó un pacto de no agresión con Hitler en el verano de 1939. Como plan a largo plazo, quizá sabía que Moscú y Berlín eran enemigos mortales, algo que en gran medida se debía a la propaganda antisocialista sobre la que se sustentaba la ideología fascista. La diplomacia entre líderes autoritarios es flexible y a menudo parece confusa para el observador externo. Para los fascistas, los comunistas soviéticos estaban entre sus principales enemigos y viceversa, pero no dudaron antes de acordar la partición de Polonia. El destino del mundo iba a cambiar para siempre a partir de esta decisión.

La Segunda Guerra Mundial

El 1 de septiembre de 1939, el Tercer Reich de Hitler declaró la guerra a Polonia. Dos días después, Francia y Gran Bretaña declararon la guerra a Alemania, aunque quizá desde el principio quedó claro que no podrían actuar con decisión a tiempo para salvar a los polacos de la ofensiva alemana. Aproximadamente un mes después, los soldados soviéticos y nazis volvieron a dividir el país. A diferencia de 1914, cuando Alemania había declarado la guerra a sus vecinos europeos porque se había sentido amenazada, los franceses y los británicos tenían ahora la responsabilidad de actuar. Sin embargo, la opinión pública de ambos países no era partidaria de otra guerra.

La *Wehrmacht* alemana (las fuerzas armadas unificadas de los nazis) era demasiado difícil de derrotar desde el principio, y la decisión de los aliados de debilitar económicamente a los alemanes mediante el bloqueo de los mares sería respondida por Hitler con una invasión de Dinamarca y Noruega en abril de 1940. Las fuerzas alemanas lograron allí victorias decisivas, haciéndose con el control de los ricos suministros de ambos países y continuando con una brillante ofensiva en el frente occidental. Rememorando el Plan Schlieffen, las fuerzas alemanas rodearon las defensas francesas en la frontera y, avanzando a través de los Países Bajos, atacaron a lo largo de las Ardenas, cogiendo a los franceses completamente desprevenidos.

Los alemanes llegaron a París en verano. El 22 de junio, el gobierno francés firmó un armisticio, renunciando a sus reclamaciones sobre la parte norte del país ante Alemania y trasladándose a la ciudad de Vichy, en el centro de Francia. También rompió relaciones con los británicos después de que estos hundieran a regañadientes los barcos franceses durante la retirada de sus fuerzas expedicionarias del continente para no permitir que Alemania se apoderara de ellos. Gran Bretaña se quedó sin aliado.

Gran Bretaña se enfrentó a un ataque alemán casi inmediatamente después, pero bajo una presión cada vez menor, los británicos fueron capaces de unirse en torno a Winston Churchill, que se había convertido en primer ministro tras su exitoso mandato como almirante durante la Gran Guerra. Churchill consiguió ganarse el apoyo de la opinión pública británica y emergió como el tipo de líder que su país necesitaba. Pronunciando poderosos discursos de motivación casi a diario y llegando a los hogares de todos los británicos a través de la radio, Churchill fue capaz de reavivar un débil sentimiento nacional en los corazones de los ciudadanos británicos.

La Real Fuerza Aérea fue capaz de repeler los ataques aéreos alemanes, que devastaron partes del sur del país, y la Marina Real disuadió a los alemanes de intentar la invasión. En diciembre de 1940, Hitler había sido incapaz de doblegar a los británicos a pesar de lanzárselo todo, por lo que decidió dirigir su atención a otra parte.

La infame Operación Barbarroja, bautizada en honor del antiguo emperador cruzado del Sacro Imperio Romano Germánico, Federico Barbarroja, preveía una guerra relámpago a través de las vastas tierras de Europa oriental controladas por la Unión Soviética y el rápido derrocamiento del gobierno soviético. Los planes de Hitler eran ambiciosos, pero mientras él había estado ocupado atropellando a Francia e intentando doblegar a Gran Bretaña, Stalin había conseguido ampliar rápidamente sus territorios derrotando a Finlandia y anexionándose los países bálticos. Hitler, al ver la expansión rusa, deseaba acabar rápidamente con ella, pero había otro factor aún más vital que lo convenció para atacar a su colega dictador en el este.

Al considerar a los alemanes étnicamente superiores, Hitler siempre había odiado personalmente a los eslavos y los había perseguido dentro de Alemania. Creía que debía emprender una cruzada en nombre de la civilización occidental verdaderamente superior e imponerla a los eslavos comunistas controlados por Stalin. Italia también se unió oficialmente a Alemania al declarar la guerra a Francia y Gran Bretaña en junio de 1940 y lanzó ofensivas en los Balcanes, intentando derrotar a Grecia. Esto proporcionó a Hitler un aliado que, en su opinión, podía proporcionarle el apoyo suficiente para derrotar a Stalin.

Después de que las fuerzas del Eje (como llegó a llamarse la alianza) invadieran Yugoslavia y Grecia en la primavera de 1941, y se apoderaran de gran parte del sureste de Europa, Hitler declaró la guerra a la Unión Soviética a finales de junio y lanzó la Operación Barbarroja. Stalin, aunque no lo pilló completamente desprevenido la declaración de guerra, ordenó una retirada masiva de sus tropas, que estaban siendo arrolladas por las fuerzas alemanas, de mucha mejor calidad. A finales de 1941, los alemanes se habían acercado peligrosamente a la toma de Moscú, pero aquejados de una sobreextensión y de las duras condiciones del invierno ruso, fueron detenidos por una contraofensiva soviética.

A pesar de expulsar a las fuerzas soviéticas de gran parte de Europa oriental, Stalin no se doblegó ante la presión. Sabía que ahora era el principal aliado de Churchill, pero también esperaba ayuda de algún otro sitio.

Cuando Hitler declaró la guerra, era de sobra conocido que Estados Unidos, encabezado por el presidente Franklin Roosevelt, era básicamente un enemigo no declarado de Alemania, aunque el presidente había declarado que apoyaría a Gran Bretaña al máximo mientras se mantuviera neutral. La Ley de Arrendamiento de Tierras de marzo de 1941 permitía a los Aliados recibir ayuda sin pagar, y con la Carta del Atlántico, los dos líderes del mundo libre (Churchill y Roosevelt) habían declarado básicamente a Alemania su enemigo común.

Sin embargo, Estados Unidos no entraría en la guerra del lado de los Aliados hasta diciembre de 1941, después de que un ataque aéreo japonés contra la base naval estadounidense de Pearl Harbor no dejara básicamente a Roosevelt otra opción. El Imperio japonés era un Estado ultranacionalista y militarista en Asia Oriental, y pretendía sustituir la hegemonía de las potencias occidentales en la región mediante su expansión. Japón esperaba que declarando la guerra a EE. UU. podría apoderarse rápidamente de puntos clave de los Aliados. Hitler también aseguró a Japón que Alemania también declararía la guerra.

Hitler cumplió su promesa, declarando la guerra solo cuatro días después, el 11 de diciembre, pero toda la operación resultó ser una decisión fatal. Esperaba que los japoneses fueran capaces de atar a los estadounidenses en el este, reduciendo su ayuda a Gran Bretaña y a la URSS en el oeste, lo que le permitiría dejarlos fuera de la guerra. Sin embargo, esto no ocurrió. En lugar de centrarse únicamente en el teatro del Pacífico y defender los territorios aliados en Asia, donde Estados Unidos contaba con un gran apoyo de las colonias británicas, Washington D. C. nunca abandonó a sus aliados británicos en Europa. Estados Unidos incluso aumentó su ayuda a principios de 1942.

Mientras tanto, la alianza de Japón con Alemania e Italia equivalía a poco en la práctica, ya que Japón estaba aislado de sus aliados europeos y tenía que vérselas solo con los estadounidenses. A diferencia de la Primera Guerra Mundial, Roosevelt, el hombre al que se alababa por haber salvado a Estados Unidos de la Gran Depresión, gozaba de un apoyo público mucho más unido y confiaba en su capacidad para cambiar el curso de la guerra en favor de la democracia, un verdadero principio estadounidense.

La entrada de Japón y Estados Unidos en la guerra fue lo que realmente convirtió el conflicto en una guerra mundial, aunque los combates habían tenido lugar fuera de Europa, principalmente en África y Oriente Próximo, incluso antes de que se unieran. Gran Bretaña dio cobijo a los gobiernos exiliados de los países democráticos europeos que habían caído en manos de Alemania, incluida una delegación de Francia encabezada por Charles de Gaulle. Aunque de Gaulle no era miembro del gobierno «oficial» de la Francia de Vichy, se lo percibía como el líder de la Francia Libre. Solo Portugal, España, Suiza, Turquía y Suecia permanecieron neutrales en Europa.

La guerra asoló todo el norte de África y el Levante, donde los Aliados lucharon contra las tropas italianas y alemanas por Libia, Egipto, Siria e Irak. Irán fue invadido por fuerzas británicas y soviéticas en 1941, ya que los británicos sospechaban que el gobierno iraní estaba en connivencia con los alemanes. Los Aliados consiguieron apoderarse de las valiosas reservas de petróleo de Irán, que fueron de gran ayuda para el esfuerzo bélico. Se luchó contra Japón en Indochina, Malasia y Filipinas. Solo una minoría de países quedó al margen del conflicto.

La entrada de Estados Unidos comenzó a inclinar de nuevo la marea de la guerra a favor de Gran Bretaña y la Unión Soviética. Las fuerzas alemanas habían sido incapaces de lograr avances significativos en tierra después de 1941. Los estadounidenses lograron importantes victorias durante la batalla de la isla de Midway en 1942, donde hicieron retroceder a una gran fuerza japonesa y se apoderaron de iniciativas estratégicas en el teatro del Pacífico. En África, gracias a la cooperación de las fuerzas coloniales británicas, Etiopía fue liberada de los italianos, y pronto, las potencias del Eje fueron derrotadas en la batalla por el norte de África, algo que hizo posible la invasión de Italia desde el sur.

Las fuerzas soviéticas, por su parte, consiguieron salir victoriosas en algunas de las batallas más sangrientas en el corazón de Rusia. Los soviéticos tomaron Stalingrado, en el Volga, sufriendo más de un millón de bajas, pero infligiendo casi otras tantas al enemigo tras una batalla que duró cinco meses. El sangriento asedio de San Petersburgo (Leningrado) duró dos años y cuatro meses. Alemania se vio finalmente obligada a romperlo en enero de 1944 después de que los soviéticos defendieran la ciudad con uñas y dientes.

En la batalla del Atlántico, las fuerzas navales británicas y estadounidenses consiguieron salir victoriosas sobre los mortíferos submarinos alemanes, aunque cientos de submarinos alemanes hundieron millones de toneladas de cargamentos destinados a llegar a Gran Bretaña. Todos estos contratiempos desmoralizaron al Eje, y el creciente entusiasmo de los aliados inclinó la balanza a su favor.

Hitler estaba en retirada en 1944, y sus aliados no fueron de ninguna ayuda. Rumanía y Hungría también se habían unido a la guerra en el bando del Eje, pero contribuyeron poco al esfuerzo bélico general. La incompetencia de las fuerzas italianas se asemejaba a la de las austriacas durante la Primera Guerra Mundial, ya que eran incapaces de lograr nada significativo sin el apoyo alemán. El régimen de Mussolini se derrumbó tras una invasión anfibia de Sicilia por las fuerzas Aliadas en julio de 1943, y el nuevo gobierno firmó un armisticio con los Aliados. Hitler envió fuerzas alemanas al norte de Italia y ayudó a Mussolini a recuperar el poder, estableciendo un estado títere llamado República Social Italiana. Sin embargo, los Aliados no tardaron en abrirse paso y Mussolini fue capturado y ahorcado por una turba callejera enfurecida en 1945.

Mientras los alemanes luchaban por defender su sur, los soviéticos emprendían una contraofensiva en el este. En junio de 1944, tras meses de preparativos, los Aliados consiguieron desembarcar en Normandía después de haber organizado la mayor expedición anfibia de la historia. Tras encarnizados combates, la operación del Día D fue un éxito y los

Aliados pudieron establecer una cabeza de playa en el norte de Francia.

Un año más tarde, las fuerzas británicas y estadounidenses empujaron desde el oeste mientras los ejércitos de Stalin alcanzaban Berlín. El control de Hitler sobre la Europa continental era prácticamente inexistente en la primavera de 1945. El continente había quedado reducido a cenizas cuando Hitler se suicidó a finales de abril de 1945 en Berlín. El 8 de mayo de 1945, Alemania se rindió.

La guerra en Asia Oriental llevó un poco más de tiempo. Japón solo se rindió incondicionalmente después de que Estados Unidos lanzara dos bombas nucleares sobre las ciudades de Hiroshima y Nagasaki a finales de agosto, desatando un poder destructivo de una escala nunca vista. La Segunda Guerra Mundial terminó finalmente en septiembre de 1945, seis años después de la declaración de guerra alemana a Polonia. Con el mundo en ruinas, la presión recaía ahora sobre los Aliados para intentar reconstruir una vez más.

Europa dividida

A medida que los Aliados avanzaban por los territorios ocupados por los alemanes, se encontraron con cientos de campos de prisioneros diseñados para alojar a presos políticos y trabajadores esclavos con el objetivo principal de acabar sistemática y exhaustivamente con la población judía de Europa. Fue un descubrimiento estremecedor. Aunque el antisemitismo de Hitler era bastante conocido, el mundo era ajeno a la existencia de semejante maquinaria mortífera, que había operado en gran medida bajo el radar y había dado como resultado el exterminio de entre seis y siete millones de judíos para 1945.

La revelación del capítulo más oscuro de la historia europea se produjo gradualmente cuando las tropas aliadas liberaron los campos de concentración, que habían sido creados para «reeducar» a los pueblos «inferiores» no arios, pero que en realidad sirvieron para torturar y asesinar brutalmente a los que Hitler más despreciaba. Hasta entonces no se había visto un asesinato sistemático, cruel e irracional de esta magnitud. Sin embargo, lo más impresionante fue la estructura administrativa y burocrática altamente organizada que se había puesto en marcha para llevar a cabo el Holocausto, que quizá sea la mayor tragedia de la historia europea y un punto oscuro que permanecerá para siempre en la historia mundial.

Los nazis cometieron atrocidades que justificaron mediante oscuros razonamientos. Hoy en día, los crímenes del régimen nazi siguen impresos en la conciencia nacional alemana.

Este acontecimiento reconfirmó la convicción de Churchill de que si los Aliados hubieran perdido la guerra, el mundo entero habría sido vencido por el mal de Hitler. La situación era ahora más difícil. La civilización europea había pecado más allá de lo creíble, por lo que tenía que ser completamente reconstruida, social y psicológicamente, además de política y económicamente.

Las potencias vencedoras tuvieron que enfrentarse a esta realidad. El futuro de Europa ya estaba decidido en gran medida en febrero de 1945 en la Conferencia de Yalta, cuando Churchill, Roosevelt y Stalin se reunieron para negociar, confiados en su victoria en la guerra. Lo principal sobre lo que se pusieron de acuerdo fue la división de Europa en dos campos. Stalin quería Europa oriental, donde se establecerían regímenes comunistas. Creía que se lo merecía; la Unión Soviética había sufrido más de veinte millones de bajas militares y civiles, muchas más que el número combinado de las naciones vencedoras. En su mayor parte, consiguió lo que quería. Después de 1945, Polonia, Checoslovaquia, Hungría, Rumanía y Bulgaria se hicieron comunistas. También estaba la acuciante cuestión alemana. Stalin también quería una parte, sobre todo teniendo en cuenta que las fuerzas soviéticas habían tomado Berlín. Alemania quedó así dividida en zonas controladas por soviéticos, estadounidenses, británicos y franceses. Esencialmente, Alemania tenía un este comunista y un oeste democrático. Berlín también se dividió en la zona occidental controlada por los aliados y la zona oriental controlada por los soviéticos.

Stalin estaba satisfecho. La guerra había hecho posible lo que los comunistas esperaban desde la Revolución rusa. La mitad de Europa estaba ahora efectivamente bajo el paraguas político de la Unión Soviética y, a su debido tiempo, los comunistas chinos conseguirían triunfar en su larga guerra civil.

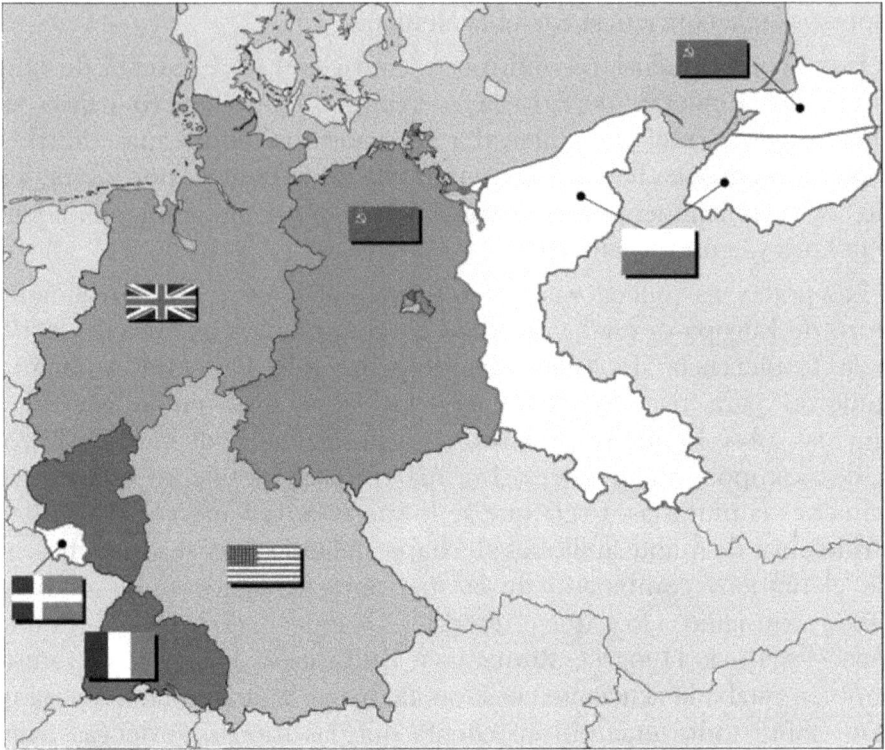

División de Alemania en 1945 [13]

El resultado político general de la Segunda Guerra Mundial fue la aparición de la Unión Soviética como fuerza dominante en la política europea y mundial. El *statu quo* que se había mantenido durante todo el siglo XIX y hasta 1914 y más tarde, con la exclusión de los soviéticos de los asuntos europeos hasta 1939, ya no existía. Gran Bretaña, la única nación de Europa occidental que había logrado resistir a los nazis, era una sombra de lo que había sido. Sí, Churchill había movilizado a la población británica, y los británicos lucharon valientemente durante la guerra, pero fueron los estadounidenses quienes mantuvieron a Gran Bretaña a flote hasta 1945. Estados Unidos era el nuevo árbitro internacional del mundo, no Gran Bretaña. Los británicos intentaron mantener su posición de hegemonía mundial, pero ya no podían hacer frente realmente al poderío militar y económico de la Unión Soviética o de Estados Unidos. La era de la libra esterlina llegaba a su fin, sustituida por la era del dólar estadounidense. El imperio colonial británico seguía ahí, aunque cada vez más países pronto se dieron cuenta de que los británicos eran incapaces de defenderlos. Como resultado, la empresa colonial británica empezó a menguar.

Un destino similar iba a correr Francia, que, a diferencia de Gran Bretaña, había sido humillada durante la guerra, pero fue restablecida a su antiguo ser tras la victoria aliada, gracias a los esfuerzos de Charles de Gaulle. Sin embargo, no podía escapar al hecho de que la Europa de la posguerra ya no era tan influyente como lo había sido antaño. Europa estaba en gran medida fuera de la disputa por el dominio en el equilibrio de poder. Ahora, la política internacional iba a estar dominada por Estados Unidos y la Unión Soviética. La Guerra Fría entre ambos bandos duraría el resto del siglo XX.

Cambios en el bloque oriental[14]

También se creó una nueva organización internacional. Bautizada como la Organización de Naciones Unidas, o la ONU para abreviar, su objetivo era proporcionar una forma racional y ampliamente consensuada de gestionar los asuntos internacionales, muy parecida a la antigua pero ineficaz Sociedad de Naciones. Esta vez, sin embargo, hubo cambios importantes en la estructura de la organización y en el compromiso de los países de mantener los principios mutuamente acordados. El cambio más evidente fue que tanto Estados Unidos como la Unión Soviética se convirtieron en miembros de la ONU desde el primer día, junto con otros 49 miembros. Los miembros podían debatir y votar por igual en la Asamblea General, pero también existía un Consejo de Seguridad mucho más prestigioso, que contaba con cinco miembros permanentes y seis rotatorios. Junto a Estados Unidos y la URSS, Francia, Gran Bretaña y China formaban los miembros permanentes del Consejo de Seguridad. Cada miembro permanente tenía (y sigue teniendo) poder de veto para que los procedimientos fueran más equilibrados.

Todo el propósito de la ONU era no permitir que estallara un conflicto internacional a una escala similar a la de 1914 o 1939, y pretendía proporcionar una plataforma para que todas las naciones especificaran sus intereses y resolvieran diplomáticamente sus disputas. Desde su fundación, la organización ha crecido hasta incluir hasta doscientos miembros, y sigue siendo la organización más prestigiosa y abarcadora hasta la fecha. Tiene su sede en Nueva York.

La principal debilidad de la ONU, a la fecha, es la ausencia de un mecanismo de imposición y el hecho de que se base en la cooperación mutua entre Estados. Aun así, la esencia de la ONU persiste bastante sana, y aunque no haya podido detener los conflictos bilaterales, es gracias al liderazgo de la ONU y a su imposición de los principios del nuevo orden mundial que Europa no ha vuelto a ver una guerra como la Segunda Guerra Mundial.

Estados Unidos surgió como el líder natural del mundo libre y democrático. Los estadounidenses nunca quisieron una mayor expansión territorial, y mucho menos otra guerra, aunque pronto se dieron cuenta de que estaban en una guerra ideológica, luchando contra los comunistas soviéticos que ya se habían impuesto en gran parte de Europa oriental. Por ello, Estados Unidos ofreció a la Europa de posguerra ayuda en forma del Plan Marshall. Estados Unidos envió ayuda económica para ayudar a Europa a reconstruirse tras una guerra devastadora y asegurarse de que los procesos democráticos no se vieran socavados por la creciente influencia soviética en el este. Cuando se anunció el Plan Marshall, tanto en el parlamento francés como en el italiano había partidos comunistas, y Gran Bretaña también empezaba a confiar más en el Partido Laborista de izquierdas, pero no existía una amenaza real tangible de que el comunismo se extendiera. El Plan Marshall fue el primer paso para garantizar que eso siguiera siendo así. El flujo de capital estadounidense hacia Europa occidental fue crucial para acelerar la recuperación económica de posguerra en el Reino Unido, Francia y Alemania Occidental, cuyas zonas ocupadas por los Aliados pronto se unificarían en un Estado soberano.

Moscú, por su parte, presionó a los gobiernos comunistas de Europa oriental para que rechazaran la ayuda estadounidense, algo que obstaculizó el crecimiento económico de la región y permitió a la Unión Soviética tener una influencia directa sobre sus aliados de Europa oriental.

Esta lucha entre Estados Unidos y la Unión Soviética por lograr el dominio ideológico, económico y militar sobre el otro continuaría mucho más allá de las fronteras europeas y llegó a conocerse como la Guerra Fría. Las dos mayores potencias del mundo intentaron influir en los procesos políticos de todo el planeta, llegando incluso a participar y financiar partidos en países como Corea, Afganistán y Vietnam. El hecho de que ambas potencias dispusieran de misiles nucleares hizo que ningún bando entrara en guerra directa con el otro. Sin embargo, la Guerra Fría llegaría a dominar los procesos políticos en Europa durante el resto del siglo XX, y no estallarían nuevas guerras importantes que paralizaran el continente como había ocurrido en el pasado.

Construir una Europa unida

A finales de la Segunda Guerra Mundial, seis naciones europeas seguían siendo imperios, con colonias de ultramar en África, América, Asia y Oceanía. Gran Bretaña, Francia, Bélgica, Portugal, los Países Bajos y España pronto se darían cuenta de que cada vez era más difícil conservar sus antiguas posesiones de ultramar, al menos sin alterar su planteamiento. Europa Occidental, debilitada por la guerra y ayudada por Estados Unidos, ya no podía desempeñar un papel dominante en todo el mundo, como lo había hecho durante el apogeo del imperialismo y la industrialización. Tener el control directo sobre las colonias supuso un gran costo

Los ciudadanos británicos, por ejemplo, aunque siempre mantuvieron su sentimiento de orgullo, remanente de los antiguos éxitos británicos en la política mundial, poco a poco fueron cambiando su actitud respecto a las colonias y al Imperio británico. Aunque muchos no querían renunciar a las conquistas territoriales que habían conseguido, especialmente las que habían garantizado el desarrollo económico y político del país durante los últimos siglos, en muchos aspectos tuvieron que hacerlo. Tras la guerra, comenzó un proceso gradual de descolonización. Los europeos se retiraron lentamente de lugares como India, Indochina, Malasia y África, donde habían afirmado su dominio sobre los pueblos locales durante mucho tiempo, a menudo con el uso de la fuerza. Si los europeos, liderados por los estadounidenses, querían reconstruir el mundo y basarlo en principios democráticos liberales, la descolonización era necesaria. Habían fracasado en hacerlo en 1918, y su incapacidad para mantener la paz había provocado la muerte de cientos de miles de personas que de ninguna manera estaban vinculadas a la Europa continental. Todas estas personas tenían su propio sentido de la nacionalidad y de la soberanía.

El modelo imperialista resultó defectuoso durante el siglo XX y los europeos empezaron a abandonarlo lentamente, aunque nunca renunciaron del todo a su posición. La Commonwealth británica, por simbólica que sea, persiste hasta nuestros días, y algunos territorios de ultramar siguen siendo administrados directamente por gobiernos europeos.

La descolonización fue el primer paso para darse cuenta de que el nuevo orden mundial no podía basarse en la competencia intraeuropea y que Europa solo podría resurgir de sus cenizas mediante la cooperación. Por primera vez, las naciones europeas empezaron a trabajar por una paz duradera, respetando la soberanía y los intereses territoriales, culturales y materiales de los demás. Tras la guerra, se construiría una nueva Europa basada en la democracia y la integración socioeconómica. Al principio, esto podría haber sido para equilibrarse contra la amenaza comunista existente en el este, pero con el tiempo, la integración europea se purificaría, emergiendo como el mejor modelo de cooperación internacional en el mundo hasta el día de hoy.

Mientras la Unión Soviética dominaba económica y sociopolíticamente Europa oriental, las naciones de Europa occidental se ponían manos a la obra. La Comunidad Europea del Carbón y del Acero (CECA), establecida formalmente en 1951, fue uno de los primeros pasos conscientes para fomentar la interdependencia entre las naciones de los miembros fundadores, que eran Francia, Alemania Occidental, Italia, Bélgica, Países Bajos y Luxemburgo. La CECA, ideada por el ministro francés de Asuntos Exteriores, Robert Schuman, creó un mercado común con menores regulaciones para los dos recursos primarios necesarios para mantener un esfuerzo bélico: el carbón y el acero. La Alta Autoridad se creó para hacer cumplir el acuerdo entre las naciones y estaba formada por miembros de los parlamentos de los países miembros.

El proyecto tuvo un éxito abrumador y abrió una vía para una mayor integración entre los países. Si podía existir un mercado común para estos bienes, ¿por qué no podía existir para otros? Las naciones de Europa occidental pensaron que una mayor integración tenía sentido. Por separado, estos países no podían hacer frente al poderío de EE. UU. o de la URSS, por lo que la única forma de que encontraran su lugar en el cambiante equilibrio de poder era mediante la cooperación económica y política.

La Comunidad Europea del Carbón y del Acero serviría de modelo para la creación de la Comunidad Económica Europea (CEE) en 1957. Los Estados miembros acordaron crear un mercado común no solo de bienes, sino también de capitales, servicios y mano de obra, lo que ofrecía nuevas oportunidades. Como el empeño tuvo mucho éxito, la integración económica y sociopolítica europea pronto crecería para incluir a más países de Europa Occidental. Nuevos miembros serían admitidos en la Comunidad Europea, como llegó a llamarse la organización internacional con sede en Bruselas. En 1973 ingresaron el Reino Unido, Irlanda y Dinamarca. Grecia se unió cuatro años más tarde. Portugal y España se unieron en 1986.

Todos los países miembros tenían historias y culturas diferentes, pero sus objetivos y aspiraciones eran similares. Por primera vez en la historia, las naciones europeas estaban decididas a trabajar juntas para lograr resultados mutuamente beneficiosos.

A medida que se creaban más y más estructuras supranacionales europeas, tenía más sentido fusionarlas. El resultado fue la Unión Europea, que hoy cuenta con veintisiete países miembros y cerca del 6% de la población mundial. Hoy en día, es el modelo más próspero de integración política y económica entre países. La mayoría de sus miembros utilizan la misma moneda y coordinan sus políticas nacionales y supranacionales.

Mapa de la Unión Europea[15]

Mientras que las naciones de Europa occidental disfrutaban de la ayuda financiera de Estados Unidos y del paraguas de seguridad militar que les proporcionaba la nueva alianza de la Organización del Tratado del Atlántico Norte (OTAN), Europa Oriental tuvo que vivir un siglo XX mucho más agitado tras la Segunda Guerra Mundial. Los gobiernos comunistas, incluso después de la muerte de Stalin en 1953, siguieron estando muy influidos por Moscú, y debido a la insistencia de la Unión Soviética en políticas económicas y sociales específicas, estas naciones no pudieron desarrollarse a un nivel similar al de sus vecinos de Europa Occidental. Esto no quiere decir que los habitantes de estos países no fueran conscientes de las vidas relativamente más prósperas de las que disfrutaban los europeos occidentales. En la Alemania Oriental comunista (la República Democrática Alemana, o RDA), muchas personas huyeron de sus hogares y emigraron a la democrática República Federal de Alemania en el oeste. Esto supuso un problema para el gobierno comunista y aún más para Moscú. La vida comunista no era en absoluto tan estable y libre como la propaganda gubernamental la hacía parecer. La propaganda de Occidente era, aunque exagerada a veces, en gran parte cierta. Los habitantes de las sociedades democráticas y capitalistas disfrutaban de un acceso prácticamente ilimitado a bienes y servicios, poseían propiedad privada y, por término medio, aumentaban su riqueza personal, mientras que los europeos del este tenían dificultades.

Cuando los berlineses orientales se despertaron el 13 de agosto de 1961, habiendo vivido ya separados de sus conciudadanos occidentales, vieron que el gobierno de la RDA había iniciado la construcción de un muro para separar los dos lados de la ciudad e impedir que los berlineses orientales fueran al oeste. Fue un acontecimiento chocante, y la RDA, con el respaldo de Moscú, apoyó la aplicación brutal de las nuevas leyes. Si alguien quería cruzar a uno u otro lado, debía someterse a controles exhaustivos, y los guardias, que estarían apostados a lo largo del muro, estaban autorizados a disparar a cualquiera que desobedeciera.

Durante aproximadamente las tres décadas siguientes, el Muro de Berlín se erigió como el principal símbolo entre Occidente y Oriente. Era la manifestación física del «telón de acero» de Stalin, como había bautizado Winston Churchill, la toma comunista de la parte oriental del continente inmediatamente después de la guerra. Churchill había sido uno de los primeros en darse cuenta de que la alianza entre Occidente y los soviéticos solo era útil en el transcurso de la guerra, cuando había que derrotar a un enemigo mucho mayor. Y los dos bandos, como demostró el tiempo, no podían coexistir adecuadamente entre sí.

La Guerra Fría, aunque nunca desembocó en un conflicto total entre Estados Unidos (y el resto del mundo democrático) y la URSS, lo dejó claro. Y también empezó a hacerse evidente el hecho de que la percepción comunista del mundo se había construido sobre una mentira ideológica total. Tras la muerte de Stalin en 1953, el nuevo primer secretario del Comité Central del Partido Comunista de la Unión Soviética, Nikita Jrushchov, inició lentamente el proceso de «desestalinización», que puso fin al reino del terror. Para entonces, la Unión Soviética ya mostraba más grietas, pero logró ocultarlas, ya que Stalin había centralizado todos los medios de poder en sus manos.

El sistema existente en la URSS, si bien había conseguido crear un Estado a la altura de Estados Unidos, no distaba mucho del sistema absolutamente horroroso que había existido en la Alemania nazi, especialmente durante el largo mandato de José Stalin. En la Unión Soviética existían campos de trabajos forzados, de forma muy similar a como habían existido bajo el régimen de Hitler, y millones de personas fueron víctimas de ellos. Occidente fue, de nuevo, aparentemente ajeno a esto. La policía secreta soviética se aseguró de imponer una estricta censura y lealtad al régimen a todos los súbditos del Estado, lo que dio lugar a la formación de un sistema brutal que persiguió ilegalmente a millones de personas. La URSS adoctrinó y lavó el cerebro a sus ciudadanos a un nivel nunca visto, pero un sistema que se construye completamente sobre la mentira y el miedo está condenado a fracasar con el tiempo.

Otras naciones comunistas, especialmente en Europa, llegaron a darse cuenta de ello. Sus gobiernos, a pesar de haberse impuesto a sí mismos y a sus políticas aparentemente igualitarias sobre el pueblo, no tenían nada que mostrar en realidad. Mientras Europa Occidental se reconstruía y reorganizaba en una unión política y económica mucho más próspera de países y pueblos libres, Europa Oriental luchaba. Se produjeron muchas manifestaciones y levantamientos en las ciudades más grandes de los países comunistas del este de Europa, y aunque la mayoría de ellos fueron reprimidos violentamente, los gobiernos comunistas tuvieron que ceder cada vez más; quizás sabían que aquello por lo que el pueblo luchaba de verdad era más fuerte que todo lo que ellos les habían dado. La influencia directa de Moscú también disminuyó con los años, ya que el crecimiento económico se estancó debido a que una mayor parte de los fondos se dedicaron a la carrera armamentística con Estados Unidos en lugar de invertirse en las economías locales. Acontecimientos como la Primavera de Praga de 1968 dieron lugar a los derechos graduales de libertad de expresión y de circulación, así como, en menor medida, a la descentralización de la economía, lo que tuvo efectos indirectos en otros regímenes comunistas fuera de Checoslovaquia.

En la década de 1980, bajo la implacable presión del reciente éxito económico occidental y en un clima político cada vez más hostil, Mijaíl Gorbachov proclamó las políticas de *perestroika* y *glasnost*, diseñadas para integrar lentamente el aislado mercado soviético en la economía mundial y liberalizar el panorama político. Las implicaciones fueron masivas, pero algunas involuntarias.

En 1989, tras décadas de dominio, los gobiernos comunistas de toda Europa del Este empezaron a ceder a las demandas de los manifestantes. El Muro de Berlín cayó el 9 de noviembre de 1989; después de casi tres décadas de aislamiento total, las dos partes de la ciudad se reunieron de nuevo. La caída del Muro de Berlín representó simbólicamente el final de la Guerra Fría. El mundo democrático occidental había triunfado finalmente sobre los comunistas.

Dos años más tarde, el Partido Comunista de la Unión Soviética se derrumbaría y las quince repúblicas se independizarían definitivamente, entre ellas las naciones europeas de Rusia, Estonia, Letonia, Lituania, Ucrania, Bielorrusia, Moldavia, Georgia, Azerbaiyán y Armenia. El destino de Europa había cambiado radicalmente una vez más. Con el tiempo, las nuevas repúblicas se integrarían en la familia europea.

Conclusión

Con la disolución de la Unión Soviética, comenzó un nuevo capítulo de la historia europea. Además de las repúblicas que antes formaban parte de la URSS, surgieron otras nuevas en los Balcanes, ya que Yugoslavia se desmoronaría con el tiempo, enfrentándose a gran parte de los mismos problemas que otras naciones comunistas habían afrontado en Europa. La desintegración de Yugoslavia en Serbia, Croacia, Bosnia-Herzegovina, Eslovenia, Macedonia y Montenegro sería mucho más sangrienta que la desintegración de la Unión Soviética, dando lugar a una de las primeras guerras verdaderamente devastadoras en la Europa continental desde la Segunda Guerra Mundial.

Los Estados sucesores yugoslavos y soviéticos se integrarían en la gran familia europea a distintos niveles, pero pocos podrían escapar completamente a la inestabilidad derivada del derrocamiento de los regímenes comunistas. Las guerras étnicas y civiles dominaron no solo los Balcanes, sino también el Cáucaso, donde la situación era igual de volátil. Recientemente, con la invasión rusa a gran escala de Ucrania, el equilibrio de poder y el *statu quo* mantenido tras la década de 1990 se han visto sacudidos radicalmente, lo que ha provocado el desarrollo de acontecimientos más turbulentos. Han ocurrido muchas cosas después de la década de 1990 en Europa, quizá demasiadas para intentar resumirlas aquí. Aun así, seguro que aún queda mucho por ver.

La historia europea es, en gran medida, la historia de la civilización tal y como la conocemos. Está llena de guerras, intrigas, conspiraciones y derramamiento de sangre, pero también está igualmente llena de paz, prosperidad, innovación y progreso. Muchas cosas contribuyeron al desarrollo de la historia europea, pero a lo que condujeron siglos de luchas de poder es, en última instancia, a una región de estabilidad. Tras la Segunda Guerra Mundial, Europa se estabilizó gradualmente, escapando casi por completo de sus raíces violentas; quizá sea imposible hacerlo totalmente. Sin embargo, Europa se asoció con el progreso y la fortaleza. Alberga algunos de los regímenes democráticos más avanzados, que valoran la libertad, la individualidad y el amor. Como hemos visto, los valores europeos fundamentales han cambiado una y otra vez, ajustándose al auge y la caída de diferentes culturas e imperios y sujetos a las preferencias de los pueblos dominantes que llegaban o se marchaban.

No podemos exagerar la influencia que Europa y su historia han tenido en el resto del mundo. En el siglo XXI, la humanidad vive en un mundo eurocéntrico. Nadie puede decir con seguridad cuál fue la causa de que esto ocurriera o por qué se produjeron algunos acontecimientos en Europa y no en otros lugares que, en última instancia, dieron lugar a que este continente relativamente pequeño tuviera un impacto enorme en el resto del planeta. Aun así, por alguna razón, aquellos valores europeos que empezaron a aparecer tras el final de la Edad Media se han erigido como los más aceptables en todo el mundo.

A pesar de los periodos turbulentos, los europeos siempre se recuperaron, emergiendo más fuertes de lo que eran antes y, en el proceso, dejando un rico patrimonio cultural que deslumbra a las mentes curiosas hasta la actualidad. La historia europea es mucho más que la historia de un continente, ya que Europa es mucho más que eso. Es, a todos los efectos, una idea en sí misma: una idea de progreso, dignidad humana, igualdad y libertad.

Segunda Parte: El Renacimiento

Una apasionante guía sobre un periodo de resurgimiento de las artes, las ciencias y la cultura

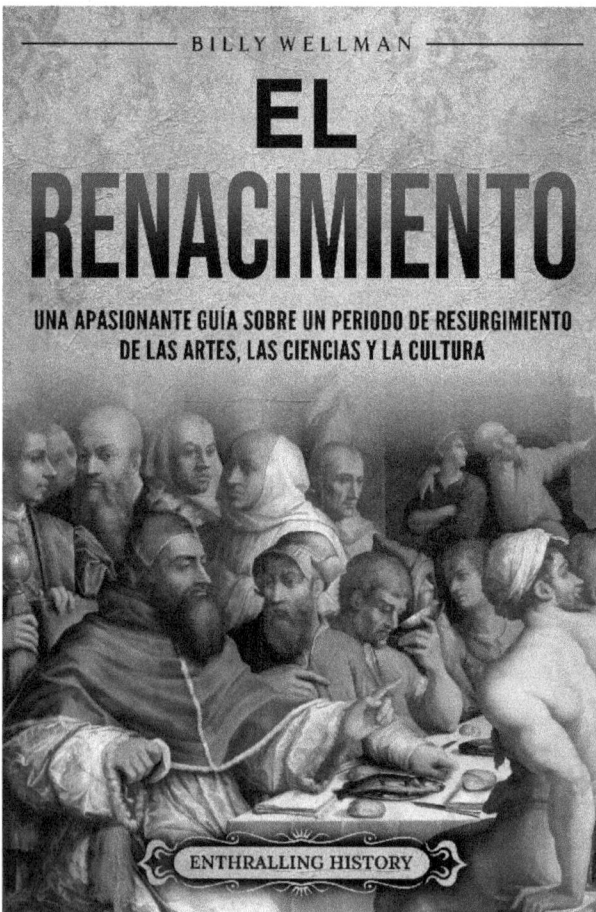

Introducción

Hoy en día, la mayoría de los curiosos conocen el Renacimiento, al menos a través de las asombrosas obras artísticas de Leonardo da Vinci y Miguel Ángel. Tal vez sea de esperar, ya que las pinturas, esculturas y arquitectura del Renacimiento nunca dejan de deslumbrar a los espectadores que tienen la suerte de experimentarlas en persona. De hecho, el arte visual es una de las partes más emblemáticas del periodo de la Europa medieval al que ahora nos referimos como Renacimiento, pero hay tanto más que desentrañar dentro del movimiento que uno podría incluso sentirse abrumado. El Renacimiento se compone de varios aspectos, todos cuidadosamente correlacionados entre sí, que juntos produjeron uno de los periodos más prósperos, intelectualmente profundos y estéticamente agradables de la historia de Europa. Este libro pretende abarcar este periodo desgranando cada uno de los detalles que lo convirtieron en lo que es hoy y analizando las causas y consecuencias del Renacimiento.

El Renacimiento, o «resurgimiento», es un nombre apropiado, ya que supuso una completa reinvención de la civilización europea, un despertar de un profundo letargo de estancamiento e incertidumbre ideológica, tecnológica y moral. Se produjo un renacimiento completo de lo que representaba «Europa», aunque quizá sin que mucha gente lo supiera. Aunque hoy en día el Renacimiento se considera el esfuerzo del continente hacia el progreso, se manifestó más claramente en los escalones superiores de la sociedad europea, mientras que la vida de los más pobres apenas se vio afectada, si es que se vio afectada en absoluto. Sin embargo, tras el caos que asoló Europa después del colapso del

Imperio romano de Occidente —el principal pilar de la civilización y la estabilidad del continente durante cientos de años—, se atribuye al Renacimiento la recuperación de la civilización europea y su vuelta al buen camino desde las profundidades de la Edad Oscura que siguió inmediatamente a la caída de Roma.

Los pensadores del Renacimiento tendieron un puente entre su tiempo y el conocimiento perdido u olvidado del mundo antiguo, el de los antiguos griegos y romanos, que estaba lleno de gloria y estabilidad, mostrando al hombre como el centro del mundo. Lo que hizo tan especial al Renacimiento fue que reconoció esto, saltándose el vacío ideológico que había surgido en el mundo posterior a Roma causado por la migración de nuevos pueblos, la destrucción de las viejas estructuras de poder y el establecimiento del cristianismo como nuevo centro moral del mundo.

En última instancia, este renacimiento se refería a algo más que a los valores europeos y a volver a poner al hombre en el centro de la escena. Fue también una época de progreso científico sin parangón, acelerado por la difusión del conocimiento procedente de Oriente, así como el deseo constante de aprender más y ampliar horizontes. Los nuevos descubrimientos y teorías conmocionaron el estado del mundo y la comprensión que la gente tenía de él. Las teorías de Copérnico, astrónomo y matemático polaco, desafiaron el modelo geocéntrico de la Tierra aceptado durante siglos, que consideraba a la Tierra como el centro del universo. En su lugar, Copérnico demostró matemáticamente que, de hecho, la Tierra y los planetas se movían alrededor del Sol, algo que, al principio, fue condenado con vehemencia por aquellos para quienes suponía un mayor peligro: los dirigentes de la Iglesia católica.

En el siglo XVI, el científico italiano Galileo Galilei contribuyó en gran medida a nuestra comprensión del mundo natural, sentando las bases de lo que acabaría convirtiéndose en el venerado método científico, perfeccionando el telescopio y encontrando más pruebas a favor del mundo heliocéntrico. Estas y otras muchas novedades científicas y matemáticas aceleraron el Renacimiento y le dieron un nuevo significado. Se colocó al hombre en el centro de atención, despertando su curiosidad y capacidad de superar las dificultades, ya fuera a través de sus virtudes o de la ciencia y el aprendizaje.

Este libro pretende contar la historia del Renacimiento —sin duda uno de los periodos más influyentes de la historia universal— que transformó la vida material e inmaterial europea, abriendo nuevas vías de pensamiento, ideología y exploración. El primer capítulo del libro servirá de introducción, resumiendo el estado de la Europa prerrenacentista para proporcionar un mejor contexto a los desarrollos que tuvieron lugar cada vez más a partir de finales del siglo XIII. A continuación, la parte central del libro abarcará diferentes acontecimientos importantes del Renacimiento, ya sean políticos, sociales o económicos, que dieron forma al continente. Veremos algunos de los nombres más importantes del Renacimiento, como la infame familia Médici de Florencia, grandes artistas como Rafael y Botticelli, pensadores como Erasmo y Lutero, científicos como Galileo y muchos otros que influyeron en el movimiento y ayudaron a que se convirtiera en lo que se recuerda ahora. Analizando algunos de los avances más importantes en el pensamiento y la tecnología, contrastaremos la Europa del Renacimiento con la de la Edad Media. Por último, el libro concluirá evaluando el mayor impacto del Renacimiento en la historia del continente y la dinámica sociopolítica que se desarrollaría después de finales del siglo XVI.

Capítulo 1 - La Europa prerrenacentista

La caída de Roma

La antigua Roma ocupa merecidamente un lugar entre las civilizaciones más importantes de la historia. Desde el siglo VIII a. e. c. hasta el siglo V e. c., la historia de lo que conocemos como la antigua Roma está llena de acontecimientos apasionantes que siguen ejerciendo su influencia hoy en día, como por ejemplo, por la magnitud del patrimonio cultural material que existe en las ruinas de lo que fue la gran Roma. En su transición de reino a república e imperio, el Estado que surgió de la península itálica incorporó en su apogeo toda Europa occidental, el norte de África, Inglaterra, gran parte de los Balcanes, Anatolia y Levante. Roma fue el mayor imperio del mundo conocido por un amplio margen, destacando no solo en la guerra, sino también en el arte de gobernar, creando una de las formas de gobierno más emblemáticas hasta nuestros días, basada en los principios del republicanismo. Para poner las cosas en perspectiva, mientras los romanos ejercían el control sobre territorios situados a cientos de kilómetros de la gran ciudad de Roma a través de una red de burocracia cuidadosamente diseñada, el norte, el centro y el este de Europa seguían siendo tribales y, en ocasiones, nómadas. Estos pueblos, denominados bárbaros por los romanos, estaban dispersos por los densos bosques del continente europeo. Luchaban constantemente contra las legiones romanas, que intentaban apoderarse de sus tierras y llevarles la «civilización» y la *Pax Romana* —la paz romana.

En los últimos días del Imperio romano, la noción de *Pax Romana* se había interiorizado en la conciencia de los súbditos del imperio. La sociedad romana estaba muy jerarquizada y claramente estratificada, y la mayoría de los habitantes del imperio no fueron considerados ciudadanos romanos hasta muy tarde. Aun así, Roma tenía un sentido de grandeza y poder que todavía ejerce hoy en cierta medida. Aunque constantemente envuelto en problemas económicos, militares y políticos, el imperio simbolizaba la estabilidad, la victoria y la paz. Debido a su adhesión al republicanismo y al derecho civil, el Imperio romano inspiró a mucha gente, incluidos los plebeyos, que al menos podían comparar sus vidas con las de los «salvajes» bárbaros. Los ciudadanos romanos formaban parte de un mundo enorme e interconectado, y apreciaban este hecho, aunque la mayoría eran menos privilegiados que otros. Durante el apogeo del Imperio romano, parecía que el imperio duraría para siempre, expandiéndose constantemente y civilizando el resto del mundo conocido.

Sin embargo, todos los imperios acaban cayendo, y Roma es quizá el ejemplo más claro. Con el tiempo, el tamaño del imperio se hizo prácticamente ingobernable. Debemos recordar que los romanos administraban provincias muy remotas en una época en la que el método de comunicación más eficaz era el envío de mensajeros a caballo de un lugar a otro. Esto a veces podía llevar semanas o incluso meses y estaba asociado a un sinfín de problemas, aunque los romanos consiguieran construir una red cohesionada de calzadas para conectar sus dominios. Con el tiempo, quedó claro que Britania o Siria, por ejemplo, no podían gobernarse simplemente desde Roma. Así, el sistema administrativo del imperio se fue descentralizando, dando cada vez más poder a los gobernadores nombrados localmente. Los constantes enfrentamientos con los bárbaros o con las poblaciones locales enfadadas aumentaron la interdependencia entre los gobernadores y las legiones romanas, sin duda las más profesionales y fuertes del mundo en aquella época. Esto significó que el poder se fragmentó, y el Senado romano —el órgano de gobierno republicano del imperio— ya no pudo ejercer eficazmente su influencia directa. Así fue como Roma pasó de ser un imperio a una república. El ascenso de individuos poderosos, a menudo comandantes con muchas legiones leales, era difícilmente impugnable. Un sistema basado en la deliberación, el discurso público y la prevención de dictaduras se vino abajo. El Senado seguía teniendo cierto poder legislativo, pero el poder real estaba en manos de los emperadores.

Cuando los emperadores eran sabios y capaces de gobernar, Roma experimentaba pocos problemas. De hecho, el reinado de los «cinco buenos emperadores» desde finales del siglo I hasta finales del siglo II se considera una de las épocas más prósperas de la antigua civilización romana. Sin embargo, si cada uno de los emperadores era incapaz de gobernar —quizá demasiado distraído o simplemente borracho— era prácticamente imposible mantener unido un imperio tan grande. Esto dio lugar a muchas guerras civiles en las que diferentes comandantes luchaban entre sí por el poder y la influencia en el estado, mientras que el Senado siempre conspiraba entre bastidores para instalar a quien considerara más adecuado para gobernar. Para solucionar el problema, el imperio se dividió en el siglo IV en Imperio romano de Occidente e Imperio romano de Oriente. La Roma oriental, con su nueva capital en Constantinopla, era más rica y próspera que la occidental. Aunque gobernado por los romanos, el Imperio romano de Oriente se basaba esencialmente en la herencia social y cultural de la antigua Grecia, el antiguo mundo helenístico que incluía los Balcanes, Anatolia, Siria, Palestina y Egipto. Era distinto del Imperio romano de Occidente latino (sobre todo culturalmente) y tenía menos luchas políticas.

El Imperio romano de Occidente, en cambio, era un estado moribundo desde el día en que se separó formalmente de Oriente. Víctima de constantes guerras civiles, invasiones bárbaras y problemas económicos, carecía de una administración eficaz que lo mantuviera unido. La situación empeoró en el siglo V, cuando la gran migración de personas procedentes de Oriente alteró el estado demográfico de Europa, obligando a muchos bárbaros, que antes vivían en las periferias del imperio, a entrar en tropel en sus fronteras. Cientos de miles de personas emigraron de oriente a occidente, y las legiones romanas no pudieron impedir que entraran en las fronteras de Roma. Se asentaron en Alemania, Francia, el norte de Italia, Iberia y Britania, y su migración no fue precisamente pacífica. Vándalos, godos y anglosajones arrollaron a los ejércitos romanos, mientras que los hunos asiáticos, feroces guerreros a caballo que habían provocado la gran migración de los pueblos europeos, diezmaron la campiña romana y saquearon la tierra.

El resultado fue la caída del Imperio romano de Occidente en 476 e. c., cuando el último emperador romano, Rómulo Augusto, fue derrocado por el rey germánico de los bárbaros, Odoacro, que se declaró soberano de Italia. El resto del imperio, ya bastante descentralizado, fue rápidamente tomado por diferentes fuerzas bárbaras. Los visigodos

(godos occidentales) establecieron su propio reino en Iberia y en la parte meridional de la antigua provincia romana de Galia. Los vándalos, cuyas atrocidades durante el saqueo de Roma en 455 dieron su significado a la palabra «vandalismo», ocuparon gran parte de la costa norteafricana. El norte de la Galia y la mayor parte de la actual Alemania fueron divididos por los francos, sajones, alamanes, frisones y turingios, mientras que las islas británicas fueron invadidas por los anglos, sajones y jutos.

Mientras que el Imperio romano de Oriente seguiría existiendo durante otros mil años, estos pueblos se apoderaron de las ruinas del antiguo Imperio romano de Occidente y fundaron sus propios reinos (aunque, al principio, su dominio sobre los territorios era igual de superficial y carecían de estructuras políticas). La caída de Roma en 476 dio paso a un nuevo periodo que hoy llamamos Edad Media: cerca de un milenio de caos e incertidumbre en el que Europa Occidental intentó estabilizarse y encontrar su identidad, perdida con el colapso del Imperio romano de Occidente.

La Europa posromana

La Europa posromana fue drásticamente diferente. Era necesario llenar el vacío de poder creado por el colapso del Imperio romano de Occidente, pero los bárbaros que acababan de llegar y establecer reinos en los antiguos territorios romanos no eran en absoluto sociedades avanzadas. Carecían objetivamente del nivel de sofisticación por el que eran conocidas las antiguas civilizaciones romana y griega. Aunque tenían sistemas de creencias complejos, su organización era en gran medida tribal, y su jerarquía dependía de las relaciones entre los jefes de guerra y sus súbditos. Muchos bárbaros se maravillaban de la herencia que habían dejado los romanos (como en las islas británicas), atribuyéndola a obras de criaturas míticas como gigantes, ya que desconocían la civilización romana y sus méritos. La inmensa mayoría de la sociedad era analfabeta, sin incentivos reales para estudiar y aprender. Es cierto que los bárbaros sabían luchar, pero no sabían exactamente qué hacer cuando no estaban luchando. La confusión y la incertidumbre asolaban el continente europeo. Debemos recordar que muchos plebeyos que habitaban diferentes provincias de la Galia, Iberia o Italia habían experimentado tanto el dominio romano como el bárbaro, pero no sabían a quién debían su lealtad. ¿Debían inclinarse por Roma, ahora bajo Odoacro y sus sucesores —antes de que fueran sustituidos por otras dinastías bárbaras en guerra—, o por los nuevos «reyes» de sus territorios?

Inmediatamente después de la caída de Roma, cuando la organización política del continente aún se estaba ajustando, surgieron dos centros de influencia. A primera vista, parecían surgir como sucesores potenciales de la estabilidad proporcionada anteriormente por el Imperio romano. Uno, obviamente, era el Imperio romano de Oriente, también conocido como Imperio bizantino —nombre que proviene de la gran ciudad de Bizancio (Constantinopla)—, que pretendía ser el verdadero sucesor de las tradiciones y el modo de vida romanos. Constantinopla había eclipsado a Roma como la ciudad más grande de Europa y estaba alcanzando su apogeo en la época en que Roma estaba siendo saqueada por los vándalos. Combinando el gobierno y la administración romanos con sus tradiciones y herencia helenísticas, el Imperio romano de Oriente era la mayor y más rica potencia de Europa. Además, sus habitantes se habían visto mucho menos afectados por las grandes migraciones que el resto de Europa. Era una sociedad próspera, mucho más estable y pacífica que todo lo que podía ofrecer el resto del mundo posromano, aunque también tenía sus propios problemas. Al principio, el Imperio bizantino parecía interesado en erigirse en el nuevo pilar de la estabilidad, y los reyes bárbaros declaraban a veces su lealtad al emperador de Constantinopla. El emperador Justiniano, por ejemplo, uno de los emperadores bizantinos más exitosos, consiguió reconquistar una parte significativa del antiguo Imperio romano de Occidente, y sus legiones se apoderaron de gran parte de Italia, el norte de África e Iberia en el siglo VI. Constantinopla parecía dispuesta a ofrecer «mandatos» a los nuevos reyes a cambio de su cooperación o lealtad para ayudar a legitimarlos a los ojos de la población.

Sin embargo, con el paso del tiempo, quedó claro que Bizancio no podía ofrecer una alternativa adecuada al resto de la Europa posromana. El principal problema era que estaba demasiado lejos de los nuevos reinos bárbaros, muchos de los cuales simplemente no estaban interesados en basar la fuente de su poder en un reino tan lejano. Sí, tal vez a los ojos de la población, la conexión formal o informal con Constantinopla significaba algo, pero no producía ningún resultado práctico hacia la consolidación del poder y el establecimiento de nuevas dinastías. Los nuevos reinos no podían depender de una relación artificial con Constantinopla. Esto fue aún más evidente una vez que el Imperio romano de Oriente se diferenció culturalmente de Occidente. El latín fue sustituido por el griego, y las antiguas divinidades y simbología romanas fueron gradualmente dejadas de lado en favor del helenismo.

Constantinopla miraba cada vez más hacia Oriente en lugar de hacia Occidente, sobre todo a medida que los logros de Justiniano se perdían poco a poco. Aferrarse al Occidente bárbaro era simplemente innecesario cuando el imperio tenía muchos problemas propios.

La segunda alternativa, la que finalmente triunfó sobre la opción de Bizancio, no fue otra que la Iglesia católica romana. El cristianismo se había convertido en la religión oficial del Imperio romano en el año 313 con el Edicto de Milán, y aunque había avanzado bastante en la suplantación de diferentes religiones en los territorios romanos hasta erigirse como la única más dominante, la caída de Roma en 476 dificultó ese proceso. Aun así, en la época en que los nuevos reinos bárbaros se establecían en lugar de los antiguos dominios romanos, la Iglesia católica, con sede en Roma, también competía por su influencia, tratando de cristianizar a los nuevos reyes bárbaros y completar el proceso de convertir a Europa en plenamente cristiana.

Pronto surgió una dinámica complicada. Mientras los nuevos reyes trataban de absorber las viejas estructuras romanas y romanizarse para parecer más gloriosos o prósperos ante sus súbditos y ganar más legitimidad, tropezaron con el cristianismo, que para ellos simbolizaba el poder del antiguo Imperio romano. Sobre todo porque Bizancio también era cristiana y el Cisma de Oriente-Occidente aún no se había producido oficialmente. El obispado de Roma, el más prestigioso junto a los de Constantinopla, Jerusalén, Antioquía y Alejandría, empezó así a formar alianzas informales con los nuevos gobernantes bárbaros, que cada vez se hacían más cristianos. Dado que sus sociedades dependían en gran medida de las acciones de su gobernante, debido a la antigua lealtad de los jefes tribales, siguieron el ejemplo de sus reyes y adoptaron el cristianismo. De ese modo, podían obtener otro «mandato» cristiano para legitimarse. Si el obispo de Roma reconocía su realeza y los aceptaba como reyes cristianos, entonces seguramente eran dignos de ser los sucesores del gran Imperio romano, aunque aún no estaba claro qué significaba eso.

El papel del cristianismo en Europa se amplificó con la aparición en el mundo árabe de una nueva religión que pronto se convertiría en rival: el islam. El islam se extendió como un reguero de pólvora por Oriente Próximo y el norte de África, y los guerreros árabes se lanzaron a la yihad para propagar la religión por todo el mundo, lo que creó graves problemas a Bizancio. En el siglo VIII, ya se habían apoderado de gran parte de Levante, Persia, Egipto y Cartago, destruyendo el reino de los vándalos y expandiéndose por Iberia, cuyos reyes visigodos, recientemente cristianizados, fueron aniquilados casi por completo. Finalmente, los francos pusieron fin a las incursiones musulmanas en la batalla de Poitiers en 732, bajo el mando de Carlos Martel, pero la mayor parte de Iberia seguiría siendo musulmana durante muchos siglos.

La aparición del islam y su rápida expansión fue un factor unificador para la Iglesia cristiana de Roma y los nuevos reinos bárbaros de Europa, que abrazaron el cristianismo y se ganaron el favor del obispo de Roma, el papa. Y lo que es más importante, Carlomagno el Grande, rey de los francos y el hombre que conquistaría media Europa a finales del siglo VIII, recibió una aprobación papal especial. Carlomagno obligó a las tribus germánicas a convertirse al cristianismo tras décadas de guerras y amplió las fronteras de sus reinos hasta incluir la mayor parte de la actual Francia, la mitad occidental de Alemania y el norte de Italia. Era un cristiano devoto y a menudo generoso con el papa. Finalmente, en el año 800, el papa León III le coronó emperador del Sacro Imperio Romano Germánico en la catedral de San Pedro de Roma, convirtiéndole en el nuevo soberano de Europa junto con el emperador de Oriente.

Los triunfos de Carlomagno y su exitosa dinastía carolingia afirmaron el dominio de la Iglesia católica romana como institución central indiscutible de la Europa posromana hacia el año 1000. Con el paso del tiempo, nuevos reinos y principados surgieron del caos del mundo posromano, sintetizando los nuevos valores del cristianismo católico con el sistema feudal. El cristianismo dominaba abrumadoramente las culturas de las nuevas formaciones estatales, con el papa como autoridad más respetada. El sistema que acabó surgiendo de la Alta Edad Media pretendía estabilizar los problemas que habían surgido tras la caída del Imperio romano.

La Edad Media

La Alta Edad Media es, en gran medida, el periodo «medieval» estereotipado representado en la cultura actual e incrustado en la conciencia de muchas personas. Fue una época en la que aún se estaban institucionalizando las marcadas divisiones jerárquicas de Europa, que permanecerían inalteradas durante cientos de años. Todo el poder se concentraba en los señores feudales, barones, duques y reyes o en las autoridades religiosas católicas, que ejercían gran influencia sobre las figuras políticas. La inmensa mayoría de la población vivía en terribles condiciones cotidianas, dependiendo de las buenas cosechas y de la voluntad de sus soberanos. Las constantes guerras e incursiones diezmaban a menudo el campo. Y aunque la estructura política general de la mitad occidental del continente se estabilizaba lentamente, la vida cotidiana de la mayoría de la gente no era en absoluto pacífica. Las tasas de alfabetización eran terriblemente bajas, y solo el clero y los miembros de la clase más alta recibían educación. Las ciudades y los pueblos eran pequeños y se concentraban en los mercados.

Además de unas condiciones de vida en general poco interesantes, repetitivas y duras, la Alta Edad Media también puede caracterizarse por una uniformidad cultural e ideológica como quizá nunca volvió a darse en Europa. Tras la caída del Imperio romano, especialmente después del año 1000, el cristianismo se erigió orgullosamente en el centro de todo lo europeo. Esto se debió en gran parte a que la Iglesia se consideraba a sí misma como la fuerza unificadora de Europa, algo que hasta cierto punto era cierto. Esto, a su vez, hizo que el clero se convirtiera en una de las figuras más respetadas y con mayor autoridad entre los miembros de las clases altas y bajas de la sociedad. La devoción a un estilo de vida verdaderamente cristiano se consideraba lo más noble y virtuoso que una persona podía practicar, ya que se suponía que el objetivo de todo cristiano era alcanzar la salvación. La gente se desvivía por ello: peregrinaciones lejanas y donaciones a la Iglesia eran algunas de las mejores y más comunes prácticas de quienes podían permitírselo. El papel de la Iglesia y el cristianismo se reafirmó con la época de las cruzadas, la lucha de 200 años de la cristiandad europea por conquistar Tierra Santa de Jerusalén y sus alrededores a sus gobernantes musulmanes. En las ocho campañas principales que comenzaron en 1095, decenas de miles de cristianos murieron luchando en nombre de Cristo. Pero la cristiandad no pudo lograr ninguna victoria duradera en el Levante, viéndose obligada a abandonar finalmente sus conquistas.

Aun así, las cruzadas reconfirmaron la autoridad papal y se convirtieron en una empresa muy prestigiosa durante los siglos XII y XIII. Estaba implícito que los gobernantes devotos irían en campaña a Tierra Santa si Roma convocaba una cruzada, y el éxito en las campañas se asociaba a un gran honor y dignidad. Las cruzadas también contribuyeron a separar completamente la Iglesia católica occidental de Roma de la Iglesia ortodoxa oriental, cuya cabeza era el patriarca de Constantinopla. Las diferencias derivadas de las diferencias culturales entre Occidente y el Imperio bizantino se agravaron cada vez más, dando lugar a problemas entre los dos bandos en cuanto a la interpretación de las doctrinas y escrituras cristianas. En el siglo XI, el patriarca de Constantinopla fue excomulgado de la Iglesia por el papa, y la Iglesia oriental se separó oficialmente de la occidental. En 1204, durante la infame cuarta cruzada, un grupo de cruzados europeos cambió de rumbo y saqueó Constantinopla inesperadamente, aunque se dirigían a Tierra Santa. Esto supuso una tensión irreparable en las relaciones entre la Iglesia de Oriente y Occidente.

Un acontecimiento importante justo antes del comienzo del Renacimiento fue la casi duplicación de la población europea entre los años 1000 y 1300, que alcanzó un máximo de unos 75 millones de personas. El rápido crecimiento demográfico de Europa se debió a la relativa estabilización de la situación tras el caos que supuso la caída del Imperio romano. Sin embargo, a mediados del siglo XIV, al menos un tercio de la población europea murió a causa de la epidemia de peste negra, lo que retrasó considerablemente el progreso. Propagada desde Asia, la peste bubónica asoló Europa, muriendo sus víctimas poco después de contraer la enfermedad o tras sufrir largas y espantosas muertes. Las zonas urbanas experimentaron una rápida despoblación, y la escasez de mano de obra causada por la epidemia desencadenó daños aún mayores. Los niveles de población no volverían a ser los mismos hasta aproximadamente 1550.

La peste bubónica expuso a Europa su principal problema: el continente era perpetuamente vulnerable a los brotes de enfermedades a gran escala, incapaz de combatirlas por falta de medicinas. Las enfermedades afectaban sobre todo a los pobres, que rezaban con vehemencia a Dios para evitar la desgracia, pero sin éxito. La peste retrasó quién sabe cuántos años el desarrollo de Europa. La esperanza de vida disminuyó considerablemente. Alrededor de una quinta parte de los recién nacidos moría antes de cumplir un año de vida.

Esto, unido a las constantes guerras entre estados y al estancamiento ideológico y cultural de la Europa de la Edad Media, hizo que este periodo se considerara los «años oscuros». Sin embargo, este término no se aplicó al periodo hasta mucho más tarde, cuando los periodos sucesivos dieron lugar al progreso, el aprendizaje y una relativa prosperidad en comparación con la miseria de la Edad Media. De hecho, es bastante sorprendente que, ni siquiera doscientos años después de haber sido diezmada por la peste, Europa fuera un lugar completamente nuevo. En lugar de las calles vacías, infestadas de ratas, sucias y fangosas de las ciudades europeas, surgirían caminos limpios y pavimentados, a menudo llenos de gente. El desarrollo de nuevas profesiones fomentaría el nuevo crecimiento de las zonas urbanas. La alta sociedad prosperaría a medida que los redescubrimientos de textos antiguos despertaran una cultura europea perdida hacía mucho tiempo, que había permanecido desconocida durante unos mil años. El progreso científico y tecnológico mejoraría enormemente la calidad de todos los aspectos de la vida y daría lugar a un nuevo impulso para aprender, explorar el mundo y crecer como seres humanos. En resumen, tras siglos de estancamiento y ociosidad, Europa estaba preparada para renacer.

Capítulo 2 - El nacimiento del renacimiento

Entrando en el Renacimiento

Como ya se ha mencionado, las ciudades europeas crecieron rápidamente en tamaño y población durante los siglos XII y XIII. Esto se debió en gran medida al nivel de soberanía que estas ciudades experimentaron en comparación con Francia o Inglaterra. Debido a la compleja naturaleza del Sacro Imperio Romano Germánico (compuesto por cientos de ciudades libres individuales), por ejemplo, las baronías, provincias y otros grupos administrativos estaban muy descentralizados, aunque formalmente gobernados por un emperador. Esto significaba que las entidades individuales tenían más libertad y competían constantemente entre sí. Esto era especialmente cierto en Alemania, los Países Bajos y el norte de Italia.

En los Países Bajos, las ciudades se beneficiaban de su proximidad a la costa, en la encrucijada de las rutas comerciales del norte. Debido a la falta de estados centralizados en Italia, también surgieron muchas ciudades-estado, como en la antigua Grecia. Estas ciudades-estado, aunque todas «italianas», estaban gobernadas por diferentes gobernantes y competían constantemente entre sí. Por este motivo, el crecimiento urbano era mayor en estas zonas. Dado que estas ciudades no recibían apoyo del exterior —como, por ejemplo, las ciudades más pequeñas de Francia o Inglaterra, que habrían estado vinculadas económica o administrativamente al resto de los reinos del rey—, muchas instituciones y servicios diferentes, como hospitales, universidades o gremios, se concentraban juntos.

El crecimiento urbano y las estructuras descentralizadas de las ciudades-estado de Europa pueden considerarse sin duda un requisito previo del Renacimiento. En el norte de Italia, donde se produjeron los logros más maravillosos del Renacimiento y de donde partió el movimiento, por ejemplo, había unas veinte ciudades-estado en el siglo XIV.

Debemos recordar que el movimiento o periodo que ahora llamamos Renacimiento no fue independiente, separado de la Edad Media desde el principio. Su desarrollo fue gradual y simultáneo entre 1350 y 1530, centrándose en Italia y extendiéndose después al resto del continente. El Renacimiento fue una combinación de progreso artístico, intelectual, científico, sociopolítico y tecnológico que transformó la forma de ver la vida de los europeos, afectando al continente y al mundo durante generaciones. El crecimiento urbano y la mayor interconexión de las distintas regiones del continente en el siglo XIV contribuyeron enormemente a poner en marcha el proceso.

La península itálica, situada convenientemente en una encrucijada entre el resto de Europa y el mundo oriental a través del Mediterráneo, era un lugar perfecto para el intercambio cultural y material que estaba a punto de producirse. Gracias a la expansión del comercio en el siglo XII, varias ciudades-estado italianas se hicieron muy prósperas y pudieron hacer frente a imperios mayores. Venecia y Génova, por ejemplo, eran poderosos imperios comerciales que basaban su poder en su capacidad marítima. El papa controlaba Roma y sus alrededores, y el reino de Nápoles el sur, mientras que Florencia y Milán se contaban entre las ciudades-estado más influyentes del norte de Italia. Existían divisiones sociales, pero a pesar de sus diversos estilos de vida, todos estaban interconectados. Estas relaciones urbanas solo habían existido a esta escala durante el apogeo del Imperio romano, cuando los ayuntamientos, los tribunales y las zonas de reunión pública estaban muy organizados y cuidados. Además, Italia era el lugar donde la herencia romana era más visible —en el sentido más literal del mundo—, algo que enorgullecía a los habitantes de las ciudades-estado.

Una forma en que los italianos se reconectaron conscientemente con sus antepasados romanos fue a través de la organización política de sus ciudades-estado. Desde aproximadamente el siglo XIII, la mayoría de las ciudades-estado italianas eran repúblicas gobernadas por asambleas populares. El tamaño y la naturaleza de las asambleas variaban, pero se asemejaban mucho al antiguo gobierno romano, ya que solían estar formadas por élites masculinas adineradas. La participación en la vida pública se consideraba un honor, por lo que existían claras distinciones entre quién era apto para gobernar y quién no (aunque eso no significaba que la movilidad social fuera imposible). Los comerciantes ricos, por ejemplo, eran tan influyentes como la nobleza, aunque quizá no poseyeran tantas tierras. El grueso de la población urbana estaba formado por artesanos y comerciantes locales especializados en una industria y que aportaban su granito de arena a la próspera escena de la ciudad. Este tipo de división social también reflejaba la antigua división romana entre patricios y plebeyos.

Sin embargo, la vida política era igual de dinámica. Las familias poderosas de las ciudades-estado italianas tenían a menudo intereses contrapuestos, luchaban por el poder de distintas fuentes y competían por hacerse con el dominio. Por este motivo, algunas ciudades-estado se convirtieron en gobiernos hereditarios. Por ejemplo, la familia Visconti se había convertido en la más poderosa de Milán, gracias a su enorme negocio de fabricación textil, pero sería derrocada en el año 1447 por la familia Sforza, que impuso su propio gobierno despótico en la ciudad durante años. La infame familia Médici, por su parte, logró convertirse en gobernante hereditaria de Florencia, amasando su fortuna gracias al monopolio de la industria bancaria. En cambio, la República de Venecia era lo más republicana posible. Su gobernante, el *dux*, era elegido por una asamblea popular, el Senado, y tenía poderes ejecutivos que eran equilibrados por el Gran Consejo y el Senado. Este sistema de frenos y contrapesos, aunque no daba lugar exactamente a la democracia representativa que es la forma de gobierno más común hoy en día, era sin embargo una rareza en el mundo medieval. En parte, se debía a las novedades y redescubrimientos culturales e intelectuales de los que hablaremos más adelante. Por otra parte, representaba esos redescubrimientos y novedades al reproducir el tipo de sistema de gobierno preferido por los antiguos romanos.

El nuevo centro cultural de Europa

No es de extrañar que Florencia sea considerada la cuna del Renacimiento italiano, a partir de la cual se produjeron todos los demás desarrollos del movimiento en etapas posteriores. Es la ciudad más asociada con el Renacimiento incluso hoy en día, y varios factores contribuyeron a su emergencia como el nuevo centro cultural de Europa Occidental. La ciudad-estado experimentó un enorme crecimiento económico y cultural entre los siglos XIII y XVI, y todos los factores desempeñaron papeles complementarios en el meteórico ascenso de Florencia.

Situada en el norte de la península itálica, en la provincia de Toscana, Florencia era una modesta ciudad a orillas del río Arno tras la caída del Imperio romano. Experimentó niveles de inestabilidad similares a los de otros lugares de esa parte del mundo durante los primeros 500 años posteriores a la caída de Roma. Sin embargo, su conveniente ubicación y su inteligente gobierno acabaron convirtiéndola en una de las ciudades más prósperas de Europa. Regida por ricos mercaderes, conocidos como los *grandi*, Florencia acumuló una riqueza considerable que sus gobernantes volcaron en el desarrollo de la ciudad. Los *grandi* encargaban a artesanos y arquitectos la mejora de sus propiedades, que se encontraban cerca de la ciudad o dentro de sus murallas, contribuyendo así también a dar un buen aspecto a Florencia. Los funcionarios del gobierno eran elegidos entre varios gremios de mercaderes, por lo que el poder permanecía en esa clase. Era una oligarquía típica, en la que los medios de poder estaban en manos de unos pocos individuos ricos. Estos, en combinación con los letrados y la milicia de la ciudad, hacían cumplir las leyes y dirigían los asuntos exteriores. Los consejos populares también se reunían para debatir asuntos cívicos, de nuevo basándose en las tradiciones arraigadas en la conciencia de muchos desde la antigua época romana.

En el siglo XIV, las penurias se abatieron sobre Florencia y el resto del continente debido a la propagación de la peste negra. Las clases bajas de la ciudad se rebelaron en la revuelta de los Ciompi, presionando a las élites y exigiendo más igualdad económica y social. Esto condujo a un periodo bastante turbulento en la historia de Florencia que terminaría parcialmente hacia 1434, cuando Cosme de Médici y su familia emergieron en la cima de la política florentina. Los Médici, una de las familias más ricas de Italia en aquel momento, gracias a la supervisión de uno de los sistemas bancarios más eficientes, se ganaron la lealtad de la milicia de la ciudad y derrocaron a los demás gobernantes. Este movimiento estuvo motivado en parte por la voluntad de la familia de ampliar su influencia y riqueza, y ambos objetivos se alcanzaron con éxito. A continuación, mediante la manipulación del sistema electoral vigente, Cosme de Médici se hizo con el control de los cargos más importantes del gobierno y se convirtió en el único gobernante de la próspera ciudad-estado.

El mandato de los Médici aceleró aún más el ascenso de Florencia al poder. En 1406, la ciudad-estado conquistó la vecina ciudad-estado de Pisa, extendiendo su control y sus territorios y poseyendo otra ciudad bastante rica. Los Médici aprovecharon esta ventaja: el control de Pisa les dio acceso directo al mar, a través del cual aumentaron su riqueza. La manufactura textil y el comercio prosperaron en la ciudad, y sabiendo que los Médici iban a ser sus mecenas, cada vez llegaba más gente. A mediados del siglo XV, la ciudad se había convertido en una de las zonas más urbanizadas de Europa. Los altos niveles de urbanización repercutieron en otros aspectos de la vida, sobre todo en los índices de alfabetización. Se construyeron numerosas escuelas y universidades nuevas, lo que creó una mano de obra más competente que impulsó los ingresos de la ciudad y el desarrollo de ciudadanos muy cultos, de buen gusto y orgullosos. En otras palabras, se daban todos los requisitos previos para los grandes avances culturales que estaban por llegar (y que ya estaban despegando lentamente cuando los Médici accedieron al poder): la ciudad prosperaba económicamente, gracias al sabio gobierno de sus nuevos dirigentes, y su sociedad era estable y dinámica.

Redescubrimiento del pasado

Cuando Florencia y el resto del norte de Italia se convirtieron en el nuevo centro económico y social de Europa occidental, la situación estaba madura para un gran avance cultural, que se manifestó cuando los italianos empezaron a poner cada vez más énfasis en el redescubrimiento y la celebración de los textos clásicos. Este proceso también se inició en torno al siglo XIV y, cuando los Médici tomaron Florencia, estaba en su apogeo.

Uno de los más influyentes impulsores de los logros culturales del Renacimiento es Francisco Petrarca, Poeta y erudito de ascendencia toscana, Petrarca recibió su educación en la ciudad meridional francesa de Aviñón durante la primera mitad del siglo XIV. Durante esta época, los conflictos y rivalidades en el papado y la influencia de los reyes franceses habían dado lugar al turbulento periodo del «papado de Aviñón», en el que dos papas rivales reclamaban simultáneamente ser la cabeza de la Iglesia católica. Uno de ellos tenía una corte en Aviñón, lo que significaba que la ciudad francesa contaba con una concentración de clérigos y abogados bien educados. Petrarca tuvo la suerte de acabar en

Aviñón, donde se convirtió en un maestro de la antigua lengua latina y empezó a copiar obras antiguas de los manuscritos disponibles en la corte papal. En aquella época, los únicos que tenían acceso a estos textos eran los clérigos, pero pocos eran tan entusiastas como Petrarca por descubrir más. Su pasión por aprender lo llevó a recuperar las *Cartas a Atenas* del gran escritor romano Cicerón, guardadas en la catedral de Verona, lo que motivó aún más al joven toscano a seguir buscando manuscritos antiguos. Viajó por toda Europa y encontró cada vez más textos de este tipo, que habían sido almacenados en las profundidades de las bibliotecas y criptas de las antiguas catedrales cristianas. Al final, Petrarca se convirtió en uno de los eruditos más destacados de la Europa del siglo XIV, acumulando grandes conocimientos de literatura antigua y contagiando su pasión a muchos otros, como Giovani Boccaccio, que también empezó a coleccionar literatura clásica.

Petrarca, Boccaccio y otros coleccionistas y eruditos de los textos clásicos encontraron en ellos algo nuevo, algo cautivador. A diferencia de la tradición escolástica del mundo medieval, que se centraba principalmente en el estudio del derecho, la medicina y la teología mediante la aplicación de la razón a cuestiones filosóficas y teológicas, estos textos desviaron la atención hacia el estudio de las artes liberales que se consideraban de gran importancia durante la Antigüedad. Lógica, gramática, música, astronomía, geometría, aritmética, retórica y metafísica eran materias a las que se adherían los antiguos romanos. En conjunto, formaban la *humanitas* (humanidades), una categoría que hacía hincapié en la sabiduría y la virtud, cuya exploración daba más libertad intelectual y satisfacción al individuo. De ahí que los que estudiaban humanidades recibieran el nombre de humanistas, y que el movimiento que iniciaron se conociera como humanismo.

A mediados del siglo XV, un acontecimiento crucial en Oriente aceleró el desarrollo del humanismo y la propagación de la pasión por el saber. En 1453, los turcos otomanos sitiaron y capturaron la gran ciudad de Constantinopla. El Imperio bizantino, que había sobrevivido unos mil años tras la caída de Roma, fue destruido. Los turcos musulmanes habían presionado a los bizantinos durante muchas décadas, y poco a poco se fueron apoderando de los territorios del otrora gran Imperio romano de Oriente. La caída de Constantinopla y los acontecimientos que la precedieron provocaron la emigración de los eruditos griegos bizantinos a Occidente, y la mayoría de ellos acabaron en Italia. Trajeron consigo más textos clásicos y cultura de la antigua Grecia, que se habían conservado relativamente bien, pero que no estaban al alcance del resto de Europa debido a la división sociopolítica y cultural entre los bizantinos y Occidente. Las ideas traídas por Bizancio se tradujeron del griego antiguo al latín y a otras lenguas modernas, y se difundieron enormemente con la tradición de aprendizaje existente que había comenzado a principios del siglo XIV. Y lo que es más importante, el redescubrimiento de la filosofía, la mitología y la historia griegas clásicas fue vital para el desarrollo del movimiento humanista y acabó convirtiéndose en uno de los pilares del Renacimiento.

Por tanto, a medida que en los siglos XIV y XV se iba descubriendo más y más del pasado clásico, la forma de pensamiento medieval que había permanecido estancada durante varios cientos de años comenzó a evolucionar. El humanismo consideraba el pasado clásico como la época más gloriosa de la historia, celebrando los logros intelectuales y las virtudes morales de los antiguos romanos y griegos. Creían que la tradición escolástica medieval se había centrado en cosas triviales ignorando algo mucho más importante: la naturaleza del hombre. Este aspecto central del pensamiento humanista estaba muy influido por filósofos griegos como Aristóteles y Platón, que se habían planteado cuestiones relativas a la moralidad, las virtudes y la verdad, y querían aprender más sobre estos fenómenos fuera del prisma tradicional de comprensión. Para los humanistas no bastaba con replegarse en la filosofía y limitarse a especular. Necesitaban plantear los ideales del hombre para que todos pudieran alcanzarlos. El pensamiento del Renacimiento tendió un puente con la Antigüedad clásica, que había situado al ser humano, con todas sus mejores y peores cualidades, en el centro de su universo, y trató de revivir esta comprensión e institucionalizarla en las mentes de los medievales.

Capítulo 3 - La esencia del Renacimiento

El afán de sintetizar

El principal resultado del redescubrimiento y la mejor familiarización con la Antigüedad clásica fue el impulso por comprender más sintetizando clasicismo y cristianismo. Los textos antiguos hacían hincapié en la capacidad de los seres humanos para lograr básicamente todo lo que quisieran. Petrarca fue uno de los primeros en reafirmarlo. Creía en la capacidad innata de la humanidad para ser sabia y tomar decisiones conscientes y racionales, lo cual no significaba precisamente el abandono del modo de vida cristiano. El pensamiento humanista era único porque trataba de combinar la moral principal del cristianismo con la mejor versión del hombre que se encontraba en la antigüedad clásica.

Por ejemplo, un ámbito en el que esto se manifestó a la perfección fue la readopción de una determinada concepción de la vida muy celebrada en la antigua Roma y Grecia: la participación individual en los asuntos públicos. Los antiguos romanos y griegos aclamaban los principios del republicanismo y la democracia. Creían que un hombre verdaderamente sabio y bondadoso debía implicarse en los asuntos más acuciantes de su ciudad o estado. Si uno podía contribuir de algún modo a mejorar la vida pública, ya fuera enseñando, tomando las armas o votando, casi se esperaba que lo hiciera. Para los pensadores antiguos, un Estado fuerte era complementario a la formación de una sociedad próspera, autosuficiente y virtuosa, y viceversa. La rama del humanismo que volvió a hacer hincapié en esto suele denominarse humanismo cívico. Los humanistas cívicos creían que las antiguas sociedades griega y romana eran tan prósperas porque la gente comprendía lo importante que era participar en los asuntos públicos por el bien común. Los que no lo hacían no merecían ser considerados «buenos».

El Renacimiento temprano mantuvo sus estrechos vínculos con el cristianismo. Esto no era inesperado, ya que, para entonces, el modo de vida cristiano se había convertido en una normalidad para Europa. En cambio, sintetizó lo mejor del clasicismo y el cristianismo, y la forma en que lo hizo fue maravillosa. El ejemplo más destacado es la *Divina Comedia* de Dante, escrita en 1321. En su obra maestra, Dante viaja por el Infierno, el Purgatorio y el Cielo (todos ellos formaban parte de la doctrina cristiana y así se representaban). Allí, Dante se encuentra con seres históricos y mitológicos, algunos esperando su entrada en el Cielo y otros sufriendo terriblemente por sus pecados. Entre los que sufren hay personas de la Italia contemporánea conocidas por ser corruptas, fraudulentas o malvadas. De este modo, Dante también empleó el humanismo cívico de este modo: pintó la falta de participación en los procesos públicos por el bien mayor y las acciones maliciosas deliberadas como uno de los peores pecados a través de una lente cristiana. Fue un ejemplo bastante creativo de cómo la tradición clásica se combinaba con la visión cristiana de la vida. La *Divina Comedia* sigue siendo una de las mejores obras de la literatura hasta nuestros días.

Otra forma de lograr la síntesis de las concepciones cristiana y clásica de la vida fue reinterpretar la antigüedad clásica a través de un prisma cristiano. Se reinterpretó la obra de poetas clásicos como Virgilio, personaje central de la *Divina Comedia* de Dante, cuya epopeya, *La Eneida*, pretendía personificar los ideales de un ciudadano romano virtuoso. El personaje principal de la epopeya, Eneas, fue representado por los humanistas como sometido alegóricamente a una lucha cristiana por encontrar la salvación y la pureza del alma a través de su viaje en busca del deber para con el gran Imperio romano, como se menciona en la epopeya original. Era una forma de apropiarse de la ideología y la visión clásicas de la vida en entornos contemporáneos. Los humanistas afirmaban que la tradición clásica no era incompatible con lo que defendía el cristianismo y trataban de ampliar la relación entre ambos.

De hecho, el Renacimiento no solo no abandonó el cristianismo por la Antigüedad, sino que fue probablemente el periodo en que Europa más abrazó la religión. Se construyeron cientos de nuevas catedrales e iglesias en Italia y en todo el continente, que tenían estilos arquitectónicos distintivos del Renacimiento y estaban decoradas con obras de artistas renacentistas. La educación religiosa también despegó, y cada vez más gente empezó a entregarse al estudio de las escrituras y doctrinas cristianas. El resultado fue una mayor institucionalización del catolicismo en la vida de todos los europeos. Además, con más tiempo dedicado al estudio de la doctrina y la esencia de la religión, el Renacimiento tardío dio origen a una de las diversidades religiosas más influyentes surgidas del cristianismo: la Reforma protestante. Más adelante, veremos cómo el protestantismo nació en la Alemania del siglo XVI y se basó en las ideas humanistas propuestas a principios del Renacimiento para transformar para siempre la vida de millones de cristianos.

El individuo de nuevo en el centro

Una ruptura fundamental del Renacimiento con la forma de pensar de la Alta Edad Media fue volver a poner al ser humano en el centro de atención. Durante el Renacimiento, los hombres y las mujeres eran seres razonables, capaces de alcanzar la sabiduría, la moralidad y la virtud por sí mismos, sin la guía de la Iglesia cristiana que se había impuesto a los europeos cada vez más tras la caída de Roma. Al igual que en la Antigüedad clásica, los individuos podían ser grandes y heroicos. Podían aventurarse hacia lo desconocido con el deseo de aprender más sobre el mundo y sobre sí mismos, y salir airosos de sus empresas. Ya no se los consideraba eternamente manchados por el pecado original. Por el contrario, podían prosperar y prosperarían en un mundo lleno de posibilidades si se esforzaban lo suficiente y ponían todo su empeño en ello. La independencia y la autonomía de elección fueron enfatizadas por el humanismo y consideradas como las mayores cualidades que poseía el ser humano. El énfasis en el individualismo también dio lugar, en cierto modo, al desarrollo de la autobiografía como género literario común. Cada vez más gente se dedicaba a escribir diarios, por ejemplo, lo que no hacía sino impulsar aún más el deseo de aprender.

También se amplió la definición de lo que significaba ser civilizado. Al principio, la alta sociedad italiana empezó a vestir mejor y de forma más limpia, así como a comportarse con más orgullo. Se apreciaban los buenos modales y la conducta en general, y cada vez más escritores hacían hincapié en ello. Castiglione, por ejemplo, subrayó la necesidad de institucionalizar una conducta más elevada. Las personas debían comprender por qué se comportaban así y luego actuar de ese modo sin esfuerzo, convirtiendo su comportamiento en una parte esencial y natural de ellas, como respirar. Esto se basaba en gran medida en los avances del pensamiento humanista sobre lo que significaba ser virtuoso, educado y sabio, y se prestó más atención a los modales estoicos. La gente empezó a especular sobre lo que significaba ser un «hombre ideal», combinando una vez más lo que habían redescubierto en la tradición clásica con lo que su vida cristiana les había enseñado. Saber leer y escribir en varios idiomas, familiarizarse con una etiqueta pública cada vez más dinámica, ser capaz de pintar, cantar, tocar instrumentos musicales o ser bueno en las actividades físicas pasaron a valorarse cada vez más. La educación, así como la voluntad de aprender y explorar también eran vitales para la visión idealista del «hombre del Renacimiento», aunque resultaran bastante inalcanzables para la mayoría de las personas, que no disponían de medios para perseguir tantas pasiones a la vez.

Por otra parte, la pretensión del Renacimiento de haber redescubierto la esencia de la humanidad supuso escasos avances en cuanto a la condición de la mujer, que seguía viviendo bajo las mismas restricciones sociales que antes. Esto se debía en parte a que las mujeres seguían siendo consideradas descendientes pecadoras de la Eva bíblica. Por esta razón, se las asociaba sobre todo con emociones y atributos negativos como el engaño, el caos y los celos. Así se las representaba a menudo en el arte renacentista (algo que abordaremos más adelante). En las familias, los niños eran casi siempre preferidos a las niñas, que eran casadas rápidamente o enviadas a conventos, donde al menos podían recibir alguna educación. Las mujeres eran consideradas menos competentes en casi todas las actividades, una concepción que persistiría durante muchos siglos más.

Capítulo 4 - El arte del Renacimiento italiano

Proto-Renacimiento

El arte renacentista es quizá por lo que más se recuerda este periodo. En Italia, Leonardo da Vinci, Rafael, Miguel Ángel, Tiziano, Sandro Botticelli, Donatello y otros fueron pioneros en los avances de la pintura y la escultura; artistas alemanes y holandeses como Albrecht Durero, Jan Van Eyck y Rogier van der Weyden exploraron aún más los horizontes artísticos. Como todos los demás aspectos del periodo, el arte renacentista manifestó la nueva forma de pensamiento introducida con el inicio del humanismo y el redescubrimiento de las tradiciones clásicas. Evolucionando desde los escenarios y temas religiosos, que dominaban la pintura antes del Renacimiento, las pinturas renacentistas también situaron al ser humano en el centro de atención, perfilando su físico y tratando de explorar sus emociones interiores. Los pintores renacentistas representaron desde la mitología antigua hasta acontecimientos históricos, piezas bíblicas y la vida cotidiana. Gracias al desarrollo de nuevas técnicas pictóricas y a una comprensión más completa del cuerpo humano, los pintores renacentistas produjeron algunas de las obras de arte más memorables hasta nuestros días. Lo mismo puede decirse de la escultura y la arquitectura, que mejoraron enormemente, inspirándose en gran medida en la Antigüedad.

Antes de examinar la esencia del arte del Renacimiento y cómo se desarrolló a lo largo de siglo y medio, es mejor analizar cómo lo que precedió directamente al Renacimiento revolucionó la comprensión humana del arte. En el siglo XIII, como ya se ha mencionado, los temas religiosos dominaban la pintura. En Italia, los artistas solían basar sus obras en la iconografía bizantina (griega), desarrollando el estilo ítalo-bizantino. Pintadas sobre lienzos pequeños y portátiles, y utilizando el medio del temple, derivado de la mezcla de pigmentos solubles en agua con yema de huevo (cuya principal ventaja era que se secaba rápidamente), todas estas pinturas tenían un aspecto bastante similar. Por ejemplo, aunque fueran encargadas por diferentes iglesias o catedrales, las representaciones de la Virgen con el Niño solían realizarse sobre un fondo dorado, y los detalles de los personajes del interior de las pinturas solían estar fijos o apenas se modificaban. Ocupando el centro del escenario, la Virgen sostenía a Jesús en una misma posición, con la cabeza inclinada de la misma manera, vistiendo ropas similares y con expresiones faciales parecidas y sutiles. Esta era la forma universalmente aceptada de representar a la Virgen con el Niño, y los pioneros del arte medieval, como el florentino Cimabue y el sienés Duccio, siempre los pintaron así.

A finales del siglo XIII, irrumpió en la escena artística del norte de Italia un nuevo pintor, considerado a menudo la influencia de la que otros artistas del Renacimiento tomaron importantes préstamos. Giotto di Bondone, más conocido simplemente como Giotto, fue un aprendiz de Cimabue que realizó uno de los primeros avances en la pintura medieval ítalo-bizantina. Su estilo se diferenciaba del de sus predecesores en que representaba escenas más dinámicas y hacía que las figuras de los personajes fueran totalmente tridimensionales. Giotto fue uno de los primeros cuyos cuadros contaban algún tipo de historia y tenían personajes que interactuaban dinámicamente entre sí. Su estilo fue una evolución del estilo iconográfico de la escuela bizantina, y sus personajes tenían características distintas en las diferentes pinturas y frescos que realizó. *La Lamentación* es probablemente la obra más célebre de Giotto. Los personajes bíblicos que se lamentan por Cristo y los ángeles representados arriba tienen todos rasgos faciales y emociones distintivos. Están en movimiento e interactúan plenamente entre sí. Esto era muy diferente de las obras de sus predecesores, que esencialmente repetían los atributos de sus personajes y los representaban como seres ascéticos e indiferentes.

Giotto, *Lamentación* (El luto de Cristo) [16]

Arte del Renacimiento temprano

Los historiadores consideran el año 1425 como el final del periodo proto-renacentista y el comienzo del Renacimiento temprano, que una vez más se concentró principalmente en Florencia y sus alrededores. Para entonces, Giotto ya se había convertido en un artista de renombre en el norte de Italia, y sus contemporáneos empezaban a emular su estilo, que sin saberlo estaba revolucionando el arte tal y como lo conocían. Se limitaron a representar escenas bíblicas, por supuesto, y fueron contratados principalmente por diferentes iglesias para completar su diseño interior con frescos. Destaca, por ejemplo, la *Anunciación de los pastores* en la iglesia florentina de Santa Croce. Pintadas por Taddeo Gaddi, las figuras del interior del fresco están claramente en movimiento e interactúan entre sí. Tienen formas claramente tridimensionales, muy parecidas a las de la obra de Giotto. Lo especial de la *Anunciación* es el contraste de color, ya que la luminosa mitad superior del fresco contrasta enormemente con la mitad inferior, más oscura, lo que la convierte en una de las primeras obras en las que se utilizó el sombreado con tanto detalle.

Lamentablemente, las desgracias que trajo la peste negra en la segunda mitad del siglo XIV detuvieron un poco el desarrollo del Renacimiento, o al menos lo aplazaron hasta principios del siglo XV. Alrededor de la misma época, la percepción pública de los artistas empezó a cambiar. Antes se los consideraba sobre todo artesanos, gente a la que se podía contratar simplemente para que hiciera el trabajo que uno quería, igual que se podía contratar los servicios de un artesano o un alfarero. Pero el cambio de actitud hacia el arte coincidió con los avances del humanismo y el redescubrimiento gradual de obras antiguas, que destacaban la belleza del alma y celebraban la habilidad humana, considerando el arte como algo prestigioso, no como una profesión más. Los artistas ya no consideraban la pintura o la escultura como algo que hacían porque necesitaban el dinero para sobrevivir.

Leonardo da Vinci, quizá el hombre que más representa el espíritu del Renacimiento, consideraba su trabajo una manifestación de «arte superior», no una mera profesión u oficio. La ideología humanista, que enfatizaba el aprendizaje y la búsqueda de la grandeza y la perfección, desempeñó un papel importante en el desarrollo de tal concepción. Los artistas empezaron a creer que debían mejorar constantemente su trabajo, aunque les llevara años. Motivados por captar a la perfección la esencia de tal o cual acontecimiento bíblico, mitológico o histórico, empezaron a ir cada vez más allá de los límites de los estilos artísticos tradicionales, centrándose en intentar que el espectador comprendiera la gravedad y seriedad de las situaciones representadas en sus cuadros. Pronto, un subproducto de esto fue que las pinturas empezaron a parecer más reales y naturales, ya que los personajes se volvieron más dinámicos y empezaron a parecerse a seres humanos reales con sentimientos reales.

La concepción neoplatonista de la vida, redescubierta con el humanismo y desarrollada como una perspectiva bastante prominente, también contribuyó a esta concepción del arte. El neoplatonismo sugería que ideas como la bondad o la belleza existían fuera del ámbito perceptible para los humanos en la vida cotidiana. Enfatizaba la necesidad de perfeccionarse para alcanzar la versión más cercana posible de estos ideales. Esta concepción fue cada vez más compartida por los artistas del Renacimiento a medida que el movimiento maduraba. A lo largo del desarrollo del arte renacentista, se puede observar cómo, de pinturas monótonas que representan personajes idénticos en sus formas y maneras, se pasó a pinturas más diversificadas. Esta evolución puede observarse en las obras de uno de los primeros artistas verdaderamente renacentistas, Masaccio, cuyo fresco, *El dinero del tributo*, aún se conserva en la capilla Brancacci de la basílica de Santa María del Carmine de Florencia. El fresco representa una escena bíblica en la que Jesús ordena a Pedro que encuentre una moneda en la boca de un pez para pagar el impuesto del templo. Jesús aparece con sus discípulos y un recaudador de impuestos en el centro. El fresco puede dividirse a su vez en dos partes adicionales a izquierda y derecha. A la izquierda, podemos ver a Pedro junto al agua, buscando la moneda, mientras que a la derecha, se lo observa ya pagando al recaudador de impuestos.

El dinero del tributo, de Masaccio[17]

Esto resulta un poco extraño al principio: ¿cómo intenta el fresco contar toda la escena bíblica a la vez, y por qué se representa a Pedro tres veces en tres puntos diferentes del fresco? Esto es exactamente lo revolucionario de la obra de Masaccio. Se trataba de un fresco diferente a todo lo de su época, que combinaba tres partes diferentes de la escena bíblica con un truco. En el fresco, Cristo es lo que se conoce como el punto de fuga, un punto dentro del cuadro hacia el que se dirigen primero los ojos. El inteligente uso de la perspectiva de un solo punto y del contraste de colores amplifica el efecto visual del fresco. Las escenas adicionales solo se perciben entonces, creando un cuadro cohesionado. En conjunto, la pintura es dinámica, lo que se consigue en parte gracias a la utilización de nuevas técnicas. Por otra parte, el nuevo objetivo de representar la belleza con realismo —algo en lo que el humanismo hizo mucho hincapié— también está presente, lo que hace del fresco una obra estilísticamente distinta.

A principios del siglo XV se produjo un aumento masivo de los gremios de artistas. Los nuevos aspirantes a artistas se inscribían en estas organizaciones como aprendices de pintores y escultores más veteranos y recibían una formación formal. Con el paso del tiempo, el estatus de estos gremios aumentó y la calidad de su pintura también. A mediados del siglo XV, los gremios de prestigio competían entre sí y los de las distintas ciudades desarrollaron sus propios estilos o escuelas de pintura. Con el tiempo, la escuela veneciana, por ejemplo, de la que formaban parte distinguidos pintores renacentistas como Tiziano, Giorgione, Veronés y Tintoretto, hizo hincapié en la sutileza de los colores y su difusión sin esfuerzo entre sí por encima del uso de líneas claras para diferenciar los temas de los cuadros. Los «graduados» exitosos de los gremios de artistas eran reconocidos por sus contemporáneos y empleados durante el resto de sus vidas, contratados por ciudadanos privados que deseaban decorar sus propiedades y enriquecer sus colecciones o diferentes iglesias.

En Italia, el desarrollo de una tradición de mecenazgo de las artes fue tan importante como el desarrollo de nuevas técnicas y estilos artísticos para el florecimiento del Renacimiento. Por ejemplo, las familias adineradas, algunas de antigua ascendencia patricia y otras que habían obtenido sus riquezas gracias al reciente crecimiento económico, invitaban cordialmente a pintores distinguidos a sus ricas villas y les encargaban obras. Esto también beneficiaba a los pintores, que podían trabajar para sus mecenas sin restricciones ni distracciones y entregar obras de la mejor calidad posible, lo que iba en consonancia con su nueva visión humanista de la vida.

Los eruditos humanistas también tuvieron la suerte de recibir el mecenazgo de los ricos como educadores suyos o de sus hijos. Habiendo obtenido conocimientos generales de humanidades y ciencias naturales, eran grandes tutores. Fueron buenos secretarios y consejeros, prestando gran atención a mejorar el comportamiento de sus mecenas, desarrollando la conducta oficial dentro de sus cortes y encargándose de la correspondencia con otros individuos de estatus. Esto se debía en gran medida a que el renovado interés por una vida activa también incluía prestar atención a cosas que podrían haber parecido triviales a la Europa de la Edad Media. La forma de participar en los asuntos públicos era tan importante como lo que se hacía, y todo el procedimiento debía ejercer sabiduría y un sentido de familiarización con las nuevas normas. Las familias ricas no debían comportarse bien por el mero hecho de serlo. Por el contrario, debían institucionalizar la buena conducta y los buenos modales, convirtiéndolos en parte de la vida cotidiana, una tarea en la que los tutores resultaban sumamente útiles.

Los Médici se contaban entre los más destacados mecenas de las artes. Gracias a su excesiva riqueza, a menudo encargaban a arquitectos el diseño de sus propiedades, por ejemplo. A su vez, ese estrecho contacto con la vanguardia del desarrollo cultural elevaba el estatus de los Médici y los hacía mucho más prestigiosos de lo que ya eran. Cosme de Médici, por ejemplo, el hombre responsable del crecimiento de la influencia de su familia, era un apasionado coleccionista de manuscritos antiguos y dedicaba tiempo de su apretada agenda al aprendizaje. Los Médici financiaban los proyectos, a menudo ambiciosos, de los artistas del Renacimiento, que necesitaban muchos materiales y tiempo para completar sus obras. Los artistas, que se sabían seguros en todos los demás aspectos, se entregaban en cuerpo y alma a su pasión y producían lo mejor que podían. Miguel Ángel, por ejemplo, fue uno de los más destacados de los que se beneficiaron de la buena voluntad de los Médici, llegando incluso a diseñar la tumba de los Médici en la basílica de San Lorenzo de Florencia. La educación humanista de los mecenas también hizo que a menudo especificaran lo que querían que hicieran los artistas: qué escenas o personajes representar y cómo. También eran frecuentes los retratos personales o los temas cotidianos. El artista y el comisionado acordaban el precio, primero en función del tamaño del encargo, por ejemplo, y más tarde en función de una evaluación de la habilidad del artista.

Una práctica interesante que se hizo común cuando las relaciones entre artista y mecenas cambiaron a mejor, por ejemplo, fue incluir al mecenas dentro del cuadro como uno de los personajes. Como la mayoría de las cosas en el arte del Renacimiento, esto era muy diferente de lo que había antes. La *Adoración de los Magos* de Masaccio, una de las obras más célebres del Renacimiento temprano pintada en 1426, presenta los retratos del notario que encargó el cuadro y de su hijo. De este modo, los artistas solían homenajear a quienes los «cuidaban», estrechando aún más los lazos entre ellos y sus mecenas, y desarrollando una cultura más cohesionada, amistosa y dinámica, en la que la cooperación era tan valorada como la habilidad.

Curiosamente, sin embargo, no es una pintura lo que se considera la obra más temprana del Renacimiento en Florencia. Se trata más bien de una puerta de iglesia para el Baptisterio de Florencia, diseñada por Lorenzo Ghiberti para un concurso convocado específicamente para seleccionar el mejor diseño en 1401. Basada en el tema bíblico del Sacrificio de Isaac, la obra de Ghiberti presenta una pequeña escultura en relieve en la superficie de la puerta, que representa la escena. Su estilo recuerda al de las otras pinturas que hemos mencionado antes. Los personajes son dinámicos y vivos, con características distintas, y todos se unen para crear una escena. La obra está muy influenciada por el arte clásico, ya que, por ejemplo, Isaac aparece representado como un hombre masculino con un gran físico, una característica destacada de las antiguas obras de arte griegas y romanas, ya que se creía que un cuerpo sano tenía un alma sana. El Baptisterio de Florencia presenta conjuntos de puertas diseñadas por artistas distintos de Ghiberti, que tardó veintisiete años en completar su obra tras ganar el concurso.

El sacrificio de Isaac[18]

En resumen, la primera mitad del siglo XV fue crucial para el desarrollo de la cultura artística en el norte de Italia. Gracias a los avances estilísticos y tecnológicos en pintura y escultura, y al fuerte mecenazgo de las artes por parte de las familias adineradas de Florencia, Venecia, Milán y otras ciudades, los artistas de principios del siglo XV fueron esencialmente la vanguardia de las grandes cosas que vendrían después. Gracias al desarrollo de nuevas técnicas que captaban y utilizaban la luz de forma única, prestaban más atención a las sombras y la perspectiva, y representaban a los personajes como seres dinámicos con emociones y atributos físicos distintivos que interactuaban entre sí, el arte se convirtió en algo muy diferente de lo que había sido durante los cientos de años anteriores. Artistas como Masaccio y Masolino se convirtieron en grandes inspiradores de las gigantescas figuras del Alto Renacimiento, el periodo posterior a la primera mitad del siglo XV.

Alto Renacimiento

En las artes, el periodo conocido como Alto Renacimiento comenzó a finales del siglo XV, alrededor de 1490. Las obras de esta época, que duró en Italia hasta aproximadamente 1530, son quizá las más reconocibles de todo el arte. Por supuesto, como en la mayoría de los acontecimientos a lo largo de la historia, la ruptura con el Renacimiento temprano no se produjo de golpe, por lo que no se puede identificar ningún momento como el comienzo del Alto Renacimiento. Lo que contribuyó al desarrollo del estilo de la época fue el desplazamiento del papel de mecenazgo de los ricos a la Iglesia católica. De hecho, a finales de siglo, Italia sufría una sutil recesión económica, cuyos efectos no harían sino aumentar con el paso de los años. Esto se debió al complejo clima político que existía en la región. Cuando las ciudades-estado se encontraban en el apogeo de su poder político y económico, las naciones más grandes se interesaron cada vez más por engullirlas. Francia y el Sacro Imperio Romano Germánico mostraron un interés creciente por ampliar sus territorios e influir en las prósperas ciudades-estado del norte de Italia, como Florencia, Génova y Milán. España, por su parte, centró su atención sobre todo en el sur de la península. Estos factores externos contribuyeron a intensificar las ya turbulentas relaciones entre las clases más altas de estas ciudades, lo que se tradujo en un aumento de las luchas por el poder y la influencia. Esta agitación tuvo un efecto dominó en el arte renacentista, que hasta entonces disfrutaba cómodamente del mecenazgo de las familias adineradas del norte de Europa.

Afortunadamente, los artistas de la época encontraron refugio en otro mecenas de igual (o incluso mayor) reputación: la Iglesia. Por supuesto, las familias patricias seguían contratando a varios artistas para trabajar en sus propiedades, pero la ventaja la asumió el papado, cuyo poder e influencia habían crecido exponencialmente. De hecho, como ya se ha mencionado, con la importancia del catolicismo creciendo en toda Europa en medio de los problemas políticos en Oriente y en Iberia, la Iglesia se había convertido en uno de los principales árbitros de los asuntos en Europa. El papado también había acumulado suficientes medios para empezar a reconstruir los territorios en ruinas del centro de Italia que controlaba, incluida la antaño gran ciudad de Roma, que había quedado reducida a una sombra de lo que fue debido a las constantes invasiones a lo largo de la Edad Media. En la década de 1470, los proyectos de excavación habían descubierto gran parte de la antigua Roma, partes de la ciudad que habían permanecido completamente olvidadas. Esto se debió en parte al renovado interés por la Antigüedad clásica, que debía mucho al desarrollo del pensamiento humanista. Además, la riqueza de la Iglesia no dejaba de aumentar, a diferencia de las familias privadas, que dependían de la dinámica social existente.

Así pues, había llegado el momento de que la Iglesia volviera a tomar la iniciativa en la financiación y el cuidado de los artistas. Para entonces, sin embargo, el arte había dejado atrás el estilo ítalo-bizantino, relativamente universal y monótono, y se había vuelto mucho más expresivo que nunca. El desarrollo de nuevas técnicas y el creciente interés por representaciones más realistas y creativas supusieron una oportunidad para la Iglesia. Esta afirmaba que era la institución más influyente y antigua de Europa, que encarnaba la estabilidad, la paz y el espíritu de la vida humana a través del mandato que Dios le había otorgado. La estética visual era importante para reforzar esta imagen, y emplear a algunas de las mentes artísticas más brillantes para diseñar los interiores y exteriores de iglesias, cortes religiosas y palacios papales era una gran manera de conseguirlo.

El arte del Alto Renacimiento estuvo muy influido por este sentido de engrandecimiento bajo la influencia del papado. Por tanto, no es de extrañar que el arte se hiciera mucho más grande que antes. Los artistas del Alto Renacimiento pintaban sobre enormes lienzos, y sus cuadros eran a menudo lo único que colgaba en los enormes salones de las residencias papales. Esto por no hablar de los frescos y esculturas de este periodo, que a menudo tardaban varios años en completarse. El contenido del arte y el estilo también se volvieron bastante complejos, como si evolucionaran a partir de las obras del Renacimiento temprano. El Alto Renacimiento se caracterizó por el creciente desvío de los artistas de la representación del orden racional a la escenografía grandiosa y ambiciosa destinada a obtener una poderosa reacción del público. Los lienzos se llenaron de escenas complicadas que resultaban estéticamente agradables por la impresionante manera de representar a los personajes. La obra de Miguel Ángel en la Capilla Sixtina del Vaticano es un ejemplo. Miguel Ángel glorificaba los atributos físicos y emocionales de sus personajes bíblicos, mitológicos e históricos, a veces hasta el punto de que los muchos detalles de los frescos abrumaban al espectador. Prestando gran atención a los detalles y a la perfección de las técnicas, el arte del Alto Renacimiento puede considerarse la obra magna del arte renacentista o del arte en general. El estilo distintivo al que dio origen se denomina manierismo (del italiano *maniera*), y capta la esencia del arte de este periodo. La escala aumentada, la imaginería dramática y exagerada, la complejidad y la atención al detalle son atributos del manierismo que dominaron el Alto Renacimiento.

Durante el Alto Renacimiento surgieron algunos de los nombres más emblemáticos de la historia del arte. Leonardo da Vinci, Rafael y Miguel Ángel suelen considerarse los «tres grandes» de este periodo de renacimiento, aunque artistas como Tiziano, Giorgione y Bellini también figuran entre algunos de los nombres más memorables de este periodo. En este capítulo nos ocuparemos de estos artistas y examinaremos qué los hace tan especiales en el contexto del Renacimiento y del arte en general.

Leonardo da Vinci: el hombre del Renacimiento

Si hay una persona que quedará asociada para siempre al Renacimiento y a todo lo que representó, ésa es sin duda Leonardo da Vinci. Nació en 1452 en Florencia, y su padre era un distinguido notario de la ciudad. A través de él, el joven Leonardo acabó en el taller de André del Verrocchio, donde desarrolló enormemente sus capacidades artísticas en pintura y escultura. Con una mente creativa desde muy joven, da Vinci se interesó por estudiar más sobre el mundo que le rodeaba. Sus cuadernos personales de sus años de formación muestran muchos bocetos de cosas diferentes, como armas militares o mecanismos de diversos usos. En la década de 1470, Leonardo fue aceptado en el gremio de artistas de Florencia, pero fue hacia 1482 cuando comenzó realmente su exitosa carrera. A principios de 1482, por invitación del duque

Ludovico Sforza de Milán, Leonardo, de 30 años, decidió proseguir su carrera en Milán, siendo empleado en la corte del duque. No se sabe exactamente qué atrajo al artista a la corte de Sforza, sobre todo porque acababa de conseguir algunos de los encargos más importantes de los comienzos de su carrera como miembro del gremio florentino. Sin embargo, abandonó los proyectos en los que había empezado a trabajar en su ciudad natal y permaneció en Milán durante los diecisiete años siguientes, antes de regresar finalmente a Florencia en el año 1500.

Aunque a menudo se recuerda a da Vinci sobre todo como pintor, su obra es relativamente pequeña, y solo se conservan diecisiete de sus cuadros. Lo que más caracteriza su estilo son dos aspectos. El primero es su capacidad para captar las emociones humanas. Los expertos en arte suelen elogiar a Leonardo por expresar una amplia gama de emociones con los rostros de sus personajes. Su *Gioconda* o *Monna Lisa*, por supuesto, es un excelente ejemplo de ello. Realizada en los últimos años de su vida, la *Gioconda* revolucionó la forma de pintar retratos. El medio cuerpo del único personaje del cuadro —seguramente la esposa del mercader florentino Francesco del Giocondo— es el foco principal.

Está sentada con una sonrisa profunda, sutil e infame, en gran armonía con su ambiguo fondo de naturaleza. Las dos partes del cuadro se funden entre sí sin esfuerzo, simbolizando quizá el vínculo global de la belleza humana y la naturaleza y el hecho de que ambas coexisten y deben coexistir en todo momento. Esta fusión y transición fluidas entre los objetos de interés se consiguen gracias a una técnica de la que Leonardo fue pionero: el *sfumato* o «sombra». Esta es la segunda característica más destacada de los cuadros de Leonardo. Las sutiles pinceladas producen un efecto de manipulación de la sombra y el color, con lo que se consigue una transición fluida de los colores claros a los oscuros sin utilizar líneas definidas para contrastar los objetos entre sí. El *sfumato* es lo que hace que los cuadros de Leonardo sean realmente únicos. Los tonos que genera ayudan al espectador a mover sus ojos de un punto a otro del cuadro sin interrupciones y amplifican el misterio y la gama de emociones plasmadas en los rostros de los cuadros de da Vinci, como en la *Gioconda*.

La *Gioconda* de Leonardo da Vinci[19]

Otro de los cuadros emblemáticos de Leonardo es *La última cena*. Pintado a mediados de la década de 1490 en Santa Maria delle Grazie de Milán, representa el momento exacto de la Biblia en que Jesús comunica a sus apóstoles que uno de ellos lo traicionará. Conmocionados por esta noticia, los apóstoles se muestran agitados, discutiendo entre ellos con gran animación. Jesús está sentado en el centro, espléndidamente aislado del resto del caos. El único otro personaje del cuadro que aparece tan tranquilo como Jesús es Judas, que, sentado a la derecha de Jesús y vestido de verde, se da cuenta de su error y tiene una mirada profunda, contemplando su decisión de traicionar a Jesús. La composición narra la escena bíblica, captando en gran medida la confusión y el caos que surgen en *La última cena* después de que Jesús revele que conoce su traición. Todos los personajes tienen expresiones distinguibles e interactúan a la perfección entre sí, creando en conjunto una gran escena que fluye con suavidad. Desgraciadamente, debido en parte a la indecisión de Leonardo sobre qué técnica utilizar para pintar el fresco, el cuadro se deterioró a mediados del siglo XVI y no fue restaurado hasta después de la Segunda Guerra Mundial. Aun así, *La última cena* de Leonardo se convirtió en una huella para todas las representaciones futuras de esta escena y sigue siendo celebrada hoy en día por su carácter innovador y su capacidad para narrar la historia.

La última cena de Leonardo da Vinci[20]

Además de pintor, Leonardo era científico, biólogo, anatomista, botánico, arquitecto, escultor, físico e ingeniero. Debido a su inagotable curiosidad, investigó personalmente todos estos campos, dominando su comprensión de las ciencias naturales y físicas solo para utilizar estos conocimientos en su carrera artística. Leonardo creía profundamente que la experiencia de primera mano y el conocimiento del cuerpo humano, por ejemplo, propiciaban una buena pintura. También creía que era obligación de un buen pintor hacer que sus personajes fueran lo más realistas posible empleando los conocimientos de anatomía. Se trataba de una concepción muy humanista de la capacidad humana: Leonardo pensaba que el ser humano podía perfeccionar su trabajo si se esforzaba lo suficiente en estudiar los temas que deseaba pintar, la trayectoria de la luz y las sombras, así como la naturaleza de la perspectiva. En sus cuadernos, que llevaba siempre consigo, hacía anotaciones a lápiz, observando los objetos que le rodeaban y reflexionando sobre cómo funcionaban en la vida real para plasmarlos mejor en pintura o escultura. Además de incluir conceptos bien conocidos, Leonardo también explicaba ideas relativamente nuevas sobre la organización espacial en la pintura a través de la iluminación y las sombras, al igual que los conceptos como la recesión lateral, todos los cuales serían ampliados por sus sucesores. Un aspecto inusual de sus apuntes, que subraya aún más su genialidad, es su capacidad para la escritura especular (o en espejo). Como era zurdo y tenía mucho talento, la escritura en espejo probablemente le salía de forma natural, y sus bocetos y notas solo pueden descifrarse si se leen con un espejo.

Hay indicios en los escritos de Leonardo de que probablemente estaba recopilando sus conocimientos para elaborar un estudio exhaustivo y protocientífico de la pintura. Combinando su vasto marco teórico con aplicaciones prácticas de los conocimientos que había reunido, su libro o tratado podría haber estado dirigido a los aspirantes a artistas como una posible guía de la pintura. En él se explicarían diversas técnicas y sus aplicaciones, y su idea principal sería promover el *saper vedere*, el arte de saber ver. Lo consideraba muy importante, sobre todo para quien pretendiera ser artista. De sus cuadernos se desprende que Leonardo consideraba la pintura y la escultura no una profesión más, sino una forma superior de trabajo, una materia humanitaria o una ciencia propia. Su énfasis en la aplicación de pruebas empíricas y la experimentación puede haber influido en el desarrollo del método científico, que transformó la forma de realizar estudios científicos en todos los campos.

Leonardo da Vinci es también el hombre que casi por sí solo aceleró el estudio de la anatomía. De nuevo, la anatomía y la comprensión del cuerpo humano era algo que esperaba utilizar en su obra artística, en su afán por perfeccionar su estilo y su técnica. Probablemente interesado en el tema desde sus días con su maestro, Verrocchio, invirtió más tiempo en su investigación una vez que se trasladó a Milán. Trabajando con varios hospitales importantes de la época, Leonardo pudo diseccionar cuerpos humanos para comprender mejor su estructura fundamental. Principalmente, se dedicó a estudiar partes estrechamente relacionadas con el movimiento, como la estructura esquelética y los músculos. La actividad mecánica le interesaba mucho porque la mayoría de las veces la iba a pintar, y los conocimientos le parecían muy útiles. Su profundo conocimiento del cuerpo humano queda patente en sus bocetos, salpicados de representaciones gráficas del cuerpo en diferentes posiciones, tanto estáticas como en movimiento. Aunque técnicamente no era médico ni anatomista profesional, contribuyó al avance de la comprensión contemporánea del tema y demostró su habilidad en el arte. Su *Hombre de Vitruvio*, que también ocupa su lugar como uno de los cuadros más reconocibles al instante, es una gran demostración de los conocimientos que reunió sobre el cuerpo humano y la aplicación de los principios geométricos al mismo, otro campo que le apasionaba. La perfección del *Hombre de Vitruvio* refleja la visión humanista de la vida: el cuerpo humano, con todas sus perfecciones e imperfecciones, podía considerarse un microcosmos, un símbolo del universo. Comprenderlo era solo el primer paso para entender un mundo mucho mayor.

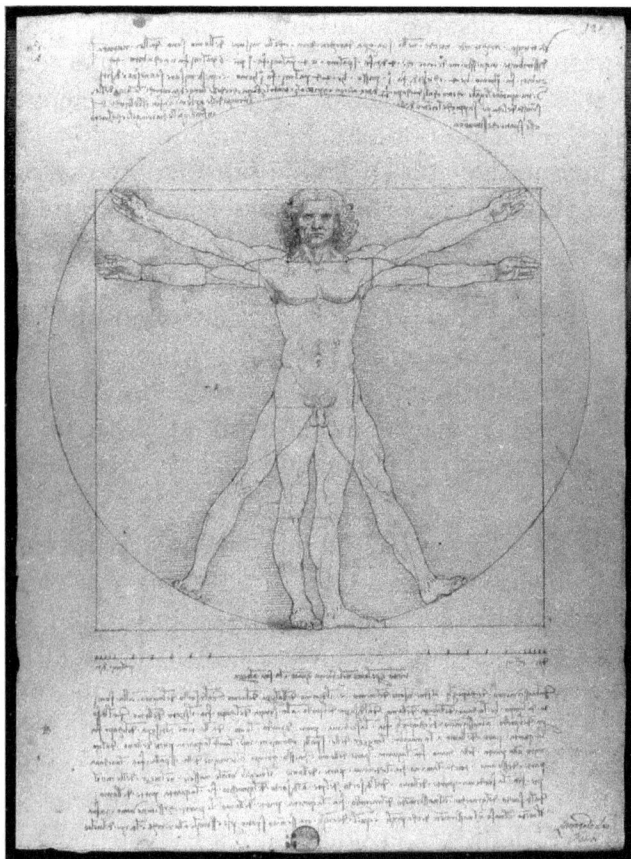

El *Hombre de Vitruvio* de Leonardo da Vinci[21]

Por último, Leonardo puede considerarse un brillante ingeniero y arquitecto. Con un ojo creativo y un profundo conocimiento de los principios matemáticos, físicos y geométricos fundamentales, no es de extrañar que los cuadernos de Leonardo estén repletos de diseños interesantes, desde tecnología militar a civil, edificios públicos y privados, y planos de ciudades enteras. A través de diagramas y patrones, identificó diferentes máquinas y la mecánica que había detrás de ellas, como los engranajes de transmisión o las prensas hidráulicas. Leonardo ayudó enormemente a sus ciudades con sus conocimientos prácticos, ayudando a diseñar canales, fortificaciones, calles y planificación urbana en general. También desarrolló los primeros prototipos del tanque moderno y de las máquinas voladoras, esbozando con bastante cuidado la física que había detrás de ellos, pero careciendo en última instancia de una fuente de energía que generase lo suficiente para que sus obras llegaran a buen puerto.

En definitiva, Leonardo da Vinci, con su inquebrantable voluntad de superación y exploración del mundo, y su aplicación a las artes de los conocimientos obtenidos de la experiencia empírica para perfeccionar su obra, es la persona que más encarna el espíritu del Renacimiento. Hombre de múltiples talentos e intereses, no solo revolucionó la pintura y produjo las obras artísticas más emblemáticas hasta nuestros días, sino que también amplió considerablemente los conocimientos en la mayoría de los campos de la ciencia. Leonardo refrescó el Renacimiento con sus ambiciosos proyectos y grandes ideas. Ya se lo consideraba una de las personas más consumadas de Italia cuando falleció en 1519.

Miguel Ángel y la grandeza del Renacimiento

Después de Leonardo da Vinci, el artista que viene a la mente de muchos que exploran el Renacimiento es Michelangelo di Lodovico Buonarroti Simoni, más conocido simplemente como Miguel Ángel. Contemporáneo más joven de Leonardo, Miguel Ángel nació en 1475 en el seno de una familia aristocrática de Florencia y se convirtió en uno de los artistas más renombrados de la historia a lo largo de sus casi 90 años de vida. Al igual que Leonardo, no se limitó a la pintura y se dedicó con entusiasmo a la escultura y la arquitectura. De hecho, a pesar de sus monumentales logros en estos tres campos, se consideraba principalmente escultor, ya que nunca abandonó esta práctica a lo largo de su carrera, centrándose en la pintura y el diseño arquitectónico solo en determinados periodos de su vida. Considerado el artista con más talento de su época, Miguel Ángel es un ejemplo de artista renacentista que se hizo extremadamente popular en vida, con su biografía publicada por su contemporáneo, Giorgio Vasari, en 1550. En la actualidad, sigue siendo uno de los artistas más influyentes de la historia, autor de algunas de las obras más emblemáticas que aún hoy inspiran y asombran a millones de personas y que encarnan con mayor claridad la esencia del Alto Renacimiento.

Al igual que Leonardo, Miguel Ángel también comenzó como aprendiz de un consumado pintor, Domenico Ghirlandaio, durante su adolescencia. Rápidamente fue reconocido por Lorenzo de Médici, a través de quien se familiarizó con la Antigüedad clásica, una de sus principales fuentes de inspiración a lo largo de su carrera. Fue a través de Médici y de los escultores asociados al soberano de Florencia como se inició en la escultura. Sin embargo, prefirió trabajar el mármol al bronce, más común en su época. Esto se debió, sin duda, a la influencia de la Antigüedad clásica en el joven artista. A finales del siglo XV, debido a la decadencia que había asolado Florencia y la familia Médici, Miguel Ángel se trasladó a Bolonia y luego a Roma, donde completó el primero de sus grandes proyectos: el *Arca de Santo Domingo*. Las influencias y el desarrollo del estilo de Miguel Ángel pueden apreciarse claramente en el diseño y la grandiosidad de la tumba, que se convertirían en rasgos definitivos de la mayor parte de la obra del artista. La estatua de *Baco*, terminada en 1497, es la primera gran estatua de Miguel Ángel que se conserva. Forjando al antiguo dios griego del vino a partir de un gran bloque de mármol de tamaño natural, Miguel Ángel creó una estatua que capta eficazmente la esencia de Baco tal y como se lo representa en la mitología griega. Es un dios joven y vivaz que se preocupa mucho por el entretenimiento y la bebida, pero su mirada profunda y concentrada en la copa de vino que sostiene insinúa que se ha convertido en víctima de sí mismo. Baco es uno de los primeros ejemplos de la obra de Miguel Ángel en la que su profundo conocimiento técnico de la escultura en mármol, el físico humano y las emociones se combina con su conocimiento del mundo antiguo.

Baco de Miguel Ángel[22]

Esta obra sirvió de gran introducción a la carrera de Miguel Ángel. Dos años más tarde, completó su *Piedad* o *Pietà,* que se ha convertido en una obra icónica del artista. Encargada por un cardenal francés, la *Piedad* retrata a la Virgen sosteniendo a Jesús después de la crucifixión. Llorando a su hijo sobre sus rodillas, la relación entre los dos cuerpos es perfecta, lo que le confiere una estructura piramidal. María está representada como una versión más joven de sí misma, tal y como se describe en la Biblia, y mira a Jesús, cuyo cuerpo flaco y sin vida descansa sobre su abrumador vestido. Miguel Ángel esculpió de nuevo ambas figuras a partir de un solo bloque de mármol, lo que resultó muy difícil. La *Piedad* es aclamada como una de las mejores obras del Renacimiento, ya que capta el contraste entre la vida y la muerte, el hombre y la mujer, lo horizontal y lo vertical, al tiempo que perfila maravillosamente los atributos físicos y emocionales de los personajes.

La *Piedad* de Miguel Ángel[28]

Después de la *Piedad* vino quizá la obra más renombrada de Miguel Ángel, expresión que queda a la interpretación, ya que todas sus obras son tan renombradas. El *David*, encargado al artista en 1501, fue inaugurado en la plaza central frente al *Piazza della Signoria* (plaza de la Señoría) de Florencia en 1504. Con sus 5,17 metros de altura, el *David* puede considerarse el primer verdadero homenaje de Miguel Ángel a la antigüedad clásica, que se refleja en el gran tamaño de la estatua, característico de las esculturas clásicas. Incluso hasta la fecha, el *David* se considera uno de los mejores ejemplos de lo que representaba el Renacimiento (y el movimiento humanista en general): la excelencia y la perfección del cuerpo humano y, por tanto, según la percepción contemporánea, del alma humana. Con el *David*, Miguel Ángel demostró que su comprensión del cuerpo humano no había hecho sino aumentar tras su debut. Inicialmente, dado que las autoridades de la catedral de Florencia habían encargado al artista la realización de la estatua, habían pensado en colocarla en el tejado de la catedral. Sin embargo, a medida que Miguel Ángel se acercaba a su finalización, se hizo evidente que la estatua era demasiado grande para subirla a lo alto y, en su lugar, se convocó un consejo para decidir dónde se colocaría. Asistieron numerosos artistas y autoridades de la ciudad, entre ellos Leonardo da Vinci y Sandro Botticelli.

David de Miguel Ángel[24]

El *David* y otras obras de principios del siglo XVI, como la estatua *Madonna de Brujas* y el cuadro la *Sagrada Familia*, contribuyeron en gran medida al desarrollo del manierismo y a su establecimiento como estilo central del Alto Renacimiento. En todas estas obras se puede reconocer la creatividad y la habilidad de Miguel Ángel, así como sus influencias, la mayor de las cuales es da Vinci, que había regresado a Florencia en 1500 y se había familiarizado con el Miguel Ángel de 25 años.

Tras terminar el *David*, Miguel Ángel se disparó en popularidad y comenzó a trabajar en varios proyectos ambiciosos en Florencia. Pero nunca llegó a terminar ninguno. El papa Julio II se puso en contacto con él e invitó al artista a Roma para trabajar en una tumba que constaría de hasta cuarenta estatuas de gran tamaño. Sin embargo, debido a las complicaciones políticas de la región, que incluían las turbulentas relaciones entre los estados italianos, este proyecto nunca llegó a iniciarse. Miguel Ángel abandonó Roma durante un tiempo, pero regresó en 1508 para empezar a trabajar en su indiscutible obra magna: el techo de la Capilla Sixtina. La Capilla Sixtina era parte integrante del Palacio Apostólico, donde se celebraban numerosas ceremonias. Pero su parte principal ya había sido completamente diseñada, por lo que Miguel Ángel debía pintar una sala relativamente menos importante. El plan inicial previsto por el papa y sus colaboradores era dedicar cada uno de los doce segmentos del techo a una representación de cada uno de los doce apóstoles. Sin embargo, después de que Miguel Ángel aceptara empezar a trabajar, aplicó su propia visión al plan, dando lugar a la creación de una de las obras más legendarias hasta nuestros días.

Miguel Ángel no abandonó por completo la visión del papa, aunque la trasladó a los laterales del techo. En lugar de representar a los apóstoles, pintó siete profetas y cinco sibilas de la mitología clásica en los laterales, y dedicó la parte central del techo a las nueve escenas que eligió del Génesis. Tres trataban de la creación del mundo, tres de Adán y Eva, y tres de Noé. Las esquinas se llenaron con otras figuras bíblicas de las cuarenta generaciones anteriores a Cristo. Esta obra colosal tardó casi cinco años en completarse, y Miguel Ángel trabajó en ella solo, lo que amplificó aún más la dificultad del trabajo.

La idea de Miguel Ángel detrás de la estructura narrativa del techo era drásticamente diferente de la idea del papa, que veía el techo como un puente potencial entre las escenas del Antiguo y del Nuevo Testamento que estaban representadas en las paredes de la capilla. Precisamente se pensaba que los apóstoles representaban de la mejor manera este vínculo. Miguel Ángel, sin embargo, no se centró en representar apóstoles virtuosos y devotos para enfatizar el sentido bíblico de la bondad que representaban. En su lugar, la desgracia de la humanidad puede identificarse como el tema general del techo. Contrariamente a lo que podría pensarse en un principio, se trata de una concepción humanista en su esencia. El humanismo renacentista no se limitaba a describir al hombre con todas sus cualidades inherentes, sino que también trataba de identificar las malas cualidades de la humanidad y, de este modo, subrayar la capacidad innata de los humanos para mejorarlas y superarlas.

Esta era la visión de Miguel Ángel. A través de sus personajes y escenas, quiso representar algunas de las peores cosas de la Biblia, significando los defectos de la humanidad y que solo podía ser salvada por Jesús. Aunque el físico de sus personajes evoca la máxima perfección posible, como era costumbre en el Renacimiento y en la Antigüedad, Miguel Ángel no hizo necesariamente que sus personajes fueran nobles, virtuosos o estoicos. Por el contrario, los rostros de los personajes de algunos cuadros están llenos de misterio y tristeza. Es el caso, por ejemplo, de Adán, en la obra posiblemente más famosa del techo: *La creación de Adán*. Los físicos rozan la perfección, pero la emoción es casi siempre negativa y llena de pena. La incertidumbre es un tema central y confiere a toda la composición un estilo único. Las decisiones estilísticas de Miguel Ángel para su obra en la Capilla Sixtina fueron decisivas para el desarrollo pleno del manierismo.

Imagen del techo de la Capilla Sixtina[25]

Tras terminar el techo de la Capilla Sixtina, la carrera de Miguel Ángel no hizo más que acelerarse, aunque eso no quiere decir que no hubiera baches en el camino. Por ejemplo, tras haber obtenido finalmente financiación del papa Julio II para trabajar en la tumba, encargada originalmente por el papa en 1505, Miguel Ángel pronto se sintió decepcionado, ya que la financiación del proyecto desapareció con la muerte del papa en 1513. Su mejor obra de este proyecto que ha sobrevivido es *Moisés*, una escultura claramente manierista con un físico y unas expresiones faciales exageradas. El profundo conocimiento de Miguel Ángel de la anatomía humana también se pone de manifiesto en esta obra. Más tarde, hasta mediados de la década de 1530, Miguel Ángel trabajaría para el papa León X —hijo de Lorenzo de Médici (hecho que pone de manifiesto la influencia de los Médici y la turbulencia política de la Italia renacentista)— y su sucesor, el papa Clemente VII. Miguel Ángel pasó gran parte de su tiempo en Florencia trabajando en el diseño de la tumba y la capilla de los Médici. También creó la mayoría de sus diseños arquitectónicos durante esta época, expresando una vez más lo mejor de su estilo manierista único y demostrando sus conocimientos de tecnología militar cuando ayudó con las fortificaciones de Florencia.

En 1534, Miguel Ángel regresó a Roma a petición del papa Pablo III y también volvería a pintar al fresco después de unos veinticinco años desde la finalización del techo de la Capilla Sixtina. Esta vez, pintaría la pared del fondo de la Capilla. El tema era *El Juicio Final*. Posiblemente la última de sus grandes obras, *El Juicio Final* está pintado en un estilo completamente diferente al del techo. En la época en que se pintó, Miguel Ángel había abrazado plenamente el manierismo, lo que puede apreciarse claramente en la excesiva calidad y cantidad de figuras, todas ellas con físicos exagerados, representadas en el fresco. En el centro del gigantesco fresco aparece Cristo, levantando el brazo derecho como para salvar a todos los que están representados a su derecha y bajando el brazo izquierdo para condenar a todos los que están a su izquierda. *El Juicio Final*, que combina multitud de personajes bíblicos con elementos míticos (o paganos), como Caronte en la parte inferior derecha, que transporta las almas condenadas al infierno, puede resultar abrumador al principio. Suceden tantas cosas que, al principio, parece como si el fresco careciera de estructura. Pero a medida que el ojo explora el genio de Miguel Ángel, el dinamismo y las múltiples narrativas del fresco se perfilan al instante. Los físicos sobreexpuestos de sus personajes se funden a la perfección con los colores relativamente más sencillos que los utilizados en el techo de la Capilla. Y lo que es aún más impresionante, Miguel Ángel tenía sesenta años cuando pintó el fresco.

El Juicio Final de Miguel Ángel[26]

En sus últimos años, Miguel Ángel se centró casi por completo en la arquitectura, diseñando partes tan importantes de la ciudad de Roma como la cúpula de la basílica de San Pedro y partes de la plaza del Capitolio. Aunque no viviría lo suficiente para ver completados sus ambiciosos y grandiosos proyectos, sus planes se irían cumpliendo poco a poco tras su muerte y seguirían deslumbrando a los espectadores. Miguel Ángel, ilustre en vida, está considerado con razón uno de los más grandes artistas de todos los tiempos por la magnitud de su obra y la influencia de su estilo, que perduraría durante generaciones. Sus composiciones son algunas de las más singulares del mundo y captan a la perfección el espíritu del Renacimiento. Grandioso y sofisticado, Miguel Ángel sigue siendo el artista estrella por excelencia del Renacimiento.

Rafael y la flexibilidad del arte renacentista

El artista considerado el tercer «gigante» del Alto Renacimiento es Raffaello Sanzio, más conocido como Rafael. Nacido en 1483 en el Ducado de Urbino, Rafael fue el contemporáneo más joven de los tres, pero tuvo una carrera mucho más corta debido a su temprana muerte en 1520. Se interesó por el arte a través de su padre, un pintor relativamente poco exitoso que conocía a muchos artistas de la ciudad. Finalmente, Rafael se trasladó a la ciudad de Perugia para estudiar pintura. Aunque el panorama artístico de Urbino y Perugia no estaba tan desarrollado como el de otras grandes ciudades italianas como Florencia o Roma, el joven Rafael se vería muy influido por sus ídolos de estas ciudades, descubriendo su obra a una edad temprana. Sin embargo, en 1500, su aprendizaje en Perusa había terminado, y se había hecho un nombre por su talento y entusiasmo por la pintura. Por la misma época, conoció a un artista renacentista ya consagrado, Pietro Perugino, que le dio muchos consejos para perfeccionar sus técnicas pictóricas y que más tarde se convirtió en una gran fuente de inspiración para él.

Rafael terminó sus *Desposorios de la Virgen* en 1504 para la iglesia de San Francisco en la provincia de Perugia. Pintado al óleo sobre un panel de cabeza redonda, Rafael parece estar muy influenciado por la obra de su superior, cuyo *Desposorios de la Virgen* es muy similar. Siguiendo las mismas opciones estilísticas y narrativas que Perugino, la pintura de Rafael parece, sin embargo, más avanzada en casi todos los aspectos, especialmente en las expresiones faciales de los personajes. El templo del fondo indica que, en esta época, Rafael ya dominaba la manipulación de la perspectiva, algo que daba a su cuadro una sensación mucho más dinámica y completa. La relación entre la arquitectura del fondo y los personajes del primer plano también recuerda el estilo de Perugino. Este sería un aspecto que Rafael perfeccionaría en sus cuadros posteriores.

Desposorios de la Virgen de Rafael [27]

Desposorios de la Virgen de Pietro Perugino[28]

Otro cuadro emblemático de Rafael de esta época es su *El sueño del caballero*, terminado más o menos al mismo tiempo que el *Desposorio*. Ejemplo perfecto de la importancia de la simetría en la pintura, el cuadro está dividido por la mitad por un estrecho árbol. Se cree que el caballero dormido que yace en el centro es el antiguo general romano Escipión, quien, según los relatos de Cicerón, tuvo que elegir entre la Virtud y el Placer, representados por las dos mujeres a ambos lados. La Virtud, a la izquierda, es mucho más severa y robusta, con una espada y un libro en la mano. El fondo de su lado es más rocoso y duro, enfatizando la dificultad que Escipión encontraría al perseguir esta cualidad. Por otro lado, el Placer se representa con más libertad, vistiendo una túnica más suelta, con el pelo a la vista y sosteniendo una flor. En cierto modo, las dos damas no están representadas en pugna, ya que los objetos simbólicos que sostienen pueden alcanzarse en síntesis. La espada simboliza la caballería y el honor, el libro el conocimiento y la sabiduría, y la flor el amor, todas ellas cualidades necesarias para una persona ideal, acorde con la visión humanista. Con un gran uso de varios tonos de azul, el dominio de la perspectiva que se aprecia en la fusión perfecta del fondo con los personajes del frente, una simetría que se obtiene dividiendo el cuadro en dos, y el trasfondo narrativo y simbólico que representa la pintura, *El sueño del caballero* es uno de los ejemplos más perfectos del arte renacentista y significa el genio que Rafael había logrado alcanzar en sus primeros años.

El sueño del caballero de Rafael[29]

Ya considerado uno de los más brillantes de su generación, Rafael también completó *San Miguel* y *Las Gracias* durante su estancia en Perugia, pero pronto quedó claro que estaba listo para ampliar sus horizontes. El traslado a Florencia sirvió a este propósito. Atraído por el centro del arte italiano gracias a su admiración por Leonardo y Miguel Ángel, exploró nuevos estilos técnicos y narrativos de los que estos fueron pioneros y que se hicieron visibles en las obras de Rafael casi instantáneamente después de su decisión de trasladarse a Florencia. Prueba de ello es la serie de *Madonnas* que pintó a finales de la primera década del siglo XVI. Pintar a la Virgen se convirtió en un elemento básico de Rafael, sinónimo de su estilo y personalidad, y la forma pura y sencilla en que representó a la Virgen maravilló a sus contemporáneos. Consiguió captar la inocencia de la Virgen tal y como se describe en la Biblia, pero también su intimidad y virtuosismo, un aspecto fundamental de la pintura renacentista. Sus colores se volvieron más oscuros y su sombreado más profundo debido a la influencia de Leonardo. En su *Traslado de Cristo* (también conocido como *Deposición Borghese*) terminada en 1507, Rafael muestra su profundo conocimiento del cuerpo humano y pinta un cuadro dinámico lleno de historia y carácter. El *Traslado* capta perfectamente la esencia de la escena bíblica, combinando las expresiones de dolor en los rostros de los dolientes y la expresión sin vida de Cristo, creando una escena complicada y dinámica llena de caos.

Traslado de Cristo por Rafael[80]

En 1508, Julio II llevó a Rafael a Roma, y en los últimos doce años de su carrera fue cuando realmente alcanzó su apogeo. El arquitecto Donato Bramante sugirió Rafael (todavía un artista relativamente joven en aquella época) al papa, que, como se ha dicho, tenía ambiciosos planes para la decoración del Vaticano y la mejora de los espacios públicos de Roma. Encargó a Rafael que comenzara a pintar las paredes de los aposentos papales, conocidos como la *Stanza*.

La obra de Rafael en la *Stanza della Segnatura* se considera su obra magna. Las cuatro paredes de la cámara están decoradas con frescos de Rafael. Su *Disputa del Sacramento* es una obra asombrosa que representa a Cristo y otras figuras bíblicas e históricas discutiendo la doctrina cristiana. Es el intento de Rafael de representar a los individuos que habían sido más importantes en el desarrollo de la religión cristiana tal como era y pretende simbolizar el triunfo y la superioridad de la Iglesia católica. Cristo está, por supuesto, en el centro, flanqueado a ambos lados por la Virgen María y Juan el Bautista y otros importantes personajes bíblicos como los apóstoles, el rey David, Moisés, Juan el Evangelista y Abraham. Bajo Cristo aparecen también multitud de personajes históricos. Se trata de algunos de los teólogos más vitales de la historia del cristianismo, como san Agustín y Ambrosio, varios papas (entre ellos Julio II), Jerónimo y santo Tomás de Aquino. El cuadro también incluye representaciones de Savonarola, fraile florentino y revolucionario que fue gobernante teocrático de Florencia durante un breve periodo, Dante (por sus contribuciones a la fusión del cristianismo y el clasicismo) y Aristóteles, una de las mayores inspiraciones de la erudición medieval. Por último, para rendir homenaje a su mentor, Rafael incluyó también a Bramante, formando una mezcla ecléctica de individuos. En su opinión, fueron cruciales no solo para el desarrollo del pensamiento humano y la comprensión de la doctrina cristiana, sino también para el florecimiento de la Iglesia y la religión en su conjunto. Esta última concepción de la posición de la Iglesia fue característica del Alto Renacimiento, cuando se convirtió en el principal mecenas de las artes en Italia.

La disputa del Sacramento por Rafael[31]

La escuela de Atenas de Rafael, en la pared opuesta a *La disputa*, se considera su obra magna. Homenaje a la erudición clásica y a sus contemporáneos, el fresco es una celebración de la filosofía y el conocimiento como ningún otro. El centro del fresco está ocupado por Platón y Aristóteles, figuras centrales para Rafael en el desarrollo del pensamiento filosófico, cada uno representando sus propias bases ideológicas. A la izquierda, Platón es representado como un hombre mayor que señala al cielo, aludiendo a su comprensión del mundo de las ideas, sosteniendo su *Timeo*. Aristóteles, representado como una persona más joven pero aún madura, hace un gesto hacia abajo, subrayando su percepción principal de lo particular, y sostiene su *Ética nicomáquea*. Las dos figuras centrales del fresco están rodeadas de otros miembros importantes que han contribuido al desarrollo y perfeccionamiento del saber secular, como Anaximandro, Diógenes, Sócrates, Parménides, Zenón, Epicuro, Pitágoras y Arquímedes. El fresco también incluye representaciones de personajes como Alejandro Magno, Ptolomeo y Zoroastro, así como un retrato personal de Rafael, que mira directamente al espectador desde la esquina inferior derecha. El hombre que escribe en el centro también es supuestamente Miguel Ángel, representado por Rafael como Heráclito. El matemático griego Euclides, que está inclinado y midiendo a la derecha, se supone que es Bramante. Culminación perfecta del Alto Renacimiento, *La escuela de Atenas* es un bello fresco que pone de manifiesto la fascinación de Rafael por los individuos representados en él. Combinando este sentimiento de admiración con una expresión magistral de la perspectiva y la iluminación, *La escuela de Atenas* sigue siendo quizás la más célebre de las obras de Rafael.

La escuela de Atenas de Rafael[32]

Encargado por el papa, Rafael recibió también el encargo de pintar la *Stanza di Eliodoro*, y la obra del artista en ella supone un paso adelante en su capacidad de expresión narrativa y técnica. Los contenidos de los frescos de esta *Stanza* son mucho más sencillos que los representados en la otra, careciendo de los significados alegóricos y simbólicos de *La escuela de Atenas* y *La disputa*, pero sobresaliendo sin embargo en la forma y la narración. *La misa de Bolsena, La liberación de san Pedro, La expulsión de Heliodoro del templo* y *El encuentro de León Magno con Atila* muestran el dominio de Rafael del color y las técnicas de sombreado, debido a las influencias de Miguel Ángel y Leonardo. La manipulación de la luz y la transición de las partes más oscuras a las más claras en estos frescos están excelentemente logradas, y la fusión de múltiples fuentes de luz no hace sino amplificar sus efectos sobre el espectador. Además, las pinturas que el artista completó más o menos al mismo tiempo que su trabajo en las *Stanzas*, como *El triunfo de Galatea*, demuestran la comprensión que Rafael tenía del cuerpo humano e incluso pueden considerarse de principios del manierismo. Aun así, los personajes de estas obras se muestran gloriosos y épicos, con un énfasis en mostrar claramente sus atributos físicos perfectos. Al mismo tiempo, Rafael también pintó algunas de las obras más sutiles y amables de su carrera, que recuerdan a sus primeros trabajos. Por ejemplo, en su aclamada *Madonna Sixtina*, terminada en 1513, Rafael recupera la serenidad e inocencia que caracterizaron sus inicios. Sin embargo, esta representación de la Madonna es mucho más rica en color y más interesante narrativamente que su obra anterior. Parece como si la *Madonna Sixtina* fuera la culminación de la exploración del tema por parte del artista, ya que sus otras representaciones de la Madonna de este periodo, como la *Virgen de la Casa de Alba* (1508) y la *Madonna di Foligno* (1510), sirven de preludio a esta obra.

Madonna Sixtina, Rafael[33]

Lo que se puede observar del traslado de Rafael a Roma es el hecho de que a menudo trabajaba en varios proyectos a la vez. A pesar de su relativamente corta vida, consiguió dejar tras de sí una importante obra que se celebra hasta nuestros días. De hecho, en la última década de su vida, se hizo tan popular gracias al mecenazgo papal y a su excelencia que se convirtió en un destacado retratista de la ciudad. Su *Retrato de Baldassare Castiglione*, terminado en 1516, es un gran ejemplo de la flexibilidad de la capacidad artística de Rafael. Podía pintar grandiosas y majestuosas escenas bíblicas o mitológicas llenas de personajes complejos que se sintetizaban para formar una narrativa complicada. Además, también podía captar la sofisticación, la pureza y la inocencia a la vez en sus personajes, como demuestran sus diversas pinturas de la Madonna y los retratos que completó en su carrera posterior. De hecho, la asombrosa habilidad de Rafael para alternar sin esfuerzo entre estilos pictóricos tan drásticos puede observarse en los últimos años de su vida con su última obra, *La transfiguración*, encargada por el cardenal Giulio de' Médici (que pronto sería el papa Clemente VII) en 1517. Con una estructura piramidal, *La transfiguración* combina la manipulación de sombras y el contraste de colores, enfatizando la idea principal de la narración representada en el cuadro. El cuadro se ha interpretado como la primera verdadera obra manierista de Rafael, y algunos historiadores del arte incluso consideran que el estilo recuerda más al periodo barroco, que llegaría un par de cientos de años después del Renacimiento.

La transfiguración, Rafael[84]

En conjunto, Rafael está considerado con razón uno de los tres grandes nombres del arte del Alto Renacimiento italiano, junto a Leonardo da Vinci y Miguel Ángel. Su suprema habilidad para combinar la serenidad y grandeza de sus personajes con una forma creativa de transmitir narrativa y simbolismo en sus pinturas lo convierte con razón en una de las mentes más brillantes de la época. Aclamado en vida como una persona de gran talento y buen gusto, Rafael disfrutó del mecenazgo papal en Roma e incluso participó en la supervisión de grandes proyectos arquitectónicos emprendidos por León X. Su prematura muerte a causa de una fiebre a la edad de 37 años supuso una tragedia para la sociedad italiana contemporánea que conocía su genio. La misa funeral de Rafael se organizó en el Vaticano, y el gran artista fue enterrado en el Panteón de Roma, un gesto de la ciudad eterna eternizando a uno de sus individuos más consumados.

Capítulo 5 - La ciencia y la tecnología del Renacimiento

Cambio de paradigmas

La Revolución Científica fue una parte tan impactante del Renacimiento como los avances culturales que tuvieron lugar en Europa cada vez más después del siglo XIV. Por supuesto, es importante recordar que todas las cosas que hemos mencionado y que vamos a tratar tuvieron lugar en la misma época. El desarrollo de la ciencia y la tecnología fue el resultado del nacimiento del pensamiento humanista y de una renovada voluntad de exploración, que comenzó en Italia y luego se extendió al resto de Europa. Como ya se ha señalado, el mayor cambio que se produjo gradualmente en las mentes de los miembros más cultos de la población europea, por lo demás inculta, fue un cambio fundamental de paradigma. Con un nuevo deseo de comprender mejor la naturaleza y convertirse en sus dueños —una concepción humanista en su esencia—, los científicos del Renacimiento consiguieron hacer descubrimientos revolucionarios. En conjunto, contribuyeron a cambiar la concepción cristiana existente sobre el funcionamiento del mundo e iniciaron el largo proceso de cambio de paradigma en la época medieval, que alcanzaría su punto álgido con el Siglo de las Luces, unos siglos después del apogeo del Renacimiento.

Curiosamente, con el redescubrimiento de textos antiguos, la gente también recuperó el acceso a muchos conocimientos científicos anteriores en distintos campos, como la astronomía. Los antiguos científicos griegos y romanos habían especulado sobre el diseño del mundo y habían utilizado distintos medios para obtener los conocimientos que creían que confirmarían sus hallazgos. El método científico, aunque parcialmente presente en la antigua Grecia en las obras de Aristóteles, por ejemplo, estaba aún poco desarrollado. En el siglo XI, había avanzado sobre todo en el mundo árabe, durante la Edad de Oro islámica, donde la ciencia y las matemáticas estaban mucho más desarrolladas que en Europa. En el mundo musulmán, la experimentación había empezado a entenderse lentamente como un método fiable para probar teorías y obtener conocimientos. Los matemáticos, físicos y médicos árabes, como Ibn al-Haytham (Alhacén) e Ibn Sina (Avicena), desarrollaron el método científico a partir de sus aplicaciones en la Antigüedad clásica. Esto ocurrió, sobre todo, porque tuvieron acceso a la literatura clásica y la tradujeron al árabe. Alhacén y Avicena conocían a Aristóteles, Epicuro, Demócrito y otros filósofos y teóricos de la Grecia antigua, y se basaron en sus conocimientos.

Con el redescubrimiento del saber antiguo y la difusión progresiva del conocimiento de Oriente a Europa, los científicos de los siglos XII y XIII empezaron a familiarizarse con todas estas concepciones. El método científico (la versión aplicada en la época) fue ganando cada vez más adeptos. Desgraciadamente, como todo en aquella época, la peste negra detuvo gran parte de este avance cuando acabó con millones de personas en Europa, alfabetizadas y analfabetas. Aun así, con el Renacimiento aumentó el interés por obtener conocimientos, y varios acontecimientos contemporáneos aceleraron la difusión y el deseo de obtenerlos.

La imprenta

Un avance tecnológico monumental a mediados del siglo XV cambió la forma en que los europeos accedían al conocimiento y lo percibían: el desarrollo de la imprenta por un orfebre alemán, Johannes Gutenberg. Cuando Gutenberg completó su versión de la imprenta hacia 1440, el Renacimiento temprano y el progreso socioeconómico que trajo consigo habían hecho casi necesario que la información se produjera y transfiriera más rápidamente que antes. La erudición se había desarrollado considerablemente con el redescubrimiento de la literatura clásica y los nuevos escritos de eruditos medievales motivados para contribuir al cuerpo de conocimientos existente con sus propios descubrimientos. La traducción y la copia, sin embargo, llevaban tiempo y eran realizadas principalmente por el clero en los monasterios y las catedrales. Pero la demanda y el interés eran muy elevados entre el público, sobre todo entre las clases altas con más medios para adquirir conocimientos.

En el siglo XV, sin embargo, otros avances importantes inspiraron a Gutenberg para crear su máquina de imprimir. El primero fue la introducción del papel de tipo chino en Europa desde Oriente a través del mundo árabe. Los árabes mantenían estrechos contactos comerciales con la lejana civilización china y habían aprendido de ellos el oficio de la fabricación de papel antes de que floreciera el Renacimiento en Europa. En Europa existían desde la antigüedad diferentes prensas, utilizadas sobre todo para hacer vino o fabricar telas. Gutenberg se propuso fusionar ambas, creando quizá la pieza tecnológica más revolucionaria en Europa desde la rueda.

El diseño era relativamente sencillo. La imprenta de Gutenberg comenzó con la creación de piezas metálicas para cada carácter, signo de puntuación o símbolo. Estas piezas se fabricaban mediante el método de fundición, en el que el metal fundido se vertía en moldes con la imagen inversa de cada carácter. Una vez listas las piezas tipográficas de metal, se disponían correctamente en un palo de composición. El compositor, principal responsable del proceso, montaba el tipo de forma invertida, leyendo el texto al revés. Para aplicar la tinta, el texto tipografiado se transfería cuidadosamente del palo de composición a la forma, un gran bastidor colocado sobre el lecho plano de la prensa. La tinta, a base de aceite y pegajosa (desarrollada también por Gutenberg), se aplicaba a las superficies en relieve del tipo metálico mediante bolas de tinta o rodillos entintadores. A continuación, se colocaba una hoja de papel ligeramente humedecida sobre el tipo entintado a mano o mediante un marco de madera llamado tímpano. Así se garantizaba que la tinta se transfiriera adecuadamente al papel. Para iniciar el proceso de impresión, el compositor empujaba una palanca conectada a una platina accionada por un tornillo. La platina ejercía una fuerza considerable al presionarla, creando una impresión al entrar en contacto con el tipo entintado y transfiriendo la tinta al papel. Una vez realizada la impresión, se levantaba la platina y se retiraba la hoja impresa. Este proceso se repetía para cada hoja, lo que permitía la producción de múltiples copias del mismo texto.

El primer libro impreso fue la Biblia, conocida como la Biblia de Gutenberg, de cuya primera edición solo quedan unos pocos ejemplares, todos ellos de gran valor. Una consecuencia directa del invento de Gutenberg fue la revolución de la imprenta: la difusión exponencial de la imprenta por toda Europa, que contribuyó enormemente a la circulación del conocimiento y de las diferentes ideas, acelerando el proceso iniciado por el Renacimiento. No solo eso, sino que la imprenta dio lugar a la creación de miles de puestos de trabajo diferentes a medida que más ciudades adoptaban la imprenta con el fin de utilizarla en todo su beneficio. A finales del siglo XV, hasta 300 ciudades de Europa Occidental contaban con una imprenta. Alemania, los Países Bajos y el norte de Italia se beneficiaron especialmente debido a sus estructuras políticas descentralizadas pero altamente urbanas. El resultado fue un drástico aumento de la producción de libros y, en consecuencia, de las tasas de alfabetización en toda Europa, lo que tuvo efectos circulares y complementarios. Según algunas estimaciones, en 1500 Europa contaba con unos doscientos millones de ejemplares de diferentes libros. La revolución de la imprenta también dio paso a la posterior Revolución Científica, que arrasaría Europa en el siglo y medio siguiente, produciendo algunos de los descubrimientos más maravillosos del Renacimiento.

El Renacimiento científico

El Renacimiento científico se aplica a un periodo comprendido entre mediados del siglo XV y mediados del siglo XVII. En esta época se produjeron en Europa la mayoría de los avances en astronomía, anatomía, matemáticas, física, medicina y otras ciencias naturales, lo que en última instancia dio paso a un Siglo de las Luces aún más sofisticado y avanzado, como ya se ha mencionado. El Renacimiento científico fue un proceso gradual. Su preludio fue el redescubrimiento de textos antiguos, que provocó un renovado y creciente interés por estos campos. A medida que más eruditos comenzaron a desarrollar sus teorías sobre los diferentes aspectos de la ciencia, la invención de la imprenta ayudaría enormemente a la difusión del conocimiento entre ellos y el público. El resultado fue un nuevo espíritu de la comunidad científica y el establecimiento «formal» de dicha comunidad en primer lugar.

El Renacimiento científico incluyó múltiples cambios de paradigma. Uno ya mencionado fue el desarrollo del método científico y de una teoría más coherente de la obtención fiable del conocimiento. Las concepciones de Copérnico, Galileo, Kepler, Harvey y, más tarde, Newton, por ejemplo, supusieron un alejamiento gradual de la forma tradicional y medieval de entender el mundo, cuya característica más obvia era situar la Tierra en el centro del universo. Sin embargo, en contra de la percepción popular, lo que tuvo lugar no fue una «revolución científica», término que se ha aplicado para describir el progreso y los descubrimientos científicos desde finales del siglo XVI hasta el XVIII. Debemos entender que el cambio se produjo paso a paso. A medida que se redescubrían conocimientos antiguos, las teorías desarrolladas por los científicos y eruditos del Renacimiento solo eran conocidas inicialmente por un puñado de personas. El astrónomo y matemático polaco Nicolás Copérnico fue el primero en proponer el revolucionario modelo heliocéntrico del sistema solar, que desafiaba la percepción predominante de la Tierra. Su obra fundamental, recogida en *De Revolutionibus Orbium Coelestium* (Sobre las revoluciones de las orbes celestes), sentó las bases de una comprensión nueva y más profunda del universo y revolucionó el pensamiento científico.

Aunque Copérnico fue cuestionado por las autoridades religiosas, que percibieron correctamente el modelo propuesto de la Tierra como peligroso para su poder, los trabajos de otros científicos, como Galileo, reconfirmaron los conceptos del astrónomo polaco. Galileo Galilei es otra figura monumental del Renacimiento. Científico italiano de los siglos XVI-XVII, Galileo realizó notables aportaciones a los campos de la física y la astronomía, así como al desarrollo de instrumentos científicos. En particular, mejoró el telescopio para realizar nuevas observaciones, como el descubrimiento de las lunas de Júpiter y la observación de las fases de Venus. El trabajo de Galileo corroboró la teoría heliocéntrica y puso en duda la cosmología aristotélica imperante. El astrónomo alemán Johannes Kepler, que formuló sus tres leyes del movimiento planetario, también amplió el trabajo de Galileo. Estas leyes proporcionaron una explicación matemática del movimiento de los planetas alrededor del Sol y reforzaron nuestra comprensión científica de la mecánica celeste. Sin embargo, la Iglesia católica también estaba descontenta con Galileo y denunció su ciencia como herejía.

Además, ya hemos mencionado los avances en el campo de la anatomía de Leonardo da Vinci, motivado en parte por representar el físico humano con la mayor perfección posible en sus obras artísticas. Sin embargo, la medicina y la anatomía también avanzaron mucho durante el Renacimiento en el norte de Europa. El médico flamenco Andreas Vesalius, por ejemplo, revolucionó el estudio de la anatomía con su influyente serie de libros *De Humani Corporis Fabrica Libri Septim* (De la estructura del cuerpo humano en siete libros), en los que hacía hincapié en la importancia de la observación directa y la disección cuidadosa, corrigiendo antiguos conceptos anatómicos erróneos y logrando grandes avances en nuestra comprensión del cuerpo humano.

En general, la historia de la ciencia del Renacimiento marcó un cambio significativo: se pasó de la confianza en la autoridad antigua a la observación directa, la experimentación y el razonamiento matemático. Este cambio de paradigma sentó las bases de la revolución científica que se desarrolló en los siglos siguientes, inaugurando una nueva era de investigación y descubrimiento científicos. El Renacimiento catalizó el desarrollo de los métodos y conocimientos científicos modernos, permitiendo a la humanidad ampliar su comprensión del mundo natural y embarcarse en un extraordinario viaje de exploración e innovación. Y lo que es más importante, también debilitó la autoridad de la Iglesia católica, ya que cada vez era más evidente que esta no podía combatir eficazmente las afirmaciones de la nueva ciencia con sus antiguos puntos de vista, estrictos y basados en la doctrina. Esto era especialmente frecuente a medida que más y más personas se alfabetizaban y disponían de nuevos medios para obtener libros. El declive de la influencia de la Iglesia se vio acelerado por otro acontecimiento de gran importancia del Renacimiento en el siglo XVI: la Revolución protestante.

Capítulo 6 - El Renacimiento nórdico

Contextualización del Renacimiento nórdico

Debemos recordar que el Renacimiento no se limitó a Italia. Al contrario, con el paso del tiempo se fue extendiendo lentamente desde la península al norte de los Alpes. Algunos de los principales temas que caracterizaron el movimiento en Italia se reprodujeron y avanzaron en el Sacro Imperio Romano Germánico, Francia, los Países Bajos, Inglaterra e incluso Polonia. El Renacimiento nórdico se basó en los avances intelectuales, artísticos y socioeconómicos del Renacimiento italiano, produciendo una herencia comparativamente rica que influiría en la historia durante siglos.

El contexto del Renacimiento nórdico fue muy similar al del Renacimiento italiano. Tras el declive demográfico y otros perjuicios asociados causados por la peste negra, la situación volvió a normalizarse lentamente en Europa. Esto supuso una nueva oleada migratoria hacia las zonas urbanas y, en consecuencia, el desarrollo de una sociedad más interconectada y próspera. Uno de los resultados fue la centralización de la mayoría de las entidades políticas al norte de los Alpes. Por ejemplo, de los caóticos restos de la Edad Media en Francia e Inglaterra empezaron a surgir reinos de pleno derecho con fronteras y estructuras más claramente definidas. En el Sacro Imperio Romano Germánico, la estructura política seguía estando muy descentralizada. Sin embargo, empezaba a notarse la creciente influencia de la dinastía austriaca de los

Habsburgo. De hecho, en el siglo XVI, los Habsburgo controlaban directamente muchas de las tierras alemanas de Europa Central, y eran reyes de España y soberanos de las ciudades-estado holandesas. Las fronteras internacionales habían empezado a parecerse vagamente a sus versiones modernas, aunque las constantes guerras aseguraban que la influencia entre los actores internacionales fuera muy disputada. Los altos niveles de urbanización y el aumento del comercio en el norte de Europa desafiaron el monopolio comercial de los estados italianos en el Mediterráneo. Como también había empezado a configurarse un nuevo Estado ruso centralizado, las mercancías procedentes de Asia podían llegar a los mercados del norte a través de Rusia con mucha más facilidad, y no solo a través del sur.

A su vez, el crecimiento de las ciudades se tradujo en una creciente demanda de nuevos servicios y bienes, lo que aceleró aún más el crecimiento económico. Por su parte, la prosperidad económica era el requisito previo para fomentar las necesidades culturales e intelectuales de la población, a las que también contribuían las tendencias existentes en Italia. En los siglos XV y XVI se fundaron y maduraron más universidades, que se convirtieron en centros de intercambio de ideas. Los textos antiguos que habían fascinado a italianos, griegos y árabes durante siglos (y cuyo número fue descubriéndose poco a poco en los siglos XIV y XV) se dispersaron por las catedrales al norte de los Alpes, el principal depósito de conocimiento también en esta región. Sin embargo, estos avances se produjeron medio siglo más tarde que en Italia. Una creciente red de eruditos, mercaderes y artistas contribuyó a la difusión de estas ideas, dando lugar finalmente al desarrollo del Humanismo del norte, que debía mucho al pensamiento humanista italiano, pero también tenía su propio carácter distintivo. Por último, la imprenta de Gutenberg aceleró enormemente el intercambio de conocimientos en el resto de Europa, produciendo una cultura floreciente que sin duda rivalizó con el Renacimiento italiano.

Quizá la figura más influyente y que más contribuyó al desarrollo del pensamiento humanista septentrional fue Erasmo de Rotterdam. Nacido en Rotterdam, Holanda, a finales de la década de 1460, Erasmo se convirtió en un destacado humanista, teólogo y erudito, y sus ideas y logros sentaron las bases de importantes avances en una amplia variedad de campos. El papel de Erasmo en el renacimiento de la erudición clásica en el norte de Europa fue inmenso. La obra más notable de Erasmo, *Adagia*, publicada en 1500, es una colección de proverbios y refranes de fuentes griegas y latinas. Esta obra demostró la erudición de Erasmo y fomentó la adopción de la sabiduría clásica en la sociedad contemporánea, ya que se percibía como un conocimiento atemporal que cualquiera podía utilizar en cualquier situación. Como destacado erudito y defensor de lo que representaba el humanismo, Erasmo creía en el poder transformador de la educación y la defendía. Hizo hincapié en la importancia de la lengua clásica, la literatura y el pensamiento crítico en los planes de estudio. Erasmo se labró una reputación como prolífico autor de libros de texto y tratados educativos, como *De Copia* (1512), que enseñaba a sus alumnos el arte de la retórica y la comunicación eficaz. Sus ideas influyeron en las instituciones educativas de toda Europa y sentaron las bases de la práctica educativa moderna.

Aunque Erasmo era un católico devoto, también abogaba por un retorno a las enseñanzas originales del cristianismo, creyendo en la importancia de la piedad personal y del verdadero cristianismo. Su obra más famosa, *Elogio de la locura* (1509), critica satíricamente la corrupción y los excesos de la Iglesia católica. Fue uno de los principales eruditos del Renacimiento que estudió a fondo la Biblia para comprender mejor la doctrina cristiana. Y lo que es más importante, en 1516 concentró sus hallazgos e interpretaciones de las Escrituras en una nueva edición traducida del Nuevo Testamento conocida como *Novum Instrumentum*. Al proporcionar textos originales, Erasmo esperaba promover una comprensión más informada y crítica de la doctrina cristiana. Para él, la esencia del cristianismo no consistía en seguir ciegamente las indicaciones de la Iglesia o de sus autoridades a la hora de rezar, por ejemplo. Por el contrario, insistió en la necesidad de aplicar un razonamiento crítico a la doctrina, en línea con el resto del movimiento renacentista. Erasmo creía que, con el monopolio de la Iglesia sobre la difusión del conocimiento religioso, la gente común no podía interpretar verdaderamente el significado del cristianismo por sí misma. Pensaba que el diálogo intelectual y el entendimiento entre los diferentes grupos religiosos y culturales eran esenciales para el progreso de la sociedad, haciendo hincapié en la paz, la armonía y la tolerancia. Con el tiempo, el énfasis de Erasmo en la fe personal y la erudición bíblica sentó las bases para la posterior Reforma protestante, que afectaría directamente a las vidas de millones de europeos.

La Reforma

Aunque a menudo se la considera un fenómeno propio, la Reforma protestante puede considerarse sin duda uno de los acontecimientos más fundamentales del Renacimiento tardío, directamente influido por la dinámica intelectual y social de las primeras etapas del movimiento. La Reforma, una revolución en el mundo católico del siglo XVI que acabó dando lugar a la creación de una nueva rama del cristianismo distinta tanto del catolicismo como de la ortodoxia oriental, tuvo implicaciones de gran alcance. El protestantismo (representado por una mezcla de denominaciones) sigue siendo el movimiento cristiano de más rápido crecimiento en el mundo.

A menudo se considera al teólogo alemán Martín Lutero el principal responsable de la Reforma protestante. Sin embargo, es importante entender que el movimiento tomó forma gradualmente y tuvo diferentes centros y líderes en Europa Occidental. En la ciudad suiza de Ginebra, por ejemplo, Juan Calvino lideró el movimiento protestante contra la Iglesia católica y también se le considera una figura instrumental de la Reforma. Este capítulo abordará brevemente la historia de la Reforma en el contexto del Renacimiento y cómo exactamente este desarrollo fue causado por el impulso intelectual y cultural de renacimiento característico de la época.

Cuando se mira la Reforma a través de la lente del Renacimiento, hay que reconocer dos cosas. La primera es la influencia de los escritos de Erasmo y su estudio de los textos cristianos en los líderes de la Reforma (a la que llegaremos más adelante cuando hablemos de lo que motivó a Lutero, Calvino y otros a ir contra la autoridad de la Iglesia católica). El segundo es el estado del catolicismo en el siglo XVI, que está directamente relacionado con la evolución de los periodos del Renacimiento temprano y alto. Como ya se ha mencionado, la influencia de la Iglesia católica como institución más importante de Europa creció con el movimiento renacentista. Las iglesias regionales de los distintos reinos europeos eran muy poderosas, pero seguían sometidas a la autoridad del papado, que controlaba muchas tierras y recursos en Italia Central. La estructura de la Iglesia estaba muy centralizada y jerarquizada, con claras distinciones entre los distintos rangos del clero y sus funciones. El papado también estaba muy implicado en los asuntos políticos del mundo de la época, considerándose una especie de árbitro internacional. De hecho, cuando los gobernantes contaban con el respaldo de la Iglesia y tenían a las autoridades religiosas de su lado, su poder era mucho más evidente y presente. Esto se debía a que el sentido de la vida para una persona media de clase baja medieval o renacentista estaba fijado por los principios de la religión. Para los laicos, la Iglesia era su principal guía espiritual, y era comprensible. La mayoría de la gente era analfabeta e inculta, y se conformaba con seguir las reglas que las autoridades eclesiásticas establecían para ellos. Vivir según las reglas y normas de la Iglesia era cómodo, aunque existieran problemas en la naturaleza fundamental de la Iglesia y sus funciones, algo que perfilarían Lutero y otros líderes del movimiento protestante.

Con el desarrollo del pensamiento humanista, que enfatizaba el pensamiento crítico y aumentaba el espíritu de investigación, los eruditos empezaron a identificar aspectos de la Iglesia católica que encontraban problemáticos. En el fondo, la idea general que tenían los líderes de la Reforma era un alejamiento gradual de la naturaleza estrictamente jerárquica de la Iglesia y un retorno a la base doctrinal, algo que ya habían esbozado Erasmo de Rotterdam y otros.

Entre las críticas importantes que se destacarían más tarde estaba la corrupción intrínseca en la Iglesia. La venta de indulgencias era uno de los problemas. En la época medieval, uno podía acercarse a un sacerdote y pedirle perdón por los pecados, pagándole cierta cantidad de dinero para que los absolviera. La indulgencia también podía dirigirse a liberar al individuo del juicio del purgatorio, un estado de sufrimiento tras la muerte en el que las almas de los pecadores responderían por sus pecados, según la doctrina católica. Supuestamente, la Iglesia católica obtenía así gran parte de sus ingresos. Cuando los beneficios de la venta de indulgencias se combinaron con casos de nepotismo, la ilegitimidad e incompetencia del clero, cuya interpretación y enseñanza de la doctrina era dudosa, y los privilegios especiales de que disfrutaban los eclesiásticos de toda Europa, nació un sentimiento de protesta entre quienes reconocían la naturaleza de los problemas.

Además, en el siglo XVI, como hemos visto por los fastuosos y ambiciosos proyectos emprendidos por los papas, la riqueza de la Iglesia se había disparado. Más dinero significaba más influencia en los asuntos políticos, lo que, a su vez, significaba más formas de conseguir más dinero. En general, según los manifestantes, se trataba de un sistema fundamentalmente defectuoso que se había corrompido y desviado de sus raíces. La Iglesia católica necesitaba algunos cambios.

Aunque siglos antes del Renacimiento se habían hecho esfuerzos por implementar cambios en la Iglesia, el 31 de octubre de 1517 suele considerarse el «comienzo» de la Reforma protestante. Es una fecha significativa porque fue cuando Martín Lutero -un erudito religioso y profesor— clavó sus *Noventa y cinco tesis* en la puerta de la Iglesia del castillo de Wittenberg, Alemania. En las Tesis, Lutero expuso los principales problemas del estado actual de la Iglesia. Atacó a las autoridades religiosas por permitir que un sistema tan defectuoso persistiera durante siglos y explotara la vida de la gente corriente. También propuso cambios que podrían salvar el estado de la Iglesia, haciendo hincapié en la salvación solo por la fe (*sola fide*) y la autoridad de las Escrituras (*sola scriptura*). Claramente influido por Erasmo, la idea principal de Lutero era que el verdadero significado del cristianismo estaba en las Sagradas Escrituras y que la forma en que se enseñaba en las iglesias contemporáneas era fundamentalmente diferente de cómo se pretendía enseñar en los textos antiguos. Las ideas de Lutero se difundieron rápidamente por los principales centros urbanos de Alemania (Sacro Imperio Romano Germánico) gracias a su eficaz reproducción por la imprenta. La reacción de las autoridades eclesiásticas no se hizo esperar: lo denunciaron como hereje e incluso excomulgaron a Lutero en 1521. Sin embargo, las reformas también resultaron atractivas para muchos individuos, incluidas figuras políticas y religiosas, que comenzaron a aplicarlas en sus congregaciones locales. En este asunto, la estructura política descentralizada del Sacro Imperio Romano Germánico resultó muy útil. Dado que los príncipes locales tenían la máxima autoridad en sus jefaturas, principados, ciudades-estado o baronías, podían aplicar los cambios como quisieran y escapar a la autoridad imperial o papal. Federico III el Sabio, elector de Sajonia, fue un líder político que protegió a Lutero de las autoridades papales escondiéndolo en el castillo de Wartburo, donde el teólogo continuó sumergiéndose en la investigación religiosa a finales de 1521. Durante los años siguientes, Lutero trabajó en su traducción de la Biblia al alemán para hacerla más accesible a las masas. Su versión se publicó y reimprimió en todo el mundo de habla alemana. Con el tiempo, cada vez más partes de Europa abrazaron diversas formas de protestantismo gracias a la rápida difusión de ideas que muchos encontraron atractivas y relevantes.

Otros reformadores importantes son Juan Calvino, un francés que había huido de su país de origen a Suiza, donde la libertad religiosa era mucho más respetada que en Francia. En Ginebra, se familiarizó con las ideas de Lutero y estuvo de acuerdo con muchas de ellas, desarrollando finalmente su propia versión, conocida como calvinismo. Con el tiempo, el calvinismo se convertiría en el principal movimiento protestante en la mayor parte de Suiza, los Países Bajos, Escocia y partes de Francia, centrado en su interpretación de la doctrina de la predestinación. Ulrico Zuinglio lideraría el movimiento protestante en Zúrich, que acabaría fusionándose con la denominación de Calvino a mediados del siglo XVI. Juntas, estas versiones del pensamiento protestante hacían hincapié en la disciplina moral y el trabajo duro y surgirían como fundamento principal para el desarrollo del capitalismo, tal y como lo esbozaría más tarde el sociólogo Max Webber. También se desarrollaron versiones más radicales del protestantismo, como el anabaptismo, que se adoptaron en distintos grados en diferentes partes de Europa. La diferencia clave con los anabaptistas era que rechazaban la práctica convencional del bautismo infantil, por considerar que no se mencionaba en las Escrituras originales. Con el paso del tiempo, cada vez más teólogos y eruditos propusieron cambios sutiles en las formas de protestantismo previamente aceptadas, lo que llevó a la creación de más denominaciones y a lo que los historiadores han considerado la «democratización» de la religión. Basado en la idea principal de interpretar lo mejor posible la esencia de las Sagradas Escrituras sin las restricciones e interpretaciones propuestas por la Iglesia católica, el protestantismo floreció en la mayor parte de Alemania, los Países Bajos, Escocia y Escandinavia. La influencia de la Iglesia católica, en cambio, se mantuvo sobre todo en Italia, donde su presencia era más fuerte, así como en Francia y España.

Las implicaciones sociales y políticas de la Reforma se harían patentes siglos después del final del Renacimiento. En primer lugar, desencadenó muchas guerras religiosas en el continente europeo, con coaliciones de católicos y protestantes enfrentados para imponer sus creencias a los demás. La guerra de los Treinta Años, por ejemplo, es uno de esos conflictos, que alteró enormemente la dinámica de poder entre las potencias europeas a principios del siglo XVII y contribuyó a la propagación o contención del protestantismo en toda Europa. El protestantismo también se convirtió en un factor principal de la posterior agitación política de Inglaterra, que llevó al rey Enrique VIII a tomar la decisión de abandonar el catolicismo y «fundar» en su lugar su propia versión del protestantismo, conocida como anglicanismo. En segundo lugar, condujo a los conflictos de la guerra civil inglesa, que cimentarían el anglicanismo como religión oficial del Estado, combinando el papel del jefe de Estado y de la Iglesia, que sigue siendo un aspecto central de la monarquía británica en la actualidad. Más fundamentalmente, el protestantismo propició la aparición de diversas creencias y prácticas religiosas en Europa y el aumento de la tolerancia religiosa en algunas zonas. Las estructuras y jerarquías eclesiásticas anteriores se modificarían por completo para dar cabida a las nuevas dinámicas religiosas. Con todo, la Reforma encarnaría el espíritu del Renacimiento que hacía hincapié en una interpretación individual de las Escrituras y en la importancia de la educación, contribuyendo al aumento de las tasas de alfabetización y al establecimiento de escuelas y universidades.

Arte del Renacimiento nórdico

La Reforma es solo uno de los acontecimientos que pueden considerarse parte del Renacimiento nórdico, aunque su punto álgido tuvo lugar a finales del periodo y sirvió esencialmente de puente entre el Renacimiento tardío y las primeras etapas de la Ilustración. El Renacimiento nórdico estuvo repleto de numerosos logros culturales tan célebres como los del Renacimiento italiano. Una vez más, la amplia interconexión de Europa en el siglo XV contribuyó en gran medida al florecimiento del intercambio cultural entre Italia y el norte de Europa. El pensamiento humanista no italiano y el redescubrimiento del saber antiguo también hicieron que algunos de los desarrollos artísticos del Renacimiento nórdico tuvieran lugar casi al mismo tiempo que en Italia.

Jerónimo Bosch, Pieter Bruegel, Jan van Eyck, Alberto Durero, Rogier van der Weyden y Jean Fouquet son algunos de los nombres más reconocidos del Renacimiento nórdico. Los estilos que desarrollaron a veces reflejaban e intentaban copiar los avances del arte italiano y a veces respondían a ellos. Quizá la principal diferencia entre ambos estilos sea que la pintura del Renacimiento nórdico no se centró tanto en temas religiosos o mitológicos como la pintura del Renacimiento italiano, aunque ambos estuvieron presentes durante las primeras etapas. En cambio, en el Renacimiento nórdico se solían representar escenas de la vida cotidiana. Estas obras, conocidas como «escenas de género» o «arte de género», ofrecían una visión de la vida de la gente corriente, incluyendo ambientes domésticos, paisajes, mercados e interacciones interpersonales.

La escena de género del Renacimiento nórdico se distinguía por su enfoque naturalista y su atención al detalle. Los artistas intentaban retratar con precisión a sus personajes y captar los matices de los gestos, las expresiones y las interacciones humanas. Prestaban especial atención a los detalles de la ropa, los muebles, los objetos domésticos y los elementos arquitectónicos de los espacios representados. Al representar cuidadosamente estos elementos, el artista creaba una sensación de autenticidad y permitía al espectador conectar con la escena a un nivel personal y cercano. En cambio, la pintura del Renacimiento italiano era mucho más grandiosa y ambiciosa, y a menudo representaba escenarios narrativos difíciles de comprender si no se conocía el contexto o el título de la obra. En lugar de mostrar fragmentos de la Biblia, mitología antigua o historia, o de presentar a los espectadores imágenes abrumadoras que causaban una gran impresión a primera vista, los pintores nórdicos solían representar a personas de distintas clases sociales realizando sus respectivas actividades, un enfoque mucho más sutil para transmitir la historia dentro de los cuadros. Mostraban la vida de campesinos, artesanos, comerciantes y aristócratas, reflejando la diversa estructura social de las sociedades flamenca, holandesa y alemana de la época. Escenas de la vida rural mostraban a campesinos trabajando en el campo, pastoreando ganado y participando en eventos estacionales. Los vendedores ambulantes, los mercados, las tabernas y los talleres aparecen en escenas de género urbano, que representan la energía bulliciosa y la exuberancia de la vida en la ciudad. En conjunto, estos temas eran mucho más cercanos para el espectador medio.

La narración también desempeñó un papel importante en las escenas de género del Renacimiento nórdico. Los artistas utilizaban estas escenas para transmitir mensajes morales, fábulas o anécdotas humorísticas. Las acciones e interacciones de los personajes dentro de la composición se elaboraban cuidadosamente para contar una historia concreta o captar un momento de la experiencia humana. Estas historias reflejan a menudo los valores, costumbres y condiciones sociales de la época, proporcionando a los espectadores una visión del contexto moral, social y cultural. Un ejemplo notable es la obra de Pieter Brueghel el Viejo. Sus pinturas, como *Boda campesina* y *Cazadores en la nieve*, representan escenas detalladas y amplias de campesinos dedicados a diversas actividades a lo largo de las estaciones. La obra de Brueghel documenta visualmente la vida cotidiana y comunica cuestiones sociales, culturales y morales más profundas. Sus escenas servían como representaciones observacionales de la realidad y como vehículos para la expresión artística y la crítica social. Ofrecían una visión de la experiencia humana, capturando las alegrías, luchas y rarezas de la vida cotidiana. Al retratar lo cotidiano y familiar, resonaban en los espectadores y les inspiraban a reflexionar sobre sus vidas y el mundo que los rodeaba.

Como ya hemos dicho, para transmitir este estilo era muy importante prestar gran atención a la representación realista de los personajes y objetos de los cuadros. Así, el arte del Renacimiento nórdico sentó importantes bases para el posterior movimiento realista de siglos posteriores. Los artistas del Renacimiento nórdico querían dar vida al ser humano, haciendo hincapié en la precisión anatómica y las proporciones naturales. Prestaban gran atención a los detalles de los rasgos faciales y plasmaban con precisión los rasgos y expresiones individuales. El uso de luces y sombras ayudaba a crear profundidad y tridimensionalidad, añadiendo realismo a los personajes. Obviamente, el arte italiano fue una gran influencia. Las prendas y los tejidos representados en el arte del Renacimiento nórdico están meticulosamente elaborados y demuestran la excelencia técnica de los artistas. Las telas se representan cuidadosamente para revelar intrincados dibujos, pliegues y texturas. Esta atención al detalle se extendía a la representación de joyas, accesorios y otros elementos decorativos.

Además de la figura humana, los artistas del Renacimiento nórdico se centraron en captar el mundo natural con precisión y detalle. La pintura de paisajes se convirtió en un género importante y los artistas pintaron paisajes realistas. Prestaban especial atención a la representación de la vegetación, los árboles, las masas de agua y los efectos atmosféricos. Estos paisajes solían estar salpicados de elementos simbólicos y narrativos que añadían capas de significado al paisaje natural. Por otra parte, en las obras de algunos de los pintores italianos más distinguidos, el foco de atención rara vez se dirige hacia la naturaleza; el énfasis se pone en los personajes de los cuadros. Los fondos de los cuadros del Renacimiento italiano suelen ser sencillos y raramente muy detallados, en contraste con el estilo del Renacimiento nórdico. Esta atención al detalle también propició el florecimiento de la pintura de bodegón. Los objetos cotidianos como flores, frutas, alimentos y artículos de primera necesidad se cuidaban meticulosamente, y se prestaba atención a la textura, el color y la iluminación para realzar la sensación de realismo. El deseo de realismo y naturalismo en el arte del Renacimiento nórdico fue paralelo al desarrollo científico e intelectual de la época. Entre los artistas más destacados asociados con el realismo y el naturalismo del Renacimiento nórdico se encuentran Jan van Eyck, Alberto Durero y Jerónimo Bosch.

A su vez, el creciente interés por el individualismo, la psicología humana y la expresión del estatus social y la identidad se manifestó en el desarrollo del retrato como género destacado del Renacimiento nórdico. Artistas como Hans Holbein el Joven y Jan van Eyck utilizaron técnicas meticulosas para captar los rasgos físicos de una persona sentada con una precisión asombrosa. Hicieron hincapié en los rasgos faciales, el cabello, la ropa y los accesorios, y los ejecutaron meticulosamente. A través de su habilidad técnica, querían captar hasta los más pequeños matices e imperfecciones, creando una representación fiel de los modelos, combinando los aspectos realistas con una gran técnica e incluso esparciendo representaciones simbólicas de ideas en los cuadros. Los retratos del Renacimiento nórdico solían ser encargados por plebeyos, clérigos o aristócratas adinerados que deseaban afirmar su estatus social y transmitir una imagen particular a la posteridad. Se exhibían en casas particulares, salones gremiales o lugares públicos y servían como prueba visual de la riqueza, influencia y logros del modelo. Estos retratos también reforzaban los lazos familiares, las redes sociales y los legados dinásticos. En Italia, sin embargo, la pintura de retratos no floreció al mismo nivel que en el Renacimiento nórdico.

Así, enraizado en el humanismo nórdico y en importantes acontecimientos socioculturales regionales como la Reforma, el Renacimiento nórdico desarrolló su propia identidad independientemente del Renacimiento italiano. Los factores socioculturales que habían dado lugar al mecenazgo activo de los artistas italianos estaban en gran medida ausentes en el norte, sobre todo la autoridad de la Iglesia, que iría disminuyendo lentamente a medida que la Reforma ganaba más terreno. Mientras que los artistas italianos disponían de los recursos necesarios para trabajar durante años en grandes y ambiciosos proyectos encargados por el papado, esto no sucedía en gran medida con los pintores del norte. En el norte, el arte era encargado por miembros de diferentes clases sociales, lo que hacía que el producto fuera más diverso, pero sencillo y cercano. Esto, a su vez, significaba que la profesión de artista también se desarrollaba de manera diferente que en Italia, emergiendo como un trabajo más tradicional que generaba dinero para el artista en lugar de una carrera solo apta para la minoría de gran talento. Esto se puso de manifiesto no solo estilísticamente, sino también en la dispersión de los artistas del Renacimiento nórdico en muchos lugares diferentes, en lugar de concentrarse en un puñado de ciudades, como en Italia. En conjunto, el Renacimiento nórdico produjo algunas de las obras de arte más memorables de su época, que reflejaban claramente los factores socioculturales y económicos presentes en el norte y centro de Europa.

Renacimiento inglés

El Renacimiento llegó a Inglaterra un poco más tarde que al resto de la Europa occidental continental y permaneció allí más tarde, hasta principios del siglo XVII. Aun así, los acontecimientos sociales ingleses que precipitaron el paso del modo de vida y pensamiento medievales al Renacimiento se asemejaron mucho a los de Italia y el norte de Europa. Así pues, para concluir la historia de los logros artísticos y culturales que conllevó el Renacimiento, solo cabe analizar cómo floreció el movimiento en Inglaterra. Como ya se ha mencionado, Inglaterra sería uno de los estados de Europa cuya estructura política se centralizaría y se haría más fija durante el periodo renacentista, a diferencia de Italia, que seguía fragmentada a finales del siglo XVI. La Reforma suele considerarse la principal razón de la centralización política y del papel recién asumido por la monarquía en Inglaterra. Con la adopción del anglicanismo —una herramienta religiosa y política ideada por Enrique VIII para escapar de la influencia del papado— la posición de la monarquía era más fuerte que nunca. Desde mediados del siglo XVI hasta principios del XVII, la fuerza de la Corona permitió que prosperara el movimiento cultural en Inglaterra, pero de forma diferente a Italia, Alemania y los Países Bajos. En la actualidad, el Renacimiento inglés no se recuerda principalmente por sus artes visuales, sino por su literatura y teatro.

La aparición de la literatura como aspecto central del patrimonio cultural del Renacimiento en Inglaterra se debió a la noción, ampliamente aceptada, de que el mayor regalo de Dios a la humanidad era la lengua. Figuras como Roger Ascham, escritor y tutor de la joven princesa Isabel I, defendieron esta idea e instaron a las masas a educarse para leer y escribir correctamente. En el siglo XVI, la imprenta ya se había instalado en las principales ciudades y universidades de Inglaterra, lo que facilitó la difusión de los textos literarios. Además, con las nuevas traducciones de la Biblia del latín o el griego al inglés vernáculo, cada vez más gente se interesaba por comprar libros, un efecto directo de la Reforma. Así, la literatura florecería durante el Renacimiento inglés, pasando de las tradiciones medievales a un enfoque más humanista de la literatura en el que se escribían más libros de ficción. Debido al redescubrimiento de antiguos textos romanos y griegos, muchos de los cuales eran obras legendarias de autores como Sófocles o Aristófanes, la dramaturgia también surgió como una gran parte de este renacimiento.

A la vanguardia de la literatura renacentista inglesa se encuentra nada menos que William Shakespeare, considerado el mayor dramaturgo de todos los tiempos. Las obras de Shakespeare son testimonio de su dominio del lenguaje, la profundidad de su caracterización y la exploración de temas universales. Sus obras, como *Romeo y Julieta*, *Hamlet* y *Macbeth*, siguen representándose y estudiándose en todo el mundo. El atractivo de Shakespeare radica en que sus obras son entretenidas. Siguiendo la tradición humanista, su obra muestra una profunda visión de la naturaleza humana, el amor, el poder y la complejidad de la existencia humana. Los personajes están totalmente desarrollados, tienen cualidades personales distintas y entablan interesantes diálogos entre sí que demuestran la capacidad de Shakespeare como gran dramaturgo.

Otra figura influyente en el teatro del Renacimiento fue Christopher Marlowe. La obra de Marlowe desafió las convenciones de la época, aportando a la escena un estilo más oscuro y audaz. Su obra más famosa, *Doctor Fausto*, trata de la ambición, la tentación y las consecuencias de decisiones moralmente cuestionables. Las obras de Marlowe son conocidas por su intensidad, expresión poética y compleja exploración de los personajes.

Además del teatro, la poesía desempeñó un papel importante en la literatura del Renacimiento. El poema épico de Edmund Spencer *La reina de las hadas* se considera una obra monumental de la época. En él se celebran las virtudes de la caballería, el amor y el honor, y se entreteje una compleja narración en la que se mezclan la alegoría, el mito y la historia. La poesía de Spencer se convirtió en la obra definitoria de la literatura inglesa, testimonio de su dominio del lenguaje y de la imaginería poética.

El redescubrimiento del drama antiguo y la creación de nuevas obras por artistas locales inspiraron el establecimiento de la cultura teatral en Inglaterra más que en ningún otro país europeo. Los teatros públicos, como The Globe, se convirtieron en centros de expresión artística que atraían a gente de todas las clases sociales, incluida la aristocracia y la emergente clase media, y reflejaban las cambiantes condiciones sociales y políticas. Los escenarios teatrales sirvieron de plataforma para explorar cuestiones e ideas complejas, a menudo desafiando creencias y valores tradicionales. Una amplia variedad de géneros eran populares, incluyendo la tragedia, la comedia, la historia y el romance.

El desarrollo de la cultura teatral no hizo sino aumentar la popularidad de los escritores y dramaturgos contemporáneos. Las obras de Shakespeare, por ejemplo, traspasaron fronteras y atrajeron a públicos muy diversos; incluso se tradujeron a diferentes idiomas en el siglo XVIII. Sus obras, que exploraban temas como el amor, el poder, la política y la humanidad con una profundidad y complejidad sin precedentes, se representaban en teatros al aire libre donde el público podía presenciar el espectáculo de las representaciones en directo, experimentar emociones compartidas y obtener una catarsis colectiva.

La cultura teatral del Renacimiento inglés no se limitó a Londres, sino que se extendió por todo el país. Una compañía de actores recorría distintas ciudades, llevando la magia del escenario a diferentes comunidades. La difusión del teatro hizo posible que personas de diversos orígenes participaran en las artes, contribuyendo a la democratización de la cultura. El auge del teatro renacentista inglés también propició la formación de grupos teatrales y la aparición de actores famosos. Estos actores se convirtieron en iconos culturales que encarnaban los personajes y emociones representados en el escenario. El teatro era tan popular que se convirtió en parte integrante del tejido social de la época, atrayendo a públicos de todas las clases sociales.

En conclusión, el renovado interés por el aprendizaje clásico y el aprecio por el potencial humano fueron temas humanistas centrales que el Renacimiento inglés compartió con el movimiento en otros lugares de Europa. Sin embargo, el Renacimiento en Inglaterra puede considerarse muy diferente de los Renacimientos nórdico e italiano. El Renacimiento italiano se centró en el arte, la arquitectura y la escultura. Las obras maestras comentadas anteriormente ejemplifican los logros artísticos de la época. En cambio, el Renacimiento inglés dio prioridad a la literatura y el teatro, y los dramaturgos y poetas se convirtieron en iconos culturales de la época en lugar de escultores o pintores. Además, los estilos renacentistas de Italia y el norte de Europa representaban cosmovisiones más seculares, fascinadas por la belleza y la armonía del mundo físico. Comenzando con la representación de temas religiosos, el movimiento maduró hasta la expresión del realismo en la vida cotidiana o la glorificación de los ideales humanos en las pinturas manieristas. Por el contrario, el Renacimiento inglés mantuvo fuertes lazos con los temas religiosos y las consideraciones morales, como se aprecia en los dilemas morales explorados en las obras de John Donne y en las obras de Shakespeare.

Otra diferencia importante es el contexto sociopolítico en el que se desarrollaron estos periodos renacentistas. El Renacimiento italiano contó con el apoyo de mecenas adinerados, como la familia Médici y más tarde la Iglesia, que apoyaron económica e intelectualmente a artistas y eruditos. El Renacimiento nórdico debe su florecimiento al mecenazgo de miembros de distintas clases sociales. En cambio, el Renacimiento inglés se caracterizó por la aparición de un público de clase media que participó activamente en la cultura teatral, transformando el teatro en una forma de entretenimiento más inclusiva y accesible. Sin embargo, no habría sido tan impresionante sin el apoyo de la Corona, que aportó muchos recursos para desarrollar el patrimonio cultural tan celebrado hoy en día.

Capítulo 7 - El fin del Renacimiento

La colonización

La historia del final del Renacimiento es complicada. Esto se debe principalmente a que no podemos identificar definitivamente un único momento en el que el Renacimiento dejó de existir. Al menos, toda la historia del movimiento demuestra que el Renacimiento no fue algo con un punto de partida y un punto final definidos: los desarrollos sociales, políticos, económicos y culturales que tuvieron lugar desde finales del siglo XIV hasta el siglo XVI estuvieron todos profundamente fusionados entre sí. Además, aunque más adelante examinaremos el final del Renacimiento en términos de cese del progreso artístico e intelectual, puede afirmarse que el Renacimiento tardío dio paso directamente al Siglo de las Luces. De hecho, los avances en el pensamiento político, económico y científico característicos de Europa (especialmente de Francia, Gran Bretaña y Alemania de los siglos XVII y XVIII) pueden considerarse consecuencias directas de la renovada voluntad de aprender y explorar el mundo, que comenzó con el Renacimiento. Sin embargo, cuando hablamos del declive del Renacimiento, solemos referirnos a la caída económica y política de la península itálica en el siglo XVI, el lugar más asociado al Renacimiento. Así pues, ahora examinaremos qué causó los problemas y la inestabilidad en Italia (y, en menor medida, en el resto de Europa Occidental) que contribuyeron al concepto tradicional de declive del Renacimiento a finales del siglo XVI.

El inicio de la era de la colonización puede considerarse sin duda uno de los factores que afectaron indirectamente al declive de Italia como centro cultural y económico de Europa. Curiosamente, el impulso colonizador fue en parte consecuencia del desarrollo del pensamiento renacentista. Hemos mencionado que el humanismo subrayaba la importancia de la autorrealización y la capacidad innata del ser humano para dominar la naturaleza, lo que se tradujo en avances científicos y tecnológicos. Uno de esos avances tecnológicos, que revolucionó la percepción de las cosas en aquella época, fue el perfeccionamiento del diseño de las carabelas, veleros de menor tamaño, rápidos y muy maniobrables que permitieron a los marinos explorar nuevas fronteras marítimas. Mientras tanto, a mediados del siglo XV, debido a la expansión del Imperio otomano y su bloqueo del comercio oriental por el control del sur del Mediterráneo, Europa necesitaba redescubrir nuevas rutas comerciales. Las ciudades-estado italianas de Génova y Venecia habían monopolizado la afluencia de mercancías procedentes de Asia en el Mediterráneo, lo que les daba una ventaja injusta sobre los mercaderes de Francia, Inglaterra o Iberia. Las rutas comerciales septentrionales también estaban menos desarrolladas en aquella época, ya que los problemas políticos en Rusia habían desestabilizado la región e impedido el establecimiento de rutas comerciales fiables hacia Europa a través de Rusia.

Así, ante la necesidad de una nueva forma de sortear la barrera del Imperio otomano, las mentes más brillantes y creativas de Europa Occidental empezaron a apuntar hacia Occidente en lugar de hacia Oriente. Portugal y España liderarían a Europa en el empeño de descubrir nuevas rutas comerciales hacia Asia. A finales del siglo XIV, estas potencias empezaron a navegar gradualmente por la costa occidental africana, descubriendo pueblos menos civilizados y estableciendo puestos comerciales. Cada vez se tenía más conciencia de que quedaba mucho por explorar hacia el sur y, sobre todo, hacia el oeste.

En 1492, el infame viaje de Cristóbal Colón pretendía demostrar exactamente eso. Colón, marino experimentado y curioso explorador genovés, creía que se podía llegar por mar al rico continente asiático si se viajaba lo suficientemente lejos hacia el oeste, ya que este se encontraba al este. Técnicamente, Colón estaba en lo cierto: había identificado correctamente la forma esférica de la Tierra. Sin embargo, debido a los escasos conocimientos geográficos fuera de Europa en aquella época, subestimó el tamaño de la Tierra. No tenía ni idea de que entre Europa y

Asia existía una enorme masa de tierra que hoy llamamos América. Aun así, Colón puso en práctica sus ideas, obteniendo financiación y recursos para una expedición de la Corona española en 1492. Pero, como todo el mundo sabe, no llegó a la India como había imaginado. En su lugar, Colón desembarcó en las islas del Caribe en octubre de 1492, identificándolas erróneamente como la India y apodando incorrectamente indios a la población americana local.

Así comenzó la era de la colonización, que transformaría para siempre el destino de la civilización europea. Estableciendo un camino fiable de España a América, Colón organizó cuatro expediciones, explorando la cuenca del Caribe y la costa oriental de América Central. Nadie sabía que allí existía una masa continental, aunque los europeos, de hecho, habían llegado al lugar siglos antes que Colón. Los exploradores vikingos liderados por Leif Eriksson se habían aventurado hasta Terranova hacia 1021. Incapaces de establecerse tan lejos de su hogar, abandonaron su asentamiento. El conocimiento de este legendario logro se había perdido en la Europa medieval, por lo que el descubrimiento de Colón fue un gran acontecimiento. Con el tiempo, aunque Colón pensó firmemente que había encontrado una ruta occidental a la India, los europeos se dieron cuenta de que se había descubierto accidentalmente todo un nuevo continente y procedieron a explorarlo. Lo que encontraron en las primeras décadas de la década de 1520 fueron civilizaciones en toda regla en América Central, del Norte y del Sur. Los europeos pudieron dominarlas fácilmente gracias a su superioridad tecnológica. Las civilizaciones azteca, maya e incaica fueron trágicamente aniquiladas en las décadas siguientes. Los europeos llevaron muchas enfermedades contagiosas para las que los nativos americanos no habían desarrollado inmunidad debido a milenios de aislamiento.

Al apoderarse de los territorios de los nativos americanos, ricos en recursos naturales y repletos de alimentos exóticos, Portugal y España —los dos primeros y más exitosos actores de la colonización— establecieron lentamente rutas comerciales fiables. Estas potencias enviaron cada vez más misiones de exploración a América para reclamar las tierras en nombre de sus soberanos y establecer asentamientos permanentes con vínculos definitivos con el continente europeo.

Sin embargo, la afluencia de oro, plata, tabaco y otros bienes comerciales de gran valor a Europa a mediados del siglo XVI supuso un golpe directo para las economías de las ciudades-estado italianas, que nunca se habían dedicado a la colonización debido principalmente a la falta de recursos de que disponían las monarquías centralizadas de Iberia y, más tarde, Francia, Inglaterra e incluso los Países Bajos. El declive económico se vio acelerado por el descubrimiento de rutas comerciales marítimas hacia la India por el explorador portugués Vasco da Gama, que no hizo sino aumentar la influencia económica de Portugal en los océanos Atlántico e Índico. Pronto, las antaño grandes ciudades-estado italianas de Génova, Venecia y Florencia se vieron muy cuestionadas por los nuevos actores del comercio internacional, y su excesiva riqueza fue decayendo gradualmente.

De este modo, los patrones comerciales y el foco económico se desplazarían fuera de Italia, lo que significaba que los antiguos mecenas de la cultura renacentista italiana ya no disponían de medios para financiar los proyectos de los artistas italianos. Mientras tanto, el papel de la Iglesia como mecenas también disminuyó con la Reforma. A medida que el papado invertía más fondos en luchar contra la expansión del protestantismo, los artistas disponían de menos recursos para seguir creando las magníficas obras características del Alto Renacimiento, por ejemplo. Una menor demanda se tradujo en una menor calidad general, y la consiguiente fuga de talento artístico e intelectual aceleró el declive del Renacimiento en Italia, al menos en comparación con su asombrosa producción cultural anterior.

Factores políticos

Por último, una serie de problemas provocados por la inestabilidad política tuvieron lentamente un efecto de bola de nieve sobre la producción cultural característica del Alto Renacimiento. Ya hemos señalado al principio que, aunque disfrutaron de un periodo de prosperidad, las ciudades-estado italianas eran débiles en relación con los grandes reinos situados más allá de los Alpes. Los otomanos, que habían derrotado finalmente a los bizantinos en 1453, presionaban cada vez más desde Oriente y alcanzarían la cima de su poder en el siglo siguiente. El tratado de paz de Lodi, firmada en 1454 por Venecia, Florencia y Milán, fue un acuerdo para unirse si alguno de ellos era atacado por los turcos o los franceses, las dos potencias consideradas la mayor amenaza para los intereses soberanos italianos. El tratado se mantuvo durante las cuatro décadas siguientes y se evitó la agitación política en el norte de Italia. Sin embargo, no pasaría mucho tiempo antes de que sus rencillas internas inutilizaran todo el sistema y condujeran a un periodo de decadencia política.

A finales de siglo, sin embargo, Italia se convirtió en un campo de batalla para quizá dos de las facciones católicas más fuertes de Europa: Francia y el Sacro Imperio Romano Germánico. Tras la absorción del reino de Borgoña (que era principalmente francés) por el Sacro Imperio Romano Germánico, las relaciones entre los Habsburgo y los reyes franceses empezaron a deteriorarse. Como represalia por haber perdido su influencia sobre Borgoña, el rey Carlos VIII de Francia lanzó una invasión a Italia y presionó para reclamar el trono de Nápoles. Ayudado por la familia Sforza de Milán, que mantenía desde hacía tiempo estrechas relaciones con el estado del sur de Italia, Carlos invadió Italia en 1494 con unos 30.000 hombres. Nápoles, por su parte, se alió con los Estados Pontificios y Florencia, ambos con el interés común de mantener a los franceses fuera de la península. Para Florencia, la dominación de los franceses significaría el fin de la libertad económica y la prosperidad. Sin embargo, el papa Alejandro VI, miembro de la infame familia Borgia, conocía muy bien el problemático pasado del papado bajo la influencia de los reyes franceses durante el siglo XIII y la dudosa situación que el llamado periodo del «papado de Aviñón» había causado al mundo católico.

Sin embargo, la coalición italiana no era lo bastante fuerte para detener a Carlos, cuyo ejército incluía infantería mercenaria profesional de Suiza, considerada entre las mejores de Europa, y arqueros escoceses. Venció a los italianos con relativa rapidez. Al ver sus ejércitos derrotados, los Médici ofrecieron a los franceses el control de Pisa a cambio de mantenerlos alejados de Florencia. Este acto fue percibido como una traición por los republicanos florentinos, que llevaban mucho tiempo protestando contra el gobierno despótico de los Médici. Así, derrocaron a la familia reinante tras unos sesenta años de gobierno y establecieron el Gran Consejo como nuevo órgano legislativo principal de la ciudad, el mismo que encargó el *David* a Miguel Ángel. El rey Carlos proseguiría su devastadora marcha hacia el sur, pero finalmente fue repelido de la península itálica por el emperador del Sacro Imperio Romano Germánico y el rey Fernando de la Corona de Aragón, quien pronto sería rey de España.

A finales de la década de 1490, la inestabilidad política en Florencia se volvería insondable cuando Savonarola —el fraile caótico y ambicioso que hemos mencionado brevemente— tomó el control de la ciudad, lo que provocó su excomunión por parte del papa. Durante un breve periodo, la influencia de Savonarola redujo Florencia a una ambigua república teocrática —o lo más parecido a ella— antes de que el revolucionario fuera denunciado y asesinado por los ciudadanos florentinos en 1498. Solo un año después, los franceses regresaron a Italia, esta vez bajo el mando del rey Luis XII, cuyo principal objetivo era capturar Milán. Para ello contó con la ayuda del papado. Lo que complicó aún más la situación fue el fallecimiento del papa Alejandro VI en 1503. La familia Borgia perdió el control del papado, y el nuevo papa, Julio II, no estaba muy dispuesto a mantener la alianza con Francia. Los franceses fueron derrotados una vez más por los españoles, y la Corona española, controlada entonces por los Habsburgo, reclamó definitivamente el trono de Nápoles. En 1512, los Médici volvieron a tomar el poder en Florencia con la ayuda de los españoles y los franceses fueron expulsados de Milán. En 1515, Francia reconquistó Milán, pero Carlos I de Habsburgo de España (que también era Carlos V del Sacro Imperio Romano Germánico) derrotaría finalmente a los franceses en Italia en la década de 1520.

Las largas guerras debilitaron a las ciudades-estado italianas más allá de toda posibilidad de recuperación. Solo Venecia se resistía a la dominación alemana o francesa, pero también perdía poco a poco su antiguo poderío debido a la afluencia de mercancías del Nuevo Mundo a los mercados de Europa. Y lo que es más importante, la nobleza italiana, sustituida en gran medida por la rica clase mercantil desde finales del siglo XIV, empezó a recuperar su antiguo poder, volviendo a ser prominente en algunas ciudades. Incluso cuando los Médici recuperaron de nuevo el control de Florencia en 1530, el arte que se producía ya no reflejaba la gloria y el optimismo que habían caracterizado el Alto Renacimiento en la ciudad. Muchos reconocían los inconvenientes de la falta de una estructura política centralizada en Italia, que se había convertido en un campo de batalla de ejércitos extranjeros. Nicolás Maquiavelo fue quien mejor lo expuso en su obra de 1513 *El príncipe*, en la que reconocía la necesidad de un gobernante fuerte que reuniera a las ciudades-estado enfrentadas para unir Italia y alcanzar la antigua gloria de Roma. Obra renacentista en su esencia, *El príncipe* es la reflexión de Maquiavelo sobre la historia política de Italia y su lamento por ella, así como su propuesta de lo que podría haber sido. Planteó sus principios basándose en escritores antiguos como Cicerón y utilizó ejemplos históricos para apoyar sus argumentos.

Sin embargo, a pesar de la percepción pública de la situación política, Italia sufrió aún más humillaciones en la década de 1520, como ya se ha mencionado. Como último clavo en el ataúd, los ejércitos de Carlos V saquearon Roma en 1527, en un momento en que la Iglesia católica ya había sufrido inmensamente debido a los turbulentos procesos iniciados con la Reforma. Para entonces, el impulso del Renacimiento, que había nacido (o renacido) en la península itálica, se dirigía hacia el norte, al otro lado de los Alpes. Aunque el movimiento había terminado efectivamente en Italia, y solo Venecia, la ciudad de Tiziano y Giorgione, mantenía su estatus de centro de la vida artística, el Renacimiento siguió vivo un siglo más en el resto de Europa, produciendo un patrimonio cultural que hoy tiene un valor incalculable.

Conclusión

El Renacimiento sigue siendo uno de los periodos más influyentes de la historia europea. Con él llegaron una gran serie de cambios que alteraron la forma fundamental de percibir la vida en Europa Occidental. A través de un renacimiento intelectual, artístico y cultural, Europa salió de las sombras de la Edad Media y entró en una era de innovación, exploración e ilustración. Fue una época de gran curiosidad y sed de conocimiento. El redescubrimiento de la literatura clásica y los avances de la filosofía humanista encendieron la pasión por aprender y desencadenaron una oleada de logros científicos, artísticos y literarios que han transformado la sociedad. Leonardo da Vinci, Miguel Ángel, Galileo Galilei, Shakespeare y otros grandes hombres de su tiempo revolucionaron sus campos y dejaron una huella indeleble en el mundo. El arte renacentista captó la esencia y el espíritu imperecedero de la existencia humana y encarnó los ideales de la época. Esta ambición se plasmó en la escultura, la pintura, la arquitectura y la literatura. Partiendo de la brillante herencia de la Antigüedad clásica, la calidad de la cultura durante el Renacimiento se considera a menudo la cumbre de la civilización europea.

El Renacimiento también replanteó la sociedad y sus valores. El humanismo enfatizaba la valía personal, el conocimiento del mundo y la capacidad de realización humana. Esta época impulsó avances en anatomía, astronomía y matemáticas que cuestionaron creencias arraigadas y allanaron el camino para una visión del mundo más racional y empírica. La imprenta inventada por Johannes Gutenberg permitió la difusión masiva de estos conocimientos, lo que condujo a la democratización de la información y al nacimiento de la industria editorial moderna. Extendiéndose por toda Europa, estimulando el intercambio cultural y fomentando nuevas ideas, el Renacimiento no debe considerarse únicamente un movimiento italiano. Su legado perdura hasta nuestros días, y sus influencias pueden apreciarse en los principios de la democracia, los derechos humanos y la búsqueda del conocimiento que sustentan el mundo moderno. El Renacimiento representa un periodo de transición y renovación en el que se sembraron las semillas de la modernidad, que siguen prosperando.

Por estas razones, cuando pensemos en el Renacimiento, recordaremos siempre lo que representó: el indomable espíritu humano siempre en busca de la perfección y la mejora, el deseo de dominar y comprender mejor la naturaleza, así como el impacto transformador del arte y la cultura. El Renacimiento sigue siendo un testimonio de la capacidad de la humanidad para forjar su destino y crear un futuro mejor a través de los avances del pensamiento y la curiosidad inagotable que surge de él.

Tercera Parte: La Ilustración

Una guía apasionante de un periodo de disertación científica, política y filosófica de la historia europea

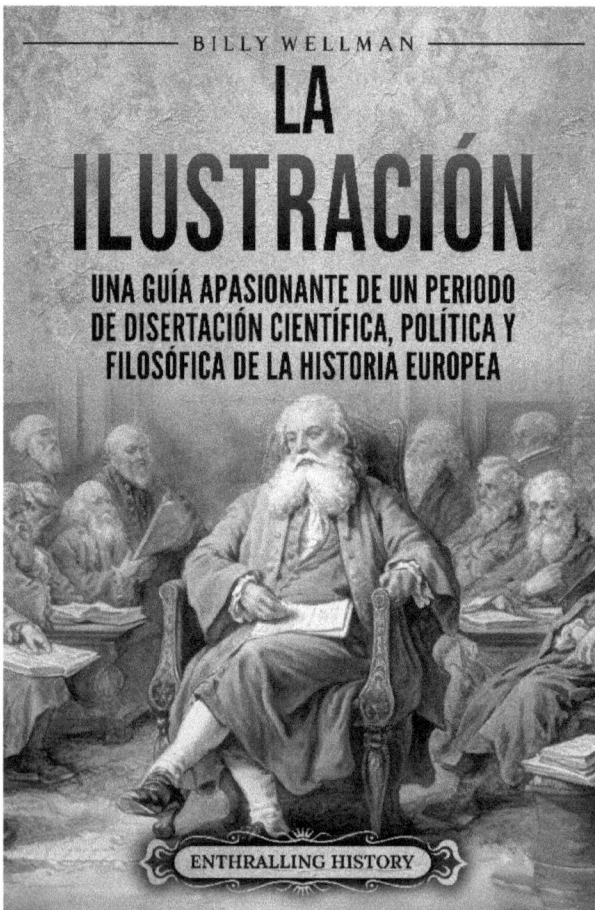

Introducción

Este libro le acompañará en un viaje por una época que cambió el tejido político, social y cultural del mundo. La Ilustración comenzó a finales del siglo XVII y duró hasta principios del XIX. Se produjo un cambio significativo en el pensamiento, puesto que destacados intelectuales y filósofos empezaron a cuestionar las fuentes tradicionales de autoridad y conocimiento. Abrazaron la razón, la ciencia y el progreso, allanando el camino para una nueva era de libertad y democracia.

La Ilustración, que se desarrolló principalmente en Europa, fue un momento crucial en la historia de las ideas. Fue una época de una agitación intelectual excepcional basada en la creencia en la razón humana, el deseo de progreso y la necesidad de reformas sociales, políticas y económicas. El impacto de las ideas de la Ilustración es significativo y duradero, ya que dieron forma a nuestra comprensión de la democracia, el individualismo, la igualdad y los derechos humanos.

Este libro profundizará en varios aspectos de este periodo y nos mostrará sus temas e ideas centrales. También analizaremos sus figuras e instituciones clave y su repercusión en el mundo actual.

Pretendemos ofrecer una visión general de este periodo crucial de la historia, explicando al mismo tiempo su relevancia para los temas y debates contemporáneos. Lo que diferencia a este libro de otros es su desarrollo de la Ilustración. En lugar de tratar el periodo como un movimiento masivo unificado, nos centraremos en la diversidad de puntos de vista y conflictos que lo caracterizaron.

Intentaremos derribar barreras y poner el conocimiento al alcance de todo tipo de personas. Las ideas y los acontecimientos de este periodo son demasiado importantes para confinarlos en una torre de marfil en el mundo académico. Todo el mundo debería tener la oportunidad de explorar y comprender la Ilustración.

Para lograrlo, hemos tenido mucho cuidado en presentar la historia de forma clara y accesible, utilizando un lenguaje sencillo y proporcionando ejemplos fáciles de seguir y comprender. Hemos evitado entrar en debates esotéricos y utilizar jerga técnica, centrándonos más bien en los principales temas, ideas y acontecimientos que definieron la época. Los libros de historia suelen ser aburridos y difíciles de leer, por lo que nos hemos esforzado para que este libro resulte interesante y entretenido, con multitud de historias y anécdotas reales que dan vida a la historia de la Ilustración.

Creemos que al hablar de historia no debemos simplemente recitar una serie de datos y cifras sin ningún condimento, sino que debería ser como un rico tapiz de historias y experiencias que pueden cautivarnos e inspirarnos a todos. Tanto si es usted estudiante de historia como si simplemente siente curiosidad por los orígenes de la modernidad, este libro le proporcionará una hoja de ruta para comprender mejor la época de la Ilustración.

Le invitamos a acompañarnos en este fascinante viaje de descubrimiento y a experimentar la fuerza y el dramatismo de la época de la Ilustración.

Que lo disfrute.

Capítulo 1 -Antes de la Ilustración

Mientras el sol se ponía sobre los grandiosos edificios y monumentos de París, las mentes más brillantes de la ciudad se reunían en un salón poco iluminado, para discutir las últimas ideas que recorrían Europa. Con su embriagadora mezcla de razón, ciencia y filosofía, la Ilustración se extendió por los salones y cafés de Europa como un reguero de pólvora, prendiendo como un fuego la pasión por el conocimiento y la libertad en los corazones de todos los que se atrevían a soñar con un mundo mejor.

Desde la mordaz sátira de Voltaire hasta las apasionadas súplicas de justicia de Rousseau, desde las Leyes del movimiento de Newton hasta el "cogito, ergo sum" ("pienso, luego existo") de Descartes, la Ilustración consiguió abrir mentes y desafiar las ideas establecidas de maneras nunca vistas. Y cuando los parisinos salieron a las calles, ansiosos por aprovechar el día y acoger el futuro, una sensación de entusiasmo y nuevas oportunidades permanecía en el aire como un faro en la oscuridad, señalando a todos los que se atrevían a seguirlos.

La Ilustración fue un movimiento intelectual y cultural de los siglos XVII y XVIII caracterizado por el énfasis en la razón, el individualismo y el escepticismo ante la autoridad tradicional. Pero antes de la Ilustración, Europa vivió varios acontecimientos y movimientos culturales increíbles que determinaron la organización y el funcionamiento de la sociedad.

La Edad Media

La Edad Media duró desde el siglo V hasta el XV y fue una época de gran agitación y grandes cambios. No fueron tiempos felices, pues la gente común sufrió mucho durante este periodo. Fue una época de feudalismo, en la que los reyes y señores ejercían el poder sobre sus vasallos. La mayoría de la gente vivía en zonas rurales. Las guerras y las enfermedades afectaban a sus vidas, haciéndoles sentir miserables.

Normalmente se considera que la Edad Media comenzó en el año 476 d. C., cuando el Imperio Romano de Occidente cayó en manos del líder germánico Odoacro, que organizó una revuelta y derrocó al emperador Rómulo Augústulo. Europa entró en un periodo de caos.

Las hordas bárbaras arrasaron el continente y destruyeron todo a su paso. La otrora gran ciudad de Roma fue destruida, y los pueblos de Europa se quedaron sin nadie que los defendiera de estos invasores.

Pero de las cenizas del viejo mundo surgió uno nuevo. En el siglo VIII surgió la dinastía Carolingia, liderada por el gran emperador Carlomagno. Construyó un imperio que se extendía a lo largo y ancho de Europa occidental y empezó a restablecer el orden en la región.

Pero no duró mucho. Con el tiempo, Europa se convirtió en un gran estado religioso. Aunque había muchos reinos en Europa, todos tenían algo en común: eran católicos. La jerarquía espiritual y los gobernantes seculares tuvieron que encontrar una manera de compartir el poder, con cada uno de ellos queriendo más.

La Iglesia católica desempeñaba un papel clave, ya que era la autoridad suprema. El papa era (y sigue siendo) el jefe de la Iglesia católica, y podía hacer la vida muy difícil a los gobernantes que quisieran ir en su contra. Algunos reyes intentaron restringir las actividades de la Iglesia, y esta, a su vez, intentó controlar los asuntos del Estado, llegando incluso a excomulgar a los que no estaban de acuerdo con ello.

Pero, en general, la gente se aferraba a su fe. Los sacerdotes se esforzaban por preservar la sabiduría ancestral. Las catedrales de Europa se alzaban hacia el cielo. La Iglesia era una fuerza poderosa que proporcionaba estabilidad y formaba parte de los cimientos de la cohesión social.

Como puede apreciar, la Edad Media presenta una imagen confusa y a menudo contradictoria de una sociedad que intenta estructurarse políticamente sobre una base espiritual. Fue una época de contradicciones y extremos, una época de increíble belleza y terrible brutalidad. Pero a pesar de todo, los pueblos de Europa resistieron, aferrándose a la esperanza y la fe en un mañana mejor.

El Renacimiento

El Renacimiento surgió en el siglo XIV y duró hasta el XVII. Fue un periodo de renacimiento cultural y artístico marcado por un renovado interés por el saber clásico, la literatura y las artes. Los historiadores han identificado varias causas que explican la aparición del Renacimiento tras la Edad Media, como el aumento de la interacción entre diferentes culturas, el redescubrimiento de antiguos textos griegos y romanos, el humanismo y diversas innovaciones artísticas y tecnológicas.

El humanismo hace hincapié en el valor de la vida y los logros humanos. Es un enfoque de la vida basado en la razón y la humanidad común, que reconoce que los valores morales se fundamentan únicamente en la naturaleza y la experiencia humanas.

Italia, cuna del Renacimiento, celebraba el poder y el potencial del individuo para alcanzar la grandeza. Eruditos y artistas redescubrieron la antigua sabiduría de Grecia y Roma y le infundieron su pasión y visión. Pintores como Leonardo da Vinci, Miguel Ángel y Rafael crearon obras de impresionante belleza y esplendor, capturando la forma y el espíritu humanos con una viveza e intensidad nunca vistas.

Mientras tanto, científicos como Galileo, Copérnico y Newton desafiaron las creencias tradicionales de la Iglesia. Abrieron nuevas perspectivas para comprender el universo y nuestro lugar en él. Estos científicos cambiaron nuestra comprensión de la astronomía, las matemáticas y la física. Sentaron las bases de la Revolución Científica, que transformaría el mundo para siempre.

Pero el Renacimiento no fue sólo una época de logros intelectuales y artísticos. También se estaba produciendo una gran agitación en los círculos sociales y políticos. El antiguo sistema feudal se desmoronaba con el ascenso de la clase media, el desarrollo de nuevas formas de gobierno y el crecimiento de los sectores bancarios.

Y al final, el Renacimiento dejó un profundo legado que sigue formando parte de nuestro mundo en la actualidad. Dio origen a la idea del individualismo y a la creencia de que tenemos el poder de forjar nuestro destino y alcanzar la grandeza. Fomentó un espíritu de innovación, investigación y creatividad que ha impulsado el progreso humano desde entonces. Y proporcionó un modelo de belleza, sabiduría y armonía que ha inspirado a generaciones de artistas, científicos y pensadores a alcanzar las estrellas y lograr lo imposible.

La Reforma protestante

La Reforma protestante tuvo lugar en el siglo XVI. Este movimiento religioso desafió la autoridad de la Iglesia católica y dio lugar a la formación del protestantismo. Fue una época de agitación religiosa y social, pues la gente cuestionaba el poder de la Iglesia católica y buscaba nuevas formas de conectar con Dios.

En el corazón de la Reforma había un ardiente sentimiento de indignación moral y anhelo espiritual. Muchos creían que la Iglesia católica se había convertido en una institución corrupta e hinchada, más preocupada por el poder y la riqueza que por el bienestar espiritual de sus fieles. Veían la opulencia del Vaticano y la decadencia del clero como una traición a la fe de los primeros cristianos.

Como resultado, surgió un grupo de reformadores audaces y visionarios. Estos pensadores estaban decididos a restaurar lo que creían que eran las verdaderas enseñanzas de Cristo y a crear una forma más auténtica de cristianismo. Martín Lutero, ardiente y carismático, encabezó el grupo.

En 1517, Martín Lutero publicó un documento llamado "Cuestionamiento al poder y eficacia de las indulgencias", más conocido como "Las Noventa y cinco tesis". Este documento esbozaba noventa y cinco cuestiones sobre las enseñanzas de la Iglesia católica.

No abarcaremos las noventa y cinco tesis, pero uno de los temas más importantes, al menos en opinión de Lutero, era el papel de la Iglesia católica como intermediaria entre el pueblo y Dios. La Iglesia católica permitía a la gente comprar indulgencias para perdonar sus pecados y reducir su tiempo en el purgatorio. Lutero se oponía a esta práctica y creía que la salvación era un don que Dios concedía a quienes tenían fe.

También creía que los creyentes debían depender menos de la Iglesia católica, del papa y los sacerdotes para recibir orientación espiritual. La gente debía tener una relación personal e independiente con Dios, asumir la responsabilidad personal de su fe y consultar la Biblia como guía espiritual.

Esta Reforma se extendió rápidamente por toda Europa, desencadenando una oleada de conflictos religiosos y políticos. El movimiento formó una nueva sección del cristianismo llamada protestantismo. Con este nombre se hace referencia a todos los grupos religiosos que se separaron de la Iglesia católica romana debido a las diferencias respecto a sus prácticas y creencias.

La revolución científica

La Reforma supuso un cambio en el pensamiento religioso, y la Revolución Científica un cambio en la forma en la que la gente adquiría conocimiento. El pensamiento de la gente sobre el mundo natural cambió drásticamente entre los siglos XVI y XVII. Se caracterizó por el abandono de las creencias tradicionales y el uso de la razón y la observación.

Francis Bacon

Una de las figuras clave de la Revolución Científica fue Francis Bacon, filósofo, estadista y científico inglés que vivió entre 1561 y 1626. Pocas personas pueden compararse intelectualmente a este gran hombre.

La dedicación de Bacon a la búsqueda del conocimiento fue legendaria. Creía que la ciencia debía basarse en pruebas empíricas y que los experimentos y las observaciones debían utilizarse para comprobar las teorías. Su enfoque de la ciencia fue revolucionario. Hacía hincapié en la recopilación de datos y la realización de experimentos para verificar o refutar las hipótesis científicas.

Galileo Galilei

Otra figura importante de la Revolución Científica fue Galileo Galilei. Fue un brillante astrónomo, físico y matemático italiano que se atrevió a desafiar las creencias imperantes en su época. Sus aportaciones científicas siguen siendo relevantes hoy en día, incluso después de más de cuatrocientos años.

Por ejemplo, sus trabajos sobre mecánica sentaron las bases del estudio moderno de la física, incluyendo el principio de inercia. Mejoró el diseño del telescopio e hizo observaciones pioneras de la Luna, las fases de Venus y las lunas de Júpiter, aportando pruebas del modelo heliocéntrico del sistema solar propuesto por Copérnico. El heliocentrismo afirma que el sol es el centro del universo.

Sin embargo, el apoyo de Galileo a esta idea revolucionaria chocó directamente con la poderosa Iglesia católica, que sostenía que la Tierra era el centro del universo. Galileo se negó a dar marcha atrás y siguió adelante con sus investigaciones científicas. Tras la publicación del "Diálogo sobre los dos máximos sistemas del mundo" en 1632, Galileo recibió la orden de comparecer ante una inquisición en Roma. Fue acusado de herejía por su creencia de que el sol estaba en el centro del universo.

Para evitar su muerte, Galileo aceptó no difundir más esa enseñanza. Mientras se lo llevaban, supuestamente murmuró: "Eppur si muove" (Y, sin embargo, se mueve). Galileo pasó el resto de su vida bajo arresto domiciliario.

Isaac Newton

Isaac Newton nació en Inglaterra en 1643. Newton fue un niño prodigioso que se convertiría en una de las mentes científicas más brillantes de la historia. Sus aportaciones a la ciencia fueron sencillamente asombrosas.

Se le conoce sobre todo por su teoría de la gravitación universal y por su increíble contribución al formular el cálculo, una nueva rama de las matemáticas. También realizó importantes avances en mecánica, óptica e investigación química.

Newton se convirtió en una influencia científica dominante en Gran Bretaña tras la publicación de su libro "Principia" en 1687. Las tres leyes del movimiento y el principio de gravitación universal que propuso ayudaron a explicar por qué los planetas orbitan alrededor del sol y por qué los objetos caen al suelo. Su obra pionera, conocida como "Mecánica newtoniana", se sigue enseñando en las escuelas. La publicación de esta obra suele utilizarse como fecha final de la Revolución Científica. Los límites entre la Revolución Científica y la Ilustración están un poco difusos. Hemos optado por no vincular a individuos como Newton y Descartes a un solo movimiento, ya que sus ideas inspiraron a pensadores de ambos.

Las ideas y descubrimientos de Newton sentaron las bases de algunos de los descubrimientos científicos y tecnológicos más importantes. Fue un pionero y un pensador visionario que desafió las creencias imperantes en su época para explorar lo desconocido con una curiosidad intrépida.

René Descartes

René Descartes fue un filósofo y matemático francés. Creía en el poder de la razón y pensaba que el conocimiento sólo podía adquirirse mediante el razonamiento cuidadoso y el escepticismo.

Descartes creía en un enfoque radical del conocimiento que rechazaba la autoridad de la tradición y hacía hincapié en la importancia del razonamiento individual y la experimentación. Es famoso por su afirmación "Cogito, ergo sum" ("Pienso, luego existo"), que resume su creencia de que nuestra capacidad de razonar es la base de todo conocimiento. Descartes también fue matemático y se le considera "el padre de la geometría analítica". Se le volverá a mencionar más adelante porque sus ideas filosóficas tuvieron un gran impacto en los pensadores de la Ilustración.

Pensadores políticos y sociales

Los pensadores políticos y sociales también contribuyeron al auge de los ideales de la Ilustración. John Locke y Jean-Jacques Rousseau fueron sólo dos figuras que plantearon la importancia de la libertad individual y de las reformas sociales y políticas. Sus ideas cuestionaron las formas tradicionales de gobierno y las organizaciones sociales. Contribuyeron a allanar el camino para nuevos sistemas políticos y sociales basados en la razón, la justicia y los derechos humanos. Examinaremos más detenidamente a estos pensadores en otro capítulo. Sin embargo, es importante mencionarlos aquí, ya que influyeron significativamente en el auge y la expansión de la Ilustración.

Crecimiento del comercio

El crecimiento del comercio desempeñó un papel importante en la Ilustración. A medida que Europa se interconectaba a través del comercio y los negocios, la gente estaba expuesta a nuevas ideas y perspectivas de diferentes culturas. Esta exposición a nuevas formas de pensar contribuyó a impulsar la relevancia de la Ilustración en la razón y el progreso.

La imprenta fue la clave de la Ilustración

La imprenta fue el invento más importante para difundir las ideas de la Ilustración. Aunque la imprenta existía desde hacía siglos en China, la nueva y mejorada imprenta desarrollada por Johannes Gutenberg a mediados del siglo XV ayudó a divulgar estas ideas de una manera más rápida. Antes de la imprenta, los libros se hacían principalmente a mano, lo que hacía que fueran caros y difíciles de producir en grandes cantidades. Debido a esto, el acceso a un conocimiento más avanzado estaba limitado a un pequeño grupo de élites, como los aristócratas ricos, los líderes religiosos y los eruditos.

La imprenta mejorada de Gutenberg hizo posible la producción masiva de libros y otros materiales impresos a un coste mucho menor y con mayor rapidez que antes, lo que les permitió llegar a un público mucho más amplio. Antes de la invención de la imprenta, el número de libros en Europa se contaba por miles. En 1500, tras sólo cincuenta años de la creación de la imprenta mejorada, se habían publicado más de nueve millones de libros. Como los libros se abarataron y se hicieron más accesibles, la clase media pudo acceder a ellos, lo que provocó un aumento exponencial de las tasas de alfabetización.

Los primeros libros creados con la imprenta de Gutenberg fueron textos religiosos, como la Biblia de Gutenberg, impresa en Mainz (Alemania) en la década de 1450. Tras el éxito de la Biblia de Gutenberg, se imprimieron otros textos religiosos utilizando esta nueva tecnología. Los primeros libros publicados en inglés fueron también textos religiosos, como otras Biblias, himnos y salmos.

El famoso astrónomo Johannes Kepler escribió algunos de los primeros libros científicos impresos en la imprenta. En 1609, Kepler publicó "Astronomia Nova" (Nueva Astronomía), en el que exponía sus tres leyes principales del movimiento planetario:

1. Los planetas se mueven en órbitas elípticas en torno al Sol.

2. El tiempo necesario para recorrer cualquier arco de una órbita planetaria es proporcional al área del sector comprendido entre el cuerpo central y dicho arco.

3. Existe una relación exacta entre los cuadrados de los tiempos periódicos de los planetas y los cubos de sus distancias medias al sol.

Después de esto, también escribió "Harmonices Mundi" (La armonía del mundo) en 1619, que explora las relaciones matemáticas entre el movimiento planetario y la música.

Otra obra científica notable fue "De revolutionibus orbium coelestium" (Sobre las revoluciones de las orbes celestes), de Nicolás Copérnico, publicada en 1543. Esta obra proponía el modelo heliocéntrico del sistema solar, con el sol en el centro y los planetas orbitando a su alrededor.

"Sidereus Nuncius" (**Mensajero Sideral, también Mensajero Estrellado o Mensaje Sideral**) de Galileo Galilei, publicado en 1610, describe su observación de las lunas de Júpiter, y "De motu cordis" (Sobre el movimiento del corazón) de William Harvey, publicado en 1628, describe su descubrimiento de la circulación de la sangre en el cuerpo humano.

La imprenta desempeñó un papel crucial en el desarrollo de la Ilustración. En primer lugar, hizo posible que los pensadores de la Ilustración publicaran y difundieran sus ideas de manera más extensa, permitiéndoles llegar a un mayor número de personas También facilitó la creación de una esfera pública en la que la gente podía intercambiar libremente ideas y opiniones, dando lugar a nuevas formas de disertación política y cultural. Por último, contribuyó a derribar las barreras tradicionales al conocimiento, consiguiendo que la información estuviera más disponible para personas de toda condición.

Las principales ideas de la Ilustración

Estas ideas y valores contribuyeron a preparar el camino de la Ilustración al proporcionar un marco para nuevas formas de pensar y entender el mundo.

Veamos las ideas más importantes de la Ilustración. La razón fue quizá la idea más predominante e influyente de la Ilustración. Los pensadores de la Ilustración creían que las personas podían comprender y mejorar el mundo a través de la razón y la investigación científica. Estos pensadores rechazaban la superstición, el dogma y la autoridad tradicional, y en su lugar hacían hincapié en el pensamiento crítico y la racionalidad. Pretendían crear una sociedad más justa e igualitaria y abogaban por la democracia, la libertad de expresión y la tolerancia religiosa.

El individualismo fue otra característica de la Ilustración. Los pensadores de la Ilustración rechazaban la autoridad tradicional de la Iglesia y el derecho divino de los reyes, y en su lugar defendían los derechos del individuo. Creían que todas las personas eran iguales y que todos tenían derecho a perseguir sus intereses y objetivos. El individualismo contribuyó a crear una sociedad más liberal y democrática. Los distintos pensadores tenían opiniones diferentes sobre quienes era iguales. Por ejemplo, Rousseau no creía que las mujeres fueran iguales a los hombres, mientras que Locke creía que las mujeres podían racionalizar tan bien como los hombres.

Los pensadores de la Ilustración valoraban el método científico y creían que el conocimiento podía obtenerse mediante la observación y la experimentación. Creían que la ciencia era la clave para comprender el mundo natural y resolver muchos problemas que aquejaban a la sociedad. Este énfasis en la ciencia condujo a descubrimientos y avances que ayudaron a dar forma a su comprensión del mundo.

¿Acogió la gente de buen grado la Ilustración?

La popularidad de la Ilustración varió según la época y el lugar. La Ilustración fue un movimiento muy influyente en Europa que tuvo un impacto significativo en la sociedad, la política y la cultura. Las ideas y valores de la Ilustración se difundieron a través de diversos canales, como instituciones académicas, obras literarias y salones donde los intelectuales se reunían para intercambiar ideas.

Cuadro de un salón. Los hombres se han reunido para escuchar la última obra de Voltaire[35]

Sin embargo, no todo el mundo abrazó la Ilustración. Muchas fuerzas conservadoras, como la Iglesia y la monarquía, consideraban que las creencias de muchos pensadores de la Ilustración amenazaban su poder. Intentaron suprimir sus ideas mediante la censura y la persecución de intelectuales.

También hubo diferencias regionales significativas en cuanto a la popularidad y el impacto de la Ilustración, ya que algunos países y regiones, como Francia y Alemania, experimentaron una poderosa influencia.

La comprensión de la Ilustración varió enormemente entre los distintos segmentos de la sociedad. Aunque las ideas de la Ilustración tuvieron un impacto significativo en las élites intelectuales y culturales, no todo el mundo fue capaz de comprender plenamente los complejos conceptos filosóficos y científicos asociados al movimiento.

A pesar de estos desafíos, las ideas de la Ilustración tuvieron un impacto significativo en la cultura y la sociedad occidentales, especialmente en la ciencia, la política y la filosofía. La Ilustración promovió el uso de la razón y la evidencia empírica para comprender el mundo, buscar más conocimiento y educación, y valorar la libertad individual y el gobierno democrático.

El fin de una era: Hacia la Ilustración

A pesar de su oscuridad e incertidumbre, la era anterior a la Ilustración fue una época de gran creatividad, innovación e imaginación sin límites. Desde las altísimas torres de las catedrales góticas hasta las delicadas pinceladas de las obras de arte del Renacimiento, desde las inquietantes melodías de los trovadores hasta los intrincados tapices del amor cortesano, la época anterior a la Ilustración fue un rico mosaico de logros humanos y un testimonio del poder del espíritu humano para superar los mayores obstáculos.

Y así, mientras las últimas brasas se apagaban y la noche se abría paso, los pueblos del mundo anterior a la Ilustración podían descansar tranquilos sabiendo que su legado perduraría, que sus sueños seguirían vivos y que el futuro sería más brillante de lo que jamás hubieran podido imaginar.

Capítulo 2 - El formidable auge de la filosofía ilustrada

En el corazón de Londres, un hombre caminaba a paso ligero por la calle empedrada, con la mirada fija en el horizonte. Se llamaba Francis Bacon y tenía una misión.

Bacon se había pasado la vida buscando una nueva forma de entender el mundo basada en la lógica y la observación, en lugar de en la superstición y la tradición. Y ahora, mientras observaba la salida del sol sobre los tejados, sabía que estaba cambiando la situación. Para Bacon y muchos otros filósofos de su época, se acercaba el amanecer de la Ilustración, y nada volvería a ser igual.

La filosofía es una disciplina que ha ocupado un lugar central en el pensamiento humano durante miles de años. Supone el estudio crítico de cuestiones fundamentales de la moral y la vida. ¿Por qué estamos aquí? ¿Cuál es nuestro propósito? Las ideas filosóficas proporcionan un marco para la investigación crítica, el razonamiento moral y político y una comprensión más profunda de la experiencia humana. La filosofía también desempeña un papel vital en la formación de nuestros valores y creencias.

El Empirismo de Francis Bacon

Francis Bacon, que vivió entre 1561 y 1626, fue un filósofo y científico inglés que desarrolló un concepto filosófico llamado Empirismo, que proponía que el conocimiento procede de las experiencias sensoriales. En otras palabras, sólo podemos comprender el mundo a través de nuestros sentidos.

El Empirismo se apartaba del enfoque tradicional del conocimiento, que se basaba en la intuición o la revelación. Bacon sostenía que el conocimiento obtenido mediante la observación y la experimentación era más fiable que el obtenido mediante el razonamiento abstracto. El empirismo se basa en pruebas concretas y puede comprobarse y verificarse mediante nuevas observaciones y experimentos. La experimentación pretende aplicar teorías a observaciones del mundo real, registrar los hallazgos como datos empíricos y presentarlos a la gente.

Bacon sostenía que todo lo que se sabe y se cree procede de lo que se puede experimentar físicamente. Por ejemplo, si sabes que el hormigón es duro, es sólo porque te caíste sobre un suelo de hormigón y te diste cuenta de ello. Si sabes que tu padre es bueno, es porque ha hecho cosas buenas en el pasado. Sólo se sabe lo que se ha experimentado; todo lo que no se ha experimentado personalmente es mera conjetura y no es de fiar.

El empirismo de Bacon influyó notablemente en el desarrollo de la ciencia. Su énfasis en la experimentación sentó las bases del método científico, que implica hacer observaciones, formular hipótesis, realizar experimentos para probar esas hipótesis y analizar los resultados. Este enfoque del aprendizaje se consideró una poderosa herramienta para cuestionar las ideas y supersticiones tradicionales y promover una visión del mundo más racional y basada en pruebas.

Las creencias racionalistas de Descartes

Una de los retratos más famosos de Descartes[36]

René Descartes vivió entre 1596 y 1650 y fue un filósofo, científico y matemático francés. En 1622, Descartes se trasladó a París. Era un tipo animado y disfrutaba de la vida en París, donde jugaba, montaba a caballo y practicaba esgrima. Asistía regularmente a la corte, a conciertos y a obras de teatro para divertirse.

Como filósofo, sus creencias se centraban en la idea de que la razón y la lógica eran las fuentes primarias del conocimiento. Creía que, utilizando nuestra capacidad innata para razonar, podíamos llegar a un conocimiento cierto y fuera de toda duda. Descartes sostenía que las experiencias sensoriales, aunque importantes, no eran fiables y no se podía confiar en ellas como fuente de todo conocimiento.

Uno de los alegatos más famosos de Descartes es *"cogito, ergo sum"* o "Pienso, luego existo". Argumentaba que el propio acto de pensar y dudar era una prueba de la propia existencia. Descartes utilizó este argumento como base de su filosofía, argumentando que la razón y la lógica podían utilizarse para llegar a otras verdades innegables sobre el mundo.

Las creencias racionalistas de Descartes también incluían la idea de las ideas innatas, que él creía que estaban presentes en la mente desde el nacimiento. Según Descartes, estas ideas innatas eran la base de todo conocimiento. Pensaba que la mente podía comprender conceptos complejos y que esta comprensión no dependía de las experiencias sensoriales.

Las tres ideas innatas en las que creía eran las siguientes:

1. La idea de Dios, que es perfecto e infinito.
2. La idea del yo o de la mente, que expresó en su famosa frase *"Cogito, ergo sum"*.
3. La idea de infinito y algunas otras verdades matemáticas. Según Descartes, estas ideas no podían provenir de la experiencia, sino que están presentes en la mente humana desde el nacimiento.

Otro aspecto clave de las creencias racionalistas de Descartes era su énfasis en la importancia del razonamiento deductivo. Creía que partiendo de verdades fundamentales y utilizando el razonamiento deductivo se podía llegar a nuevos conocimientos que no podían refutarse. Este enfoque del aprendizaje contrastaba con el enfoque basado en los sentidos que defendían los empiristas.

El razonamiento deductivo de Descartes también estaba estrechamente vinculado al compromiso de la Ilustración con el método científico. Al insistir en la importancia de partir de verdades fundamentales y utilizar el razonamiento deductivo para llegar a nuevos conocimientos, Descartes contribuyó a sentar las bases del enfoque de la ciencia basado en la evidencia, que se convirtió en un elemento central del desarrollo científico y filosófico de la Ilustración.

Voltaire y Rousseau: Las ideas de la razón

Voltaire y Rousseau fueron dos influyentes pensadores de la Ilustración que defendieron la antigua idea griega de la razón. Ambos filósofos creían que la razón era esencial para el progreso humano y abogaban por su uso en todos los aspectos de la vida, incluidos la política, la religión y la moral.

Voltaire, que vivió entre 1694 y 1778, fue un filósofo y escritor francés conocido por defender la razón, la tolerancia religiosa y la libertad de expresión. Creía que la razón podía utilizarse para cuestionar las creencias y supersticiones tradicionales. También pensaba que la razón era esencial para promover el progreso social y político. Voltaire criticaba a la Iglesia católica y sus enseñanzas, argumentando que se basaban en la superstición y el miedo más que en la razón y la evidencia.

Las opiniones de Voltaire sobre los derechos de la mujer reflejaban las normas sociales y culturales de su época. Aunque tenía algunas ideas progresistas, como la creencia de que las mujeres debían tener acceso a la educación, sus opiniones sobre los derechos de la mujer no eran tan progresistas como hoy. Al principio de su carrera, creía que las mujeres eran intrínsecamente inferiores a los hombres física e intelectualmente y que su papel debía limitarse al hogar como madres, hijas y esposas. Sus opiniones sobre la mujer cambiaron con el tiempo. A pesar de que hoy lo consideraríamos sexista, sus ideas sobre la igualdad eran revolucionarias y no todo el mundo las aceptaba, incluidas las mujeres.

Jean-Jacques Rousseau, que vivió entre 1712 y 1778, fue un filósofo y escritor francés nacido en Suiza. Rousseau creía vehementemente que la razón era esencial para desarrollar la mente de una persona y que podía utilizarse para crear una sociedad más justa e igualitaria.

Rousseau creía firmemente que todas las personas eran iguales y que nacían libres. Creía que la sociedad debía garantizar a todos el acceso a los medios para sobrevivir, vivir y prosperar. Al igual que Voltaire, Rousseau también tenía ideas regresivas sobre la mujer. Creía en las diferencias naturales entre hombres y mujeres. Rousseau pensaba que las mujeres eran más emocionales y cariñosas, lo que las hacía más adecuadas para la vida doméstica. En cambio, consideraba a los hombres más racionales y adecuados para la vida pública.

Rousseau expresó su condena de la esclavitud y argumentó que la esclavitud era una violación de los derechos naturales del hombre. Afirmaba que esclavizar a otros hombres iba en contra de los principios de justicia y moralidad. Criticó los sistemas sociales y políticos de su época por considerarlos corruptos y opresivos.

Más adelante profundizaremos en estos cuatro hombres, pero ahora puede tener una idea más clara sobre sus creencias fundamentales. Muchos pensadores de la Ilustración sostenían estas mismas creencias o una versión similar de ellas. El énfasis de estos pensadores en la razón y el pensamiento crítico ayudó a promover una actitud más crítica y reflexiva hacia las creencias tradicionales y animó a las personas a cuestionar esas creencias y desarrollar teorías basadas en su propio razonamiento.

La Contrailustración

La Contrailustración fue un movimiento contrario al pensamiento de la Ilustración. Se desarrolló principalmente en Europa a finales del siglo XVIII y principios del XIX como una respuesta en contra de las ideas de la Ilustración. No fue un movimiento organizado, y no hubo un único catalizador para que surgiera. En cambio, se entiende mejor como un fenómeno intelectual que se opuso a la Ilustración.

Mientras que la Ilustración hacía hincapié en la razón, el progreso, el individualismo y el poder de la ciencia, la Contrailustración rechazaba esas ideas y abogaba por un retorno a los valores tradicionales, las jerarquías sociales y la religión.

La Contrailustración se caracterizó por un profundo escepticismo hacia la razón y el poder del intelecto humano. Muchos pensadores de la Contrailustración sostenían que la razón humana era limitada y falible. Creían que las personas no podían comprender las complejidades de la naturaleza humana y de la sociedad. En su opinión, las formas tradicionales de conocimiento, como la religión, eran guías más fiables para la conducta humana y la organización social que la razón y la ciencia.

La Contrailustración también rechazaba el énfasis de la Ilustración en el progreso y el individualismo, argumentando que estos valores conducían a la degradación moral y social. Muchos pensadores de la Contrailustración creían que la sociedad debía estructurarse en torno a jerarquías de poder y autoridad, en las que las clases altas ejercieran el control sobre las clases bajas. También hicieron hincapié en la importancia de la cohesión social y los valores comunitarios en lugar de los derechos y libertades individuales. Algunos pensadores destacados de la Contrailustración son Johann Georg Hamann, Joseph de Maistre y Friedrich von Schelling.

El rechazo de la Contrailustración a los ideales de la Ilustración no encontró una aceptación generalizada entre la población en general, pero sí tuvo un impacto en las élites. Muchos escritores, artistas y filósofos prominentes adoptaron la crítica de la Contrailustración a la razón y el individualismo. Consideraban que las ideas de la Ilustración contribuían a causar grandes trastornos en la sociedad. No querían alterar sus modos de vida tradicionales y abogaban por un retorno a los valores establecidos y a la autoridad tradicional.

Este cambio de actitudes culturales e intelectuales repercutió en la sociedad. El movimiento romántico, surgido a finales del siglo XVIII y principios del XIX, fue una respuesta en contra del racionalismo. Este movimiento abogaba por la emoción, la intuición y la naturaleza, ayudando a crear un clima cultural menos receptivo a las ideas de la Ilustración y más favorable a los valores tradicionales y la ortodoxia religiosa.

La mayoría de la gente rechazaba la Contrailustración porque veía beneficios tangibles en el énfasis de la Ilustración en la razón y el progreso. Por ejemplo, los avances en medicina, agricultura e industria mejoraron la vida de la gente y la hicieron más próspera. El énfasis de la Ilustración en el individualismo y la libertad personal también tuvo una gran repercusión en la gente, que lo vio como una forma de liberarse de las restricciones de las jerarquías sociales tradicionales y permitirles perseguir sus propios objetivos y aspiraciones.

Otra razón por la que mucha gente rechazaba la Contrailustración podría haber sido su asociación con la ortodoxia religiosa y el autoritarismo. La Contrailustración rechazó el énfasis de la Ilustración en la razón y la ciencia y trató de imponer los valores tradicionales y el dogma religioso en la sociedad. Esto se consideraba una amenaza para las libertades personales y el individualismo, por lo que muchas personas rechazaron las ideas de la Contrailustración en favor de los valores más abiertos y liberales de la Ilustración.

Capítulo 3 - Cómo la ciencia cambió el mundo

A principios del siglo XVIII, los mineros del carbón en Inglaterra se encontraron con el enorme obstáculo de drenar el agua de las minas para extraer el carbón de forma segura y eficaz. Con frecuencia, las minas se inundaban de agua, lo que provocaba graves accidentes mortales. Se utilizaban caballos y mano de obra para bombear el agua de las minas, pero resultaban insuficientes para hacerlo. Los mineros buscaban desesperadamente soluciones más avanzadas.

Fue entonces cuando apareció Thomas Newcomen. Thomas llevaba años experimentando con la energía del vapor y, en 1712, diseñó una máquina que creía que funcionaría. Su máquina de vapor empleaba un pistón para accionar una bomba, y funcionaba con el vapor que generaba el agua hirviendo al quemar carbón.

La máquina de Newcomen era una maravilla del ingenio y pronto cambió las reglas del juego de la minería del carbón. Ahora los mineros podían bombear agua de las minas para extraer carbón a un ritmo más rápido y eficaz que nunca, y podían hacerlo sin poner en peligro sus vidas.

El poder de la ciencia

Se vislumbraba en el horizonte un nuevo comienzo que sacudiría los cimientos mismos del conocimiento, la verdad y la realidad y revolucionaría todo aquello en lo que la gente creía. Esa fuerza era la ciencia.

A medida que la Ilustración cobraba impulso, la ciencia se volvía cada vez más importante, extendiendo su influencia sobre todos los aspectos de la sociedad. Durante la Ilustración, la gente experimentó una inmensa transformación, al liberarse por fin de las cadenas del misticismo. El poder de la racionalidad y de la evidencia empírica les permitió percibir el mundo de formas que antes eran insondables.

A raíz de esta transformación, surgieron notables descubrimientos e innovaciones que alteraron el curso de la historia. La ciencia dejó de ser una mera herramienta para comprender el mundo y se convirtió en una forma de vida y una fuerza capaz de revolucionar todo lo que tocaba.

Los descubrimientos científicos de la época, incluyendo las leyes de la física y la química y los principios de la biología, crearon un nuevo marco para comprender el mundo. Este marco desafiaba a las autoridades tradicionales, es decir, a la Iglesia.

La ciencia también ayudó a fomentar un sentimiento de optimismo y progreso. La creencia en la razón y en el poder del ingenio humano llevó a muchos pensadores a creer que la humanidad era capaz de lograr grandes cosas. Los nuevos descubrimientos y teorías científicas inspiraron a escritores, artistas y músicos a explorar nuevos temas y experimentar con nuevas formas de expresión utilizando las nuevas herramientas desarrolladas durante esta época.

Por ejemplo, el escritor Jonathan Swift se inspiró en la ciencia para escribir *Los viajes de Gulliver* en 1726, una popular novela que puede calificarse de escritura de protociencia ficción. Mary Wollstonecraft Shelley fue una escritora inglesa que escribió *Frankenstein* en 1818, considerada la primera novela de ciencia ficción.

Un invento científico llamado cámara oscura era un dispositivo óptico que produce imágenes sin película fotográfica. Este invento fue utilizado por artistas como Johannes Vermeer y Canaletto para crear pinturas más realistas con mejor perspectiva, colores realistas e iluminación.

Artistas, como Maria Sibylla Merian y John James Audubon, pintaron cuadros detallados y científicamente precisos de plantas, aves y otros animales, lo que contribuyó a la difusión de información científica y también satisfizo sus impulsos artísticos.

En la vanguardia de la "revolución científica" de la Ilustración estaba el método científico, que hacía hincapié en el valor de la observación, la comprobación de hipótesis y las pruebas empíricas. Este enfoque fue revolucionario y permitió a los científicos profundizar en el mundo natural y en la naturaleza humana. Este método proporcionó una forma rigurosa y sistemática de entender el mundo y ayudó a establecer la ciencia como un campo de estudio legítimo y respetado.

Otra faceta significativa de la ciencia durante la época de la Ilustración fue el énfasis en el racionalismo. Los pensadores de la Ilustración creían que el intelecto humano era capaz de comprender el mundo a través de la racionalidad y la lógica, en lugar de depender de autoridades religiosas o tradicionales que les dijeran por qué las cosas funcionaban como lo hacían. En la ciencia, el énfasis se puso en la observación empírica y la experimentación, lo que supuso una desviación radical del pasado y preparó el camino para los avances científicos modernos.

La ciencia de la Ilustración no sólo se preocupaba por ampliar la comprensión del mundo natural, sino también por mejorar la vida y la sociedad. Por ejemplo, los nuevos descubrimientos y tratamientos médicos contribuyeron a mejorar la salud pública y prolongar la vida. Varios pensadores de la Ilustración creían que la aplicación del conocimiento científico podía conducir al progreso en campos como la agricultura y la industria.

Sin embargo, los cambios que trajo consigo la ciencia no fueron aceptados de buena gana por todos. Numerosas autoridades religiosas y políticas consideraron el auge de la ciencia de la Ilustración como una amenaza para su poder e influencia, y se esforzaron por suprimir o desacreditar las investigaciones científicas que desafiaban su autoridad.

A pesar de estos desafíos, la ciencia de la Ilustración siguió floreciendo y extendiéndose por toda Europa y fuera de ella. Inspiró a una nueva generación de pensadores e innovadores impulsados por la pasión por el descubrimiento y la dedicación a la verdad.

Avances científicos e inventos

Durante la Ilustración se materializaron numerosos avances científicos e inventos que tuvieron un profundo impacto en diversos segmentos de la sociedad. Vamos a tratar algunos de los inventos más importantes que surgieron de la Ilustración; ¡puede que algunos le sorprendan!

La máquina de vapor

La máquina de vapor de Thomas Newcomen, creada en 1712, fue adoptada rápidamente por los mineros del carbón de toda Inglaterra. Los mineros vieron este invento como un salvavidas, ya que podía ayudarles a extraer el carbón de forma más eficaz y segura. Sin embargo, Newcomen nunca estuvo satisfecho con su invento. Siguió experimentando con diferentes diseños y técnicas, tratando de encontrar formas de hacer su motor más eficiente.

En la década de 1760, un inventor escocés llamado James Watt se topó con el motor de Newcomen y vio la posibilidad de mejorarlo. Watt consiguió construir una máquina de vapor que no fallaba con demasiada frecuencia y era más fiable y eficiente que los modelos anteriores.

Pero el trabajo de Watt no estuvo exento de contratiempos. Luchó durante años para encontrar la combinación adecuada de diseños y materiales, y estuvo a punto de abandonar en varias ocasiones. Sin embargo, persistió en su trabajo, pues le impulsaba la feroz determinación de crear algo verdaderamente revolucionario. En 1775, Watt logró fabricar un nuevo diseño de máquina de vapor más eficiente que cualquier otra que hubiera existido antes.

La máquina de vapor de Newcomen utilizaba vapor para empujar un cilindro con un pistón conectado al eje de la bomba. A continuación, el cilindro se enfriaba con agua fría, lo que creaba un vacío. Esto movía el pistón y, repitiendo el ciclo, se conseguía un movimiento de vaivén que hacía funcionar la bomba de agua.

La mejora que introdujo Watt consistió en la forma en que la máquina condensaba el vapor. En la máquina de Newcomen, se rociaba agua directamente en el cilindro de vapor para condensarlo. El propio cilindro se calentaba y enfriaba continuamente, lo que desperdiciaba mucho vapor al calentarse el cilindro en cada recorrido del motor. En la máquina de Watt, el cilindro se abría a una cámara separada mediante una tubería, en la que se rociaba agua fría para refrigerarlo. De este modo, el cilindro de trabajo permanecía caliente y no se desperdiciaba vapor recalentándolo en cada recorrido.

La máquina de vapor fue un invento revolucionario y se utilizó en el desarrollo de nuevas industrias, como la textil y otras industrias manufactureras. También transformó la industria del transporte, ya que impulsó las primeras locomotoras y barcos de vapor, que cambiaron la forma de viajar y transportar mercancías.

La máquina de vapor tuvo un profundo impacto en la economía y contribuyó a transformar la sociedad al crear nuevas oportunidades de empleo y aumentar la producción de bienes. La máquina de vapor tenía muchas aplicaciones en diferentes campos de la industria, lo que la hacía increíblemente versátil. La Revolución Industrial, que comenzó hacia 1760, no habría sido igual sin la máquina de vapor.

Vacunas

Durante muchos siglos, la viruela fue una enfermedad horrible que devastó a la humanidad. La viruela afectó a todos los niveles de la sociedad. En el siglo XVIII, en Europa, 400.000 personas morían anualmente de viruela. La enfermedad comenzaba con fiebre y una erupción roja que se extendía por todo el cuerpo. La erupción se convertía en pústulas blandas que se secaban y se convertían en costras. Cuando las costras cicatrizaban, se desprendían y dejaban grandes y feas marcas de viruela por toda la piel, especialmente en la cara. La enfermedad tenía una tasa de mortalidad del 20% al 60% y dejaba a la mayoría de los supervivientes horribles cicatrices faciales que los desfiguraban. Un tercio de los supervivientes se quedó ciego.

El Dr. Edward Jenner vivió entre 1749 y 1823. Era un médico de familia inglés que se dio cuenta de que la población en general estaba desfigurada por la viruela, mientras que las mujeres que se dedicaban al ordeño de vacas tenían el cutis sin imperfecciones. Estas mujeres tenían la piel lisa y sin imperfecciones, con el rostro sin cicatrices de la enfermedad. Jenner observó que, dado que las criadas estaban en contacto diario con las ubres de las vacas al ordeñarlas, padecían una enfermedad leve que contraían de las vacas llamada viruela bovina, que sólo dejaba una única pústula en las manos sin otras manifestaciones graves de la enfermedad. Por lo tanto, estas chicas nunca contrajeron la viruela.

Jenner se preguntó si la viruela bovina daba alguna protección contra la viruela mortal. Decidió probar la eficacia de este método. En el verano de 1796, extrajo un poco de materia viscosa de una pústula enferma de la mano de una lechera. Con una jeringuilla, inyectó parte del material de la pústula en el antebrazo del hijo pequeño de su jardinero. El niño pronto desarrolló una costra en el brazo y experimentó algo de dolor y fiebre leve durante un día más o menos.

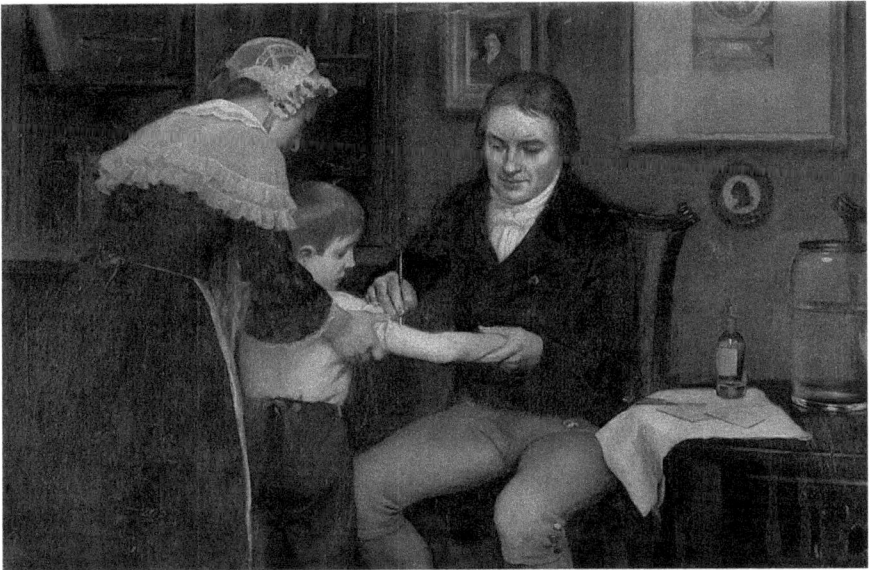
Cuadro de Jenner vacunando a un niño[87]

Al cabo de unas seis semanas, el Dr. Jenner volvió a inyectar al niño, esta vez con materia de viruela. Como Jenner esperaba, el niño no desarrolló la viruela. No mostró ningún síntoma de la enfermedad. Este fue el primer experimento de vacunación con éxito.

Por supuesto, tal experimento, especialmente uno en un niño, no se permitiría hoy en día. El Dr. Jenner habría ido a la cárcel si hubiera hecho el experimento de esa manera en los tiempos actuales. Pero aquellos eran otros tiempos. Y afortunadamente para el niño (y para la civilización), el Dr. Jenner había inventado con éxito la vacunación. La palabra "vacunación" tiene sus raíces en el latín *vacca*, que significa "vaca".

El Dr. Jenner publicó sus descubrimientos sobre el procedimiento de vacunación en revistas científicas. La vacunación se convirtió en el procedimiento estándar para evitar que las personas contrajeran la mortal enfermedad de la viruela.

Las vacunas tuvieron un impacto significativo en la salud pública, ya que previnieron muchas enfermedades infecciosas. Como resultado, la tasa de mortalidad descendió drásticamente y la gente vivió más sana y durante más tiempo.

Hoy en día, la gente puede vacunarse contra toda una serie de enfermedades infecciosas, pero la viruela no es una de ellas. Gracias a un programa mundial de vacunación masiva, en 1980 toda la población mundial fue declarada oficialmente libre de esta devastadora enfermedad.

Pararrayos

Era un día tormentoso de junio de 1752. Unas nubes oscuras se cernían sobre la ciudad de Filadelfia. Empezaba a llover y el cielo se llenaba de relámpagos. La gente buscaba refugio, pero Benjamin Franklin no. A él le apetecía volar cometas. Pero volar cometas en medio de una tormenta no era su pasatiempo, sino un experimento científico que llevaba tiempo planeando. Quería demostrar que los rayos eran, en efecto, electricidad.

Hizo una cometa atada con dos cuerdas, una de seda y otra de cáñamo. La cuerda de seda era para que él la sujetara, mientras que la de cáñamo aguantaría mejor la carga eléctrica. También tenía una llave de metal, que ató a la cuerda de cáñamo, y una botella de Leyden, que es un instrumento que puede almacenar una carga eléctrica. Su hijo William estaba allí para ayudarle, ya que era más experto en el vuelo de cometas.

Esperaron a que la cometa se elevara en el aire. Justo cuando estaban a punto de darse por vencidos, Franklin se dio cuenta de repente de que los hilos sueltos de la cuerda de cáñamo se estaban poniendo rígidos y tiesos. Acercó el dedo a la llave y sintió una chispa eléctrica.

En realidad, la cometa nunca fue alcanzada por un rayo; si eso hubiera ocurrido, Franklin probablemente se habría electrocutado, a pesar de que tomó precauciones para mantenerse algo a salvo. En lugar de eso, la cometa recogió la carga eléctrica ambiental de la atmósfera húmeda. La cuerda de cáñamo se mojó con la lluvia y se convirtió en conductora, y la carga eléctrica pasó a la llave.

También es importante señalar que Benjamin Franklin no descubrió la electricidad durante este experimento; la electricidad ya había sido descubierta. Franklin tampoco descubrió que el rayo era electricidad, aunque creía haberlo hecho. El mismo experimento ya se había llevado a cabo en Francia un mes antes. Aun así, la teoría y el experimento de Franklin son los más conocidos, y demostró la conexión entre el rayo y la electricidad. Franklin también inventó el pararrayos, que con el tiempo se utilizó para proteger los edificios altos de los rayos.

Oxígeno

Joseph Priestley fue un hombre inglés que vivió entre 1733 y 1804. Fue la primera persona que descubrió el oxígeno y describió algunas de sus notables propiedades. Priestley descubrió también más de una docena de otros gases. También inventó el agua carbonatada y la goma de borrar. Pero sus escritos religiosos poco ortodoxos y su apoyo incondicional a las revoluciones estadounidense y francesa molestaron a algunas personas. Una multitud destruyó su casa y su equipo científico. Fue expulsado de su ciudad y acabó emigrando a Estados Unidos, donde vivió hasta su muerte.

Pero antes de que todo eso ocurriera, Priestley descubrió que el aire no era una sustancia elemental, sino una mezcla de muchos gases. En 1774, realizó su experimento más famoso utilizando una lupa de doce pulgadas de ancho, enfocando la luz solar sobre un trozo de óxido mercúrico rojizo para calentarlo y captar el gas emitido. Comprobó que este gas hacía arder intensamente una llama y era capaz de mantener con vida a un ratón unas cuatro veces más que una cantidad similar de aire normal. Llamó a este gas "aire desflogisticado", que más tarde fue bautizado como oxígeno por el químico francés Antoine Lavoisier.

Más tarde, Priestley inhaló él mismo el gas e informó de que se sentía ligero y relajado. Se dio cuenta del uso médico y recreativo del oxígeno y escribió que él mismo y dos ratones habían inhalado este gas "de lujo" sin que ninguno sufriera efectos nocivos.

Por supuesto, el oxígeno tenía importantes aplicaciones médicas, y su descubrimiento condujo al desarrollo de nuevas tecnologías, como el soplete oxiacetilénico, que cambiaría para siempre la industria de la soldadura de metales.

El cronómetro marino y el sextante

Los marinos que emprendían un largo viaje necesitaban determinar su posición en el mar cuando no había tierra a la vista. Para ello, era necesario conocer la latitud y la longitud para saber con precisión su posición en el mapa. Hasta mediados del siglo XVIII, los navegantes no podían determinar con exactitud su posición en el mar y se enfrentaban a enormes riesgos, como naufragar o no llegar a su destino antes de quedarse sin provisiones.

Los navegantes podían determinar su latitud midiendo el ángulo del sol al mediodía o midiendo el ángulo de Polaris o la Estrella Polar (en el hemisferio norte) por la noche. Para ello se utilizaba un sextante, un instrumento que podía proporcionar la latitud mientras se estaba en el mar. Por supuesto, los marineros tenían problemas cuando el cielo estaba nublado.

Aunque se probaron varios tipos de sextantes, el inventor y matemático británico John Hadley perfeccionó en 1731 un sextante que podía proporcionar mediciones muy precisas. Su sextante fue utilizado por los marineros para encontrar la latitud en el mar. Sin embargo, hasta mediados de la década de 1750, la navegación precisa en el mar era un problema sin resolver debido a la dificultad de calcular la longitud. Para conocer la longitud, es necesario saber qué hora era en el lugar donde se encontraba un barco y qué hora era en el puerto del que había zarpado inicialmente. Comparando la hora local con la hora de vuelta a casa, los marineros sabrían a qué distancia alrededor de la Tierra se encontraban de su puerto de origen. Y si conocían la longitud de la ciudad portuaria en la que habían comenzado su viaje, entonces podrían encontrar más fácilmente la longitud de su ubicación actual.

La solución obvia a este problema era conseguir un reloj preciso y ajustarlo a la hora del puerto de origen antes de zarpar. Pero hasta 1735 no existía ningún reloj preciso en el que se pudiera confiar en el mar.

En 1714, el gobierno británico ofreció un premio de 20.000 libras para la construcción de un reloj marino que pudiera encontrar la longitud en el mar con una precisión de medio grado. Esto significaba que el reloj tendría una precisión de 2,8 segundos, algo impensable en aquella época.

El inventor inglés autodidacta John Harrison aceptó el reto y construyó varios modelos de reloj, uno de los cuales demostró ser lo suficientemente preciso como para ganar el premio. El último reloj fabricado por Harrison en 1770 era aún más preciso y permitía a los marineros conocer su posición con gran exactitud en cualquier punto del mar.

Globo aerostático

El ser humano siempre ha querido volar como los pájaros. Los hermanos franceses, Joseph-Michel y Jacques-Étienne Montgolfier, eran unos prósperos fabricantes de papel que también se interesaban por la experimentación científica. Les fascinaba la idea de ver elevarse en el aire un globo hecho de papel ligero relleno de aire caliente.

Los Montgolfier construyeron un globo de seda y lo forraron con papel de treinta y tres pies de diámetro. Lo lanzaron en un mercado abarrotado de Annonay (Francia) el 4 de junio de 1783. No había nadie a bordo. El globo se elevó a más de dos mil metros y se mantuvo en el aire durante diez minutos, recorriendo más de una milla. Este experimento animó a los hermanos, que construyeron un globo de unos treinta pies de diámetro hecho de tafetán y lo recubrieron con un barniz de alumbre ignífugo

El rey Luis XVI de Francia fue invitado a asistir a la demostración. El rey estaba tan entusiasmado con el experimento que quiso probarlo para el vuelo de humanos colocando unos prisioneros en una cesta colgando debajo del globo. Sin embargo, los Montgolfier cargaron la cesta con una oveja, un pato y un gallo. El experimento tuvo éxito y el globo voló durante ocho minutos recorriendo una distancia de tres kilómetros. Todos los pasajeros sobrevivieron al vuelo. Este experimento fue presenciado por el rey de Francia, María Antonieta, y una multitud de 130.000 personas.

El 15 de octubre de 1783, un globo con una cuerda de sujeción transportó a Jean-François Pilâtre de Rozier, profesor de ciencias. El globo sobrevoló París durante casi cuatro minutos. Por último, el 21 de noviembre, Pilâtre de Rozier y un militar realizaron el primer vuelo libre en globo aerostático. La pareja voló desde París, recorriendo unos 8 km en 25 minutos.

Este fue el inicio del vuelo de humanos y marcó el comienzo de una nueva era del transporte. Hoy en día, los globos aerostáticos no se utilizan para el transporte de personas a gran escala, pero se emplean habitualmente en investigaciones científicas de la atmósfera.

El termómetro moderno

Varias personas intentaron perfeccionar diversos tipos de termómetros, como el termoscopio de agua de Galileo Galilei en 1593 y el termoscopio de aire de Santorio Santorio en 1612. Sin embargo, ni los instrumentos de Galileo ni los de Santorio eran muy precisos.

El primer termómetro de mercurio moderno con una escala normalizada fue inventado por Daniel Gabriel Fahrenheit en 1714. Fahrenheit utilizó la primera escala de temperatura normalizada para su termómetro. Dividió los puntos de congelación y ebullición del agua en 180 grados. Se eligió el número 212 como punto de ebullición y 32 como punto de congelación del agua. Esto produjo una escala que no caería por debajo de cero, incluso al medir las temperaturas más bajas posibles que podía producir en su laboratorio. Este termómetro era muy preciso.

La escala de temperatura Celsius se denomina "escala centígrada". Fue inventada por el astrónomo sueco Anders Celsius en 1742. Cero era el punto de ebullición y cien el punto de congelación del agua. La escala se dividió en cien grados. Más tarde, un hombre francés llamado Jean Pierre Cristin invirtió la escala Celsius, con el cero como punto de congelación y el cien como punto de ebullición del agua. En 1948, mediante un acuerdo internacional, se adoptó la escala Celsius como la escala internacional estándar de temperatura, y es la escala de temperatura más utilizada en la actualidad.

La hiladora Jenny y la lanzadera volante

Durante mucho tiempo, el hilado del algodón en hilos para tejer telas fue una pequeña industria artesanal. El proceso era lento y laborioso. En 1764 o 1765, James Hargreaves, un carpintero y tejedor inglés, trabajó en un nuevo diseño de máquina para hilar hilos de algodón.

Aunque era analfabeto, comprendía el lento y laborioso proceso de hilar hilo. También sabía que había escasez de hilo suficiente para los tejedores. Así pues, Hargreaves desarrolló una máquina que aumentaría la producción de hilo incrementando el número de husos capaces de ser accionados por una sola rueda.

Una hiladora era un armazón metálico con ocho husos de madera en un extremo. Ocho ruecas estaban sujetas a una viga del bastidor. Cuando se extendían, pasaban a través de dos barras horizontales. El trabajador movía estas barras a lo largo de la parte superior del bastidor y el hilo se desplazaba. Al mismo tiempo, la hiladora hacía girar una rueda. Los husos giraban y el hilo se hilaba y enrollaba en un huso.

Hargreaves mantuvo la máquina en secreto durante algún tiempo, pero los trabajadores de la industria textil descubrieron este nuevo dispositivo que ahorraba mano de obra y podía poner en peligro sus puestos de trabajo. Atacaron su casa y destruyeron la máquina. Pero Hargreaves no se amilanó y continuó con el desarrollo y la producción de la máquina.

En el primer diseño, se incorporaron ocho husos a la máquina, que hilaban el hilo girando una sola rueda. Esto significaba que el operario podía hilar ocho hilos a la vez moviendo una sola rueda. El número de husos aumentó a 90 y luego a 120 en los diseños más recientes, lo que dio lugar a un aumento masivo de la producción de hilo de algodón.

Anteriormente, en 1733, John Kay inventó la lanzadera volante, que se utilizaba en los telares. En los telares más antiguos, la lanzadera se empujaba a mano a través de los hilos. Si se requería una tela de mayor tamaño, se necesitaban dos trabajadores para manejar el telar.

Kay rediseñó el telar y colocó la lanzadera sobre ruedas que corrían sobre una pista. Los tejedores utilizaban paletas planas para mover la lanzadera de un lado a otro tirando de una cuerda. Gracias a este método, un tejedor podía crear tejidos de mayor anchura con más rapidez que antes, lo que mejoraba la velocidad y la cantidad de la tela.

La lanzadera volante y la hiladora revolucionaron la industria textil, ya que permitían producir una gran cantidad de tela de forma eficiente a bajo coste

El retrete con cisterna

En la Inglaterra medieval, la gente utilizaba "orinales" y simplemente arrojaba el contenido a la calle a través de una puerta o ventana. Los más pudientes utilizaban un "garderobe", una habitación con una abertura suspendida sobre un foso donde se podían arrojar los desechos.

La gente común hacía sus necesidades en retretes comunales situados al final de las calles. En Londres se construyó un enorme retrete público que evacuaba directamente en el río Támesis. Esto provocaba una contaminación masiva, que se traducía en un hedor generalizado e causaba diversas enfermedades a la población de la ciudad.

Se cree que en 1592 Sir John Harrington, ahijado de Isabel I, inventó un retrete con un depósito de agua elevado conectado a una tubería por la que el agua podía evacuar los residuos. Este invento se dejó de lado durante casi doscientos años. En 1775, Alexander Cummings, un relojero, desarrolló la tubería en forma de S bajo la pila del retrete para mantener alejados los malos olores del cuarto de aseo. Esto resolvió en parte el problema de los malos olores en las casas. Sin embargo, las aguas residuales seguían vertiéndose a las calles, contaminando los ríos cercanos.

En 1858, cuando las aguas residuales en descomposición rodeaban la ciudad de Londres, creando un hedor muy desagradable, el gobierno encargó la construcción de un sistema de alcantarillado en Londres. La construcción finalizó en 1865. Con esto se logró un descenso en las muertes causadas por cólera, fiebre tifoidea y otras enfermedades transmitidas por el agua.

Instituciones científicas

Los descubrimientos e inventos científicos fueron realizados en su mayoría por individuos, no por grupos o instituciones. Durante la época anterior a la Ilustración, se crearon nuevas instituciones y asociaciones científicas para que personas con ideas afines pudieran debatirlas. Las dos más destacadas fueron la "Royal Society" de Inglaterra y la "Académie des Sciences" de Francia.

Aunque ambas instituciones se fundaron en el siglo XVII, durante la Revolución Científica, siguieron creciendo y reuniendo a las mentes científicas más destacadas de la Ilustración para mantener debates prácticos y filosóficos.

Estas instituciones ayudaron a promover la exploración científica y a alimentar una cultura de experimentación, investigación y erudición científicas. También ayudaron a difundir el conocimiento científico y a fomentar la alfabetización, lo que a su vez creó una nueva generación de científicos.

Capítulo 4 - Sed ambiciosa de poder absoluto

Hay muchas fábulas y mitos asociados a Catalina la Grande de Rusia. Una truculenta historia sugiere que Catalina murió mientras tenía relaciones sexuales con un semental que enloqueció y se desplomó sobre ella, causándole heridas mortales. Sin embargo, no hay pruebas que confirmen este relato. La mayoría de los historiadores suponen que probablemente fue inventada por los adversarios de Catalina para difamarla y empañar su reputación.

En realidad, Catalina la Grande falleció en sus aposentos del Palacio de Invierno de San Petersburgo el 17 de noviembre de 1796, a la edad de sesenta y siete años. El motivo de su fallecimiento fue un ictus que había sufrido varios días antes. Catalina la Grande fue una de las monarcas más triunfadoras e influyentes del período de la Ilustración en el siglo XVIII. Pero no fue ni mucho menos la única.

La autocracia ilustrada

La autocracia ilustrada fue un método de administración que surgió en Europa durante el siglo XVIII. Pretendía aunar los principios de la autocracia, en la que un soberano tenía poder absoluto sobre su reino y su pueblo, con las ideas de la Ilustración, que subrayaban la racionalidad y la búsqueda del conocimiento.

Los pensadores de la Ilustración creían que sus soberanos debían ser individuos ilustrados y eruditos que utilizaran su poder para provocar cambios sociales, económicos y políticos. Ellos consideraban que los soberanos eran la máxima autoridad y creían que tenían la responsabilidad de gobernar en interés de sus súbditos, en lugar de limitarse a mantener su poder y sus privilegios.

La importancia de la autocracia ilustrada radicaba en que simbolizaba una nueva forma de concebir el gobierno. En lugar de considerar el poder como lo único importante, los autócratas ilustrados lo percibían como un medio para mejorar la sociedad. Al adoptar la racionalidad y la búsqueda del conocimiento, los soberanos podrían (hipotéticamente) crear una sociedad más justa y equitativa. Se tendrían en cuenta las necesidades del pueblo y el soberano sería responsable ante sus súbditos.

Los déspotas ilustrados proclamaban que su poder real no emanaba del derecho divino a gobernar, sino de un contrato social que les confiaba el poder de gobernar. Estos déspotas creían que el pueblo no podía mejorar su vida por sí solo y que era su responsabilidad ayudarle. En muchos casos, estos gobernantes eran benévolos y hacían muchas cosas buenas, pero al final aumentaban su dominio y su autoridad sobre las masas. Esta filosofía interesada afirmaba que el soberano conocía los intereses de sus súbditos mejor que ellos. Y si el monarca se responsabilizaba de sus súbditos, éstos no tendrían necesidad de participar en la política.

La autocracia ilustrada surgió como respuesta a los retos a los que se enfrentaron las monarquías europeas tras la popularización de la Ilustración. Como ya se ha mencionado, la Ilustración cuestionó muchas de las fuentes convencionales de autoridad, incluido el derecho de los reyes y la autoridad de la Iglesia católica.

Así, algunos soberanos creyeron que acogerse a los ideales de la Ilustración les permitiría reforzar su poder. Creían que, al acogiéndose a la Ilustración, podrían promover el bienestar de sus súbditos y cimentar su lugar en la historia como "gobernantes ilustrados".

Los soberanos ilustrados, como Federico II de Prusia, fomentaron las reformas económicas y sociales, incluyendo la erradicación de la servidumbre y la promoción de la educación. Catalina la Grande de Rusia y otros gobernantes fomentaron el desarrollo cultural e intelectual, patrocinando las artes y las ciencias y defendiendo los ideales de la Ilustración.

Los déspotas ilustrados reconocieron la importancia de la educación, tanto para ellos como para su pueblo. Creían que una población instruida podía contribuir mejor a la sociedad y apoyar los objetivos del monarca.

Muchos déspotas ilustrados apoyaron las escuelas y promovieron la educación.

Aunque el despotismo ilustrado logró cierto éxito a la hora de propugnar reformas y mejorar el nivel de vida de los súbditos, tuvo sus limitaciones. En primer lugar, los déspotas ilustrados conservaban la autoridad absoluta, lo que significaba que podían reprimir la disidencia y restringir las libertades políticas. Además, muchas de las reformas aplicadas seguían teniendo un alcance limitado y no abordaban las desigualdades fundamentales que prevalecían en las sociedades europeas.

En general, el despotismo ilustrado representó un momento crucial en la historia europea, poniendo de relieve la tensión entre las autoridades convencionales y los ideales de la Ilustración. Aunque tenía sus limitaciones, el despotismo ilustrado demostró que es posible utilizar el poder para un bien mayor y defendió la noción de que los gobiernos tenían el deber de promover el bienestar de sus ciudadanos. El legado de la autocracia ilustrada aún puede observarse en la actualidad, especialmente en la creencia de que los gobiernos trabajan por el bien común y ayudan a las personas bajo su mandato.

Federico el Grande de Prusia

Retrato de Federico el Grande[88]

Federico el Grande de Prusia (también conocido como Federico II) es considerado como uno de los monarcas ilustrados más prósperos e influyentes del siglo XVIII. Durante su largo reinado, desde 1740 hasta 1786, llevó a cabo importantes reformas que ayudaron a transformar Prusia en un estado moderno, próspero y poderoso.

Federico hizo algunos progresos en la mejora de las condiciones de sus súbditos. Por ejemplo, tuvo bastante éxito en el control de los precios del grano. Los almacenes del gobierno almacenaban cantidades suficientes de grano y lo distribuían en épocas de necesidad al pueblo para que pudiera sobrevivir a los tiempos difíciles en los que la cosecha era escasa. Federico fue también un buen administrador, y mejoró la burocracia y la administración pública. Abolió la tortura, concedió la amnistía a los presos políticos y estableció un poder judicial independiente, que garantizaba una justicia imparcial.

Federico era partidario de la libertad de pensamiento. También era bastante tolerante en cuestiones religiosas, y permitía al pueblo practicar su propia religión, en lugar de imponer una por parte del Estado. Federico en gran medida era no practicante, aunque el protestantismo se convirtió en la religión más favorecida. Aunque protegió y fomentó el comercio de los ciudadanos judíos del imperio, expresó en repetidas ocasiones unos fuertes sentimientos antisemitas. Aun así, amplió los derechos de la población judía, permitiéndoles establecerse en territorios prusianos y practicar su religión libremente. Antes de esto, habían sido perseguidos en gran medida. Federico también animó a inmigrantes de diversas nacionalidades y credos a ir a Prusia.

Además, promovió la educación, especialmente las ciencias, y fomentó el crecimiento cultural y artístico. Fue un prolífico escritor y compositor, y su corte atrajo a muchos de los principales intelectuales de la época.

Federico llevó a cabo importantes reformas económicas. Fomentó el comercio, promovió la productividad agrícola y apoyó el crecimiento de la industria. Abolió la servidumbre y otras obligaciones feudales, concediendo mayor libertad a los campesinos y a la clase media. También reformó el sistema tributario, haciéndolo más equitativo y eficiente, y estableció una burocracia centralizada, que consolidó su poder y promovió una forma de gobierno eficaz.

Sin embargo, a pesar de sus numerosos éxitos, Federico no estuvo exento de fracasos y controversias. Participó en numerosas guerras durante su reinado, a menudo para expandir el territorio y la influencia de Prusia, lo que supuso una importante pérdida de vidas y recursos. También fue criticado por su autoritarismo, que se consideraba incompatible con su compromiso declarado con los valores de la Ilustración. Censuró la prensa, restringió la libertad de expresión y reprimió la disidencia.

Federico el Grande de Prusia fue una figura compleja y polifacética. Como monarca ilustrado, abrazó muchos de los valores de la Ilustración, promoviendo la tolerancia religiosa, el progreso económico y el crecimiento cultural e intelectual. Sin embargo, sus tendencias autoritarias y su ambición militar suscitaron importantes críticas, poniendo de relieve las tensiones inherentes al concepto de despotismo ilustrado.

Carlos III de España

Cuadro de Carlos III [89]

Carlos III de España reinó de 1759 a 1788. Fue probablemente el gobernante europeo más exitoso de su época. Ejerció un liderazgo firme, coherente e inteligente. Eligió ministros competentes, y su vida personal fue más bien casta y poco dramática, lo que le granjeó el respeto del pueblo.

Durante su reinado, transformó España en un estado más moderno. Sus políticas buscaban promover el crecimiento económico y la justicia social. Carlos liberalizó la economía, estableció cámaras de comercio, creó nuevas industrias y promovió la ciencia.

En Madrid, Carlos estableció una nueva aduana, un hospital, una fábrica de porcelana y un museo de la naturaleza. También supervisó la mejora del alcantarillado, el alumbrado público y las carreteras. Se reorganizó el gobierno municipal y se renovaron los teatros.

Carlos III fue un mecenas del arte y la ciencia. Impulsó el crecimiento del arte, apoyando a artistas y músicos y fomentando el desarrollo de la literatura y el teatro en España. El nuevo espíritu de progreso impregnó todos los aspectos de la vida pública.

Carlos III llevó a cabo importantes reformas agrarias e industriales encaminadas a mejorar la productividad y a apoyar el crecimiento económico. Impulsó el crecimiento del comercio y el intercambio, eliminando las barreras comerciales y promoviendo el libre comercio dentro de España y con otros países europeos. Estas reformas incluyeron un real decreto que "ennoblecía" los oficios mecánicos. Creó fábricas estatales que proporcionaban empleo productivo a los pobres.

Sin embargo, sus reformas no siempre funcionaron según lo previsto. La "ennoblecimiento" de los oficios mecánicos no produjo los resultados deseados. Sin embargo, la economía experimentó un repunte. La población de España pasó de ocho a doce millones de habitantes bajo su mandato, lo que provocó un aumento de la demanda de alimentos y una fuerte subida de los precios. El aumento de la población benefició a los grandes terratenientes del sur y a los pequeños agricultores cercanos a las ciudades en expansión, como Barcelona. Lo más destacable de esta reactivación económica fue la aparición de una moderna industria textil algodonera en Cataluña.

La industria del hierro en la región vasca, que se encontraba desfasada, comenzó a modernizarse lentamente. La industria pesquera creció en Galicia, donde los pescadores inmigrantes llegados de Cataluña llegaron a prosperar. Cataluña también se convirtió en un centro neurálgico para el comercio del brandy.

Además, hubo muchas reformas en el sector financiero, como la desaparición de muchos impuestos, el fomento de los mercados locales y la apertura del comercio con América.

No obstante, Carlos III tuvo algunos otros fracasos. Sus esfuerzos por fomentar el crecimiento económico se hicieron a menudo a costa de las clases bajas, y sus políticas respecto a las clases trabajadoras fueron a menudo severas y explotadoras. Llevó a cabo importantes reformas fiscales que afectaron desproporcionadamente a los pobres, y sus políticas laborales fueron con frecuencia opresivas y restrictivas. Su legado como monarca de la Ilustración persiste en España, pero su reinado también nos recuerda la naturaleza contradictoria del absolutismo ilustrado.

Catalina la Grande de Rusia

Retrato de Catalina la Grande[40]

El reinado de Catalina la Grande de Rusia se prolongó desde 1762 hasta 1796 y estuvo marcado por importantes innovaciones y reformas que transformaron a Rusia en una gran potencia a nivel mundial.

El ascenso de Catalina al poder mediante un golpe de estado fue un acontecimiento dramático y violento en la historia rusa. En 1762, el marido de Catalina, Pedro III, se convirtió en zar de Rusia. Pedro era un gobernante impopular y peculiar que tenía poco interés en gobernar. Apenas sabía hablar ruso, ya que se había criado en lo que actualmente es Alemania. Estaba más absorto en los asuntos militares y se sabía que admiraba al rey de Prusia, Federico el Grande, hasta el punto de vestirse con uniformes militares prusianos.

Catalina, por el contrario, era popular entre la población rusa y tenía un gran interés por la política y la cultura. Llegó a Rusia desde su Alemania natal cuando era adolescente para casarse con Pedro, pero su matrimonio fue infeliz y lleno de tensiones.

Tras sólo unos meses en el trono, el comportamiento errático de Pedro y sus políticas impopulares distanciaron a muchos de sus partidarios. El 28 de junio de 1762, Catalina y sus partidarios dieron un golpe de estado. El golpe fue rápido. Pedro fue arrestado y obligado a abdicar en favor de Catalina. Más tarde fue asesinado en circunstancias misteriosas, y muchos creen que fue por orden de Catalina.

Uno de los mayores logros de Catalina como monarca ilustrada fue su defensa de la educación, la cultura y las artes. Creó escuelas, hospitales y orfanatos, y promovió el desarrollo del arte y las ciencias. Fue una escritora prolífica y mantuvo correspondencia con muchos de los principales intelectuales de la época. También patrocinó la construcción del Museo del Hermitage, que llegó a albergar una de las mayores y más prestigiosas colecciones de arte del mundo.

Otro de los logros de Catalina fue la expansión del Imperio ruso. Se anexionó Crimea, el Cáucaso y algunas partes de Polonia, ampliando considerablemente las fronteras y la influencia de Rusia. Esta expansión contribuyó a establecer a Rusia como una gran potencia europea y sentó las bases para su posterior dominio en el siglo XIX.

Sin embargo, a pesar de sus logros, Catalina tuvo que enfrentarse a algunas polémicas. Su mayor fracaso fue quizá su incapacidad para resolver los problemas fundamentales a los que se enfrentaba Rusia a nivel social y económico. Mantuvo la servidumbre, un sistema feudal de trabajo que mantenía a millones de campesinos en la esclavitud, y no llevó a cabo reformas significativas en las estructuras políticas y económicas del país. Este fracaso provocó un malestar social y una oposición generalizados, que contribuyeron a la caída de la dinastía Romanov.

Un ejemplo de la crueldad de Catalina la Grande fue su respuesta a la rebelión de Pugachev, que tuvo lugar entre 1773 y 1775. Catalina ordenó una brutal represión de los rebeldes, utilizando la fuerza militar para hacerlo. Miles de rebeldes fueron capturados, y Pugachev fue finalmente capturado y ejecutado. Su cuerpo fue descuartizado en Moscú. La venganza de Catalina fue muy severa, con ejecuciones masivas, torturas y represalias contra quienes se creía que habían apoyado la rebelión. Decenas de miles de personas murieron durante la ofensiva contra la rebelión de Pugachev.

La retórica ilustrada de Catalina a menudo contradecía sus políticas y prácticas reales. Fue una gobernante autocrática que limitó la libertad de prensa, expresión y reunión del pueblo. También participó en guerras imperialistas y su política hacia Polonia y otros territorios fue a menudo despiadada y explotadora.

Catalina murió en 1796 en San Petersburgo, Rusia. Su muerte marcó el final de un reinado largo y con mucha agitación que se prolongó durante más de tres décadas y en el que se produjeron importantes cambios políticos, sociales y culturales en Rusia.

El reinado de Catalina la Grande estuvo marcado por los logros y el progreso de muchas áreas, pero también se vio empañado por casos de brutalidad, opresión y críticas. A pesar de esto, no se puede negar el impacto de Catalina en la historia rusa y su contribución al desarrollo político y cultural del país. Sigue siendo una figura importante de la historia rusa y mundial.

Leopoldo I de Toscana

Leopoldo I de Toscana, también conocido como el Gran Duque Leopoldo I, fue uno de los monarcas ilustrados más prósperos y progresistas del siglo XVIII. A lo largo de su reinado, de 1765 a 1790, llevó a cabo notables reformas encaminadas a modernizar la Toscana y convertirla en un Estado más eficiente y justo.

Uno de los logros de Leopoldo I como monarca ilustrado fue la introducción de importantes reformas agrícolas e industriales destinadas a mejorar la eficiencia y estimular el crecimiento fiscal. Fomentó el comercio y los intercambios eliminando obstáculos y promoviendo el libre comercio. Leopoldo también instituyó el primer sistema moderno de seguros en Europa, que protegía a la población contra la pérdida o destrucción de sus bienes.

Leopoldo I financió las artes y las ciencias. Apoyó la "Accademia dei Georgofili", que se centraba en el estudio de la agricultura, y también promovió la "Accademia delle Belle Arti", centrada en las artes. Leopoldo fomentó la proliferación del arte, patrocinando a artistas y músicos, y respaldó el desarrollo de la literatura y el teatro de la Toscana.

Leopoldo abolió la pena capital y se aseguró de que todo el mundo pudiera vacunarse fácilmente contra la viruela. Creó hospitales para enfermos mentales, siendo uno de los primeros en hacerlo. Aunque estos hospitales no eran como los de hoy en día, sus médicos no creían en la tortura o en los castigos para los que vivían allí.

Pero, por supuesto, Leopoldo I tenía sus defectos. Y esos defectos salieron a la luz principalmente cuando tomó el relevo de su hermano en el Sacro Imperio Romano Germánico, convirtiéndose en Leopoldo II. Aunque continuó con algunas de sus políticas ilustradas mientras gobernaba este vasto territorio, también utilizó la fuerza bruta. No quería ser impopular entre sus súbditos, principalmente entre los nobles. Para sofocar un disturbio, Leopoldo volvió a someter al yugo de la esclavitud a miles de personas que habían sido liberadas de la servidumbre. Leopoldo era un político, y actuó como tal cuando se vio forzado a hacerlo

El reinado de Leopoldo I contribuyó a transformar la Toscana en un estado más moderno y próspero. Pero sus políticas, especialmente una vez convertido en emperador del Sacro Imperio Romano Germánico, pudieron ser injustas.

José II de Austria

José II, también conocido como José el Reformador o José el Grande, fue un emperador del Sacro Imperio Romano y archiduque de Austria que gobernó de 1765 a 1790. José era hermano de Leopoldo I. José era partidario del absolutismo ilustrado. Es conocido por sus ambiciosas y amplias reformas destinadas a modernizar Austria y mejorar la vida de sus súbditos. Sin embargo, su reinado también estuvo marcado por la controversia, los desafíos y, en última instancia, por un legado inacabado.

Uno de los mayores logros de José fue su política de tolerancia religiosa. Puso fin al control de la Iglesia católica sobre la educación, lo que permitió una mayor libertad intelectual y la proliferación de la investigación científica. También concedió protección religiosa a las minorías protestantes y ortodoxas y promovió los derechos de los judíos. Además, reformó el sistema judicial, otorgando mayor protección a los acusados y mejorando la eficacia de los procedimientos legales.

José también reformó la economía y el sistema social. Llevó a cabo importantes reformas agrarias e industriales destinadas a aumentar la productividad y el crecimiento económico. Una de sus principales medidas fue la abolición de la servidumbre y la concesión de mayores libertades a los campesinos y a la burguesía. Reestructuró el sistema fiscal y eliminó las barreras comerciales, fomentando una mayor integración económica dentro y fuera del Sacro Imperio Romano.

Sin embargo, las políticas ilustradas de José se encontraron a menudo con una importante oposición. Sus esfuerzos por centralizar el poder y eliminar la autonomía regional se toparon con la resistencia de la aristocracia, que veía cómo sus privilegios y poderes tradicionales se veían afectados por lo que consideraba medidas radicales. Sus intentos de reformar la Iglesia católica también encontraron la oposición de los clérigos conservadores, que veían cómo se erosionaba su influencia y su poder. Además, sus políticas hacia los húngaros y otras minorías étnicas fueron a menudo muy duras y contribuyeron al sentimiento nacionalista y a la oposición.

Otro aspecto cautivador de la vida de José fue su relación con su madre, la emperatriz María Teresa. José fue la mano derecha y el principal consejero de su madre durante muchos años. Sin embargo, su relación no estuvo exenta de tensiones y conflictos, principalmente por las políticas progresistas de José y su deseo de modernizar el imperio.

José II fue una figura controvertida cuyo reinado estuvo marcado tanto por los éxitos como por los fracasos. Su promoción de la tolerancia religiosa y la modernización social ayudó a transformar el Sacro Imperio Romano en un estado más eficiente y justo, pero sus esfuerzos por centralizar el poder y eliminar la autonomía regional se toparon a menudo con el resentimiento de la élite y de los ciudadanos húngaros, lo que le hizo impopular y le aisló políticamente de otras naciones. Su legado como monarca ilustrado sigue siendo hoy tema de debate entre los historiadores.

Gobernantes absolutistas: ¿Progreso o fracaso?

Los gobernantes absolutistas solían considerarse el poder supremo en sus territorios, ya que su autoridad no estaba sujeta a ninguna restricción. Esto podía ser tanto una ventaja como un defecto. Por un lado, los gobernantes absolutistas tenían poder para llevar a cabo transformaciones radicales y promulgar políticas que consideraban beneficiosas para sus súbditos. Sin embargo, esto también significaba que podían actuar con impunidad y que, a menudo, no tenían en cuenta los deseos de sus súbditos.

Los gobernantes absolutistas mencionados en este capítulo eran poderosos por derecho propio, y sus reinados tuvieron un impacto duradero en sus naciones y en la historia europea. Aunque todos ellos eran gobernantes absolutistas, también se adhirieron a los principios de la Ilustración y trataron de fomentar el progreso y la reforma, reflejando la evolución de las actitudes de la época.

No obstante, estos gobernantes eran sólo eso, gobernantes. Querían conservar su poder y garantizar que éste se transmitiera a sus herederos. Numerosas personas se sentían molestas bajo su dominio y se sentían resentidos por el hecho de no tener voz en el gobierno. Además, la concentración de poder en manos de un gobernante solitario solía dar lugar a corrupción, nepotismo y abusos de poder. Esto, a su vez, debilitaba la legitimidad de la monarquía y provocaba rebeliones o revoluciones.

En general, el triunfo y la aceptación de los monarcas absolutistas variaron mucho. Mientras que algunos fueron capaces de emplear su poder para fomentar el progreso y facilitar la vida de sus súbditos, otros fueron considerados opresores y corruptos, lo que provocó un descontento generalizado e incluso una revolución.

Capítulo 5 - Pilares básicos del pensamiento ilustrado

Los pilares básicos del pensamiento ilustrado son la razón, el individualismo, el escepticismo y el progreso. Otros conceptos fundamentales son la separación de la Iglesia y el Estado y el gobierno constitucional.

La razón

La era anterior a la Ilustración abarca un largo periodo de la historia, pero uno de los primeros intelectuales que defendió el uso de la razón fue el antiguo filósofo griego Aristóteles (384-322 a.C.). Aristóteles creía que la razón era la clave para comprender el mundo y que los seres humanos podían utilizarla para averiguar la verdad y el conocimiento. Enfatizaba la importancia de la observación, el análisis y la lógica.

Las ideas de Aristóteles sobre la razón influyeron en muchos pensadores posteriores, entre ellos el filósofo medieval Tomás de Aquino (1225-1274), que intentó conciliar la filosofía de Aristóteles con la teología cristiana. Aquino sostenía que las personas podían emplear la razón para entender el mundo natural, pero que la fe era esencial para comprender los asuntos espirituales.

Aceptar la razón supuso un cambio radical en la forma en que la gente entendía el conocimiento. Antes de la Ilustración, el conocimiento se basaba en lo que las figuras de autoridad, como la iglesia o el gobierno, enseñaban. La falta de educación, de libros y de otras fuentes fiables de información contribuía a que esto fuera así. Sin embargo, los pensadores de la Ilustración repudiaron la idea de que las figuras de autoridad fuesen las fuentes de conocimiento, argumentando que a menudo eran dogmáticas y supersticiosas y basaban la información en reglas arbitrarias en lugar de basarse en la razón.

Una de las figuras más eminentes e influyentes asociadas al auge del uso de la razón para comprender el conocimiento fue el filósofo francés René Descartes, que vivió entre 1596 y 1650. Descartes sostenía que las personas podían adquirir conocimiento a través de la razón y que el escepticismo era crucial para comprobar la validez de las afirmaciones.

Por supuesto, hubo quienes se opusieron al auge de la razón, principalmente la Iglesia católica. La Iglesia veía el énfasis en la razón y la evidencia empírica como una amenaza para su autoridad, por lo que se opuso activamente a muchas ideas y prácticas asociadas con la Ilustración. Por ejemplo, la Iglesia condenó a Galileo por su apoyo al modelo heliocéntrico del sistema solar, que contradecía las enseñanzas eclesiásticas.

Algunos intelectuales de la Ilustración también criticaron la racionalidad y subrayaron las limitaciones de la razón. El filósofo alemán Immanuel Kant sostenía que la razón tenía sus limitaciones. Opinaba que había ciertos aspectos del mundo, como la moralidad y la existencia de Dios, que no podían comprenderse únicamente a través de la razón.

El éxito del método científico, el auge de nuevas formas de comunicación, la evolución de nuevas ideas filosóficas y políticas y la aplicación de la razón a la vida cotidiana convenció a la gente sobre la importancia del pensamiento lógico.

Individualismo

La aparición del individualismo simbolizó un cambio significativo en la forma de entender el papel individual de cada persona en la sociedad, destacando la importancia de los derechos personales y el autogobierno. La idea del individualismo afectó profundamente al progreso de la democracia liberal moderna y a la preservación de los derechos y libertades individuales.

Pero, ¿qué es exactamente el individualismo? En pocas palabras, el individualismo promueve la idea de que el individuo es más importante que el Estado. Los pensadores de la Ilustración que promovían esta creencia querían que la gente se diera cuenta de que tenía metas y sueños que merecían ser cumplidos, no arrinconados para que el gobierno les obligara a trabajar en el campo.

Algunos de los factores más importantes que contribuyeron al auge del individualismo durante la Ilustración fueron los nuevos sistemas económicos y sociales, como el auge del comercio, el ascenso de la clase media y el declive del feudalismo. Estos cambios crearon nuevas oportunidades de movimiento social y prosperidad económica.

Los pensadores de la Ilustración fueron fundamentales a la hora de promover el individualismo, afirmando que los individuos debían ser libres para perseguir sus intereses y deseos sin la intromisión del Estado u otras autoridades. Destacaron la importancia del derecho a la libertad de expresión, la libertad religiosa y el derecho a la propiedad. También intentaron limitar el poder del Estado y otras instituciones para salvaguardar estos derechos.

Uno de los intelectuales más influyentes asociados al ascenso del individualismo durante la Ilustración fue el pensador inglés John Locke, que vivió entre 1632 y 1704. Locke afirmaba que las personas tenían derechos fundamentales y que el Estado debía preservarlos. También sostenía que la autoridad de los gobiernos debía depender del consentimiento de las personas a las que se gobernaba.

Otro defensor del individualismo fue el filósofo francés Jean-Jacques Rousseau, que vivió entre 1712 y 1778. Afirmaba que los individuos nacían libres e iguales y que tenían ciertos derechos naturales, entre ellos el derecho a la vida y a la libertad. Destacaba la importancia del autogobierno y la autodeterminación individuales, sosteniendo que las personas deberían poder perseguir sus intereses y deseos sin interferencias indebidas del Estado u otras formas de autoridad.

Las ideas de Rousseau diferían significativamente de las formas tradicionales de organización social, destacando la importancia del deber, la obligación y la deferencia a la autoridad. Su énfasis en el individualismo allanó el camino para una nueva forma de entender la relación entre los individuos y la sociedad.

Paradójicamente, Rousseau, aunque era partidario del individualismo, también criticó ciertos aspectos del individualismo que, en su opinión, contribuían a la desigualdad social y a la injusticia. Rousseau sostenía que el individualismo podía conducir al egocentrismo y a la fragmentación social. Creía que podía socavar los lazos sociales y los valores compartidos que eran necesarios para una sociedad cohesionada y justa.

Otros opositores del individualismo eran las autoridades religiosas y los líderes políticos conservadores, que consideraban que el individualismo amenazaba las formas tradicionales de poder y la jerarquía social. Sostenían que el individualismo podía conducir a la decadencia moral, el desorden social y la inestabilidad política, por lo que trataban de promover formas más convencionales de organización social y autoridad.

El individualismo es una creencia prominente hoy en día, y muchos países, como Estados Unidos, Sudáfrica y Alemania, basan su gobierno en ello. Es probable que el individualismo siga extendiéndose en los próximos años.

Escepticismo

El escepticismo se refiere a la mentalidad crítica hacia las creencias y prácticas convencionales. Los pensadores de la Ilustración se alejaron de la idea de una autoridad tradicional y trataron de cuestionar las normas y convenciones establecidas. Creían en la importancia de cuestionar la información y validar las ideas mediante la observación empírica y la investigación científica, en lugar de recibir información de un clérigo o un rey. El escepticismo va de la mano de la razón, ya que los escépticos querían utilizar la lógica para demostrar que las antiguas creencias eran erróneas.

Uno de los principales defensores del escepticismo fue el filósofo francés René Descartes. Descartes subrayó la importancia de la duda como medio para cuestionar las creencias y suposiciones aceptadas. Defendía que las personas debían confiar en sus propios pensamientos y juicios para evaluar la veracidad de diversas afirmaciones.

El pensador escocés David Hume, que vivió entre 1711 y 1776, es considerado uno de los mayores defensores del escepticismo. Sostenía que el conocimiento sólo podía derivarse del sentido y la experiencia. Hume afirmaba que cualquier afirmación que no pudiera verificarse mediante la observación y la experimentación debía tratarse con escepticismo. En su opinión, el conocimiento que tiene la gente de las relaciones causa-efecto se basa en una conjunción constante de sucesos más que en cualquier conexión lógica entre ellos.

Hume también aplicó su enfoque escéptico a las afirmaciones religiosas y éticas, argumentando que estas no podían establecerse mediante la razón o la observación y que, por tanto, se basaban en la fe y los sentimientos. Las opiniones escépticas de Hume sobre la religión y la moral fueron polémicas. Suscitaron críticas generalizadas, pero también contribuyeron a un cambio cultural más amplio y hacia un enfoque más crítico y científico de las cuestiones sociales y morales.

Las instituciones y figuras religiosas denunciaron a menudo a los escépticos, sobre todo en relación con las afirmaciones religiosas, argumentando que la fe era indispensable para establecer la verdad de las doctrinas religiosas. Algunos filósofos e intelectuales también criticaron el escepticismo, argumentando que conducía al relativismo o al nihilismo, lo que socavaba los fundamentos del conocimiento y la moral.

El filósofo alemán Friedrich Nietzsche criticó este enfoque escéptico del conocimiento, argumentando que erosionaba la posibilidad de una verdad objetiva y dejaba a los individuos sin ninguna brújula moral o intelectual. La crítica de Nietzsche al escepticismo formaba parte de un cambio cultural más amplio hacia un enfoque más subjetivo y existencialista del conocimiento y la verdad, que rechazaba la noción de realidad objetiva en favor de una visión del mundo más subjetiva e individualista. Este concepto es un poco complejo, pero para simplificarlo, Nietzsche creía que las personas veían el mundo basándose en sus propias experiencias y que no había una única forma "correcta" de vivir.

El impacto de las agitaciones religiosas y políticas llevó a muchas personas a analizar más detenidamente la autoridad y las afirmaciones de los dirigentes. Por ejemplo, la Reforma protestante desafió el poder de la Iglesia católica y animó a la gente a leer e interpretar la Biblia por sí mismos, contribuyendo a un enfoque más crítico de las afirmaciones religiosas.

Del mismo modo, las revoluciones políticas de la época, como la estadounidense y la francesa, desafiaron la autoridad de las monarquías y aristocracias tradicionales y animaron a la gente a cuestionar la legitimidad del poder político.

Progreso

Los pensadores de la Ilustración creían que la sociedad podía mejorar a través de la razón y la aplicación del conocimiento científico, un concepto conocido como progreso. El progreso supuso un cambio significativo en la forma de ver la historia y la sociedad humanas. Antes de la Ilustración, la gente creía que el mundo era estático e invariable y que la historia humana no era más que un ciclo de subidas y bajadas.

Los pensadores de la Ilustración desafiaron esta visión, argumentando que la sociedad progresaba y mejoraba a través de la razón, el escepticismo y el individualismo. Muchos pensadores de la Ilustración creían que el progreso era esencial para que los seres humanos prosperaran y crearan una sociedad justa. Los pensadores de la Ilustración produjeron obras sobre temas como la ciencia, la filosofía, la economía y la política, utilizando la retórica para persuadir a sus lectores de la importancia del progreso.

Algunos filósofos de la Ilustración, como Immanuel Kant, sostenían que el progreso era el resultado de la búsqueda de la lógica por parte del hombre. Otros, como Adam Smith, consideraban que el progreso era el resultado del crecimiento del comercio y los intercambios, que facilitaban la creación de riqueza y la difusión de las ideas.

El filósofo y escritor francés Voltaire fue una de las figuras más influyentes en la configuración del concepto de progreso. Fue un escritor prolífico que creó obras sobre diversos temas, como historia, política, filosofía y religión. Fue un firme defensor de la razón y el individualismo, y creía que el progreso era fundamental para la prosperidad humana y la creación de una sociedad justa.

En su célebre obra "*Cándido*", Voltaire ridiculizaba la idea de que se vivía en el "mejor de los mundos posibles", argumentando en su lugar que el mundo estaba lleno de sufrimiento e injusticia que sólo podían mejorarse mediante la búsqueda de los valores de la Ilustración. Defendió la tolerancia religiosa, la libertad de expresión y la separación entre la Iglesia y el Estado, que consideraba esenciales para crear una sociedad más abierta.

Uno de los principales motores del progreso durante la Ilustración fue el auge de la ciencia, que permitió comprender mejor el mundo natural y desarrollar nuevas tecnologías e innovaciones. Esto, a su vez, condujo a mejoras en la medicina, la agricultura, el transporte y otros campos, que contribuyeron a mejorar la vida de la gente.

Los poetas y pensadores románticos que surgieron a finales del siglo XVIII y principios del XIX rechazaron el énfasis en la razón y alabaron en su lugar la emoción, la imaginación y la intuición. Desconfiaban de que el progreso humano pudiera lograrse aplicando la razón y la tecnología. Criticaban la fe de la Ilustración en el progreso como una idea ingenua y peligrosa. Pensaban que la ciencia, la tecnología y el énfasis en la lógica harían la vida aburrida y carente de creatividad y romanticismo.

El filósofo alemán Friedrich Nietzsche sostenía que el énfasis en la razón y el progreso conducía a una pérdida de sentido y propósito en la vida moderna. Abogó por rechazar los valores de la Ilustración en favor de una filosofía más individualista y de afirmación de la vida.

El auge del progreso durante la Ilustración fue producto de una compleja interacción de factores sociales y políticos, y se vio impulsado por un creciente optimismo y la creencia en el poder de la razón humana para mejorar el mundo.

La separación de la Iglesia y el Estado

La separación de la Iglesia y el Estado se refiere al concepto de que el gobierno no debe involucrarse en asuntos eclesiásticos y viceversa. La gente también debería poder practicar su propia religión o no practicar ninguna por voluntad propia.

La idea de la separación de Iglesia y Estado surgió como reacción a siglos de luchas y persecuciones religiosas en Europa. La idea de que la religión y el gobierno debían mantenerse separados se consideraba una forma de fomentar la tolerancia y evitar los abusos de autoridad que se habían generalizado durante gran parte de la historia europea.

El filósofo francés Voltaire sostenía que los líderes religiosos no debían intervenir en los asuntos de gobierno. Creía que el gobierno debía ser indiferente a los asuntos religiosos, permitiendo a la gente practicar la religión que eligieran sin temor a represalias.

El filósofo inglés John Locke sostenía que el gobierno debía restringir su poder y permitir que la gente tuviera la libertad para seguir sus propias convicciones religiosas. Locke consideraba que la tolerancia religiosa era crucial para promover la armonía social y pensaba que el gobierno no tenía derecho a inmiscuirse en las creencias o prácticas religiosas.

En Estados Unidos, la separación de Iglesia y Estado se formalizó en la Primera Enmienda de la Constitución, que establece: "El Congreso no aprobará ninguna respecto al establecimiento de una religión o que prohíba su libre ejercicio". Este principio ha sido una piedra angular de la democracia estadounidense desde entonces y ha contribuido a garantizar que el gobierno no muestre parcialidad hacia ninguna religión ni utilice su poder para reprimir a las minorías religiosas.

Sin embargo, algunos no estaban de acuerdo con el concepto. El filósofo francés Jean-Jacques Rousseau opinaba que la religión y el Estado debían estar entrelazados. Sostenía que las convicciones y prácticas religiosas eran indispensables para crear un sentimiento de comunidad y cohesión social. También sostenía que el Estado tenía el deber de salvaguardar y promover los valores religiosos.

Las opiniones de Rousseau sobre la relación entre la religión y el Estado se oponían directamente a la separación de la Iglesia y el Estado.

Sin embargo, sus opiniones no se impusieron finalmente, y el principio de la separación de la Iglesia y el Estado sigue siendo un principio fundamental de las democracias occidentales contemporáneas.

Gobierno constitucional

Un gobierno constitucional se refiere a un gobierno en el que el poder está limitado por una constitución escrita que delimita los derechos y responsabilidades de los ciudadanos y los poderes del gobierno. Los intelectuales de la Ilustración sostenían que un gobierno constitucional era esencial para salvaguardar las libertades individuales y evitar el abuso de poder por parte de los gobernantes.

La Ilustración fue un periodo de inmensa agitación política y muchos intelectuales se plantearon cuál sería la mejor manera de crear una sociedad justa y estable. Una de las ideas principales que surgió durante esta época fue la del gobierno constitucional.

La creciente demanda de gobiernos constitucionales estaba estrechamente relacionada con la teoría del contrato social, que sostenía que un gobierno debía basarse en un acuerdo mutuo entre el pueblo y sus gobernantes. Esta teoría enfatizaba la importancia del individualismo y la necesidad de restringir el poder del gobierno para salvaguardar los derechos de los ciudadanos.

Uno de los defensores más influyentes del gobierno constitucional fue el filósofo inglés John Locke, que sostenía que el gobierno debía fundarse en el consentimiento de los gobernados y que una constitución debía limitar a las figuras de autoridad.

Otro destacado defensor del gobierno constitucional fue el filósofo francés Montesquieu, que vivió entre 1689 y 1755. En su notable obra "*El espíritu de la ley*", publicada en 1748, Montesquieu abogaba por la separación de poderes en el gobierno y la limitación de que cualquier individuo o facción obtuviera todo el poder. Creía que la mejor forma de gobierno combinaba elementos de la monarquía y la democracia. Montesquieu también pensaba que una constitución era obligatoria para proteger los derechos individuales e impedir los abusos de poder.

El auge de los gobiernos constitucionales estuvo estrechamente vinculado al crecimiento del capitalismo y el comercio. Con la expansión del comercio, la gente empezaron a exigir mayores garantías para sus derechos de propiedad y libertades individuales, lo que condujo al establecimiento de constituciones y otras protecciones legales.

Varios monarcas y aristócratas de la época se opusieron a restringir su poder mediante una constitución. Algunos pensadores conservadores, como Edmund Burke, sostenían que las tradiciones y costumbres de la sociedad debían sentar las bases de un gobierno en lugar de principios abstractos o documentos como una constitución. Burke también temía que un exceso de cambios o reformas pudiera general confusión e inestabilidad. Veía la importancia de las instituciones religiosas para la estabilidad moral y el bien del Estado. Argumentaba que la Revolución Francesa acabaría de forma desastrosa porque sus fundamentos ignoraban la naturaleza humana y las complejidades de la sociedad.

Las revoluciones estadounidense y francesa nos enseñan ejemplos de gobiernos constitucionales eficaces en acción, que ayudaron a difundir esta idea. Sin embargo, la Revolución Francesa fue mucho más sangrienta e injusta, ya que muchas élites fueron perseguidas y asesinadas durante el Reinado del Terror. Finalmente, el gobierno democrático de Francia cayó en manos de Napoleón Bonaparte, que creó un imperio considerado más liberal, aunque su poder seguía siendo absoluto.

El auge de la imprenta y una mayor disponibilidad de libros y panfletos permitieron que todas las ideas de la Ilustración llegaran a un público más amplio. Los pilares esenciales del pensamiento ilustrado subrayan la importancia de la racionalidad, el individualismo, el progreso y el escepticismo para promover una mejor comprensión del mundo y de la sociedad.

Capítulo 6 - Genios intelectuales que cambiaron el curso de la historia

Imagine una época en la que el mundo seguía sujeto a la superstición, a los dogmas religiosos y al dominio monárquico. Una época en la que el conocimiento era un privilegio de la élite y la disidencia se castigaba brutalmente. En este contexto, surgió un grupo de pensadores radicales cuyas ideas cambiarían el curso de la historia para siempre.

Desde exploradores audaces a filósofos brillantes, desde economistas visionarios a escritores revolucionarios, estos grandes hombres no se contentaron con sentarse y aceptar cómo eran las cosas. Les movía un intenso deseo de comprender el mundo que les rodeaba y de hacer de este un lugar mejor.

En las siguientes biografías breves, podrá observar las apasionantes vidas e ideas de estos hombres extraordinarios y comprender su impacto en su mundo y en el nuestro.

John Locke

John Locke (1632-1704) fue un filósofo y médico inglés considerado una de las figuras más influyentes de la Ilustración. Es conocido por sus contribuciones a la filosofía política, la teoría del conocimiento (epistemología) y la teoría educativa.

De joven, Locke estaba decidido a perseguir sus sueños, a pesar de los grandes obstáculos que se interponían en su camino. Le costaba llegar a fin de mes y luchaba constantemente contra las enfermedades, pero su pasión por el conocimiento y su espíritu inquebrantable le impulsaron a seguir adelante. La hazaña más notable de Locke fue su capacidad para superar las limitaciones que le imponía la sociedad, a pesar de haber nacido en una época en la que la clase social y la primogenitura dictaban el destino de cada uno.

El padre y la madre de Locke procedían de familias puritanas dedicadas al comercio. Su padre provenía de una familia de modistas y su madre de una de curtidores. Su padre se ganaba la vida como abogado y secretario de los jueces de paz de Somerset. Poseía algunas tierras, pero no las suficientes para que su familia viviera como aristócratas. Sin embargo, era suficiente para llevar una vida aceptable.

La vida de Locke hasta que cumplió la treintena fue poco emocionante. Durante más de tres décadas se dedicó a la política, pero cuando estaba a punto de llegar a los sesenta se hizo muy famoso como filósofo. Publicó sus escritos, siendo una de sus obras más notables *"Ensayo sobre el entendimiento humano"*, publicada en 1689.

La teoría del conocimiento expuesta en *"Ensayo sobre el entendimiento humano"* es, en cierto modo, extremadamente escéptica. Creía que los seres humanos nacían como pizarras en blanco que se iban llenando mediante sus propias experiencias vitales. En otras palabras, las personas no nacían con ideas innatas sobre cómo vivir; eso era algo que cada persona adquiría con el tiempo. También afirmaba que había un límite de conocimiento que una persona podía adquirir.

Como dice en su ensayo: "El conocimiento, decís, es sólo la percepción del acuerdo o desacuerdo de nuestras propias ideas: pero ¿quién sabe cuáles pueden ser esas ideas?".

Locke también es famoso por creer que los gobiernos deben basarse en el consentimiento de los gobernados y que los individuos tienen derecho a la vida, la libertad y la propiedad. Sostenía que la función del gobierno era proteger estos derechos. Si un gobierno no lo hacía, el pueblo tenía derecho a derrocarlo.

Obviamente, su filosofía tuvo un impacto significativo en el desarrollo de la democracia moderna, y sus ideas influyeron en las revoluciones estadounidense y francesa. También escribió mucho sobre educación, abogando por un enfoque que hiciera hincapié en el individualismo y animara a los estudiantes a pensar por sí mismos.

En la última década y media de su vida, ya anciano, enfermo e inmensamente reconocido, Locke pudo por fin ver la magnitud y el significado de sus logros. Locke fue un hombre que se negó a aceptar el statu quo y optó por desafiarlo a cada paso. Sus ideas siguen configurando el mundo en el que vivimos.

Baruch Spinoza

Baruch Spinoza (1632-1677) fue un rebelde en todos los sentidos de la palabra. De niño asistió a una escuela judía y a la sinagoga, donde estudió hebreo y las obras de teólogos judíos y árabes.

Aunque creció en el seno de una estricta familia judeo-portuguesa de Ámsterdam, desafió las creencias religiosas tradicionales de su comunidad y se atrevió a pensar por sí mismo. Sus ideas poco ortodoxas sobre Dios y la naturaleza le valieron la excomunión de la comunidad judía.

Spinoza fue tachado de hereje y acusado de trivializar el papel de Dios en el universo y en los asuntos humanos. Fue expulsado de la comunidad judía por hablar en contra de la religión y fue declarado hereje. Puso en duda la existencia de los milagros y la vida después de la muerte y cuestionó la autoridad de la Biblia. Su libro "*Tratado teológico-político*" fue declarado una obra maligna inspirada por el diablo. Su obra maestra, "*Ética*", propuso un sistema de una originalidad impresionante, pero fue condenada por la Iglesia católica. Se incluyó en la lista de libros prohibidos.

Sin inmutarse, Spinoza continuó explorando su filosofía radical, rechazando la noción de un Dios personal y abrazando el poder de la razón para comprender el mundo natural. Consideraba que las emociones y pasiones humanas obstaculizaban la investigación racional y defendía una fuerte separación entre Iglesia y Estado.

Hay una anécdota interesante sobre el profesor Albert Einstein, autor de la teoría de la relatividad, que declaró creer en el "Dios de Spinoza". En 1929, Einstein recibió un telegrama del rabino Herbert S. Goldstein, de la Sinagoga Institucional de Alemania, quien le preguntó: "¿Cree usted en Dios?". Einstein respondió al rabino: "Creo en el Dios de Spinoza, que se revela en la armonía ordenada de lo que existe, no en un Dios que se ocupa de los destinos y las acciones de los seres humanos".

Entonces, ¿quién era el Dios de Spinoza en el que creía Einstein? Según Spinoza, la Iglesia había caído en la ilusión de un Dios antropocéntrico, un ser externo que actuaba en el mundo de los asuntos humanos e intervenía según sus caprichos. Spinoza afirmaba que la Iglesia se asemejaba a Dios a un rey que concede recompensas por la sumisión y aplica castigos por cualquier pecado. Es interesante señalar que filósofos famosos, como Juan Calvino y René Descartes, también utilizaron en sus escritos la metáfora de que Dios es similar a un rey.

A pesar de sus ideas radicales, las obras de Spinoza fueron muy leídas y respetadas durante su vida, y sigue siendo una de las figuras más importantes de la Ilustración. Sus obras inspiraron a otros pensadores de la Ilustración, como Voltaire, Kant y Hume. Sus ideas fueron consideradas peligrosas y revolucionarias en su época, pero su influencia se dejaría sentir durante siglos.

Montesquieu

Charles-Louis de Secondat, barón de La Brède y de Montesquieu (1689-1755), fue un destacado filósofo y escritor francés. Nacido en el seno de una familia noble, Montesquieu se distinguió rápidamente como un brillante pensador y escritor de agudo intelecto y profunda pasión por la justicia.

Montesquieu se interesó sobre todo por la política y el derecho. Era partidario de un gobierno con poderes limitados en el que los dirigentes debían respetar la ley. Montesquieu creía que el poder del gobierno debía estar separado en ramificaciones para que ninguna persona o grupo tuviera demasiado poder. Las ideas de Montesquieu también incluían el escepticismo hacia la rígida estructura social de Francia. Fue un firme defensor de los derechos humanos, incluyendo la abolición de la esclavitud, y su obra contribuyó a preparar el terreno para la Revolución Francesa y el auge de la democracia en toda Europa.

La obra más famosa de Montesquieu, *"El espíritu de las leyes"*, publicada en 1748, fue una contribución pionera a la teoría política. En ella sostenía que la mejor forma de gobierno era la separación de poderes con controles y de manera equilibrada. Esta idea se convertiría en la piedra angular de la democracia moderna y de los gobiernos constitucionales.

Además de su filosofía política, Montesquieu era un crítico social, y sus escritos reflejaban a menudo su preocupación por el estado de la sociedad francesa. Fue crítico con la monarquía francesa, que consideraba opresiva y corrupta, y defendió los derechos individuales y la importancia de la libertad personal. Su reivindicación de más derechos fue considerada peligrosa por la élite gobernante. Sus escritos fueron a menudo censurados y destruidos.

Hoy se le considera uno de los más grandes filósofos de la Ilustración, y sus contribuciones a la teoría política y la crítica social siguen dando forma a nuestra comprensión del mundo que nos rodea.

Voltaire

François-Marie Arouet, Voltaire (1694-1778) fue un escritor, historiador y filósofo francés considerado una de las mayores figuras literarias de su tiempo. Su vida estuvo llena de acontecimientos dramáticos que moldearon sus creencias e inspiraron sus escritos.

De joven, Voltaire era conocido por su agudo ingenio y su espíritu rebelde. Fue educado por jesuitas y estudió Derecho, pero pronto se desilusionó con el sistema legal francés. Comenzó a escribir poemas satíricos y obras de teatro que se burlaban de la aristocracia y la Iglesia. Como resultado, pronto se ganó la fama de alborotador. A menudo se enfrentaba a las autoridades.

En 1717, Voltaire fue detenido y encarcelado por insultar a un noble. En la cárcel, Voltaire sigue escribiendo y desarrollando sus ideas filosóficas. Al cabo de un año fue liberado, pero no pudo estar en Francia mucho tiempo. En 1726 fue desterrado a Inglaterra, donde conoció las obras de John Locke y otros pensadores de la Ilustración. Volvió a Francia en 1729 y pronto se vio envuelto en una serie de controversias sobre sus escritos y creencias.

Voltaire fue un apasionado defensor de los derechos humanos y la tolerancia religiosa, y sus ideas influyeron profundamente en el desarrollo del pensamiento occidental moderno. Parte de su influencia se debe a que escribió mucho más que nadie. La primera edición de sus obras completas, que está llevando a cabo la Fundación Voltaire de Oxford, ¡dará lugar a unos doscientos volúmenes!

Voltaire dominaba prácticamente todos los géneros literarios. Entre sus escritos podemos encontrar poesías de muy diversos estilos, sátiras, obras de teatro, óperas, historia, obras breves en prosa e incluso un tratado científico. Además de todo ello, posee la correspondencia más extensa de todos los escritores de la época.

Voltaire se interesó durante toda su vida por la ciencia y la filosofía, y mantuvo correspondencia con algunos de los pensadores más influyentes de su época, como John Locke, Isaac Newton y Jean-Jacques Rousseau. La vida de Voltaire estuvo llena de tragedias y sus escritos se enfrentaron a numerosas polémicas, pero su legado como defensor de la razón, la libertad y la justicia sigue inspirando a personas de todo el mundo.

David Hume

David Hume (1711-1776) fue un filósofo, historiador y economista escocés que desempeñó un papel clave en la Ilustración. Las aportaciones más importantes de Hume a la filosofía fueron su escepticismo y su creencia en el empirismo. Era escéptico respecto a los conceptos metafísicos tradicionales, como la causalidad (la creencia de que un acontecimiento provoca otro acontecimiento), y defendía que el conocimiento del mundo se basaba en la experiencia sensorial más que en el razonamiento abstracto.

Hume creció en una familia de intelectuales y le motivaba una insaciable curiosidad por el mundo que le rodeaba. De joven, Hume estudió Derecho e incluso trabajó brevemente como comerciante, pero su verdadera pasión era la filosofía. Pasó incontables horas leyendo y escribiendo. En su obra pionera, *"Tratado de la naturaleza humana"*,

Hume argumentaba que no existe conexión entre causa y efecto y que nuestras creencias sobre el mundo se basan en el hábito y la asociación más que en la razón.

Planteó que las creencias religiosas tradicionales estaban anticuadas y debían sustituirse por un enfoque más científico. Sostenía que la razón y la experiencia debían ser la base de todo conocimiento y que la investigación científica debía utilizarse para comprender el mundo natural. La filosofía de David Hume suele presentarse como parte de un movimiento iniciado por John Locke en 1690. El tema principal de este movimiento es que los hombres no tienen más conocimiento del mundo que el que proviene de las experiencias, como los sentimientos, las sensaciones corporales, los sonidos, los olores y los sabores.

Además de su obra filosófica, Hume fue un importante historiador y economista. "*Historia de Inglaterra*" sigue siendo muy leída hoy en día y se considera un clásico. En economía, Hume defendía que un sistema monetario estable era esencial para el crecimiento económico y que la intervención del gobierno en la economía debía ser limitada.

Jean-Jacques Rousseau

Jean-Jacques Rousseau (1712-1778) nació en Ginebra, Suiza. Fue una figura extraordinaria cuyas ideas y escritos sacudieron los cimientos de la Ilustración. Llegó a ser uno de los pensadores más célebres de su época, a pesar de enfrentarse a constantes adversidades y problemas personales.

Aunque Rousseau nunca recibió una educación formal, desde muy joven mostró un intelecto prodigioso y una profunda curiosidad por el mundo que le rodeaba. Sus estudios de filosofía y literatura le llevaron a París en 1742, donde pronto se convirtió en la estrella de la élite intelectual. Llegó a ser profesor de música y entabló amistad con algunos de los principales académicos de la época, como Denis Diderot y Voltaire. En esta época comenzó a escribir y publicar sus obras, entre las que destaca su primer ensayo, "*Discurso sobre los efectos morales de las artes y las ciencias*", que le sirvió para obtener un gran reconocimiento.

Rousseau se presentó a un concurso de ensayo con una obra titulada "*Discurso sobre las artes y las ciencias*". Su ensayo respondía a la pregunta de si el progreso de las ciencias y las artes mejoraría o corrompería la moral humana. ¿Quién ganó el concurso? Rousseau, lo que le valió para ganar un mayor reconocimiento como filósofo.

En su ensayo, Rousseau dice que las ciencias y el arte entran en conflicto con la virtud y la moralidad. Continúa diciendo que la ciencia a menudo proporciona información falsa, lo que podría ser peligroso para la sociedad. Cuando la gente estudia artes y ciencias, se vuelve perezosa y desprecia la virtud. Cuando la gente sigue y disfruta el arte, se recompensa a las personas en función de su talento, lo que provoca desigualdades en la sociedad. Los valores ilustrados, si se emplean correctamente, enriquecen a la gente y, en opinión de Rousseau, la riqueza destruye la moralidad.

Pero Rousseau no se contentó con disfrutar del éxito de su ensayo, aunque muchos lo consideraran polémico. Mas bien, utilizó sus recursos para desafiar el pensamiento de la Ilustración. Rechazó la idea de que la razón fuera el único camino hacia la verdad y defendió la importancia de la emoción y la intuición humanas. Criticó las estructuras sociales y políticas de su época, argumentando que se basaban en la opresión y la injusticia.

A pesar del reconocimiento que obtuvieron sus ideas, Rousseau se vio constantemente asediado por problemas personales. La relación con su amante, Thérèse Levasseur, fue turbultenta a lo sumo, y sus sentimientos de aislamiento y desilusión se percibían en sus escritos.

Con el paso de los años, las ideas de Rousseau se volvieron más radicales y polémicas. Su obra maestra, *"El contrato social"*, expone una visión de la sociedad justa, que exige que el poder del gobierno emane del propio pueblo y que la libertad individual esté equilibrada con la responsabilidad social.

Como ocurrió con otros pensadores de la Ilustración, las ideas de Rousseau estuvieron expuestas a las críticas, y pronto se encontró en el centro de la controversia. Sus escritos fueron acusados de ser anticristianos y sus ideas fueron consideradas una amenaza para el orden establecido. Rousseau no llegó a ir a la cárcel, pero se le acabó exiliando a Inglaterra.

Rousseau era conocido por su visión idealista de la sociedad y su creencia en la bondad natural del hombre. También era conocido por su comportamiento algo excéntrico y tenía fama de paranoico e hipocondríaco. Hoy en día, Jean-Jacques Rousseau sigue siendo una de las figuras más enigmáticas y cautivadoras de la Ilustración.

Denis Diderot

Denis Diderot (1713-1784) fue un audaz y valiente filósofo y escritor francés que desafió sin temor a las autoridades tradicionales y abogó por una mayor libertad de pensamiento.

Diderot estuvo profundamente influido por las ideas de la Ilustración. Creía que el conocimiento debía ser accesible a todos, no sólo a la élite culta. En 1745 conoció a Jean le Rond d'Alembert, matemático y filósofo que compartía sus mismas ideas. Juntos empezaron a trabajar en la *Encyclopédie.*

Escribir la *Encyclopédie* fue una tarea gigantesca que requirió la colaboración de cientos de autores. Su objetivo era recopilar y organizar información sobre una amplia variedad de temas, como ciencia, filosofía, arte y política. Diderot fue el editor. Supervisó el proyecto y él escribió mismo muchos de los artículos.

Diderot fue un escritor prolífico. Escribió obras de teatro, novelas y ensayos sobre muchos temas. Su novela más famosa, *"Jacques el fatalista"*, es una obra satírica que cuestiona el concepto tradicional del destino y del libre albedrío.

En *"Jacques el fatalista"*, un amo y su criado cabalgan por Francia. Aparentemente el criado es libre y toma sus propias decisiones. La pareja viaja por todo el país, y la historia nos muestra una visión panorámica de la sociedad del siglo XVIII. Pero aunque el criado parece tomar sus propias decisiones, sigue convencido de una idea filosófica: que cada decisión que toma, por caprichosa que sea, está totalmente predeterminada.

La novela de Diderot es divertida y cómica. También es una apasionante exploración de la filosofía de la Ilustración. Brillantemente original en su estilo, está considerada como una de las mejores novelas de la literatura posmoderna.

La obra de Diderot fue a menudo controvertida y provocó frecuentes censuras y persecuciones por parte de las autoridades. Para evitar problemas, Diderot publicaba sus libros de forma anónima. Poco después de la aparición de los *"Pensamientos filosóficos"* en 1746, este libro se quemó públicamente en julio de ese mismo año. En 1749, las autoridades confirmaron que Diderot era el autor de estos peligrosos libros. Tras la publicación de *"Carta sobre los ciegos"*, fue encarcelado en el calabozo de Vincennes durante tres meses.

En *"Carta sobre los ciegos"*, Diderot sostenía que un ciego que de repente pudiese ver no entendería lo que está mirando. Tendría que percibir las cosas para comprenderlas. Diderot extendió este argumento al ámbito espiritual, afirmando que si una persona tiene que percibir las cosas para comprenderlas, entonces no existe una verdad espiritual universal.

No obstante, tras salir de la cárcel, Diderot siguió escribiendo y cuestionando las ideas tradicionales, contribuyendo a configurar la vida intelectual y cultural de Francia.

Adam Smith

Grabado de Adam Smith[48]

Adam Smith (1723-1790) fue un filósofo y economista escocés considerado el padre de la economía moderna. Desde muy joven, Smith se sintió fascinado por el mundo que le rodeaba y se sumergió en sus estudios. Devoraba las obras de los grandes pensadores de su época, como David Hume.

Smith se interesó por las ideas del libre comercio y la división del trabajo. Creía que un mercado libre conduciría al mayor crecimiento económico.

Sin embargo, fue la innovadora obra de Smith, *"La riqueza de las naciones"*, la que le convirtió en una leyenda en los anales del pensamiento económico. Esta obra monumental, publicada en 1776, expone la visión de Smith de una economía de libre mercado, en la que la gente es libre de perseguir sus propios intereses sin interferencia del Estado. Este libro esbozaba sus ideas sobre el papel del gobierno en los asuntos económicos y sostenía que la intervención gubernamental en el mercado debía ser limitada. Las ideas de Smith tuvieron un impacto significativo en el desarrollo de la economía y la filosofía política, y su legado sigue influyendo en el pensamiento económico actual.

Smith fue también una figura importante de la filosofía moral. Creía que el comportamiento moral se basaba en la simpatía y la empatía hacia los demás y que los individuos tenían un sentido innato de la justicia y la moralidad que debía guiar sus acciones

Immanuel Kant

IMMANUEL KANT
From a painting

Un grabado de Immanuel Kant"

Immanuel Kant (1724-1804) fue un filósofo alemán cuya vida se definió por su inquebrantable dedicación a la razón, la verdad y el rigor intelectual. Kant creció en un mundo que cambiaba rápidamente, tanto política como culturalmente. A pesar de los desafíos de su época, Kant fue un hombre con un enfoque y una determinación singulares. Estudió filosofía, matemáticas y física en la Universidad de Königsberg y pronto se hizo famoso por su brillantez y originalidad.

Cuando Kant se emprendió su carrera como filósofo, se sintió impulsado por un ardiente deseo de descubrir las verdades fundamentales de la existencia. Pasaba largas horas en su estudio, estudiando textos y resolviendo problemas complejos, siempre tratando de llegar a una comprensión más profunda del mundo que le rodeaba.

La obra de Kant fue pionera, ya que cuestionó supuestos largamente arraigados sobre la naturaleza de la realidad. Sus principales obras, como *"Crítica de la razón pura"* y *"Crítica de la razón práctica"*, figuran entre los textos filosóficos más importantes de su época.

En *"Crítica de la razón pura"*, publicada en 1781, Kant intenta conciliar el racionalismo y el empirismo examinando la naturaleza y los límites del conocimiento humano. Kant distingue entre *phenomena* (apariencias) y *noumena* (las cosas tal como son), afirmando que nuestro conocimiento se limita al ámbito de las apariencias. Introduce el concepto de idealismo trascendental, sugiriendo que nuestras percepciones están conformadas por categorías innatas que estructuran nuestra experiencia del mundo. Kant también analiza las limitaciones de la razón y las contradicciones que surgen cuando la razón intenta ir más allá de los límites de la experiencia.

"Crítica de la razón práctica", publicada en 1788, se centra en la ética y la filosofía moral. En este libro, Kant cambia su enfoque de la razón teórica a la razón práctica, explorando específicamente la naturaleza de la moralidad y los fundamentos de la toma de decisiones éticas. Kant insiste en que la razón práctica, o la capacidad de emitir juicios morales y actuar en consecuencia, es fundamental para la libertad humana. Introduce el concepto de imperativo categórico, un principio moral que exige a los individuos actuar según máximas que pueden aplicarse universalmente sin contradicción.

Kant llevaba un estilo de vida modesto y frugal, y sus ingresos procedían principalmente de su trabajo como profesor en la Universidad de Königsberg, donde impartió clases durante la mayor parte de su carrera. Aunque Kant fue muy respetado como filósofo y sus obras obtuvieron un gran reconocimiento, no acumuló una gran fortuna. Kant se centró sobre todo en sus actividades intelectuales y sus escritos filosóficos, más que en las ganancias económicas.

Kant dejó un legado que ha seguido inspirando e influyendo a generaciones de pensadores y estudiosos. Sus ideas sobre la razón, la ética y la naturaleza humana siguen siendo tan relevantes hoy como lo fueron durante su vida, y sus contribuciones a la filosofía y la historia seguirán siendo alabadas en los siglos venideros.

Cesare Beccaria

Un retrato de Cesare Beccaria[46]

Cesare Beccaria (1738-1794) nació en Milán, Italia, y se convirtió en un hombre con un intelecto feroz y valor moral inquebrantable.

De joven, Beccaria se interesó por las ideas de la Ilustración, que destacaban la importancia de la razón y la libertad. Se sumergió en el estudio de la filosofía, la economía y el derecho. También estudió las obras de los grandes pensadores de su época, como Voltaire y Montesquieu.

Su libro "*De los delitos y las penas*" cuestionaba muchos de los postulados tradicionales de la justicia penal y sostenía que los castigos debían estar concebidos para disuadir del delito y no para vengarse. Beccaria también creía que el sistema jurídico debía basarse en los principios de igualdad y equidad.

Se trataba de unas ideas radicales que enfrentaron a Beccaria con las poderosas instituciones de su época. Sin embargo, no se dejó intimidar por el desafío y se entregó en cuerpo y alma a su obra, pasando años investigando meticulosamente y escribiendo su obra.

Al final, los esfuerzos de Beccaria merecieron la pena. Su obra se convirtió en uno de los libros más influyentes de su época, contribuyendo a configurar el mundo moderno tal y como lo conocemos hoy. Y aunque Beccaria ya no está, su legado sigue vivo, inspirando a generaciones de pensadores y eruditos a sobrepasar las fronteras de lo posible y explorar los límites del conocimiento humano

El legado de grandes hombres

Los grandes hombres de la Ilustración fueron pioneros que desafiaron la sabiduría convencional de su época y comenzaron una nueva era. Sus ideas han dejado una huella imborrable en nuestro mundo y siguen inspirándonos y guiándonos hoy en día.

Sus aportaciones a la filosofía, la ciencia, la economía, la literatura y la política siguen influyendo en nuestra comprensión del mundo. Al adoptar el pensamiento crítico, la libertad de expresión y el valor individual de cada persona, estos hombres extraordinarios sentaron las bases del mundo moderno en el que vivimos.

Al reflexionar sobre el impacto de estos grandes hombres, recordamos el poder del intelecto humano, la perseverancia y el coraje. Sus historias e ideas deberían inspirarnos para superar los límites del conocimiento, defender lo que es justo y luchar por un mundo mejor. Los grandes hombres de la Ilustración nos recuerdan que el progreso es posible y que, incluso ante la adversidad, tenemos el poder de forjar el futuro.

Capítulo 7 - Mujeres que desafiaron los límites de su época

Aunque Rousseau fue un gran pensador intelectual y muy conocido en su época, hizo una famosa afirmación sobre que las mujeres eran naturalmente inferiores a los hombres en cuanto a capacidad intelectual y estaban mejor preparadas para las tareas domésticas y las funciones familiares.

Durante la Ilustración, hubo un grupo de mujeres brillantes cuyas ideas y escritos desafiaron los roles tradicionales de género firmemente arraigados en la sociedad durante siglos. A pesar de enfrentarse a numerosos obstáculos y limitaciones, estas mujeres desafiaron las normas y expectativas sociales. Muchos de sus nombres se han perdido en las páginas de la historia, pero conocemos a varias mujeres cuyos aportes al avance de la sociedad y a la búsqueda del conocimiento son innegables.

Damaris Masham

Damaris Masham (1658-1708) fue una filósofa y escritora inglesa que mantuvo debates filosóficos con algunos de los principales pensadores de su época, entre ellos John Locke. Nació en el seno de una familia prominente y recibió una esmerada educación en lenguas, literatura y filosofía.

No se conoce mucho sobre su educación, pero tuvo la ventaja de nacer en una familia con una gran biblioteca y un padre que fue uno de los hombres más cultos de su generación. Aprendió por su cuenta francés, requisito indispensable para una dama de la época, y también latín

Damaris Masham escribió dos libros, "*Un discurso acerca del amor de Dios*" (1696) y "*Pensamentos ocasionales en referencia a una vida cristiana*" (1705), que se imprimieron de forma anónima. Ambos libros abordan temas filosóficos de actualidad en aquella época, como el amor y la virtud moral. Masham creía que los seres humanos son animales racionales y sociales y que están motivados por la búsqueda de la felicidad.

Insistía en la importancia de la revelación y la fe y negaba que fuera posible una religión basada exclusivamente en la razón. Sin embargo, también pensaba que las creencias religiosas que ignoran el papel de la razón crea superstición. Como ella misma afirma: "No se puede concebir racionalmente que una religión irracional proceda de Dios".

Lady Masham estaba especialmente interesada en los escritos de John Locke y se carteaba con él constantemente sobre temas que iban desde la política hasta la naturaleza del alma. Su cartas con Locke contribuyeron a dar forma a sus ideas y, a su vez, influyó en el desarrollo de la filosofía durante la Ilustración. Los escritos de Damaris Masham sobre filosofía y religión fueron muy valorados en el siglo XVIII, aunque han recibido menos atención en tiempos modernos.

Mary Astell

Mary Astell (1666-1731) fue una escritora y filósofa inglesa. Se la conoce sobre todo por su defensa de la educación de la mujer y sus aportaciones a la teoría feminista. Se la puede considerar una de las primeras feministas inglesas.

Astell comenzó su carrera como dramaturga. Más tarde se dedicó a la filosofía y escribió varias obras influyentes sobre educación e igualdad. Sus dos libros, "*Una propuesta seria para las damas*" (La primera parte se publicó en 1694 y la segunda en 1697) y "*Algunas reflexiones sobre el matrimonio*" (1700), la hicieron bastante famosa.

El primer libro, "*Una propuesta seria para las damas*", es un llamamiento a la educación de las mujeres. Insta a las mujeres a hacer todo lo posible por adquirir conocimientos y desarrollar sus propias mentes y la capacidad de pensar por sí mismas, lo que las guiaría a llevar una vida virtuosa.

Astell tuvo problemas con las suposiciones culturales sobre la feminidad y la actitud popular sobre las mujeres. Según la mayoría de la gente (mujeres incluidas), las mujeres no demostraban el mismo tipo de capacidad intelectual que los hombres porque las mujeres estaban intrínsecamente más en sintonía con su cuerpo. A Astell le preocupaba que las mujeres no estuvieran preparadas para las cuestiones del mundo real y los problemas de la sociedad. En su lugar, se les enseñaban cosas triviales, como habilidades sociales para parecer femeninas y ser buenas esposas para sus maridos. La mujer media no recibía una educación que le permitiera desarrollar su capacidad de razonar.

Para mejorar esta situación, Astell abogó por la autodisciplina y la creación de una academia platónica donde las mujeres pudieran recibir una educación adecuada sobre religión y filosofía.

En su segundo libro, *"Algunas reflexiones sobre el matrimonio"*, examina la subordinación de la mujer en el matrimonio y su falta de libertad. Pidió a las mujeres que no se casaran y prometieran servir a los hombres o hicieran votos de obediencia. Consideraba este tipo de matrimonios como esclavitud y quería que las mujeres eligieran maridos que las trataran como iguales.

A los veinte años, Astell rechazó una propuesta de matrimonio de un hombre que no compartía sus intereses. Creía que le impediría crecer intelectualmente. Decidió quedarse soltera y dedicarse a escribir.

Las ideas de Astell eran radicales para su época, y se enfrentó a muchas críticas y oposición por parte de quienes creían que las mujeres debían limitarse a las tareas domésticas. Sin embargo, su obra inspiró movimientos feministas posteriores, y ha sido reconocida por su gran aportación al legado de la Ilustración respecto a la promoción de los derechos y libertades individuales.

Émilie du Châtelet

Émilie du Châtelet (1706-1749) fue una matemática y escritora francesa conocida sobre todo por su traducción y comentario de *"Principia Mathematica"* de Isaac Newton. Nació en el seno de una acaudalada familia aristocrática y recibió una esmerada educación en lenguas, literatura y matemáticas. Se casó con el marqués de Châtelet, pero su matrimonio no fue feliz, ya que vivieron separados. Sin embargo, tuvo muchos amantes. Uno de los más destacados fue Voltaire, a quien conoció en 1733. No sólo se convirtió en su amante, sino también en su compañero y mentor.

Du Châtelet estaba muy interesada en las ciencias naturales, especialmente en los escritos de Newton, Gottfried Leibniz (matemático alemán que desarrolló el sistema binario) y Christian Wolff (filósofo alemán). Sus avanzados conocimientos de física y matemáticas le permitieron comprender la física de Newton, algo que otras mujeres no habrían podido hacer. Contribuyó a que Francia se alejara de la física cartesiana, elaborada en su mayor parte por Descartes, para acercarse a la física newtoniana. Du Châtelet era también una científica que buscaba la base metafísica para la física newtoniana.

Se propuso traducir "*Principia*" de Newton al francés, un proyecto que le llevó varios años. A lo largo del proceso, añadió a la obra sus propios comentarios y reflexiones, que contribuyeron a aclarar y ampliar las ideas de Newton. La traducción y los comentarios de Du Châtelet contribuyeron a popularizar la física newtoniana en Francia y otros países, y tuvo un gran impacto en el desarrollo de la ciencia durante la Ilustración.

En 1737, du Châtelet se presentó a un concurso para explicar la naturaleza del fuego. Realizó experimentos para refutar que el fuego fuera algo material. Voltaire también realizó experimentos similares, aunque lo hizo por separado, para llegar a la misma conclusión. Ambos publicaron sus resultados y ambos ganaron premios. Otro científico, Leonhard Euler, se llevó el primer premio.

Emilie du Châtelet murió durante un parto a los cuarenta y dos años, en 1748. Su hija recién nacida murió unos veinte minutos después. Sus aportaciones a la física, las matemáticas y la filosofía durante la Ilustración, así como su defensa de los derechos de la mujer, son innegables. Su obra ha inspirado a generaciones de investigadores, sobre todo a mujeres que trabajan en el campo de la ciencia y las matemáticas.

Laura Bassi

Laura Bassi (1711-1778) fue una física italiana que se convirtió en la primera mujer en obtener un puesto universitario en el campo científico, lo que constituyó un logro extraordinario para la época.

Bassi era hija de Giuseppe Bassi, un abogado liberal de éxito. Bassi fue una niña extremadamente precoz. Recibió en casa una excelente educación privada en asignaturas muy difíciles, como matemáticas, latín, metafísica y filosofía.

En 1732, Bassi fue invitada por la Universidad de Bolonia para ser nombrada profesora titular de filosofía natural. Su increíble expediente académico y su capacidad eran tan espectaculares que no importó que fuera una mujer.

Unos seis años más tarde, Bassi se casó con Giovanni Giuseppe Veratti, médico y profesor. Se convirtieron en una pareja influyente en los círculos científicos. Bassi siguió trabajando en física, con un especial interés en las teorías de la mecánica clásica de Isaac Newton. Aunque escribió una treintena de artículos, sólo se publicaron cuatro.

Laura Bassi preparó el camino para futuras generaciones de mujeres en el mundo académico. También realizó importantes contribuciones al campo de la física y abogó por los derechos y la educación de la mujer.

Olympe de Gouges

Olympe de Gouges (1748-1793) fue una escritora y activista francesa. Es conocida por sus escritos feministas y su defensa de los derechos de la mujer.

De Gouges comenzó su carrera como dramaturga. Su obra más famosa, *"Declaración de los Derechos de la Mujer y de la Ciudadana"*, se publicó en 1791 como respuesta a "Declaración de los Derechos del Hombre y del Ciudadano" de la Revolución Francesa, que excluía a las mujeres. En su libro, de Gouges escribe: "si la mujer tiene el derecho de subir al **cadalso,** debe tener también igualmente el **de subir a la Tribuna**".

De Gouges defendía que las mujeres eran iguales a los hombres y debían tener los mismos derechos y oportunidades. Abogó por el acceso de las mujeres a la educación, la propiedad y el derecho al voto. También escribió sobre otros temas sociales, traspasando los límites de lo que se consideraba aceptable en el debate público.

No era filósofa, pero era conocida por su análisis moralmente inteligente del papel de la mujer en la sociedad, por su reimaginación de la intersección entre género y compromiso político, por su concepción de la virtud cívica y su postura pacifista, y por su defensa de la identidad de las mujeres, las personas de color y los niños. Fue una de las primeras en exigir la emancipación de los esclavos. Escribió sobre los derechos que merecían las mujeres, incluidas las divorciadas o madres solteras, y sobre la protección de los huérfanos, los pobres, los desempleados, los ancianos y los hijos ilegítimos.

Las ideas de De Gouges se adelantaron a su tiempo, y tuvo que hacer frente a críticas y a hostigamiento por sus puntos de vista. Aunque las ideas de De Gouges no fueron ampliamente aceptadas en vida, su trabajo inspiró movimientos feministas posteriores. Desafió las normas sociales y políticas imperantes en su época y abogó por la igualdad y la justicia para todas las personas.

De Gouges era consciente de los peligros que entrañaba hablar en contra del gobierno, pero se negó a permanecer callada. Escribió una carta al líder revolucionario Maximilien Robespierre en la que criticaba la violencia y el derramamiento de sangre del Reinado del Terror y pedía el fin de las ejecuciones. A pesar de los riesgos que corría, de Gouges continuó hablando en contra del gobierno y finalmente fue arrestada y acusada de traición. Fue ejecutada en la guillotina.

Mary Wollstonecraft

Mary Wollstonecraft (1759-1797) fue una defensora de los derechos de la mujer de Inglaterra en una época en la que las mujeres solían estar relegadas al márgen de la sociedad. Sus escritos desafiaron el statu quo y sentaron las bases de una nueva era de pensamiento y activismo feministas.

Wollstonecraft comenzó su carrera como traductora y periodista. Más tarde se dedicó a la filosofía y escribió varias obras influyentes sobre la educación y la igualdad de la mujer. Su obra más famosa, "*Vindicación de los derechos de la mujer*", se publicó en 1792 y defendía la igualdad de derechos.

En su libro, Wollstonecraft defendía sin miedo que las mujeres eran tan capaces como los hombres y merecían las mismas oportunidades educativas y los mismos derechos políticos. Sus palabras fueron una llamada a las armas para las mujeres de todo el mundo, inspirándolas a reclamar el lugar que les correspondía en la sociedad y a luchar por la igualdad.

Wollstonecraft sostenía que las mujeres no eran naturalmente inferiores a los hombres, sino que se veían frenadas por su falta de educación y oportunidades. Reclamó la creación de instituciones educativas para mujeres y defendió que estas debían tener acceso a las mismas libertades intelectuales y políticas que los hombres.

Continúa diciendo: "Consideraré en primer lugar a la mujer a la gran luz de las criaturas humanas, que, en común con los hombres, han sido puestas en esta tierra para desplegar sus facultades". También insistió en que es esencial para la autoestima de las mujeres que tengan derecho a ganarse la vida y mantenerse a sí mismas.

El libro tuvo un impacto significativo en el desarrollo de la teoría feminista y en los movimientos sociales y políticos más amplios de la época. Sus escritos ayudaron a inspirar a generaciones de mujeres a luchar por sus derechos y prepararon el terreno para los movimientos feministas de los siglos XIX y XX.

Además de su labor en pro de los derechos de la mujer, Wollstonecraft fue también una defensora de la justicia social y la reforma democrática. Creía en la importancia de la libertad individual y los derechos humanos, y sostenía que el gobierno debía estructurarse para promover el bien común en lugar de servir a los intereses de la clase gobernante.

Uno de los momentos más dramáticos de la vida de Wollstonecraft se produjo cuando viajó a Francia durante la Revolución Francesa. Allí fue testigo de los tumultuosos acontecimientos y se involucró con círculos políticos radicales. Se enamoró de un diplomático estadounidense llamado Gilbert Imlay. Conoció a Imlay cuando vivía en París y ambos iniciaron una convulsa relación. Aunque tuvieron un hijo, Imlay le fue infiel y su relación se vino abajo. En un estado de desesperación, Wollstonecraft intentó quitarse la vida saltando al Támesis en Londres. Fue rescatada por un transeúnte y sobrevivió a esta terrible experiencia.

El intento de suicidio de Wollstonecraft fue un momento crítico en su vida, pero también habla de los retos a los que se enfrentó como mujer durante la Ilustración. A las mujeres de su época se les negaba a menudo el acceso a la educación y a las oportunidades, y sus vidas personales estaban limitadas por las expectativas sociales. La lucha de Wollstonecraft por encontrar sentido a su vida nos recuerda la lucha por la igualdad de género y la importancia de luchar por los derechos humanos.

El legado de Mary Wollstonecraft sigue siendo reconocido y celebrado hoy en día. Sus contribuciones al feminismo, la literatura, la filosofía y la reforma social han tenido una profunda repercusión, y sus ideas siguen inspirando y modelando el discurso moderno sobre la igualdad de género, los derechos humanos y la justicia social. Su obra sigue siendo estudiada, debatida y celebrada por académicos, activistas y personas que buscan promover la igualdad y el cambio social.

Sophie Germain

Sophie Germain (1776-1831) fue una matemática francesa que realizó importantes contribuciones a la teoría de números y a la física matemática. Germain nació en el seno de una familia acomodada y mostró desde muy pronto sus aptitudes para las matemáticas. Sin embargo, como mujer, al principio se vio excluida de la educación regulada. Sin desanimarse, aprendió matemáticas por su cuenta y empezó a mantener correspondencia con los matemáticos más destacados de su época.

Su gran descubrimiento fue descubrir una forma de modelar las vibraciones de las superficies elásticas, lo que ayudó a explicar el fenómeno de la acústica musical. Germain hizo grandes aportes a la teoría de números, como su trabajo sobre el último teorema de Fermat, que había permanecido sin resolver durante siglos. A pesar de ser discriminada por su género, Germain persistió en su trabajo y acabó siendo reconocida como pionera en su campo.

Críticas contra estas mujeres

Los pensadores masculinos de la Ilustración tenían diversas opiniones sobre la mujer y su papel en la sociedad. Sin embargo, muchos de estos puntos de vista fueron determinados por creencias patriarcales profundamente arraigadas que hacían ver a las mujeres como inferiores a los hombres y las relegaban a papeles subalternos en el hogar y la familia.

Un ejemplo notable de esta perspectiva puede encontrarse en las obras de Jean-Jacques Rousseau. En su obra *"Emilio, o De la educación"*, Rousseau sostiene que la inclinación natural de la mujer es ser doméstica y cuidadora, y que es más adecuada para el papel de esposa y madre. Según Rousseau, la educación de la mujer debe centrarse principalmente en el desarrollo de sus cualidades morales y emocionales, más que en la adquisición de conocimientos o habilidades que le permitan participar más plenamente en la sociedad. Y Rousseau no era el único pensador de la Ilustración que pensaba así.

Resulta asombroso que estas mujeres fueran a contracorriente desafiando los roles y las expectativas tradicionales de género, afirmando su derecho a participar en las esferas intelectual y política. Estas pensadoras cambiaron las ideas predominantes de su época y contribuyeron con su trabajo a sentar las bases de una sociedad más justa. Su determinación, valentía y brillantez les ayudaron a dejar un legado que perduró para las futuras generaciones de mujeres.

Capítulo 8 - La Ilustración en Estados Unidos

No debería sorprendernos escuchar que la Ilustración estadounidense estuvo muy influenciada por la Ilustración europea. En el siglo XVIII, los colonos de las Trece Colonias se dieron cuenta de que nadie les escuchaba en el Parlamento británico. Con el paso del tiempo, se dieron cuenta de que querían algo más que "tiranía". Querían la independencia. Querían una democracia.

Famosos pensadores americanos de la Ilustración

Pero, ¿quién lideró el movimiento? ¿A quiénes se le ocurrieron las ideas de un gobierno autorrepresentativo y los derechos a la vida, la libertad y la búsqueda de la felicidad? Echemos un vistazo a algunos de los pensadores estadounidenses más influyentes de esta época.

Benjamin Franklin (1706-1790)

Retrato de Benjamin Franklin[46]

Casi todo el mundo conoce el nombre de Benjamin Franklin. Fue un científico, inventor y estadista estadounidense. Sus experimentos con la electricidad contribuyeron al avance de la ciencia durante la Ilustración. También inventó los bifocales y la estufa Franklin, diseñada para producir más calor y menos humo.

Franklin desempeñó un papel fundamental fuera del ámbito de la ciencia. Ayudó a redactar la Constitución de Estados Unidos y creó muchas organizaciones civiles, entre ellas el primer cuerpo de bomberos de Filadelfia. Aunque al principio tenía esclavos, más tarde abogó por la abolición y trató de integrar a los afroamericanos en la sociedad.

Franklin fue embajador en Francia y también trató con el Parlamento británico cuando intentó que derogara la Ley del sello. Franklin ha sido llamado con razón "el estadounidense más exitoso de su época". Creía en el conocimiento práctico y en la aplicación de la razón a la vida cotidiana, por lo que sus escritos e inventos reflejaban sus ideales ilustrados.

John Adams (1735-1826)

Otro de los Padres Fundadores de Estados Unidos fue John Adams. Fue conocido por su defensa de los derechos individuales y su apología del republicanismo.

Antes de convertirse en uno de los líderes de la Revolución Americana, Adams fue un abogado que hizo hincapié en el derecho de las personas a un abogado y en la idea de que uno es inocente hasta que se demuestre lo contrario. Incluso defendió a los soldados británicos implicados en la masacre de Boston, ganando su caso con éxito. Adams estaba en contra de la Ley del sello y también de la insurrección, al menos al principio. A medida que crecían las tensiones, su opinión cambió, especialmente cuando el gobierno británico quiso pagar al gobernador de Massachusetts en lugar de pagar a la asamblea legislativa de la colonia, ganándose así la voluntad del gobernador en favor de la Corona.

Adams no participó activamente en la guerra, sino que ejerció de diplomático en Europa, donde trató de conseguir apoyo para las tropas. Llegó a ser el primer vicepresidente y el segundo presidente de Estados Unidos. Perdió su reelección para otro mandato a la presidencia, en parte debido a las acusaciones de haberse vuelto demasiado despótico, ya que había aprobado leyes que restringían la inmigración y criminalizaban a quienes escribieran declaraciones negativas sobre el gobierno.

No obstante, Adams es recordado como un pensador de la Ilustración, y cabe destacar que de los doce primeros presidentes, Adams y su hijo fueron los únicos que nunca poseyeron esclavos. En una ocasión dijo : "A lo largo de toda mi vida he tenido tal aversión a la práctica de la esclavitud, que nunca he poseído un negro ni ningún otro esclavo, aunque he vivido muchos años... en los que esa práctica no era vergonzosa... y en los que me ha costado miles de dólares el trabajo y la subsistencia de hombres libres".

Thomas Paine (1737-1809)

A diferencia de Franklin y Adams, Thomas Paine no nació en las colonias. Nació en Inglaterra y se trasladó a las colonias en 1774, justo a tiempo para la Revolución Americana. Paine fue activista político, filósofo y escritor, y es conocido sobre todo por sus influyentes obras *Sentido común* y *Los derechos del hombre*.

Sentido común, publicado en 1776, fomentó la idea de la independencia de Estados Unidos de Gran Bretaña. El folleto llegó a ser el más vendido en Estados Unidos, incluso cientos de años después. *Los derechos del hombre* defiende la Revolución Francesa, diciendo que una revolución debe producirse cuando un gobierno no apoya los derechos del pueblo.

Paine promovía los principios democráticos, los derechos individuales y la necesidad de reformas sociales y políticas. Sus escritos abogaban por el derrocamiento de la monarquía y el establecimiento de gobiernos democráticos, lo que influyó enormemente en la Revolución Americana.

Thomas Jefferson (1743-1826)

Retrato icónico de Thomas Jefferson[47]

Thomas Jefferson es otro de los nombres más conocidos en Estados Unidos, principalmente por su trabajo en la Declaración de Independencia. Jefferson escribió muchas otras obras en las que destacaba la importancia de la libertad individual, la libertad religiosa y los ideales democráticos.

Pero adentrémonos en su obra más influyente: la Declaración de Independencia. Aunque Jefferson fue el autor original de la misma, fue editada por el Segundo Congreso Continental, por lo que no todas sus ideas iniciales llegaron al borrador final. Por ejemplo, Jefferson incluyó un pasaje sobre cómo el rey Jorge III había impuesto la esclavitud a las colonias. "Ha librado una guerra cruel contra la propia naturaleza humana, violando sus derechos más sagrados de vida y libertad de las personas de un pueblo lejano que nunca le ofendió". Al Segundo Congreso Continental le preocupaba que el artículo de Jefferson (que era mucho más largo que esa cita) molestara a las colonias del Sur, que dependían en gran medida de la mano de obra de esclavos. Querían que se aprobara la Declaración de Independencia, no que se estancara por algo a lo que ni siquiera la gente del Norte estaba dispuesta a renunciar del todo todavía.

La relación entre Thomas Jefferson y la esclavitud fue complicada. Todo el mundo sabía que tenía esclavos, pero también creía que esta práctica era perversa. Independientemente de su postura sobre la abolición, sus ideas sobre el gobierno y los derechos humanos, expresadas en la Declaración de Independencia, reflejaban los principios de la Ilustración y siguen influyendo en el pensamiento político estadounidense.

James Madison (1751-1836)

A menudo se hace referencia a James Madison como el "Padre de la Constitución", ya que desempeñó un papel clave en la redacción de la Constitución estadounidense, principalmente en la Carta de Derechos, que protege libertades individuales como la libertad de expresión, religión y prensa. Ayudó a organizar la Convención Constitucional, que contribuyó a la elaboración del revolucionario documento.

Madison estudió filosofía política en la escuela, acogiendo las ideas de la Ilustración. Al igual que otros pensadores de la Ilustración estadounidense, se sintió indignado por la Ley del Timbre. Aunque Madison sirvió en la Revolución Americana, su mala salud no le permitió participar en la mayoría de las batallas. Sin embargo, James era asombroso con la pluma, ayudando a crear los Papeles Federalistas y la Carta de Derechos, entre otros muchos ensayos y panfletos. La Carta de Derechos garantiza ciertas libertades y asegura la separación de poderes, ideales innegables de la Ilustración. La Primera Enmienda parece sacada de un libro de la Ilustración europea: "El Congreso no promulgará ninguna ley respecto al establecimiento de una religión, o que prohíba el libre ejercicio de la misma; o que coarte la libertad de expresión o de prensa; o el derecho del pueblo a reunirse pacíficamente y a solicitar al Gobierno la compensación de agravios".

Hubo muchos otros pensadores de la Ilustración estadounidense y Padres Fundadores que tuvieron una gran repercusión en la sociedad y en el gobierno de Estados Unidos, como Ethan Allen y Alexander

Hamilton. Influyeron en los ideales y principios que dieron forma a la Revolución Americana, la formación de Estados Unidos como república democrática y la redacción de documentos clave, como la Declaración de Independencia y la Constitución estadounidense. Su énfasis en la razón, los derechos individuales, la tolerancia religiosa y la búsqueda del progreso sigue reflejándose en el pensamiento político estadounidense y en el gobierno democrático del país hasta nuestros días.

John Locke y su impacto en la Revolución Americana

Los pensadores americanos de la Ilustración se inspiraron en gran medida en los pensadores que les habían precedido, siendo John Locke quizá uno de los más influyentes. La filosofía política de Locke hacía hincapié en los derechos fundamentales individuales y en el contrato social entre los ciudadanos y el gobierno.

Las ideas de Locke fueron especialmente importantes a la hora de redactar la Declaración de Independencia. La afirmación de la Declaración de Independencia de que todos los individuos poseen ciertos derechos inalienables, incluyendo la vida, la libertad y la búsqueda de la felicidad, fue una afirmación hecha por Locke, salvo que Jefferson ajustó ligeramente su afirmación, sustituyendo "propiedad" por "felicidad". Las ideas de Locke sobre un gobierno con ciertos límites y la necesidad de que los ciudadanos tengan voz y voto en las decisiones que afectan a sus vidas desempeñaron un papel fundamental en la configuración de la Constitución de Estados Unidos.

En Francia, cuya revolución trataremos brevemente en el próximo capítulo, las ideas de Locke fueron acogidas por las masas que deseaban desafiar el poder de la monarquía y la aristocracia. La insistencia de Locke en los derechos individuales y en el contrato social sirvió de base a las reivindicaciones francesas de libertad, igualdad y fraternidad.

La Declaración de los Derechos del Hombre y del Ciudadano, otra declaración inspirada en parte en la filosofía de Locke, afirmaba que todos los ciudadanos nacen libres e iguales y poseen ciertos derechos inalienables, como la propiedad, la libertad de expresión y de religión.

La teoría del contrato social y el concepto de ley natural

La teoría del contrato social y el concepto de ley natural son dos conceptos de la Ilustración que tuvieron un gran impacto en el pensamiento político y social. La teoría del contrato social sugiere que los individuos deben llegar a un acuerdo para establecer la gobernanza y mantener el orden social.

Según esta teoría, las personas consienten a renunciar a algunas de sus libertades individuales a cambio de seguridad y protección, que serían proporcionadas por el gobierno. La teoría del contrato social se basa en la creencia de que las personas tienen derechos innatos que son inviolables.

Del mismo modo, el concepto de ley natural afirma que los principios éticos y morales son innatos en la naturaleza y se aplican a todos los seres humanos, independientemente de la cultura, la sociedad o la tradición. Estos principios se consideran evidentes y proporcionan una base para desarrollar sistemas sociales y políticos justos.

Tanto la teoría del contrato social como el derecho natural fueron ideas fundamentales durante la Ilustración estadounidense, así como durante la Ilustración europea. Estos conceptos proporcionaron una base para las ideas revolucionarias y desempeñaron un papel importante en el desarrollo de la gobernación democrática y los sistemas jurídicos modernos. Hoy en día, los principios de la teoría del contrato social y el derecho natural siguen suscitando debates sobre los derechos individuales, la justicia social y el papel de la gobernación en la sociedad.

Pero, ¿cómo pasó la Ilustración estadounidense de ser algo plasmado en un simple papel a algo que acabó provocando una revolución? ¿Cuál fue el detonante? Bueno, hubo bastantes, pero uno de los más conocidos fue la idea de que Gran Bretaña no debía gravar con impuestos a las colonias si los colonos no tenían representación. "Ningún impuesto sin representación" se convirtió en un grito de guerra contra el injusto Impuesto del Timbre, que fue uno de los principales catalizadores de la Revolución Americana.

El Impuesto del Timbre o del Sello

En 1765, el Parlamento británico promulgó el Impuesto del Timbre. Este impuesto obligaba a todas las imprentas coloniales a pagar un impuesto a los británicos por cualquier papel utilizado en la impresión en las colonias, incluyendo artículos como los naipes. Como recibo, debía fijarse en el documento un timbre fiscal en relieve.

Los colonos consideraron que el impuesto era ilegal porque ellos no tenían voz ni voto en el Parlamento, lo que significaba que la ley se aprobaba sin su participación. Se organizaron protestas en todas las colonias, amenazando con violencia a los recaudadores de impuestos. El Parlamento británico finalmente dio marcha atrás y derogó la Ley del Timbre en marzo de 1766, pero la reacción colonial preparó el terreno para el movimiento independentista estadounidense.

Con el paso del tiempo, se aprobaron más leyes injustas, como la Ley Townshend y la Ley del Té. Los bostonianos se rebelaron contra la Ley del Té organizando la Fiesta del Té de Boston, en la que arrojaron más de trescientos cofres de té al puerto. El gobierno británico se indignó y aprobó las Leyes Intolerables en 1774, a las que los colonos opusieron una fuerte resistencia. En septiembre, formaron el Primer Congreso Continental, que redactó un proyecto de ley en el que se exponían las quejas de los colonos y se pedía el boicot de los productos británicos. Los miembros del Primer Congreso Continental también escribieron una carta al rey pidiéndole que revocara las Leyes Intolerables.

Como el rey no respondió, y tras unos enfrentamientos en los que las fuerzas británicas intentaron arrebatar a los colonos sus armas y la pólvora almacenadas, se formó el Segundo Congreso Continental. La Revolución Americana había comenzado, y el Segundo Congreso Continental se puso a trabajar en la redacción de una constitución.

Las acciones tomadas por hombres y mujeres variaron dependiendo de cada persona. Los revolucionarios más fervientes, como los Patriotas, no tuvieron miedo de abogar por la violencia y las protestas desde el principio. Otros prefirieron una vía más conservadora, como la redacción de panfletos y las peticiones al Parlamento. La historia tiende a centrarse en los hombres durante este periodo, pero las mujeres también desempeñaron un papel importante. Por ejemplo, en 1765 se crearon las Hijas de la Libertad. Estas mujeres boicoteaban los productos británicos y fabricaban sus propios productos en casa. Muchos tejidos se importaban de Gran Bretaña, y las Hijas de la Libertad organizaban manifestaciones públicas en las que hilaban su propia ropa, concienciando a otras mujeres y hombres de que las colonias podían sobrevivir sin los productos británicos.

No entraremos en las batallas de la Revolución Americana en este libro, pero basta decir que los colonos ganaron. Consiguieron establecer una forma de gobierno democrática, con tres poderes separados y una constitución que sigue vigente hoy en día. Los colonos demostraron al mundo que era posible conseguir esa libertad. Por supuesto, esa libertad no se extendió a todo el mundo en aquella época, y las principales monarquías europeas tardaron bastante en caer o transformarse en otras más constitucionales, pero la Revolución Americana consiguió una gran aportación en el camino del progreso.

Las seis grandes ideas

Ahora vamos a analizar las seis ideas que constituyeron el núcleo de la filosofía de la Ilustración estadounidense. Algunas de estas ideas son similares a los ideales de la Ilustración europea, pero otras son exclusivas de las colonias americanas.

Republicanismo

El republicanismo era una filosofía política que enfatizaba la importancia de la virtud ciudadana y el bien común. Abogaba por un sistema de gobierno en el que los ciudadanos participasen en la vida pública y se priorizase el bienestar de la nación sobre los intereses personales. La Ilustración estadounidense hacía hincapié en la idea de una ciudadanía virtuosa que participara activamente en el proceso político y promoviera el bienestar de la comunidad.

Conservadurismo

El conservadurismo se refiere a la creencia en la preservación de las instituciones y valores tradicionales, incluyendo la religión, la jerarquía social y la monarquía. Aunque esta idea no fue tan dominante como otras, como el liberalismo y el republicanismo, el conservadurismo siguió desempeñando un papel vital en la configuración de la sociedad y la política estadounidenses durante la Ilustración.

Deísmo

El deísmo era un sistema de creencias religiosas y filosóficas que rechazaba la doctrina religiosa tradicional y abogaba por el uso de la lógica para comprender el mundo natural. Los deístas creían en un Dios distante e impersonal que creó el universo, pero que no interviene en los asuntos humanos. Enfatizaban la importancia de la razón y rechazaban los dogmas religiosos, abogando por un enfoque más racional y científico para comprender el mundo.

Tolerancia

La tolerancia era la idea de permitir la diversidad religiosa e intelectual y promover la libertad religiosa y de pensamiento. Durante la Ilustración estadounidense se hizo cada vez más hincapié en la tolerancia religiosa, y muchos pensadores defendieron la separación de Iglesia y Estado y el derecho a practicar la religión sin temor a la persecución. Esta idea de tolerancia también se extendió a la diversidad intelectual, ya que los pensadores de la Ilustración creían en la importancia del discurso abierto y el libre intercambio de ideas.

Liberalismo

El liberalismo, al menos en el contexto de la Ilustración estadounidense, se refería a la creencia en la libertad individual, un poder del gobierno limitado y la protección de los derechos naturales. Los liberales estadounidenses de esta época estaban influidos por filósofos como John Locke. Creían que las personas tenían derechos inherentes, como la vida, la libertad y la propiedad, y que el gobierno existía para proteger estos derechos. Defendían la idea de un contrato social entre el pueblo y el gobierno, afirmando que el gobierno debía rendir cuentas al pueblo y tener poderes limitados.

Progreso científico

La Ilustración estadounidense se caracterizó por su gran énfasis en el progreso científico y la aplicación de la razón y la observación para comprender el mundo natural. Los pensadores de la Ilustración fomentaron el método científico como medio para comprender y resolver problemas y vieron la ciencia como una forma de descubrir las leyes que gobernaban el universo.

Estas creencias de la Ilustración contribuyeron a la creación de los principios que dieron forma a la Revolución Americana y al posterior desarrollo de Estados Unidos como república democrática. La Revolución Americana inspiró a otras personas a alzarse contra la tiranía, sobre todo en Francia.

Capítulo 9 - La búsqueda de la libertad y la igualdad

"Égalité, liberté, fraternité" era el grito de guerra que retumbaba en los bulevares de París. Parecía que el pueblo francés había llegado al límite de su paciencia a finales del siglo XVIII. La muchedumbre salió a la calle, armada con poco más que su feroz coraje y su tenaz determinación, y comenzó una búsqueda en pos de la libertad que cambiaría el curso de la historia en Francia y en el resto del mundo.

En el verano de 1789, las calles de París parecían un polvorín a punto de estallar. El ambiente estaba lleno de tensión e inquietud, ya que el pueblo francés hervía de ira y exasperación ante el despótico reinado de la monarquía.

Las multitudes se agolpan en las calles y permanecen allí mientras la tarde se convierte en noche. Se podían ver sus rostros iluminados por las llamas de las vacilantes antorchas que portaban. El clamor de sus voces airadas resonaba en los muros de la ciudad mientras gritaban sus consignas y pedían un cambio. Era como si presintieran que el cambio se avecinaba.

En medio del caos, había grupos de personas pacíficas, pero sus corazones estaban llenos de una profunda sensación de miedo e incertidumbre. Las madres se aferraban a sus hijos, y sus ojos escrutaban a la multitud en busca de cualquier señal de peligro. Los ancianos observaban con una mezcla de aprobación y desesperación, mientras que los jóvenes, hombres y mujeres, estaban repletos de una feroz determinación para luchar por sus derechos.

La tensión era palpable y la multitud avanzaba con los puños en alto en señal desafiante. Se oían ruidos explosivos de cristales rotos y se olía la madera quemada. Se rompen ventanas y se destrozan puertas. El olor a carne quemada y a humo llenaba el aire mientras pequeños fuegos se convertían en grandes hogueras en la calle a medida que la multitud se dirigía hacia la Bastilla para hacerse con las armas y la pólvora que allí se almacenaban.

A medida que avanzaba la noche, el caos no hacía más que aumentar. Los gritos de hombres y mujeres asustados se mezclan con los disparos en la oscuridad. Las fuerzas monárquicas se enfrentaron a las turbas revolucionarias y las calles se llenaron de sangre.

El caos y la devastación son absolutos. De repente, el pueblo francés se despierta de su letargo y parece decidido a luchar por sus derechos.

La Revolución Francesa había comenzado. Y el mundo nunca volvería a ser el mismo.

El rey Luis y María Antonieta

Luis XVI era el rey de Francia cuando se produjo la Revolución Francesa en 1789. Se casó con María Antonieta de Austria por motivos políticos cuando sólo tenía quince años. Llegó a ser rey en 1774, a la temprana edad de diecinueve años. Luis fue una persona competente, pero carecía de determinación y autoridad. No obstante, seguía siendo un monarca absolutista, y se considera que su gobierno fue corrupto y extravagante.

Aun así, llevó a cabo reformas radicales en todas las áreas del gobierno, incluyendo la religión, la política exterior y los asuntos financieros. Firmó el Edicto de Versalles de 1787, que otorgaba a los no católicos un estatus civil y legal en Francia y la oportunidad de practicar su fe. Probablemente podría habérsele considerado un gobernante ilustrado si no fuera por la agobiante deuda que Francia había contraído. Sus reformas financieras para sacar a Francia de la deuda fueron bloqueadas por los nobles y el parlamento. Pocos comprendían la grave situación financiera del Estado, y las cosas empeoraban día a día.

El rey Luis XVI y la reina María Antonieta vivían en el lujoso palacio de Versalles, alejados de los problemas de la gente. A medida que crecía el descontento de la gente, el rey Luis no hacía demasiado por entender los problemas económicos y financieros de su pueblo.

El derrochador estilo de vida de María Antonieta irritaba especialmente al pueblo. En 1789, tras ser informada de que la población francesa sufría escasez de pan y se moría de hambre debido a la mala cosecha, María Antonieta exclamó célebremente: "¡Que coman tarta!". Se cree que nunca pronunció estas palabras; la idea de que las dijo surgió décadas después de su muerte. Sin embargo, el pueblo sabía que ella gastaba enormes sumas de dinero en vestidos y juegos cuando ellos apenas podían permitirse comprar pan.

El Palacio de Versalles fue asaltado por una multitud enfurecida el 5 de octubre de 1789. La familia real fue capturada y llevada a París, donde se vieron obligados a aceptar sus nuevas funciones como monarcas constitucionales. Tras casi dos años de negociaciones, Luis y su familia intentaron huir de París hacia Varennes, pero su plan fracasó y los volvieron a capturar. Luis fue juzgado por alta traición y ejecutado en la guillotina el 21 de enero de 1793.

Su esposa, María Antonieta, fue ejecutada casi diez meses después, el 16 de octubre de 1793. La muerte de Luis marcó el final de más de mil años de monarquía ininterrumpida. Muchos han argumentado que fue un momento clave en la radicalización de la violencia revolucionaria.

La Revolución Francesa

Quizá se pregunte por qué hablamos de la Revolución Francesa en un libro sobre la Ilustración. Pues bien, la Revolución Francesa podría no haberse producido nunca de no ser por la Ilustración. La Revolución Francesa fue esencialmente el pensamiento de la Ilustración puesto en práctica. Los gritos a favor de la igualdad, la libertad y la fraternidad resonaron por las calles de París y más allá, mientras los insurgentes luchaban por formar una nueva sociedad basada en esos principios.

En el centro de la Revolución Francesa había un profundo sentimiento de injusticia y subyugación de las masas. El catalizador fue la hambruna y la escasez de grano debido a las malas cosechas y las plagas. Los insurgentes se enfrentaron a adversarios temibles, como la aristocracia, la Iglesia y otras potencias extranjeras, todos ellos decididos a mantener el statu quo. Pero a pesar de las adversidades, los insurgentes, impulsados por un profundo sentimiento de determinación y convicción en su causa, perseveraron.

La Revolución Francesa comenzó el 5 de mayo de 1789 con la convocatoria de los Estados Generales. Representantes de los tres estamentos de la sociedad francesa -el clero, la nobleza y el pueblo- se reunieron por orden del rey Luis XVI para abordar la creciente crisis financiera del país. Los Estados Generales no se reunían desde 1614.

Aunque se había prometido al Tercer Estado una mayor representación, pronto se dieron cuenta de que la representación prometida no sería suficiente para superar los votos del Primer Estado, cuyos miembros tenían opiniones opuestas sobre lo que sería mejor para Francia. Así que, en lugar de debatir con los otros dos estamentos, el Tercer Estado se reunió por su cuenta, declarándose finalmente como la Asamblea Nacional.

La Asamblea Nacional invitó a los otros estamentos a unirse, pero también les advirtió que continuarían con sus objetivos, con o sin ellos. Como era de esperar, al rey Luis XVI no le gustó este giro de los acontecimientos, ya que veía que el poder se le escapaba de las manos. Aunque intentó cerrar la Asamblea Nacional, no pudo. Y con el paso del tiempo, miembros de los otros estamentos (principalmente del Segundo Estado) se unieron a la Asamblea Nacional, pidiendo una constitución.

El rey envió al ejército con la esperanza de frenar el entusiasmo del pueblo. Sin embargo, esta medida sólo sirvió para enfurecerlos aún más. Exigieron al rey que retirara al ejército, pero el rey se negó y propuso trasladar la Asamblea Nacional a un lugar más seguro, alejado de la gente de París.

La situación fue empeorando hasta que se produjo el asalto a la Bastilla el 14 de julio de 1789. Como ya se ha mencionado, la Bastilla era una fortaleza y prisión de París que había llegado a representar la tiranía de la monarquía. En aquella época, la prisión sólo tenía siete reclusos, pero la gente no estaba allí para liberar presos políticos. Se trataba más bien de un ataque simbólico a la monarquía. La Bastilla también proporcionó a la turba armamento y munición.

La toma de la Bastilla se considera el punto de partida de la Revolución Francesa. El pueblo quería reformar el gobierno, crear una constitución y dotar al pueblo de libertades básicas. La idea debía sonar familiar, ya que era algo sobre lo que los pensadores de la Ilustración escribían a menudo. La victoria de los estadounidenses sobre los británicos fue también uno de los catalizadores de la Revolución Francesa. El pueblo francés vio que una revuelta podía tener éxito, incluso contra una gran potencia militar. Aunque el gobierno estadounidense era nuevo en aquella época, los franceses vieron el potencial de un gobierno reformado y la esperanza de conseguir algo mejor.

La Declaración de los Derechos del Hombre y del Ciudadano fue ratificada el 5 de octubre de 1789 por Luis XVI bajo la presión por los disturbios que habían estallado. Este documento sirvió de preámbulo a la primera Constitución de 1791.

La Declaración de los Derechos del Hombre y del Ciudadano se inspiró en los escritos de filósofos de la Ilustración como Jean-Jacques Rousseau, Montesquieu y Voltaire. Otras influencias fueron la Declaración de Derechos de Virginia de 1776 y el manifiesto del movimiento patriota holandés de la década de 1780. No obstante, los creadores de la Declaración fueron más allá que sus predecesores, ya que pretendían que los principios fueran de aplicación universal.

La Declaración consta de un preámbulo y diecisiete artículos breves. El primer artículo contiene la afirmación central del documento: "Los hombres nacen y permanecen libres e iguales en derechos". Establece que el propósito de la "asociación política" debe ser la preservación de estos derechos, siendo esos derechos "la libertad, la propiedad, la seguridad y la resistencia a la opresión." El documento protege la libertad de expresión y de religión y también establece la igualdad de trato de las personas ante la ley. También afirma que los impuestos deben ser pagados por todos los ciudadanos en función de sus posibilidades.

La situación fue bastante pacífica hasta que Luis XVI y su familia intentaron escapar. La gente temía que hubiera espías y traidores entre ellos, lo que provocó desconfianza. Surgieron grupos que amenazan la unidad de la revolución. Otros monarcas, temiendo que la revolución se extendiera, declararon su apoyo a Luis. Algunos incluso insinuaron que podían invadir Francia para ayudar a detener la revuelta.

Era necesario avanzar, y los franceses formaron la Asamblea Legislativa en octubre de 1791. Sin embargo, esta asamblea no fue muy fuerte. En su mayor parte, no tenía en cuenta a las personas por las que luchaba la Revolución Francesa: la clase obrera que era la más afectados por la escasez de pan. También había quienes pensaban que la Revolución Francesa había ido demasiado lejos; estas personas probablemente se sorprendieron de lo lejos que llegó.

Las guerras revolucionarias francesas comenzaron en abril de 1792, con las fuerzas francesas luchando contra austriacos y prusianos que estaban situados a lo largo de la frontera. Los franceses no tuvieron mucho éxito al principio, pero el Manifiesto de Brunswick, cuyos detalles se revelaron a principios de agosto, enfureció a los franceses. El manifiesto afirmaba que si se atacaba a la familia real, se atacaría a la población civil. Obviamente, el manifiesto debía intimidar al pueblo para que se sometiera. Pero tuvo el efecto contrario. Ese mismo mes, Luis fue destituido del trono. Aproximadamente un mes después, la Primera República Francesa reemplazó a la monarquía.

La situación se agravó rápidamente. Por ejemplo, en septiembre se ejecutó a más de mil prisioneros en las cárceles, ya que se pensaba que podían estar conspirando con Prusia. En enero de 1793, Luis XVI fue condenado a muerte, una medida que horrorizó a los monarcas europeos.

A estas alturas estaba claro que la Revolución Francesa se había transformado en algo que iba en contra de los "ideales" de la Ilustración. Es muy probable que los pensadores de la Ilustración se hubieran escandalizado ante la brutalidad que se produjo. Pero la realidad suele ser distinta a los nobles pensamientos que pueden surgir en un salón. Las fechas del Reinado del Terror difieren: algunos señalan su comienzo con la masacre de septiembre, otros en 1793, cuando se formó el Tribunal Revolucionario. Independientemente de cuándo comenzara, fue un periodo de intensa violencia, agitación y opresión política. Alrededor de diecisiete mil supuestos adversarios de la Revolución Francesa fueron asesinados, mientras que otros diez mil murieron en prisión.

El Reinado del Terror fue encabezado por el líder jacobino Maximilien Robespierre. Robespierre apeló a las ideas de la Ilustración para animar al pueblo, afirmando que un gobierno debía actuar por el bien del pueblo y no de determinados grupos. Sin embargo, Robespierre creía que la única manera de que eso ocurriera era eliminando a los que se oponían a esa idea. Bajo su punto de vista, el terror era la única forma de crear la Francia que él imaginaba.

Robespierre tenía varias metas que quería conseguir, como el derecho al voto para la gente de color y los judíos. Quería acabar con el comercio de esclavos en Francia y otorgar a los hombres el derecho a portar armas para defenderse. Durante el Reinado del Terror, Maximilien Robespierre adquirió un poder inmenso. Era brutal y generaba terror, pero en su mente, lo hacía por el bien de su país. Sin embargo, las rivalidades personales y los enfrentamientos con otros revolucionarios contribuyeron a su caída, lo que provocó su arresto y ejecución en julio de 1794.

En 1795 se establece el Directorio y una nueva constitución. El Directorio era un comité ejecutivo de cinco hombres que propició un periodo de relativa estabilidad política. Sin embargo, el Directorio fue incapaz de hacer frente a los continuos problemas políticos y económicos de Francia. Algunos lo consideraron una traición a aquello por lo que habían luchado. Fue disuelto por un golpe de estado de Napoleón Bonaparte en 1799.

Napoleón creó el Consulado, compuesto por tres asambleas. Aun así, Napoleón tenía mucho poder. En 1802, se autoproclamó Primer Cónsul Vitalicio, un papel parecido al de un dictador. Aunque la Revolución Francesa consiguió instaurar una república en 1792, esta fue derribada cuando Napoleón Bonaparte fue coronado emperador de Francia en 1804.

Napoleón Bonaparte

Napoleón Bonaparte es una figura interesante de la historia, y se le considera un autócrata ilustrado, por lo que merece la pena explorar sus antecedentes. Nació en la isla de Córcega en 1769, el mismo año en que Córcega llegó a ser territorio francés. En la escuela se burlaban de Napoleón por su acento y su lugar de nacimiento. Se volvió muy introvertido y se dedicó a sus estudios.

Y su duro trabajo dio sus frutos. Comenzó su carrera como subteniente del ejército francés en 1785. Gracias a sus conocimientos militares, fue ascendiendo y en 1793 llegó a ser general.

Durante la Revolución Francesa, Napoleón desempeñó un papel fundamental en varias campañas, y rápidamente adquirió notoriedad como un ingenioso estratega militar. En 1796, condujo al ejército francés a la victoria en Italia, a la que siguió una serie de campañas en Egipto y Siria, que no tuvieron el mismo éxito.

Napoleón se aseguró de estar al tanto de lo que ocurría en Francia mientras estaba de campaña en Egipto. Preocupado por la posibilidad de perder Francia tras enterarse de sus derrotas en las guerras revolucionarias francesas, se embarcó de vuelta a Francia, aunque no había recibido órdenes de hacerlo. Cuando llegó, la situación se había estabilizado, pero Napoleón tenía claro que el Directorio no estaba en condiciones de dirigir; ni siquiera podía castigarle de manera adecuada por haber abandonado a sus hombres.

Quizás fue entonces cuando una idea empezó a revolotear en su mente. Se reunió con otras figuras influyentes para discutir sobre un golpe de estado, que tuvo lugar en noviembre de 1799. Se convirtió en Primer Cónsul durante diez años, pero más tarde decidió prorrogar ese mandato de por vida. Luego dio un paso más y se declaró emperador.

Como emperador, Napoleón impuso una serie de reformas profundas que transformaron Francia en un Estado moderno y centralizado. Creó un nuevo sistema judicial llamado Código Napoleónico, que establecía la igualdad ante la ley y garantizaba los derechos de propiedad del pueblo. También cambió la infraestructura educativa, instituyó un sistema de proyectos civiles y propagó la expansión y el crecimiento económicos. Creó el primer banco central y trató de aliviar las tensiones con la Iglesia católica, cuyos clérigos habían sido blanco de ataques durante la Revolución Francesa. Por supuesto, como cualquier déspota ilustrado, Napoleón tuvo algunos percances. Uno de sus actos más tiránicos fue reinstaurar la esclavitud en el Caribe. Finalmente, esto no llegó a afectar al pueblo de Haití, puesto que se sublevó y creó su propio gobierno sin esclavitud en 1804. Aunque Napoleón abolió posteriormente el comercio de esclavos durante los Cien Días, su legado en lo relacionado con la esclavitud no es visto con buenos ojos.

Las conquistas militares de Napoleón ampliaron los límites de Francia, pero al hacerlo se granjeó muchos enemigos, el principal fue Gran Bretaña. Hoy en día, Napoleón es considerado un genio militar, y sus batallas y tácticas son estudiadas por eruditos y aficionados al ejército. Sufrió derrotas, pero en una carrera militar en la que luchó en más de ochenta batallas, solo perdió once. Sin embargo, fue derrotado en 1814 y obligado a abandonar el trono. Fue exiliado a la isla de Elba.

No obstante, Napoleón no se conformó con quedarse quieto. Regresó a Francia en 1815, donde recuperó brevemente el poder en una fase reconocida como los Cien Días. Fue derrotado en la famosa batalla de Waterloo, en junio de 1815, y exiliado de nuevo, esta vez a la isla de Santa Elena, en el Atlántico Sur. Allí murió siendo un prisionero en 1821, a la relativamente temprana edad de cincuenta y un años. El final de las guerras napoleónicas se suele usar como fecha de finalización de la Ilustración, aunque algunos sostienen que terminó antes.

Conclusión

La era de la Ilustración fue un periodo de grandes cambios en la que se adoptó la racionalidad y la autonomía personal. Los filósofos de la Ilustración creían en el derecho a la vida, la libertad y la propiedad. Defendían el concepto de democracia y el estado de derecho. También creían que el gobierno debía basarse en el consentimiento de los gobernados y que las leyes debían crearse mediante un proceso lógico y democrático.

La Ilustración dio origen a un mundo completamente diferente a todo lo que existía antes. Se hicieron inventos y descubrimientos que cambiaron la forma de ver el mundo. Las ideas sobre nuevas formas de gobierno desafiaron el statu quo y obligaron a la gente a pensar de forma más crítica. Las mujeres se esforzaron por ser vistas y escuchadas de maneras distintas a las anteriores, sentando las bases de los futuros movimientos sufragistas. La Ilustración cambió muchas cosas, pero sobre todo sentó las bases de un mundo nuevo, un mundo seglar, experimental, individualista y, sobre todo, progresista.

Resulta bastante difícil imaginar cómo habría sido el mundo sin la Ilustración, ya que fue un movimiento complejo que tuvo grandes repercusiones en muchos campos diferentes. Sin embargo, podemos hacer algunas conjeturas.

Sin la Ilustración, los principios de libertad, separación de poderes y tolerancia religiosa no habrían estado tan arraigados en la cultura occidental como lo están hoy. Las creencias religiosas y supersticiosas podrían haber tenido un impacto mucho mayor en el pensamiento de la gente de hoy. El progreso científico y las innovaciones tecnológicas no habrían avanzado de forma tan asombrosa.

Sin un énfasis en el razonamiento empírico y la experimentación, nuestra comprensión del mundo natural podría ser hoy mucho más limitada. Por ejemplo, quizá nunca hubiéramos descubierto la insulina ni conocido la estructura del átomo.

Sin la influencia de pensadores de la Ilustración como John Locke y Montesquieu, muchos países seguirían probablemente gobernados por dictadores o monarcas, y el concepto de derechos humanos no habría tenido la aceptación generalizada que tiene hoy.

Y la ausencia de derechos fundamentales habría significado un sistema jurídico que no beneficia al pueblo. Este hipotético sistema jurídico probablemente no habría dado importancia a la protección del acusado, lo que habría dificultado que las personas demostraran su inocencia. Las leyes de muchos países podrían haberse inclinado fuertemente a favor del Estado, facilitando que las autoridades encarcelaran o torturaran a ciudadanos e incluso a familias enteras. Las penas habrían sido probablemente más severas, con largas condenas e inhumanas penas de prisión y ejecuciones salvajes.

No se puede exagerar el impacto de la Ilustración en el mundo moderno. Fue un periodo de gran emoción, en el que pensadores de todo tipo se reunieron para cuestionar las viejas formas de pensar y crearon nuevos caminos hacia una sociedad más razonable y humana.

Estos conceptos influyeron enormemente en las revoluciones de Francia y Estados Unidos. Después de todo, la Declaración de Independencia se basó en gran medida en la filosofía de la Ilustración, en particular en la filosofía de John Locke, que creía que todo individuo tenía derecho a la vida, a la libertad y a la propiedad. La Revolución Francesa buscaba la libertad, la igualdad y la fraternidad. Estos conceptos y valores se inspiraron directamente en pensadores de la Ilustración como Rousseau y Voltaire.

Sin la Ilustración, estas revoluciones podrían no haberse producido o podrían haber dado lugar a algo totalmente distinto. ¿Se habría inspirado Thomas Jefferson para escribir la Declaración de Independencia sin las ideas de John Locke como guía? ¿Se habrían rebelado los franceses sólo para sustituir a su gobernante por otro rey? Se trata, por supuesto, de hipótesis, pero es interesante reflexionar sobre ellas.

Aunque es difícil argumentar con certeza qué habría ocurrido sin la

Ilustración, está claro que las ideas y los valores de la Ilustración tuvieron un profundo impacto en la historia.

Vea más libros escritos por Enthralling History

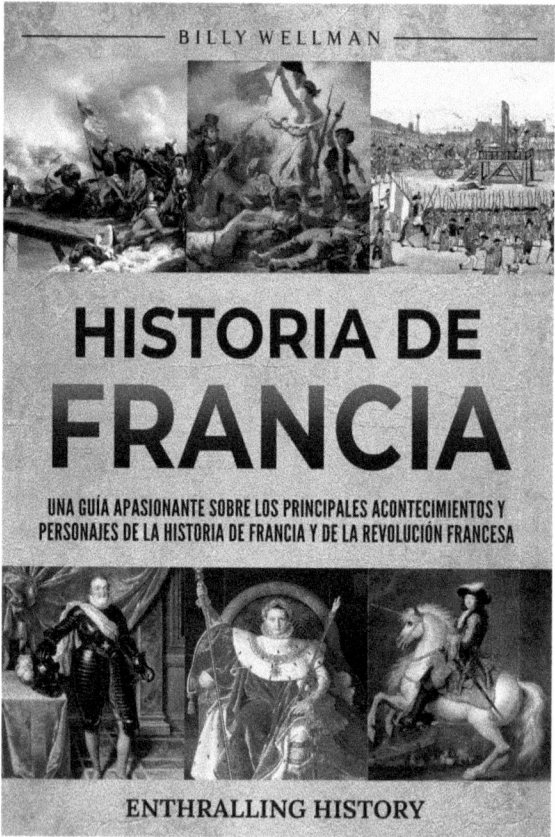

BILLY WELLMAN

HISTORIA DE
FRANCIA

UNA GUÍA APASIONANTE SOBRE LOS PRINCIPALES ACONTECIMIENTOS Y
PERSONAJES DE LA HISTORIA DE FRANCIA Y DE LA REVOLUCIÓN FRANCESA

ENTHRALLING HISTORY

Referencias

Primera Parte

1) Boer, P. den, Bugge, P., Wæver, O., & European Association of Distance Teaching Universities. (1995). The History of the Idea of Europe. (K. Wilson & W. J. van der Dussen, Eds.) (Revisado, Ser. What Is Europe?, bk. 1). Open University.

2) Curta, F., & Stuckey, J. (2011). Charlemagne in Medieval East Central Europe (ca. 800 a ca. 1200). Canadian Slavonic Papers / Revue Canadienne Des Slavistes, 53(2/4), 181–208. http://www.jstor.org/stable/41708339

3) Faust, D. R. (2018). Ancient Rome (Ser. A look at ancient civilizations ser). Gareth Stevens Publishing LLLP.

4) McGrath, A. (2009). Christianity's Dangerous Idea: The Protestant Revolution—A History from the Sixteenth Century to the Twenty-First. Estados Unidos: HarperCollins.

5) Pflanze, O. (1955). Bismarck and German Nationalism. The American Historical Review, 60(3), 548–566. https://doi.org/10.2307/1845577

6) Roberts, J. M. (1997). The Penguin History of Europe. Penguin Books.

7) Rossi, D. (2007). Humanism and the Renaissance. The Year's Work in Modern Language Studies, 69, 476–490. http://www.jstor.org/stable/25834052

8) Rothenberg, G. E. (1988). The Origins, Causes, and Extension of the Wars of the French Revolution and Napoleon. The Journal of Interdisciplinary History, 18(4), 771–793. https://doi.org/10.2307/204824

9) Schedvin, C. B. (1990). Staples and Regions of Pax Britannica. The Economic History Review, 43(4), 533–559. https://doi.org/10.2307/2596734

10) Shirer, W. L. (1998). The Rise and Fall of the Third Reich. United States: Simon and Schuster.

11) Williamson, S. R. (1988). The Origins of World War I. The Journal of Interdisciplinary History, 18(4), 795-818. https://doi.org/10.2307/204825

12) Zoch, P. A. (2020). Ancient Rome: An Introductory History (Second). University of Oklahoma Press.

Segunda Parte:

Ackerman, J. S. (1998). Leonardo Da Vinci: Art in Science. *Daedalus, 127*(1), 207-224. http://www.jstor.org/stable/20027483

Bartlett, K. R., & Bartlett, G. C. (2019). *The Renaissance in Italy: A History.* Hackett Publishing Company.

Manca, J. (1995). Michelangelo as Painter: A Historiographic Perspective. *Artibus et Historiae, 16*(31), 111-123. https://doi.org/10.2307/1483500

Marrow, J. H. (1986). Symbol and Meaning in Northern European Art of the Late Middle Ages and the Early Renaissance. *Simiolus: Netherlands Quarterly for the History of Art, 16*(2/3), 150-169. https://doi.org/10.2307/3780635

Merriman, J. M. (2010). *A History of Modern Europe: From the Renaissance to the Present* (Third). W.W. Norton.

Müntz Eugène. (2019). *Michelangelo.* (A. Borges, Trans.) (Ser. Temporis collection). Parkstone International. Extraído el 22 de mayo de 2023, de https://public.ebookcentral.proquest.com/choice/publicfullrecord.aspx?p=6006696.

Müntz Eugène. (2019). Raphael (Ser. Essential). Parkstone International. https://public.ebookcentral.proquest.com/choice/publicfullrecord.aspx?p=5930199.

Nash, & Nash, S. (2009). *Northern Renaissance Art* (Ser. Oxford history of art ser). Oxford University Press USA - OSO. de https://public.ebookcentral.proquest.com/choice/publicfullrecord.aspx?p=5751187.

Nauert, C. G. (2006). *Humanism and the Culture of Renaissance Europe.* Cambridge University Press.

Séailles Gabriel, & Leonardo. (2011). *Leonardo da Vinci.* Parkstone International

Sullivan, M. A. (2008). Bosch, Bruegel, Everyman and the Northern Renaissance. *Oud Holland, 121*(2/3), 117-146. http://www.jstor.org/stable/42712203

Wasserman, J. (2007). Rethinking Leonardo da Vinci's "Last Supper". *Artibus et Historiae, 28*(55), 23-35. http://www.jstor.org/stable/20067137

Whitford, D. M. (2016). Erasmus Openeth the Way Before Luther: Revisiting Humanism's Influence on "The Ninety-Five Theses" and the Early Luther. *Church History and Religious Culture, 96*(4), 516-540.

http://www.jstor.org/stable/26382865

Tercera Parte

The Internet Encyclopedia of Philosophy

https://iep.utm.edu/

Britannica

https://www.britannica.com/

Stanford Encyclopedia of Philosophy

https://plato.stanford.edu/

Reill, Peter Hanns (2004), Encyclopedia of the Enlightenment, New York, Facts On File, Inc.

S. Pinker (2018) Enlightenment Now, New York, Penguin Random House.

A, Gottlieb, (2016) The Dream Of Enlightenment. New York, W. W. Norton & Co.

A, Gottlieb, (2016) The Dream Of Reason, New York, W. W. Norton & Co.

V. Ferrone, (2015) The Enlightenment, New Jersey, Princeton University Press

S. Fleischacker, (2013) What is Enlightenment?, New York, Routledge

R.Wokler (2001) Rousseau, A Very Short Introduction, New York, Oxford University Press

A.J. Ayer (2000) Hume, A Very Short Introduction, New York, Oxford University Press

John Dunn (1984) Locke, A Very Short Introduction, New York, Oxford University Press

Roger Scruton (1986) Spinoza, A Short Introduction, New York, Oxford University Press

Fuentes de imágenes

1 https://commons.wikimedia.org/wiki/File:Ancient_colonies.PNG

2 Map_Macedonia_336_BC-es.svg: Marsyas (original en francés); Kordas (traducción al español) obra derivada: MinisterForBadTimes, CC BY-SA 2.5 <https://creativecommons.org/licenses/by-sa/2.5>, vía Wikimedia Commons; https://commons.wikimedia.org/wiki/File:Map_Macedonia_336_BC-en.svg

3 https://commons.wikimedia.org/wiki/File:Map-alexander-empire.png

4 https://commons.wikimedia.org/wiki/File:Roman_conquest_of_Italy_en.svg

5 Harrias, CC BY-SA 4.0 <https://creativecommons.org/licenses/by-sa/4.0>, vía Wikimedia Commons; https://commons.wikimedia.org/wiki/File:First_Punic_War_264_BC_v3.png

6 https://commons.wikimedia.org/wiki/File:Roman_Empire_in_116_AD.png

7 Tataryn, CC BY-SA 3.0 <https://creativecommons.org/licenses/by-sa/3.0>, vía Wikimedia Commons; https://commons.wikimedia.org/wiki/File:Justinian555AD.png

8 Sémhur, CC BY-SA 3.0 <https://creativecommons.org/licenses/by-sa/3.0>, vía Wikimedia Commons https://en.wikipedia.org/wiki/File:Frankish_Empire_481_to_814-en.svg

9 Amitchell125, CC BY-SA 4.0 <https://creativecommons.org/licenses/by-sa/4.0>, vía Wikimedia Commons; https://commons.wikimedia.org/wiki/File:The_Crusader_States_in_1135.svg

10 Este archivo está bajo licencia Creative Commons Atribución-Compartir bajo la misma licencia 3.0 Unported. Puede encontrar la imagen en https://commons.wikimedia.org/wiki/File:Europe_map_1648.PNG

11 Alexander Altenhof, CC BY-SA 3.0 <https://creativecommons.org/licenses/by-sa/3.0>, vía Wikimedia Commons; https://commons.wikimedia.org/wiki/File:Europe_1812_map_en.png

12 Alexander Altenhof, CC BY-SA 4.0 <https://creativecommons.org/licenses/by-sa/4.0>, vía Wikimedia Commons; https://commons.wikimedia.org/wiki/File:Europe_1871_map_en.png

13 User:52 Pickup, CC BY-SA 2.5 <https://creativecommons.org/licenses/by-sa/2.5>, vía Wikimedia Commons; https://commons.wikimedia.org/wiki/File:Map-Germany-1945.svg

14 Mosedschurte, CC BY-SA 3.0 <http://creativecommons.org/licenses/by-sa/3.0/>, vía Wikimedia Commons; https://commons.wikimedia.org/wiki/File:EasternBloc_BorderChange38-48.svg

15 https://commons.wikimedia.org/wiki/File:European_Union_map.svg

16 https://commons.wikimedia.org/wiki/File:Compianto_sul_Cristo_morto.jpg

17 https://commons.wikimedia.org/wiki/File:Masaccio7.jpg

18 MenkinAlRire, CC BY-SA 4.0 <https://creativecommons.org/licenses/by-sa/4.0>, vía Wikimedia Commons; https://de.wikipedia.org/wiki/Datei:Lorenzo_Ghiberti,_The_Sacrifice_of_Isaac,1401-2,_Florence,_Bargello.jpg#file

19 https://commons.wikimedia.org/wiki/File:Mona_Lisa,_by_Leonardo_da_Vinci,_from_C2RMF_retouched.jpg

20 https://commons.wikimedia.org/wiki/File:%C3%9Altima_Cena_-_Da_Vinci_5.jpg

21 https://en.wikipedia.org/wiki/File:Da_Vinci_Vitruve_Luc_Viatour.jpg

22 https://commons.wikimedia.org/wiki/File:Michelangelo_Bacchus.jpg

23 Miguel Ángel, CC BY-SA 3.0 <http://creativecommons.org/licenses/by-sa/3.0/>, vía Wikimedia Commons; https://commons.wikimedia.org/wiki/File:Michelangelo%27s_Pieta_5450_cropncleaned.jpg

24 Miguel Ángel, CC BY-SA 4.0 <https://creativecommons.org/licenses/by-sa/4.0/>, vía Wikimedia Commons; https://commons.wikimedia.org/wiki/File:Michelangelo%27s_David_-_right_view_2.jpg

25 Antoine Taveneaux, CC BY-SA 3.0 <https://creativecommons.org/licenses/by-sa/3.0>, vía Wikimedia Commons; https://commons.wikimedia.org/wiki/File:Sistine_Chapel_ceiling_02_(brightened).jpg

26 https://commons.wikimedia.org/wiki/File:Last_Judgement_(Michelangelo).jpg

27 https://commons.wikimedia.org/wiki/File:Raffaello_-_Spozalizio_-_Web_Gallery_of_Art.jpg

28 https://commons.wikimedia.org/wiki/File:Pietro_Perugino_cat66.jpg

29 https://commons.wikimedia.org/wiki/File:RAFAEL_-_Sue%C3%B1o_del_Caballero_(National_Gallery_de_Londres,_1504._%C3%93leo

_sobre_tabla,_17_x_17_cm).jpg

30 https://commons.wikimedia.org/wiki/File:Raffaello,_pala_baglioni,_deposizione.jpg

31 https://commons.wikimedia.org/wiki/File:Disputa_del_Sacramento_(Rafael).jpg

32 https://en.wikipedia.org/wiki/File:%22The_School_of_Athens%22_by_
Raffaello_Sanzio_da_Urbino.jpg

33 https://commons.wikimedia.org/wiki/File:RAFAEL_-
_Madonna_Sixtina_(Gem%C3%A4ldegalerie_Alter_Meister,_Dresden,_1513-
14._%C3%93leo_sobre_lienzo,_265_x_196_cm).jpg

34 https://commons.wikimedia.org/wiki/File:Transfiguration_Raphael.jpg

35 https://en.wikipedia.org/wiki/File:Salon_de_Madame_Geoffrin.jpg

36 https://en.wikipedia.org/wiki/File:Frans_Hals_-
_Portret_van_Ren%C3%A9_Descartes.jpg

37 https://commons.wikimedia.org/wiki/File:Jenner_phipps_01_(cropped).jpg

38 https://en.wikipedia.org/wiki/File:Friedrich_II.,_K%C3%B6nig_von_
Preu%C3%9Fen_(Frisch).jpg

39 https://en.wikipedia.org/wiki/File:Charles_III_of_Spain_high_resolution.jpg

40 https://en.wikipedia.org/wiki/File:Catherine_II_by_J.B.Lampi_(1794,_Hermitage).jpg

41 https://commons.wikimedia.org/wiki/File:John_Locke.jpg

42 Nicolas de Largillière, CC0, via Wikimedia Commons;
https://commons.wikimedia.org/wiki/File:Nicolas_de_Largilli%C3%A8re_-
_Portrait_de_Voltaire_(1694-1778)_en_1718_-_P208_-
_mus%C3%A9e_Carnavalet_-_5.jpg

43 https://en.wikipedia.org/wiki/File:AdamSmith.jpg

44 https://commons.wikimedia.org/wiki/File:Immanuel_Kant_3.jpg

45 https://en.wikipedia.org/wiki/File:Cesare_Beccaria.jpg

46 https://en.wikipedia.org/wiki/File:Joseph_Siffrein_Duplessis_-_Benjamin_Franklin_-
_Google_Art_Project.jpg

47 https://en.wikipedia.org/wiki/File:Thomas_Jefferson_by_Rembrandt_Peale,_1800.jpg